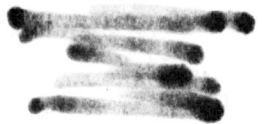

UNTERNEHMEN ALDEBARAN

Kontakte mit Menschen aus einem anderen Sonnensystem

Die sensationellen Erlebnisse der Familie Feistle

Jan van Helsing

amadeus-verlag.com

Vom Autor ist außerdem erschienen:
Buch 3 – Der Dritte Weltkrieg,
1996, Ama Deus Verlag
Die innere Welt,
1998, Ama Deus Verlag
Die Akte Jan van Helsing,
1999, Ama Deus Verlag
Die Kinder des neuen Jahrtausends,
2001, Ama Deus Verlag
Hände weg von diesem Buch!,
2004, Ama Deus Verlag
Wer hat Angst vor'm schwarzen Mann...?,
2005, Ama Deus Verlag

sechste Auflage

Copyright © 2006 by
AMA DEUS Verlag
Postfach 63
74576 Fichtenau
Tel: 07962-1300
Fax: 07962-710263
www.amadeus-verlag.com

Druck:
Ebner & Spiegel, Ulm
Satz und Layout:
Jan Udo Holey
Umschlaggestaltung:
Atelier Toepfer, 85560 Ebersberg
e-mail: info@ateliertoepfer.de

ISBN 3-9805733-2-X

INHALTSVERZEICHNIS

Wir
widmen dieses
Buch all unseren Brüdern
und Schwestern, die sich freiwillig
dazu bereit erklärt hatten, an diesem
Unternehmen teilzunehmen, um so vielen Erdenbürgern wie
möglich bei der kommenden Transformation hilfreich zur Seite
zu stehen. Doch vor allem widmen wir es unseren gemeinsamen
Kindern, die wir bald auf die Erde bringen werden, um die
neue Welt mit aufzubauen.

mit Grüßen aus
Aldebaran:
Arkan,
Rodon,
Siwa,
und
Eno

Danksagung

Von ganzem Herzen danken wir Markus Stransky für seinen Erlebnis- und Erfahrungsbericht, der unsere eigenen Geschehnisse erneut bestätigt hat.

Ebenso Mr. X. für die Genehmigung, einen kleinen Teil seines großen Wissens in dieses Buch mit einzufügen, um uns der Wahrheit einen weiteren Schritt näher zu bringen.

Herrn Dr. Henning Alberts und seiner Lebensgefährtin gebührt unser Dank für die regressiven Hypnosesitzungen, die uns weitere Erkenntnisse brachten sowie für seine therapeutischen Ausführungen im Anhang.

Und Franziska Laschka für ihr wunderschönes und ausdrucksstarkes Gedicht.

Und natürlich danken wir auch allen anderen, die uns in jeglicher Weise unterstützt und geholfen haben sowie denjenigen, die uns ermutigten, mit unseren Erlebnissen an die Öffentlichkeit zu gehen.

Dies schließt auch Jan mit ein, durch dessen Eintritt in unser Leben die Sache erst richtig ins Rollen kam.

Karin und Reiner

Mein erster Eindruck

Liebe LeserInnen,

Geht es Ihnen nicht zuweilen auch so, daß Sie bei der Vielzahl der Bücher, die das UFO-Thema behandeln, schon gar nicht mehr wissen, was Sie glauben sollen und was nicht? Was stimmt jetzt, was ist wirkliche Information, was gezielte Desinformation? Wie filtert man die Wahrheit aus dem Rest heraus? Was ist 'gechannelt', was physisch erlebt? Sind die Außerirdischen jetzt klein und grau, sind sie groß und blond, häßlich oder schön, uns wohlgesonnen oder nicht, oder sind ein paar der UFO-Insassen vielleicht gar nicht 'außer-irdisch'? Wer blickt denn da noch durch?

Nun, das ganze Thema 'UFOs' liegt für viele immer noch im Bereich der Spekulationen, doch meine ich, daß spätestens durch die Veröffentlichungen von Autoren wie Erich von Däniken die breitere Masse etwas von Kontakten extraterrestrischer Intelligenzen mit verschiedenen Kulturen auf der Erde, und wahrscheinlich auch in Zusammenhang mit deren Entstehungsgeschichte, gehört hat. Und speziell seit den vierziger Jahren hat dieses Thema für die meisten an Brisanz zugenommen, weil es, im Gegensatz zu den bisherigen Informationen aus 'toten Büchern', zu ersten Sichtungen, physischen Kontakten und sogar Abstürzen solcher Flugkörper gekommen sein soll (die Masse wird durch immer häufiger ausgestrahlte Serien über Außerirdische wie auch den sogenannten 'Roswell-Absturz', langsam auf die Konfrontation mit der Realität vorbereitet).

Doch gerade bei diesen neueren Kontakten spaltet sich die Menge derer, die sich mehr oder weniger mit dieser Thematik beschäftigen, in zwei Lager. Das große Geheimnis, beziehungsweise die Brisanz des UFO-Themas verbirgt sich nämlich nicht hinter der Frage, ob es UFOs gibt oder nicht, sondern **WER** sie tatsächlich fliegt.

Lassen Sie mich dazu etwas ausholen. Meine erste 'fliegende Untertasse' hatte ich bereits in frühester Kindheit gesehen und habe mir natürlich schon damals die Frage gestellt, wie wohl die Piloten darin aussehen mögen.

Auf der Suche nach Büchern über dieses Thema sowie Personen, die behaupteten, mit solchen 'UFO-Piloten' Kontakt zu haben (dies war dann Ende der siebziger Jahre), war mir eines deutlich aufgefallen, nämlich, daß die Beschreibungen der 'Kontaktler' sich ungemein glichen - es handelte sich bei den UFOnauten in fast allen Fällen um 1,80 Meter bis 2,30 Meter große, wunderschöne, fast engelgleiche 'Menschen', mit entweder dunklen oder blonden langen Haaren, blauen oder grünen Augen, und die vor allem noch eine andere Gemeinsamkeit hatten - sie sprachen deutsch (oder zumindest die Sprache des jeweiligen Landes, in dem sie gelandet waren, mit einem deutschen Akzent). Noch intensivere Recherchen führten mich dann sogar bis ins Deutschland nach dem Ersten Weltkrieg zurück, wo Augenzeugenberichten und Dokumenten zufolge ein recht reger „Austausch" mit diesen außerirdischen 'Menschen' stattgefunden haben soll.

Als ich mich mit solchen UFO-Kontaktlern und Interessierten unterhielt, stellte sich heraus, daß es genau diese Merkmale waren, die die größte Faszination bei diesen ausgelöst hatten, nämlich das menschliche Aussehen, diese überdurchschnittliche Schönheit und die Liebe, die diese Besucher ausgestrahlt haben sollen. Davon abgesehen, daß diese natürlich auch dementsprechende Botschaften für die Kontaktler hatten - Hilfe bei der spirituellen Entwicklung der irdischen Menschheit und Unterstützung bei den kommenden Umwälzungen um die Jahrtausendwende.

„Welche Umwälzungen?" mag sich der eine oder andere Leser an dieser Stelle fragen. Dabei handelt es sich um folgende Umstände:

Unser Sonnensystem dreht sich in einer ellyptisch-spiralförmigen Umlaufbahn um eine Zentralsonne (auch 'Schwarze Sonne' genannt). Einen solchen Umlauf (Orbit) nennt man ein 'platonisches', 'kosmisches' oder 'siderisches Jahr', mit der Dauer von rund 26.000 Jahren - physikalisch wie astronomisch aber als „Präzession des Äquinoktiums" bezeichnet. Dieser Orbit und sein übergeordneter

Zyklus ist von alters her in die zwölf Tierkreiszeichen eingeteilt und jedes davon entspricht einem 'Äon' oder 'Weltzeitalter' von je 2.160 Jahren. Wenn sich ein Sonnensystem auf seinem elliptischen Orbit von der 'Schwarzen Sonne' wegbewegt, die als der spirituelle Kraftquell angesehen werden kann, kommt es zu einer Verlangsamung der Entwicklung auf den Planeten. Man spricht auch von einem „In-den-Schlaf-fallen". Man könnte es auch symbolisch als ein Wegbewegen von der Lichtquelle betrachten, wobei es von da an immer dunkler wird. Momentan gehen wir auf unserem Orbit aus dem 'Fischezeitalter' in das 'Wassermannzeitalter' über, was soviel bedeutet wie, daß wir nun den Punkt des am weitesten Entferntseins von der 'Schwarzen Sonne' überschritten haben und uns nun wieder zurück zu ihr und unserem Kraftquell bewegen. Bei diesem Zurückbewegen - zur symbolischen Lichtquelle - kommt es zu einer wiederkehrenden Frequenz- und einer damit einhergehenden Bewußtseinserhöhung bei den Lebewesen der Planeten, was von alters her als die „Phase des Erwachens" bezeichnet wird. Diese Phase wird auch mit enormen Veränderungen in Verbindung gebracht - Änderungen im Bewußtsein der Wesen wie auch Veränderungen der magnetischen Pole der Planeten, wodurch es zu Erdkataklysmen kommen kann - Erdbeben, Vulkanausbrüche, Überschwemmungen, Heben und Sinken von Landmassen... Diese Veränderungen im Erdmagnetfeld, die auf die Frequenzerhöhung zurückzuführen sind, werden bereits zu genüge festgestellt. So mußten beispielsweise die Atomuhren in den letzten Jahren mehrmals nachgestellt werden - auch die 'Zeit' hat sich demnach beschleunigt. Und eben in dieser Phase, so sagten die Kontakter, wollen uns die hochgewachsenen 'menschlichen' Außerirdischen zur Seite stehen.

Doch Mitte der achtziger Jahre änderte sich plötzlich die ganze UFO-Thematik, als aus den USA immer mehr Berichte über kleine graue Männchen die Runde machten, die angeblich mit der US- und der Schatten-Regierung, also den Leuten 'hinter' den Politikern (Illuminati), einen Vertrag abgeschlossen haben sollen, aufgrund dessen diese 'Grauen' an uns Menschen irgendwelche Versuche und Operationen vornehmen würden. Plötzlich hörte man kaum mehr etwas von den schönen, menschlichen Besuchern, über die man zu dieser Zeit immer mehr zu sprechen begann. Ein Film nach dem anderen kam aus Hollywood und schien uns den Eindruck zu vermitteln, daß es sich bei den UFO-Insassen um häßliche graue Wesen oder andere negative Bestien handeln würde, an denen sich (wie in dem Hollywood-Streifen 'Independence Day' vorgeführt) doch noch eine Verwendung für unsere Atombomben finden könnte.

Wo sind denn plötzlich die menschlich aussehenden Außerirdischen hin verschwunden? Oder sind sie immer noch da? Warum hört oder liest man nichts mehr über diese Besucher, die uns doch so ähnlich sehen – bei denen eine Verwandtschaft zu uns wirklich naheliegend zu sein scheint?

Wäre es möglich, daß sie unseren Regierungen und Konsorten eventuell ein Dorn im Auge sind? Wenn ja, dann stellt sich die Frage *„aus welchem Grund?"* Und welche Rolle spielen bei der Desinformation die Massenmedien, die sogenannten „Kritiker von wissenschaftlicher Seite" und vor allem diverse UFO-Forscher, die es ganz speziell **vermeiden,** über etwas anderes als über böse graue Männchen, über ein vor bereits 25 Jahren fotografiertes Marsgesicht oder alte Artefakte aus Ägypten zu berichten?

Was und vor allem wer steckt dahinter? Wie kann es sein, daß all die Negativinformation aus den USA kommt? Wieso hatten sogenannte „negative" Außerirdische mit den USA kooperiert und die „menschlich aussehenden" Außerirdischen, wie andere Ufologen behaupten, mit Deutschen oder Schweizern? Wieso nicht andersherum? Viele brisante Fragen.

Von diesen einmal abgesehen kann man sagen, daß sich die heutige UFO-Szene im Groben an den kleinen grauen Männchen und den großen menschlichen Besuchern spaltet. Nun, ich selbst hatte in meinen bisher veröffentlichten Büchern von beiden Gruppen berichtet. Trotzdem war es noch immer ein mehr oder weniger loses

Band an Informationen. Viele Puzzleteile fehlten noch. Ich stellte mir die Frage, wenn tatsächlich diese Außerirdischen, die angeblich unsere Vorfahren sein sollen, bereits vor fünfzig Jahren mit Deutschen direkten Kontakt aufgenommen hatten, wo sind sie dann heute? Besteht der Kontakt wohl immer noch und gibt es vielleicht auch neue Kontakte?

Nun, im Februar 1997 war dann offenbar die Zeit reif, mehr darüber zu erfahren, denn ich traf auf dem UFO-Weltkongreß in Zürich auf das Allgäuer Ehepaar Karin und Reiner Feistle. Und was sie über ihre Kontakte mit Außerirdischen, ihre hypnotischen Rückführungen, aber auch die transmedialen Kontakte aus der Zeit nach dem Ersten Weltkrieg ans Tageslicht befördert haben, ist in dieser Form sicherlich einzigartig. Es deckt sich nicht nur mit meinen Informationen (und auch solchen, die ich noch gar nicht veröffentlicht habe), sondern fügt noch ein paar neue Puzzleteile hinzu. Es verbindet plötzlich die 'kleinen Grauen', die 'großen menschlichen Außerirdischen', das Geschehen in der Vergangenheit mit dem in der nahen Zukunft. Und das in sehr einfachen Worten und mit sehr viel Verständnis und Liebe. Das war auch mit der Punkt, der bei mir die Glocken läuten ließ. Es ist nicht die übliche Angstmache oder reine Sensationshascherei – es kommt eine einfache und klare Botschaft herüber. Ohne viel Theorie oder Herumphilosophieren.

Die Familie Feistle selbst hat bei all ihren Erlebnissen eine nüchterne und gleichzeitig direkte Stellung bezogen. Entweder man glaubt ihnen oder man glaubt ihnen nicht. Sie sind keinem darüber böse, daß er nicht akzeptieren mag, was sie als ihre Realität erfahren haben. Auch wenn sie dabei ausgelacht oder beschimpft werden sollten. Ihr Anliegen ist nicht die Mission, eine neue Heilslehre oder etwas Ähnliches. Sie wollen einfach nur das weitergeben, was sie über die letzten Jahre erlebt und erfahren haben. Was der Einzelne daraus macht, sei ihm dabei selbst überlassen.

Im ersten Kapitel dieses Buches beschreiben sie uns, wie das Leben sie langsam an die Wahrheit und ihre persönlichen Schicksale in Verbindung mit diesen Außerirdischen herangeführt hatte. Sie offenbaren uns dabei sehr viel Wissen, doch vor allem übermitteln ihre Worte Verständnis, Mut, Hoffnung und Kraft, mit solchen und anderen Informationen bewußter umzugehen, damit jeder Leser für sich selbst SEINE Wahrheit finden und solche Informationen auch konstruktiv für sich selbst einsetzen und in sein Leben integrieren kann.

Doch es ist noch etwas anderes mit ihren Aussagen. Als ich Karin und Reiners persönliche Geschichte zum ersten Mal las, überkam mich eine Gänsehaut nach der anderen. Dinge, die ich aus vielen Jahren des Forschens auf der ganzen Welt, von Geheimdienstlern und Logenbrüdern, von spirituellen Medien, anderen Außerirdischen und meinem Höheren Selbst zusammengetragen hatte, fand ich hier in ganz einfachen und verständlichen Worten wieder. Zusätzlich kamen auch Parallelen und ähnliche Erlebnisse in meinem eigenen Leben zum Vorschein, die zu erkennen gaben, daß es sich hierbei wohl mehr als nur um einen 'Aha'-Effekt handeln mußte. Offenbar bin ich selbst mit diesem 'Unternehmen Aldebaran' verbunden. Und ich bin überzeugt, daß dieses Buch bei vielen Lesern ähnliche Effekte und Erinnerungen auslösen wird.

Doch nun will ich Sie nicht länger auf die Folter spannen. Ich möchte Sie nur bitten, daß Sie während des Lesens immer auf Ihre innere Stimme hören, welche Impulse diese Ihnen gibt. Fühlen Sie sich in die Informationen hinein, fühlen Sie zwischen die Zeilen und spüren Sie, ob dies alles beziehungsweise Teile dieses Szenariums mit Ihnen zu tun haben. Erinnern Sie sich an Ihre Kindheit, an eigenartige Erlebnisse, die Ihnen in Ihrem Leben widerfahren sind, Krankheiten, Unfälle, seltsame Begegnungen. Versuchen Sie Zusammenhänge zu erkennen. Aber achten Sie immer auf Ihre innere Stimme. Sie sagt Ihnen sofort ein „ja" oder ein „nein" zu den Informationen - ob Sie mit diesen in irgendeiner Verbindung stehen oder nicht. Es mag sein, daß Ihnen bei dem einen oder anderen Erlebnisbericht komisch zumute werden und womöglich auch etwas Angst mitschwingen könnte. In solch eincm Fall könnte dies ein Hinweis darauf sein, daß Sie eventuell mit solch einem Erlebnis in Resonanz getreten sind. Daß Sie möglicherweise selbst so etwas erlebt haben, jedoch Ihr Unterbewußtsein diese Informationen noch nicht freigeben will. In solch einem Fall möchte ich Sie bitten, erst einmal weiterzulesen, denn die Mitglieder der Familie Feistle gingen durch ähnliche Erfahrungen, haben sie jedoch inzwischen konfrontiert und in Kraft umgewandelt und stehen mit ihren Ausführungen dazu hilfreich zur Seite. Falls trotzdem der eine oder andere Leser aufkommende Angst verspüren sollte, haben wir für solche Fälle zwei Kapitel im Anhang hinzugefügt, die sich mit dem Thema 'Angst' beschäftigen, eines davon von Dr. med. Hennig Alberts, der bereits über zwanzig Patienten mit dem sogenannten „Entführungssyndrom" in seiner Praxis behandelt hatte und über diese Thematik auch referiert.

Blicken Sie auch nochmals zurück, wie Sie zu diesem Buch gekommen sind, auf die Umstände. Erinnern Sie sich an das Gefühl, das Sie überkam, das Sie zum Kauf des Buches bewegte, oder das Sie überkam, als Sie es zum ersten Mal in Händen hielten. All dies hat mit dem Inhalt zu tun.

Schalten Sie einfach einmal Ihren Verstand ab, der möglicherweise verschiedene Informationen nicht akzeptieren will, lassen Sie Ihre Gefühle zu und gehen Sie Ihren Impulsen nach.

In diesem Sinne wollen wir uns nun auf eine neue Reise begeben, deren Ausgang wir diesmal selbst bestimmen werden.

Einleitung

Haben nicht auch Sie sich schon einmal Gedanken darüber gemacht, wie denn so ein Außerirdischer, ein Pilot einer fliegenden Untertasse, aussehen mag?

Gehen wir einmal von der perfekten, ästhetischen, ja so harmonischen und faszinierenden Form dieser fliegenden Untertassen aus, müßten die Insassen logischerweise auch ein dementsprechendes Gespür für Schönheit, technische Form und Perfektion besitzen, sonst wären sie wohl kaum in der Lage, vom Antrieb einmal ganz zu schweigen, solche Flugkörper zu entwerfen.

Vergleichen wir die runden femininen Formen der UFOs mit den spitz-eckigen Militärmaschinen der Erde (Stealth-Bomber), ist ein Unterschied in der Entwicklung kaum übersehbar.

Und ist es nicht auch das Faszinierende an dem Gedanken über außerirdisches Leben, daß so eine Untertasse einmal im 'Englischen Garten' landen, ein schöner Mann, eine schöne Frau, dem Fahrzeug entsteigen und Sie auf einen Trip zu deren Heimatplaneten einladen könnte?

Der Gedanke, daß die UFO-Piloten uns ähnlich sehen, ist auch gar nicht so weit hergeholt. Gehen wir von den Naturgesetzen aus, und den neuesten Aussagen der Wissenschaften, müßten auf einem Planeten, der gleiche klimatische und atmosphärische Umstände aufweisen würde wie die Erde, auch die Lebensformen weitgehend gleich aussehen. So wie sich die Tierarten in einem Dschungel in Indonesien denen in einem Dschungel in Brasilien ebenfalls gleichen.

Es sind die gleichen Naturgesetze, die alle Planeten des Universums in deren Umlaufbahnen halten, die Planeten rund geformt haben... Der eine Planet mag vielleicht etwas kleiner sein als ein anderer, doch ist er den gleichen Naturgesetzen unterlegen und so auch das Leben darauf. So scheint es naheliegend, daß das Leben auf einem erdähnlichen Planeten ebenfalls dem unsrigen ähnlich sein

müßte, nur die Größe der Bewohner des anderen Planeten sich aufgrund der Umlaufbahn seiner Monde, seinem Abstand zu seiner
Sonne und den dementsprechend herrschenden magnetischen und
atmosphärischen Kräften, von der des irdischen Menschen unterscheiden würde.

Desweiteren hat man festgestellt, daß die Menschen über die
letzten Jahrhunderte nicht nur größer, sondern auch (wieder) ästhetischer geworden sind.

So könnte man annehmen, daß Außerirdische, die so ein Gefährt
überhaupt erst einmal entwickeln können, ebenfalls weit entwickelte
Wesen sind, von zumindest humanoider, wenn nicht gar schöner und
edler Natur (solche Annahmen sind an dieser Stelle natürlich nur
rein hypothetischen Ursprungs).

Dies sind aber nicht nur unsere Gedanken. Auch die Hollywood-
Regisseure hatten den UFO-Insassen der ersten SF-Filme eine große
menschliche Statur gegeben, wie zum Beispiel in dem SF-Klassiker
„Der Tag, an dem die Erde stillstand".

Erst in den letzten Jahren haben sich die Phantasie-Piloten in ihrem Aussehen verändert. Von schleimigen Kreaturen über Bestien
und großköpfige Aliens finden wir ein reichhaltiges Angebot an
angsteinflößenden und abschreckenden UFOnauten.

Was hat dies zur Folge? Nun, beobachten Sie sich einmal selbst.
Wie würden Sie reagieren, wenn ein schönes Wesen dem UFO entsteigen würde? Mit strahlenden Augen, langen wehenden Haaren
und einem unbeschreiblichen Lächeln. Sie wären fasziniert, nicht
wahr?

Und wenn man die Geschichten von kleinen grauen Wesen mit
insektenartigen Augen hört, die an uns chirurgische Eingriffe vornehmen und Mikrochips ins Gehirn implantieren oder schleimigen
Monstern, die die Erde übernehmen wollen? Sie wären natürlich
abgeschreckt.

Steigt nach solch einem letztgenannten Film das Interesse an einem Kontakt mit Außerirdischen oder die Beschäftigung mit UFOs, oder sinkt sie? Nun, ich würde sagen, daß sie sinkt.

Nach dieser Erkenntnis drängt sich einem logischerweise die Frage auf, wer denn die Anweisung gibt, daß solche und nicht andere Filme produziert werden?

Glauben Sie nicht auch, daß hier Methode dahintersteckt? Könnte es sein, daß irgend jemand vielleicht gar nicht daran interessiert ist, daß sich die Menschen mit diesem Thema ernsthaft auseinandersetzen? Sollten sie den Tag nicht lieber mit Arbeit, Fußball und der Erziehung ihrer Kinder über die Runden bringen?

Nun, wie schon kurz angedeutet, waren die ersten neueren Kontakte mit Außerirdischen (von den zwanziger bis in die siebziger Jahre), schenken wir den 'Kontaktlern' vollen Glauben, sehr schöne Begegnungen mit eben solchen edlen und gleichzeitig äußerst hübschen menschenähnlichen Besuchern, die die Kontaktler mit ihrer Ausstrahlung an Liebe, Würde und Kraft vom ersten Moment an faszinierten.

Wieso dreht man über diese 'Begegnungen' keine Filme? Wie zum Beispiel über den Fall von George Adamski, Billy Meier oder Reinhold Schmidt, die ebenfalls behaupteten oder weiterhin behaupten, persönliche und physische Kontakte mit menschlichen Außerirdischen gehabt zu haben und mit diesen sogar mitgeflogen zu sein (bei George Adamskis Kontakten waren mehrmals Zeugen anwesend, wenn die Untertassen landeten und er hatte unzählige Fotos und Filmaufnahmen vorlegen können, auf denen diese Untertassen sehr detailliert zu erkennen sind)?

Na, weil die Menschen begeistert wären, fasziniert von dem Gedanken, daß es noch etwas besseres geben könnte als McDonalds, die Bundesliga, die immer leerer werdenden Kirchen oder der immer mächtiger werdenden Computer.

Und die Kontaktler waren ebenso von diesen Außerirdischen bewegt, wie ein Gläubiger oder ein Kind von dem Gedanken an sogenannte 'Engel'. Warum? Weil diese Außerirdischen etwas ausgestrahlt haben, was auch Engel ausstrahlen sollen (wenn wir den Personen glauben, dic behaupten, welche gesehen zu haben). Sie strahlen Wärme und Geborgenheit aus, etwas Verständnisvolles und Beschützendes - wie eben ein 'richtiger' Engel. Haben Sie jemals gehört, daß ein Engel häßlich war? Vielleicht sogar eine Glatze hatte? Würden Sie das einem Gläubigen erzählen, zum Beispiel, daß „Mutter Maria" bei ihrem Erscheinen in Garabandal als eine wüste Kreatur mit struppigen Haaren und stechenden Augen zu sehen war, hätte er nach kürzester Zeit bestimmt kein Interesse mehr daran. Die Faszination bei solchen Erscheinungen liegt nämlich darin, daß diese durch ihr Auftreten, ihr edles Aussehen und ihre weisen Worte beim Gläubigen Hoffnung, Kraft und Mut auslösen – Kraft zum Praktizieren der Liebe und der Vergebung, und Mut, sich für ein besseres Leben, angefangen bei einem selbst, einzusetzen.

Daher scheint dem wohl eine Strategie zugrunde zu liegen, daß Engel in den Bereich kindlicher Phantasien verdrängt werden und Außerirdische laut Hollywood nichts anderes zu tun haben, als unseren Planeten zu erobern. Denn Engel und Außerirdische haben etwas gemeinsam - sie sind 'gefährlich'. Gefährlich für die Kirchen, die Regierungen, die Banken, die Autohersteller, die Ölmultis, die Mafia, die Versicherungsagenturen, die Waffenindustrie, bestimmte Buchautoren...

All diese haben kein, aber auch gar kein Interesse, daß sich die Menschen mit Außerirdischen auseinandersetzen - Kinder sollen Barbiepuppen und Videospiele kaufen, Skateboard fahren, vor dem Fernseher sitzen und später möglichst viele Drogen konsumieren, denn damit kann man richtig Profit machen. Die Erwachsenen sollen sich mit Politik und anderen, 'ernsten Themen' gegenseitig beschäftigen und dabei möglichst viele Schulden machen, damit sie auch sicher lang genug mit diesen zu tun haben.

Denn wie bereits angedeutet, stellt sich jemand, der sich mit Außerirdischen befaßt, 'gefährliche' Fragen wie zum Beispiel: Wenn es tatsächlich Außerirdische gibt, die uns vielleicht in prähistorischen Zeiten besucht haben und wir vielleicht deren Nachfahren sind, was taugt dann noch die Entstehungsgeschichte in der Bibel oder die Hypothese vom Urknall? Und was taugen die Personen, die solch eine Meinung vertreten? Was wäre denn dann der Sinn meines Lebens? Die Frage des 'woher' und 'wohin' bekäme plötzlich einen völlig anderen Geschmack. Was ist denn 'Gott' überhaupt?

Und wer sind die Personen, die uns täglich gezielt von solchen Gedankengängen ablenken - über die Massenmedien zum Beispiel? Warum tun sie das? Was ist ihr Beweggrund? Was ihr Ziel? Welche Rolle spiele denn ich im Leben der Magnaten und Multis, die heute die Welt in ihrer Hand halten? Keine? Warum höre ich ihnen dann immer noch zu, kaufe deren Produkte und unterstütze sie? Warum wähle ich dann deren Vertreter bei der nächsten Wahl? Warum lege ich mein Geld bei ihnen an?

Sie sehen, bei diesem Thema kommt Stimmung auf.

Und weil eben diese 'Kreise' kein Interesse daran haben, daß irgendwelche edle Außerirdische kommen und ihr 'lukratives Spiel' kaputtmachen, das Spiel von Kontrolle, Manipulation und Macht, müssen neuerdings Außerirdische - à la Hollywood - häßlich und abschreckend sein. So abschreckend, daß Otto Normalverbraucher (und das scheint immerhin der Großteil der Bevölkerung zu sein) kein Interesse verspürt, solchen Themen auf den Grund zu gehen.

Aber alleine schon die Frage „wo" denn solch ein Kontakt stattfinden würde, wenn überhaupt, wirft Probleme auf. Wenn nämlich schon irgend jemand mit Außerirdischen Kontakt hat, dann muß das natürlich die Supermacht USA sein. Es wäre ja eine Frechheit, wenn die 'Besucher' woanders Kontakt suchen würden. Das würde ja mit dem Weltbild, das man dem Rest der Welt täglich suggeriert, nicht übereinstimmen. Die Welt muß sich nämlich für Amerika interessieren und nicht andersherum. Denken wir nur an die Milliarden, die die NASA bereits verpulvert hat, sei es für Satelliten oder für das SETI-Programm. Es wäre ja peinlich, wenn die Außerirdischen gar kein Interesse an diesem Firlefanz zeigen würden.

Und so 'müssen' sich auch Außerirdische danach richten, denn in Amerika geschieht das, was 'die Welt bewegt'. Es wäre eine Vermessenheit, wenn Besucher aus dem Weltraum ganz woanders landen würden und an einer anderen Bevölkerungsgruppe Interesse fänden, vielleicht sogar in einem Land, das bei dem Rest der Planetenvölker total verpönt ist?

Aber genau das ist passiert und sogar wiederholt.

Ja, unser Buch stellt diese Scheinwelt auf den Kopf. Nicht in Amerika, sondern in Deutschland ist es geschehen, nicht der dafür bezahlte NASA-Forscher oder die Regierung hatte den Kontakt, sondern ein Industriemechaniker. Auch nicht mit schleimigen Monstern, sondern mit großen, schlanken, wunderschönen Wesen, die noch eine weitere Frechheit besitzen und sich nicht an die 'Spielregeln' halten - sie sprechen deutsch. Zu guterletzt haben sie sogar noch etwas zu sagen, aber auch nicht das, was die US-Regierung oder Hollywood vielleicht erwarten würden.

Und zwar handelt es sich in unserem Fall um eine hilfreiche Gruppe „Menschen", die in einem anderen Sonnensystem lebt und sich Sorgen um die Menschen auf der Erde macht. Aufgrund der Tatsache, daß sie selbst in ihrer Vergangenheit ähnliches erlebt und durchlebt haben, verstehen sie sehr wohl die Schwierigkeit der Situation - nämlich die Verstrickung in der dritten Dimension - die Verstrickung in der Materie.

Und sie wollen uns helfen in der Trostlosigkeit der momentanen Weltsituation - atheistisch, versaut und dekadent - kurz um: nicht mehr funktionierend und kurz vor dem Zusammenbruch.

Doch wer sind die Wesen, die uns hier besuchen?

Das werden Sie nun auf den folgenden Seiten erfahren. Machen Sie sich aber darauf gefaßt, daß diese Außerirdischen eventuell etwas sagen und unternehmen könnten, was Ihrem gegenwärtigen Weltbild oder den übriggebliebenen Schulweisheiten nicht entspricht. Und es paßt wahrscheinlich auch nicht in das, was mancher auf neudeutsch als „political-" oder „genetical correctnes" bezeichnet.

Bevor wir loslegen, möchten wir, die Personen, die in den folgenden Kapiteln zu Wort kommen, Ihnen aber noch kundtun, was unsere eigentliche Absicht ist, dieses Buch und die darin geschilderten Erlebnisse an Sie weiterzugeben (Kapitel, die nicht von mir verfaßt sind, wurden durch die Angabe des Namens des Autors jeweils gekennzeichnet).

Wir wollen nicht beunruhigen, sondern das Leben durch diese zum Teil absolut neuen Aspekte sinnvoll bereichern und damit einen weiteren Impuls zur momentanen irdischen Frequenzerhöhung und den damit einhergehenden Bewußtseinserweiterungen setzen.

Jegliche Hilfe, auch zu diesem Buch, wurde uns wie durch wunderbare Weise zugeführt. Es wurde uns mit jedem weiteren Tag aufs neue bestätigt, daß alles, was wir Menschen suchen und zur Existenz benötigen, wirklich IN uns ist, wir mit unseren Gedanken und Taten unsere eigene Zukunft erzeugen.

Tief in uns ist der unerschütterliche Glaube, daß die irdische Menschheit dies auch bald erkennen und aufgrund dessen selber wissen wird, welchen Weg sie in Zukunft zu gehen hat.

Unsere Gedanken, unsere Ideen und unsere Gefühle kommen von innen, sie entspringen einer tieferen Ebene, sie kommen einfach auf, und wir wissen: *„Das ist wahr"* - eine Wahrheit von vielen. Es gibt viele kleine Wahrheiten, die wie ein großes Puzzlespiel aufgebaut sind. Und viele Puzzlestückchen zusammen ergeben das Gesamtbild. Wir haben eines - andere ein anderes. Wenn wir das erkennen, kommen wir der Wahrheit immer näher.

Nun haben wir mit diesem Buch wieder ein Stück gefunden, und wir werden bestimmt noch weitere finden, wenn wir weiter bewußt an uns arbeiten und infolgedessen das Leben noch tiefer verstehen lernen.

Womöglich ist unter den hier veröffentlichten Informationen ein Teilchen dabei, das in Ihr Lebens-Puzzle paßt. Vielleicht sogar mehrere.

Und es war unser Anliegen, trotz der im Vorfeld gegen uns bereits ausgesprochenen Drohungen und Unannehmlichkeiten, diese

Informationen bereitzustellen, da sie für alle bestimmt sind, alle etwas angehen und womöglich auch alle auf irgend eine Weise damit verknüpft sind.

Doch sollte bei all der Informations- und Wissenssuche nicht die Nachsicht und Geduld mit unserem Nächsten an Aufmerksamkeit verlieren, denn Verstehen zu lernen, Nachsicht zu üben und geduldig zu sein, ist weitaus wichtiger, als übermäßiges, komplexes Wissen.

Das Problem auf der Erde ist nicht die fehlende „freie Energie", das endgültige Schlüsselchen für die Entstehungsgeschichte des Homo Sapiens oder das Geheimnis der Alchimie - das Problem ist, daß die meisten von uns heute nicht mehr in der Lage sind, Liebe zu leben, sie zu praktizieren und dementsprechend mit ihrem Nächsten umzugehen.

Verstehen wir diese Form der Liebe, dann verstehen wir das Leben, dann verstehen wir, was viele als 'Gott' bezeichnen und erfahren am eigenen Leib den Sinn der ganzen Schöpfung.

Früher oder später wird es uns allen einmal gelingen, *„Christus gleich zu sein in unserem Tun"*, denn dies, die Tatliebe, ist unser Erbe - unsere Aufgabe. Es führt kein Weg daran vorbei.

Es ist wohl insgesamt ein langer Weg dahin, doch Übung macht den Meister. Uns passiert es trotz all unserer Erfahrungen immer wieder, daß wir urteilen und verurteilen, aber wir lernen, lernen immer weiter - oder auf neudeutsch: *„Learning by doing"*. Hätten wir das 'Christusbewußtsein' schon erreicht, also wären in der Lage, unserem Nächsten zu begegnen wie es Jesus vorlebte, wären wir jetzt vermutlich nicht hier auf der Erde - dem Planet der schwererziehbaren Seelen.

Wir sind alle hier um zu lernen - von uns selbst und von den anderen, wie auch von den Wesenheiten aus dem Kosmos, die uns wie 'ältere Brüder' hilfreich zur Seite stehen können.

Die Feistles, deren Erlebnisberichten wir nun unsere Aufmerksamkeit widmen wollen, sind erst am Anfang einer langen Reise und haben eben erst begonnen, bewußt mit diesen unseren Brüdern und

Freunden aus einer anderen Welt zu kooperieren. Sie sind dabei ganz natürliche Menschen, mitten aus dem Leben gerissen, und so sind ihre Ausführungen auch einfach und ehrlich. Doch sie haben aus dem Herzen geschrieben. Vielleicht ist das auch der Grund, warum gerade sie den Kontakt haben.

Folgen daher auch Sie Ihrem Herzen und nicht dem Intellekt, denn der kann nur verarbeiten, was er schon kennt. Folgen Sie Ihrem Gespür und haben Sie Mut, zu fühlen, was in Ihnen hochkommt. Es ist möglicherweise Ihr eigenes Urwissen, das Sie zurückbekommen. Wir können Sie dann allerhöchst darin bestätigen.

Kapitel 1
Wie alles begann...

erzählt von Reiner

Eigentlich verlief meine Kindheit glücklich und zufrieden, außer meinen Ängsten, die mich jede Nacht beschlichen und bis zu meinem zwölften Lebensjahr nicht mehr verließen. Ich hatte nachts das Gefühl, daß sich irgend wer oder irgend etwas im Raum befinden würde und ohne Licht zu schlafen, war für mich deshalb undenkbar. Meine Eltern, bei denen ich in diesen Jahren nachts Schutz und Verständnis suchte (meistens in der Bettmitte), taten all' meine Beschreibungen und Empfindungen nur als Phantasie ab. Doch dieses Fremde, Unbekannte, das mich ängstigte, machte mein Leben sehr schwer und meine Gedanken wanderten auf Grund dessen interessanterweise immer in die Ferne des Weltraums hinaus. Intuitiv empfand ich, dort die Antworten auf meine Fragen finden zu können. Irgendwie wußte ich schon damals, daß es dort oben Leben gab - wahrscheinlich mehr als ich es mir je vorstellen konnte - und dieses 'da draußen' auf irgend eine Weise mit mir verbunden war.

Was mich aber vor allem sehr ängstigte, waren Krankenhäuser. Als Kind geriet ich regelrecht in Panik, als mir die Mandeln entnommen werden sollten. Meine Mutter konnte mich nicht beruhigen und auch Beruhigungsmittel halfen nicht. Dabei konnte ich aber nicht einmal genau sagen, was mich hierbei wirklich ängstigte: die sterilen Räume, die Untersuchungen, die weißen Kittel?

Irgendwann im Alter von etwa elf Jahren hatte ich dann eines meiner ersten 'merk-würdigen' Erlebnisse. Und zwar spielten meine Freunde und ich damals auf einer Wiese, als wir inmitten dieser einen seltsamen Kreis entdeckten. Er erschien als irgendwie verbrannt, war es aber nicht. Wir fragten den Bauer, dem das Feld gehörte, doch dieser meinte nur, daß er ebenfalls keine Ahnung habe, was dieser Kreis darstellen würde oder woher er gekommen sein könnte. So machten wir uns keine weiteren Gedanken über diesen Vorfall und vergaßen ihn auch bald wieder.

Erst im Erwachsenenalter kam dieses Ereignis wieder ins Bewußtsein zurück. Als ich mich inzwischen mit UFO-Sichtungen und Kornkreisen beschäftigte, wurde mir plötzlich bewußt, daß es sich bei 'unserem Kreis' um eine 'Landestelle' eines UFOs gehandelt haben mußte, wie sie öfters in der gängigen UFO-Literatur beschrieben und auch abgebildet waren.

Trotzdem hatte ich der Sache keine weitere Bedeutung beigemessen. Die Jahre vergingen, ohne daß etwas Bemerkenswertes in dieser Richtung geschehen war.

Es war dann Mitte 1992, als ich meine jetzige Frau Karin kennenlernte und sich mein Leben von Grund auf ändern sollte. Sie löste bei mir eigenartige Gefühle aus und mein Interesse für UFOs wurde immer größer. Es hatte offenbar mit ihrer Anwesenheit zu tun, denn plötzlich tauchten bei mir auch wieder diese unerklärlichen Ängste in der Nacht auf, die ich bereits seit vielen Jahren nicht mehr gehabt hatte. Irgend etwas war mit Karin, das all dies wieder hochkommen ließ, bloß was?

Im Oktober 1992 begannen dann zusätzlich äußerst seltsame Träume. Es überkam mich das Gefühl, als ob sich irgend etwas im Schlafzimmer aufhalten und mich beobachten würde und ich wachte jedesmal schweißgebadet auf. Ich kam mir völlig hilflos vor, doch noch schlimmer war diese Bewegungsunfähigkeit, die mich dabei überkam. Ich hatte das Gefühl, als würde sich der ganze Raum zusammenziehen. Auch war ich nicht in der Lage, Karin zu wecken. Ich war wie gelähmt, paralysiert. Nach einem dieser 'Träume' (die eigentlich immer sehr reell waren – fast *zu* reell) weckte ich, nachdem meine Bewegungsfähigkeit langsam wieder zurückgekommen war, Karin auf und erzählte ihr totenbleich, was geschehen war. Dabei war ich total aufgewühlt, so tief saß die Angst in mir. Karin mußte meine Angst gespürt haben, denn obwohl sie geschlafen hatte, wollte sie mir im Traum helfen und dieses Unbekannte, das ohne eine tatsächliche Form identifizierbar war, von mir weglocken. War es womöglich gar kein 'Traum'? Vielleicht war tatsächlich etwas in unserem Schlafzimmer gewesen, nur was?

Trotz meines steigenden Interesses zum sogenannten 'UFO-Phänomen' sah ich zu dieser Zeit noch keinerlei Verbindung zwischen diesem und meinen Träumen und den damit einhergehenden Ängsten. Das änderte sich schlagartig, als wir eines Abends, es war Weihnachten 1992, den Hollywood-Streifen „Intruders" ansahen, bei dem es sich angeblich um authentische Berichte von Patienten handelte, die von einem amerikanischen Psychiater gesammelt und wegen ihrer unübersehbaren Parallelen veröffentlicht wurden. All diese 'Patienten' berichteten, daß sie nachts von kleinen grauen Wesen auf deren Raumschiff 'mitgenommen' und dort in irgend einer Weise 'untersucht' worden waren. Eine Gemeinsamkeit, in Folge der 'Untersuchungen' hatten alle Patienten vorzuweisen - kleine Narben an Bein, Bauch oder Arm, wo diesen Menschen entweder etwas eingesetzt oder entnommen worden war.

Als wir dies in dem Film sahen, überkam uns eine Gänsehaut nach der anderen, denn wir hatten beide die selben Narben wie die 'Patienten' in dem Film vorzuweisen - kreisrund - die total identisch miteinander waren. Wir konnten uns beide nicht daran erinnern, woher wir diese Narben hatten, eines morgens waren sie plötzlich da. Doch langsam dämmerte uns etwas.

Wir ahnten schon, daß da noch mehr dahinterstecken würde. Das konnte nicht nur Science Fiction sein. Und so erfuhren wir eben auch etwas später, daß dieser Film tatsächlich auf sogenannten 'Entführungserlebnissen' beruhte, die von dem UFO-Forscher Bud Hopkins untersucht worden waren.

Die Sache ließ uns nach diesem 'Aha-Erlebnis' natürlich nicht mehr los und wir versuchten durch Recherche in Büchern und Vorträgen, mehr über diese sogenannten 'Entführungen' zu erfahren.

Dabei stieß ich auf das Buch 'Kontakte' von Dr. Johannes Fiebag, in dem ebenfalls diese 'Entführungsberichte' und ein Foto einer deutschen Frau mit den gleichen Narben, wie Karin und ich sie hatten, aufgeführt waren. Also ein erneuter Hinweis für uns.

Angeregt durch dieses Foto schrieben wir an Dr. Fiebag und trafen uns dann im Dezember 1994 mit ihm, als dieser ein Treffen solcher 'Entführter' in der Nähe von Hannover anberaumt hatte.

Wir waren fasziniert von den Berichten, doch überkam uns gleichzeitig ein mulmiges Gefühl. Einerseits hatten wir die gleichen Narben wie die anderen, so auch die Alpträume und Ängste, doch fiel es uns trotzdem sehr schwer zu glauben, daß dies wirklich auch uns betreffen sollte.

Durch all unsere Recherchen und die Suche nach Antworten hatten wir uns 'zwangsweise' so intensiv mit der Esoterik und der Ufologie auseinandergesetzt, daß wir uns entschieden, eine esoterische Buchhandlung zu eröffnen. Nicht nur aus dem Grund, derartige Literatur unters Volk zu bringen, sondern eben auch Gleichgesinnte anzuziehen.

Nachdem wir zu Anfang überwiegend esoterische Literatur angeboten hatten, änderte sich dies im Laufe der Zeit in ein dominierendes Angebot an UFO-Büchern wobei wir zusätzlich einen Abend pro Monat ein Treffen für UFO-Interessierte veranstalteten.

Wir verspürten einfach das starke Bedürfnis, irgendwie in dieser Richtung aktiv zu werden und die Menschen über solche Vorgänge zu informieren. Doch unsere eigene Verbindung wollten wir zu dieser Zeit einfach noch nicht wahr haben. (Interessant ist dabei zu bemerken, daß der absolute Renner in unserer Buchhandlung mit Abstand Jan van Helsings Bücher waren, die, nebenbei bemerkt, auch uns die Augen geöffnet hatten. Eine Woche, nachdem ich selbst den ersten Band gelesen hatte, träumte ich, daß ich Jan irgendwann persönlich kennenlernen und sogar eine Freundschaft zwischen uns entstehen würde - und so ist es geschehen).

Durch die intensive Beschäftigung mit der Esoterik war meine eigene Bewußtwerdung und Selbstfindung natürlich auch fortgeschritten und ich begann, an meinem eigenen Leben und meinem Schicksal zu schleifen. Ich sagte mir bezüglich meiner Träume: *„Nein, jetzt reicht's, ich will keine Angst mehr haben"* und über mentales Training, bewußte Kontrolle meiner Gedanken und Beobachtung meiner Gefühlswelt gelang es mir langsam aber sicher, meine Angst zu besiegen und alles aus einer anderen Sichtweise zu betrachten. Ich kam zu der Überzeugung, daß die Erlebnisse, die ich hatte und die bei mir Angst auslösten, dies nicht taten, weil sie tatsächlich 'böse' oder beängstigende Geschehnisse waren, sondern es an dieser verdammten Unwissenheit lag, die mich marterte, nicht zu wissen, 'was' hier eigentlich mit mir passiert.

Daher beschloß ich, die Dinge einfach einmal geschehen zu lassen mit der Haltung, daß ich schon irgendwann den Sinn erkennen würde. Dadurch wich meine Angst nach und nach einer wachsenden Neugier.

Offenbar hatte ich durch dieses 'Loslassen' meinem Unterbewußtsein einen Impuls gegeben, denn ein äußerst seltsamer „Traum" überkam mich eines Nachts. Er war so überwältigend, wie auch auf die wahren Geschehnisse hindeutend, daß ich ihn an dieser Stelle einfügen möchte:

Karin und ich befanden uns irgendwo in einem riesigen Hochhaus, es waren viele Menschen anwesend, die alle sehr elegant gekleidet waren. Plötzlich hörte ich einen telepathischen Befehl in meinen Kopf. Ich verließ das Zimmer und ging in einen Nebenraum, vor dem am Fenster ein Raumschiff - eine fliegende Untertasse - schwebte. Zwei kleine gräuliche Wesen kamen geistergleich durch das Fenster geschwebt und begrüßten mich (diese Wesen sahen denen ähnlich, die in dem Film „Intruders" gezeigt worden waren). Doch es überkam mich dabei keinerlei Angst. Es schien, als würde ich sie schon länger kennen. In Gedanken hörte ich eine Stimme, die von einem dieser Wesen zu kommen schien und die mir sagte, daß ich Karin rufen sollte - telepathisch - was auch funktionierte, denn plötzlich stand sie vor mir. Wir mußten uns hinlegen und die kleinen

Wesen berührten uns mit einem Metallstab an der Stirn. Der dadurch entstandene Druck auf meiner Stirn war eigenartig. Nach einigen Minuten durften wir wieder aufstehen und die Wesen schwebten in ihr Raumschiff zurück.

Durch diesen Traum wach geworden, lag ich im Bett und spürte noch deutlich den Druck auf meiner Stirn. Auch Karin hatte diesen Druck auf der Stirn, wonach wir feststellen mußten, daß wir beide den gleichen 'Traum' geträumt hatten. Und der Druck auf der Stirn hielt bei uns beiden noch den ganzen Tag an.

Es wurde uns immer klarer, daß wir offenbar Teil dieses Szenariums waren, daß wir auch solche 'Entführungen' erlebten, doch uns im Wachbewußtsein nicht daran erinnern konnten.

Es mußte erst noch ein weiterer 'Traum' folgen, oder soll ich besser 'Vision' sagen, bevor wir wirklich 'aktiv' werden sollten.

Diese Vision vom April 1994 sah folgendermaßen aus:

Es war an einem herrlichen Sommertag und ich befand mich auf einer Straße, als sich plötzlich der Himmel verdunkelte und hunderte, ja tausende Raumschiffe jeglicher Art am Himmel zeigten. Karin war auch mit dabei und wir sahen diesem Schauspiel ruhig und gelassen zu. Es überraschte uns offenbar überhaupt nicht - sogar das Gegenteil war der Fall - wir waren fasziniert von dem, was sich da abspielte.

Doch die anderen Menschen gerieten völlig in Panik und strömten entsetzt durcheinander. Sie verstanden nicht, was hier geschah. Das Chaos war unbeschreiblich und es war auch sehr beängstigend, mit ansehen zu müssen, welche Reaktionen dieses Ereignis offenbar bei unwissenden Menschen auslöste. Personen, die uns kannten, kamen auf uns zu und riefen: *„Helft mir, helft mir..."* Doch wir konnten nicht. Wir hatten unsere Freunde und Bekannte schon vor Jahren gewarnt und über diesen Tag berichtet - der Landung von Außerirdischen - der irgendwann einmal kommen würde. Doch man hatte uns nur ausgelacht.

Wir hatten ihnen gesagt, daß einst der Tag kommen würde, da unser Sonnensystem eine Transformation durchlaufen und die Erde auf eine höhere Frequenzstufe angehoben wird und die Menschen, die sich bewußt diesen Energien geöffnet hätten, diese Transformation auch überleben würden. Wir sagten ihnen auch, daß sie lernen sollten, von ihren materiellen Gütern loszulassen, zu lernen, wieder in Einfachheit und in Einheit mit der Natur zu leben. Doch unsere Worte fanden keinen nährreichen Boden.

Plötzlich erblickten wir einen riesigen Mann, bestimmt an die zweieinhalb Meter groß, der einen langen schwarzen Mantel und einen großen schwarzen Hut trug. Auf dem Weg zu ihm fühlten wir eine unbeschreibliche Liebe und Vertrautheit zu dieser Person. Er lächelte uns an und sagte: *„Kinder, nun ist es an der Zeit, nach Hause zu gehen."* Daraufhin breitete er seinen Mantel aus und wir schlüpften darunter. Und in diesem Moment geschah etwas Gewaltiges, Unglaubliches, das mit Worten kaum zu beschreiben ist.

Karin und ich wurden hochgezogen, in Richtung eines der Raumschiffe, und lösten uns dabei in reines Licht, in reine Energie, auf. Es war das vollkommenste Gefühl, daß ich bisher in meinem Leben kennengelernt hatte. Wir bemerkten dann von oben viele, sehr viele umherirrende Menschen, die weinten oder tobten. Sie wollten auch zu diesem Mann und in ein Raumschiff gezogen werden. Doch es war nicht möglich. Der schwarze Mann erklärte ihnen, daß diese Energie die Menschen verbrennen würde, die nicht durch ein bewußtes und liebevolles Leben ihr eigenes Frequenz- oder Magnetfeld hochtransformiert hätten. Nur die Menschen, die ihrer Intuition, ihrer inneren Stimme gefolgt wären und ihr „Herz am rechten Fleck" hätten, könnten diese Energie, den Lichtstrahl, vertragen. Einige versuchten es trotz seiner Warnung und verbrannten in dem gleißenden Licht.

An allen Orten der Welt geschah dies gleichzeitig. Viele hatten ihr Leben nach dem Prinzip der Liebe gelebt und daher die nötige Schwingungsfrequenz erreicht, um von dem Lichtstrahl auf ein Raumschiff gebeamt zu werden. Doch die große Masse der Menschen schaffte es nicht. Wir sahen es mit Traurigkeit. Viel mehr hätten es schaffen können, doch sie wollten von all diesen Dingen nichts wissen.

Plötzlich war meine Vision zu Ende. Sie ist mir heute noch wie ins Gedächtnis eingebrannt.

Einen Monat später, im Mai 1994, hatten wir dann erstmals eine physische UFO-Sichtung. Wir erblickten mit einigen Zeugen zusammen eine große silberne Scheibe, die seltsame Flugmanöver veranstaltete. Es konnte niemals ein Flugzeug oder dergleichen gewesen sein, da diese keine zickzack-Flugmanöver ausführen können. Es war ein bewegendes Ereignis und wir wußten, daß es bestimmt nicht das letzte Mal gewesen sein würde. Eine tiefe Freude und innere Ruhe überkam uns dabei.

Die Ereignisse intensivierten sich und es sollte das Jahr 1995 sein, das die bisher größten Veränderungen hervorbrachte. In diesem Jahr ereignete sich auch das sogenannte 'Schlüsselerlebnis', das den Durchbruch in unserem 'Fall' auslösen und das Leben der gesamten Familie abrupt verändern sollte.

Es war die Nacht vom 30. auf den 31. Januar 1995. Wir legten uns wie immer frühzeitig schlafen, nur schien diesmal etwas in der Luft zu liegen, eine gewisse Spannung. Der Fernseher störte zum Beispiel, aber auch ansonsten schien dieser Abend irgendwie anders zu sein. Wir wußten, daß irgend etwas passieren würde.

Auch die Katzen miauten ängstlich und verstört, anders als sonst. Zwar hatten wir so etwas schon einige Male erlebt, aber niemals so gewaltig wie an diesem Abend. „*Vielleicht erscheint heute Nacht Besuch?*" scherzten wir und lachten dabei. Wenn wir nur geahnt hätten, wie nahe wir der Realität waren, als wir das sagten.

Ich konnte nicht einschlafen, war innerlich sehr unruhig, drehte mich nach rechts, dann nach links und eine glühende Hitze stieg in mir auf. Irgendwann, ich weiß nicht mehr wann, schlief ich dann endlich ein. Plötzlich wurde ich abrupt wach und hatte das Gefühl, soeben ins Bett gefallen zu sein. Ich spürte das Fallen ganz genau und riß erschrocken meine Augen auf. Ich lag auf dem Rücken und drehte mich nach links, um auf die Uhr zu schauen. Es war halb sieben Uhr morgens und ich hörte deutlich Karins Sohn Markus am Computer spielen (Er ist ein Computerfan). Ich war hundertprozentig wach, träumte also ganz gewiß nicht. Mit dieser Erkenntnis, völlig wach zu sein, drehte ich mich von der Seite wieder auf den Rükken und dann da sah ich 'sie' - bei vollem Bewußtsein. Ich erschrak im ersten Moment sehr, doch als ich wieder ausgeatmet hatte, lag ich ganz ruhig da, völlig fasziniert von diesem Anblick.

In ungefähr zwei Meter Entfernung sah ich am Fenster ein kleines graues Wesen mit einem übergroßen Kopf und zwei riesigen insektenartigen schwarzen Augen stehen. Ich konnte es klar erkennen, da der Rolladen nur zur Hälfte heruntergelassen und eine Straßenlaterne in der Nähe installiert war. Es war hell genug, alles genau zu erkennen. Ich konnte diesem Wesen nur in seine großen, dunklen Augen schauen. Mein Blick wurde wie magisch angezogen und ich konnte mich nicht mehr von ihm abwenden. Die ganze Kraft kam aus seinen Augen, die mich buchstäblich ruhig stellten und bewirkten, daß ich nicht mehr in der Lage war, zu schreien, beziehungsweise mich zu bewegen. Ich war paralysiert. Diesen Zustand kannte ich schon von früheren 'traumartigen' Erlebnissen, doch der Unterschied war, diesmal wach zu sein. Es gelang mir dann schließlich doch, mich dem Blick des Wesens zu entreißen und sah ein zweites Wesen, das mich beobachtete. Zwischen dem Bett meiner Frau und der Schlafzimmertür bemerkte ich dann zu meinem Erstaunen, daß da noch etwas Anderes, Größeres stand. Es war ein halbmaterialisiertes großes Wesen, menschenähnlich, ziemlich genau zwei Meter zwanzig groß (das kann ich deshalb so genau sagen, da dieses Wesen vor unserem Schrank stand und dessen Kopf mit der Oberkante des Schrankes auf gleicher Höhe war). Leider konnte ich von diesem Großen, im Gegensatz zu den kleinen Grauen, die vollkommen real im Raum standen, nur die Umrisse erkennen. Doch es waren die Umrisse eines normalen Menschen.

Mein Blick glitt zur Schlafzimmertür und dort nahm ich etwas sehr faszinierendes wahr. Dort sah ich ein drittes kleines, humanoides Wesen, das gerade durch die geschlossene Schlafzimmertür kam, so als ob diese Türe überhaupt nicht existierte. Es war verrückt! Ich selbst lag nur seelenruhig da und betrachtete alles, als ob ich mich in einem Film befinden würde. Nach ungefähr vier bis fünf Minuten lösten sich dann diese drei Wesen in Luft auf, sie entmaterialisierten sich wortwörtlich und entschwanden, als ob sie nie existiert hätten. Da ich jegliches Zeitgefühl verloren hatte, konnte ich nur in etwa schätzen, wie lange alles gedauert hatte.

Ich kann immer nur wiederholen - es war absolut real.

Das Erlebnis bestätigte nicht nur mein Gefühl, wie bei Dr. Fiebag beschrieben, nachts 'abgeholt' zu werden, sondern auch meine innere Vermutung, daß diese kleinen grauen Wesen nicht alleine agieren würden. Das aber widersprach all den Berichten anderer 'Entführter', die überwiegend aus den USA kamen, und bei denen grundsätzlich nur von diesen 'kleinen Grauen' die Rede ist. Doch bei mir war das anders - bedeutend anders, wie es sich bald herausstellen sollte.

Als die Wesen verschwunden waren, konnte ich mich endlich wieder vollständig bewegen und bekam die Kontrolle über meinen Körper zurück. Sofort weckte ich Karin auf, die auch gleich reagierte, und erzählte ihr das gerade Erlebte. Sie hörte mir gespannt zu und sagte nur: „Ach, ich hätte sie auch gerne gesehen." Im Hintergrund hörten wir immer noch unseren Sohn am Computer spielen. Er hatte von all dem nichts mitbekommen.

Jetzt war für mich der endgültige Beweis erbracht, daß alle meine über viele Jahre traumartigen Erlebnisse keine Alpträume gewesen waren, sondern sich real abgespielt hatten. Nur auf einer anderen Bewußtseinsebene.

Jeder Mensch, der schläft, befindet sich in einem bewußtseinsveränderten Zustand, und genau zu dieser Zeit nehmen diese Wesen mit uns Kontakt auf. Es ist natürlich sehr schwer dies zu beweisen, da solche Berichte immer gleich als Einbildung oder überdrehte Phantasie dargestellt werden. Auch ich muß zugeben, daß ich des öfteren selbst an meiner geistigen Gesundheit gezweifelt habe. Aber unabhängig von vorhandenen Narben oder anderen physischen Relikten nächtlicher Abholaktionen, gibt es eine Möglichkeit, herauszufinden, ob es sich bei solchen Erlebnissen um Phantasie oder Realität handelt - die Hypnose.

Doch ich hatte in diesem speziellen Fall ein ganz reelles Ereignis erlebt und somit die hundertprozentige Gewißheit, daß ich nicht 'plemplem' war. Offenbar hatte es auch einen tieferen Grund, warum gerade ich mit diesem physischen Kontakt konfrontiert wurde. Desweiteren nahm es mir meine letzten Zweifel, stärkte mir das Rückgrat, standhaft zu bleiben, weiterzumachen und das Erlebte an andere Menschen weiterzugeben. Auch mit dem Wissen, als Spinner abgestempelt zu werden.

Nach all diesen Erlebnissen war es mir beim besten Willen nicht mehr möglich, die UFOs aus meinem Leben zu verdrängen und ich traf eine Entscheidung, die ich eigentlich schon eine ganze Weile vor mir hergeschoben hatte, und die wahrscheinlich eine der wichtigsten Entscheidungen in meinem Leben sein würde - ich entschied mich, eine regressive Hypnose durchführen zu lassen. Ich wollte der Sache nun endlich auf den Grund gehen und wollte wissen, warum diese Wesen gerade zu mir kamen und vor allem, wohin sie mich mitnahmen.

Am 1. Mai 1995 war es dann soweit, die Stunde der Wahrheit war gekommen. Während andere an diesem Tag einen Ausflug ins Grüne machten, begab ich mich auf eine Reise ins Innere, ins Unbewußte. Es war ein eigenartiges Gefühl, nicht zu wissen, was mich erwartete und ich war daher ziemlich aufgeregt. Es war mir bewußt, daß es zu einem 'Alptraum' werden könnte, doch darüber wollte ich erst gar nicht nachdenken. Ich fühlte mich innerlich stark genug, um dieses

Risiko einzugehen und mein Drang, mehr zu erfahren, war stärker als die Sorge, daß etwas Schlimmes dabei herauskommen könnte. Herr Dr. med. Henning Alberts, Neurologe und Psychiater aus Stuttgart, den ich auf dem Treffen mit Dr. Fiebag kennengelernt hatte, erklärte mir genau, wie alles ablaufen würde und führte ein ausführliches Gespräch mit mir, wobei er mir gleichzeitig meine innere Unruhe nahm. Er erklärte mir, daß, falls es unangenehm werden sollte, ich jederzeit Herr der Lage und den Dingen nicht willenlos ausgeliefert wäre. Ich hatte großes Vertrauen zu ihm und konnte mich dann auch schnell und ohne große Probleme tief entspannen.

Erste Hypnosesitzung am 1. Mai 1995

Es dauerte nur kurze Zeit und mein Unterbewußtsein war bereit, Informationen, die tief in mir verborgen geblieben waren, freizugeben. (Wir haben uns dazu entschieden, diese und die nächsten beiden Hypnosesitzungen in der Erzählform wiederzugeben, da sie auf diese Weise flüssiger zu lesen sind. Es ist dadurch möglich Details mit aufzuführen, die Reiner während der Hypnose zwar aufgefallen sind, sie jedoch nicht verbal von sich gegeben hatte. Da der Text trotzdem so originalgetreu wie möglich bleiben sollte, mag es sein, daß er an manchen Stellen eher kindlich und an anderen gar grammatikalisch unkorrekt wiedergegeben ist. Den Originaltext im 'Frage-Antwort-System' (jedoch zensiert) finden Sie in Reiner und Karins erstem Buch „Die Unermeßlichkeit des Seins". Wir steigen an der Stelle in die Sitzung ein, an der es für uns interessant wird).

Reiner: *„Es ist abends 11.00 Uhr und ich wälze mich unruhig im Bett hin und her."*
Dr. A: *„Was passiert nun?"*
Reiner: *„Die Stunden vergehen, ich werde plötzlich wach, die Uhrzeit kann ich nicht erkennen. Es ist stockdunkel im Raum, ich schätze ungefähr 2.00 Uhr nachts. Jetzt wird es mir am*

ganzen Körper glühend heiß, ich verspüre aber keine kör-
perlichen Schmerzen. Eine fremde Präsenz scheint sich im
Raum auszubreiten, ich sehe nichts, doch ich fühle, daß
sich irgend etwas im Raum befindet und mich beobachtet.
Oh... was geschieht denn jetzt? Es wird schlagartig hell im
Zimmer, der ganze Raum füllt sich mit blauem Licht. Ich
liege regungslos im Bett, nicht fähig, mich zu bewegen.
Dieses Gefühl der Hilflosigkeit überkommt mich massiv.
Nun wird es nebelig im Zimmer, der ganze Raum wird mit
einem eigenartigen undurchdringlichen Nebel durchflutet.
Jetzt kann ich eine Gestalt erkennen, sie ist klein, zierlich,
vielleicht einen Meter zwanzig groß mit überproportiona-
lem Kopf und insektenartigen, schwarzen, schrägen Augen.

Dr. A.:   *„Kennen Sie dieses Wesen?"*

Reiner: *„Ja, ich kenn' dieses Wesen schon lange, er ist mein*
Freund, ich kenn' ihn schon seit meiner frühesten Kindheit
(seit ich geboren bin). Er spricht mit mir und sagt, daß ich
mich nicht zu fürchten brauche. Jetzt kommt er auf mich zu,
er kommt an meine Bettseite und legt seine Hand auf meine
Stirn. Sie fühlt sich eigenartig an, irgendwie anders, kalt,
als ob die Hand von diesem Wesen untertemperiert wäre.
Nun kommt wieder dieses eigenartige Gefühl - mein ganzer
Körper, jede Zelle, wird durchflutet von einer eigenartigen
Energie. Ich spüre klar und deutlich, daß sich mein Körper
verändert. Ich werde ganz schwer und leicht zugleich.
Ich verliere jegliches Körpergefühl, als ob ich keinen ma-
teriellen Körper mehr hätte. In diesem Augenblick empfin-
de ich sehr viel innere Ruhe und sehe währenddessen, wie
zwei weitere Wesen geisterhaft durch die Schlafzimmertür
gleiten. Ohoo.. jetzt zuckt's wieder am ganzen Körper. Ich
schwebe, ich sehe mich schweben, einen Meter über dem
Bett. Ich sehe auch klar und deutlich Karin, die rechts von
mir tief und fest schläft. Trotz allem fühle ich mich in die-
ser Situation sehr wohl. Jetzt spüre ich deutlich, wie mich

eine unaufhaltsame Kraft nach oben zieht. Es fühlt sich an, als ob man in einem Aufzug stehen würde, der mit einer unwahrscheinlich hohen Geschwindigkeit nach oben fährt. Ich fliege weg, immer weiter weg. Plötzlich ändert sich die Situation und ich bin an einem völlig anderen, fremden Ort. Ich sehe mich auf einem Tisch liegen, auf einem großen, weißen Tisch. Nun sehe ich wieder klar und deutlich meinen Freund, er steht an der Seite vom Tisch und hält meine Hand. Er sagt, daß ich mich nicht fürchten soll. Ich werde innerlich ganz ruhig und empfinde überhaupt keine Angst. Plötzlich bemerke ich, wie sich eine Türe öffnet, es ist aber keine normale Tür, wie wir sie uns vorstellen, sondern eine Türe, die von unten nach oben aufgeht.

Jetzt sehe ich, wie eine größere Gestalt den Raum betritt (ca. 2 m), kann sie aber nicht genau erkennen. Es ist so, als hätte ich einen Schleier vor meinen Augen. Ich kann nur eine schattenhafte Gestalt erkennen, nicht deutlich beschreibbar. Das einzige, was ich klar sehe, sind seine Hände. Er hat weiße Handschuhe an. Was macht er denn da? Er faßt mich an, er untersucht mich. Er spricht auch mit mir. Eigenartig, denn seine Stimme hört sich anders an, als wenn die kleinen Wesen mit mir kommunizieren, es hört sich menschlich an. Er spricht auch nicht in Gedanken zu mir, wie die kleinen Grauen, sondern er spricht mit dem Mund - er spricht deutsch. Aber ich kann ihn nicht erkennen. Er sagt zu mir, daß er etwas von mir bräuchte. Er braucht mein Sperma. Ich bin einverstanden, denn unbewußt weiß ich, daß es einem höheren Zweck dient. Jetzt spüre ich, wie er etwas über meinen Penis stülpt und eine Maschine läuft. Ich bin sogar erregt, ich spüre wie etwas an meinem Penis reibt und bekomme einen Orgasmus. Das Sperma wird in ein Gefäß weitergeleitet. Dieser Mann kommt jetzt zu mir, streichelt meinen Kopf und bedankt sich bei mir. Jetzt überkommt mich wieder dieses eigenar-

tige Gefühl. Ich spüre deutlich, wie mein Körper schwer und leicht wird, und ich jegliches Körpergefühl verliere. Ich habe das Gefühl, als würde ich schweben, aber das kann nicht sein, denn ich sehe, wie mein kleiner Freund und ich den Raum verlassen und wir zu Fuß durch einen tunnelartigen Raum gehen. Plötzlich, wie von Geisterhand, öffnet sich wieder eine Türe, links von uns, und mein Freund fordert mich auf, diesen Raum zu betreten. Ich sehe dort lauter Kinder. (Ich muß laut lachen). *Die Kinder freuen sich, mich zu sehen und fordern mich auf, mit ihnen zu spielen. Eigenartig, die Kinder sehen anders aus, als wir uns das vorstellen. Sie sehen aber auch nicht unmenschlich oder abstoßend aus, im Gegenteil. Sie haben wunderschöne sehr große blaue und grüne Augen, eine sehr hohe Stirn und lange blonde Haare. Und die Augen haben etwas magisch-faszinierendes. Es scheint, als seien sie eine Kreuzung zwischen uns Menschen und jemand anderem – bloß wem? Mir ist bewußt, daß ich schon öfter hier war und diese Kinder gesehen habe - wir kennen uns. Ich weiß auch, warum ich hier bin. Diese Kinder müssen von mir lernen, was menschliche Gefühle sind. Etwa eine Stunde bleibe ich in diesem Raum und spiele mit den Kindern. Alle Kinder, es dürften sechs oder sieben gewesen sein, scharen sich um mich, halten meine Hände und fühlen meinen Körper. Es sind eigenartige Gefühle, die ich dabei empfinde. Ich schaue in ihre großen Augen und fühle dabei ihre Gedanken. Ich bin emotional völlig durcheinander. Ich habe das innere Gefühl, daß sie ein Teil von mir sind und daher diese Gefühlsausbrüche bei mir zustande kommen. Nun kommt mein kleiner Freund wieder in den Raum und fordert mich auf, mitzukommen. Die Kinder halten immer noch meine Hände und es fällt mir schwer, sie zurückzulassen. Meinen Freund frage ich, wann ich die Kinder wieder sehen darf und er versichert mir „sehr bald", ich solle mir keine Sor-*

gen machen. Der Weg führt uns wieder durch einen langen tunnelartigen Gang und es öffnet sich erneut eine Türe. Ich betrete diesen Raum und erkenne den Steuerraum (Kommandozentrale). Wir stehen im vorderen Drittel des Raumes und ich kann klar und deutlich erkennen, daß ich mich im Weltraum befinde. Dieser Raum enthält mehrere Sichtfenster und man sieht in den Weltraum hinaus. Somit nehme ich an, daß ich mich außerhalb der Erdatmosphäre befinden muß. Zu meiner Überraschung stelle ich fest, daß sich zwei weitere Wesen, die identisch mit meinem Freund sind, am vorderen Schaltpult des Steuerraums befinden. Eigenartigerweise fällt mir sofort auf, daß diese kleinen Wesen viel zu klein sind, um die Schaltpulte zu bedienen, da sie mit ihrer Körpergröße gerade einmal 10cm größer sind, als die Schaltpultanlage. Auch die Stühle, die ich sehe, sind sehr groß und eigentlich so ausgelegt, daß nur sehr große Wesen darin bequem Platz finden. Links im Raum sehe ich zwei Liegen, die, wie ich vermute, als Ruhepol dienen. Doch auch diese sind sehr groß, länger als zwei Meter. Rechts von mir kann ich eine dreidimensionale Sternkarte erkennen. Mein Freund erklärt mir daraufhin, daß sie dort gelebt haben. Es muß sehr weit weg sein. Ich kann eine Sieben-Sternkonstellation erkennen, die die Form eines Papierdrachens aufweist. (Da ich kein Astronom bin, weiß ich nicht, in welchem Sternbild sich diese Konstellation befindet, ich vermute aber, daß es sich um das Sternbild ORION handelt).

Als mir mein Freund den Steuerraum ausführlich gezeigt hat, führt er mich wieder hinaus und zeigt mir ihre Embryo-Aufzuchtanlage. In dem Augenblick, als wir diesen riesigen Raum betreten, läuft es mir eiskalt den Rücken hinunter. Ich sehe eine gigantische Anlage, die mindestens 10 Etagen aufweist. Mein kleiner Freund führt mich durch eine dieser Etagen. Links und rechts von mir erblicke ich

Behälter, die alle miteinander verbunden sind. In jedem dieser Behälter sehe ich Kinder im Entwicklungsstadium eines menschlichen Fötus (ca. 3 - 4 Monate). Sie schwimmen in einer grünlichen Flüssigkeit und hängen an Schläuchen. Diese Flüssigkeit sieht aus wie Fruchtwasser. Es ist schwer abzuschätzen, um wieviele Kinder es sich handelt. Es müssen aber tausende sein. Ich frage meinen Begleiter, was sie mit all diesen Kindern machen, und er meint, daß es etwas mit unserer Zukunft zu tun hätte, daß eine neue Rasse herangezogen würde, die uns Menschen auf der Erde durch ihr Wissen und ihre Wesensart das Überleben sichern würde. Er sagt mir auch, daß diese momentan noch nicht auf der Erde leben können und sie deshalb die Kinder auf dem Raumschiff großziehen müssen. Ich frage ihn „warum?" und er sagt, daß unsere Umweltzerstörung auf der Erde so fortgeschritten sei, daß diese Kinder in ihrem jetzigen physischen Zustand auf der Erde noch nicht leben könnten. Ihre Abwehrkräfte, die wir Menschen automatisch haben, sind noch nicht stabil genug.

Nachdem wir diese zylinderförmige Anlage durchlaufen hatten, führt er mich weiter. Er zeigt mir noch einen weiteren Raum. Dieser Raum ist auch sehr groß und ich sehe dort ca. 25 Menschen auf Tischen liegen. Als ich meinen Freund frage, was mit diesen Menschen geschieht, antwortet er mir, daß all die Frauen, Männer und Kinder untersucht werden. Ich sehe auch, wie sie einer Frau, die am Anfang des Raumes auf dem Tisch liegt, mit einem kleinen Gerät etwas in die Nase führen. Vermutlich ein Implantat. Sie schreit nicht und liegt ganz ruhig da. An jedem Tisch stehen jeweils links von der Liege die kleinen Wesen und halten die Hände der Menschen. Es ist auch absolute Ruhe im Raum und ich kann von keinem dieser Menschen Angst oder Panik erspüren. Als ich nochmals meinen Begleiter frage was dies alles soll, sagt er zu mir, daß all diese Men-

schen ausgesucht worden sind und jeder von ihnen eine ganz bestimmte Aufgabe hat. Jeder Einzelne ist in ihrem großem Computer gespeichert. Er ergänzt, daß ich dafür ausgewählt worden bin, an die Öffentlichkeit zu gehen, um es den Menschen mitzuteilen. Die Zeit wird kommen, wo ich über all dies berichten werde. Er meint auch, daß ich dadurch mit einigem Ärger rechnen müßte.

Als er mir dies alles gezeigt hat, muß ich wieder mit ihm zusammen in den kleinen Raum gehen, dort, wo sie mir die Spermaprobe entnommen haben. Er fordert mich auf, mich wieder auf den Tisch zu legen. Dann faßt er mir wieder an die Stirn, und sagt: „vergiß". Er verpaßt mir eine Art Amnesie. Nun spüre ich wieder deutlich dieses Gefühl der Schwerelosigkeit und urplötzlich liege ich wieder in meinem Bett zuhause. Ich wache auf (während dieser Situation sind alle Beteiligten sehr erschrocken, da ich regelrecht in die Liege gefallen bin. Man kann das wunderbar auf der Kassette hören, die während der Regression mitlief).

(Dieser letzte Abschnitt ist im Originalwortlaut).

Dr. A.: „Wieviel Uhr ist es?"

Reiner: „Halb sieben."

Dr. A.: „Und was passiert?"

Reiner: „Ich sehe noch meinen Freund am Fenster stehen und zwei seiner Begleiter, sie gehen wieder..."

Dr. A.: „Woher wissen Sie, daß Sie wach sind?"

Reiner: „Weil ich ins Bett gefallen bin, bin ich wach geworden, aber ich hatte keine Angst. Ich fühle mich jetzt gut."

Dr. A.: „Und was geschieht dann, es ist halb sieben, aber welches Datum haben wir denn?"

Reiner: „Es ist der 31. Januar morgens halb sieben."

Dr. A.: „Könnte es sein, daß Sie sich jetzt noch an etwas erinnern, das Sie ganz vergessen haben, damals? Sie haben einfach nicht mehr daran gedacht?"

Reiner: *„Nein, ich habe geträumt, und durch den Traum bin ich wach geworden, aber es war kein Traum, es war nur mein Schutz, aber innerlich habe ich es schon lange akzeptiert"* (jetzt mußte ich laut lachen).

Dr. A.: *„Was bewegt Sie so?"*

Reiner: *„Wie dumm wir Menschen sind, warum wir uns so fürchten. Wir brauchen uns nicht zu fürchten, sie wollen uns doch nur helfen."*

An dieser Stelle holte mich Dr. Alberts dann wieder in die Jetztzeit zurück und die Sitzung war beendet.

Bei der Hypnose durchlief ich sämtliche Höhen und Tiefen - von herzlicher Freude bis unendlicher Traurigkeit. Vor allem, als ich diese Kinder dort oben im Raumschiff verlassen mußte. Ich spürte eine tiefe Zuneigung zu diesen kleinen Wesen, als wenn es meine eigenen gewesen wären. Wer weiß - vielleicht sind sie tatsächlich ein Teil von mir?

Diese Hypnose zeigte mir nun endlich auf, woher meine Ängste aus der Kindheit wirklich rührten und es wurde mir bewußt, daß ich davor eigentlich keine Angst hätte haben brauchen. Die kleinen Wesen, die mich nachts besuchen und abholen wie auch die Kinder waren mir längst vertraut, ja ich nannte einen sogar meinen „Freund". Doch dies war erst der Beginn einer abenteuerlichen Entdeckungsreise in meine eigene Vergangenheit, dem noch viel Faszinierenderes folgen sollte.

Meine Vision über den Dritten Weltkrieg

Diese erste Hypnose hatte gewaltige Auswirkungen auf mich und schon kurze Zeit später überkam mich eine sehr reale und erschreckende Vision über unsere Zukunft, die mich tief beunruhigte und sehr bewegte:

Das ganze Bankensystem sah ich zusammenbrechen, sah auf der ganzen Welt einen völligen Wirtschaftskollaps. Es entstand ein unendliches Chaos auf der Erde. Die Menschen gebärdeten sich schlimm, schlimmer als wir uns es vorstellen würden. Ich sah einen Krieg und unvorstellbare Naturkatastrophen, doch eines war ein Trost für mich - es wurde mir gezeigt, daß es zu keinem globalen Atomkrieg kommen würde, aber dennoch einige Großstädte vernichtet werden.

Diese Vision erlebte ich so real, mit so viel Mitgefühl für die Menschen, daß ich noch Tage danach nicht richtig ansprechbar war. Und ich wünsche mir von ganzem Herzen, daß sich die Menschen endlich in ihrem Bewußtsein ändern, in ihrem Verhalten anderen gegenüber. Denn es ist durchaus möglich, das abzuwenden, was ich in meiner Vision erblickt habe. Die Geschehnisse, die übrigens Jan in seinem „Buch 3 – Der Dritte Weltkrieg" aufgeführt hat und die sich mit meiner Vision im Großen und Ganzen decken, müssen nicht eintreten. Es liegt an jedem selbst, was er aus seinem Leben macht. Jeder formt sein Schicksal selbst. Und wie Jan sagt: *„Das Schicksal der Erde ändert sich mit dem Verhalten der Menschen."* Wir haben Einfluß darauf. Gedanken sind Energien, schneller als das Licht, und können mehr bewirken, als uns vorstellbar erscheint. Es liegt aber an uns, was wir denken und wohin wir unsere Gedanken lenken. Wir ernten das, was wir gesät haben. Und an unserem derzeitigen Weltgeschehen erkennen wir die Früchte unserer Saat der vergangenen Jahre, womit logisch nachvollziehbar wird, wie unsere Früchte der Zukunft aussehen werden, wenn wir weiterhin die gleiche Saat aussäen. Schlagen wir aber in unserem Denken und Handeln einen anderen Kurs ein, ist auch das Resultat verändert. Also sollten wir nicht so weitermachen wie bisher und warten bis etwas geschieht, sondern uns aktiv am Leben bereichernd beteiligen und die Naturgesetze sinnvoll, zu Gunsten aller, einsetzen.

Um weitere Informationen aus meinem Unterbewußtsein hervor-
zuholen, war ich zu einer weiteren Hypnose bereit:

Zweite regressive Hypnosesitzung am 27. Mai 1995

Diesmal fiel ich rascher und tiefer in die Trance, war lockerer und
entspannter, da ich es ja inzwischen kannte. Dr. Alberts zählte mit
seiner ruhigen Stimme von zehn bis eins und ich befand mich sehr
schnell in tiefer Entspannung (erneut in Erzählform).

Reiner: *„Ich bin acht Jahre alt, als sie mich wieder holen. Ich liege
zuhause in meinem Bett und kann nicht einschlafen. Ich bin
sehr unruhig. Ich habe Angst, fürchterliche Angst. Sie tun
mir immer weh, die kleinen Wesen. Sie kommen, nein, nicht
schon wieder, oh nein, sie nehmen mich mit und schauen
mich mit ihren großen, dunklen Augen an. Ich weiß nicht
mehr, wo ich bin. Ich bin nicht mehr zuhause. Ich befinde
mich in einem runden Raum und werde untersucht. Aua,
sie tun mir weh, ich kann aber nichts sehen, ich spüre nur
einen Stich. Eines dieser Wesen sagt zu mir: „Reiner, ich
brauche etwas von Dir“. Es sagt mir auch, daß ich keine
Angst zu haben brauche, es würde nicht weh tun. Jetzt
kommt ein zweites Wesen zu mir her. Es ist größer als die
anderen ʻGrauenʻ (ca. 1,50m). Es hat etwas in seiner kleinen Hand, das wie ein chirurgisches Messer oder so ähnlich aussieht. Auweh... er sticht mich in den Oberschenkel,
aber seltsamerweise tut es überhaupt nicht weh. Er hat es
ja gesagt, doch meine Angst ist so groß und ich habe mich
so verkrampft. Gesagt hat mir das mein kleiner Freund,
der schon öfter bei mir war. Er gibt mir eine Erklärung
dafür, warum sie das getan haben: es sei wichtig für mich,
sie bräuchten eine Gewebeprobe, um sie zu analysieren.
Nun drehen sie mich auf die andere Seite. Ich spüre eine*

*Hand an meinem Po. Seine kühle Hand geht meine Wirbel-
säule entlang, er tastet jeden einzelnen Wirbel ab. Jetzt
faßt er an meinen Hinterkopf. Aua, schon wieder pikst er
mich, diesmal am Hinterkopf. Ich spüre deutlich einen
Stich, es tut aber nicht weh. Nun fordert er mich auf, meinen Mund zu öffnen und schaut in meinen Rachen. Ich muß
mich dabei fast übergeben. Ich spüre, wie sie irgend etwas
in meinen Rachen schieben, so eine Art Schlauch. Es tut
weh. Er sagt zu mir, daß es sein muß. Ich will nicht mehr,
sie sollen doch aufhören. Er sagt zu mir, daß ich mich ge-
dulden solle, es wäre bald vorbei. Ich brauche mich nicht
zu sorgen, alles würde gut werden. Oh, oho, jetzt spüre ich
was, am Hinterkopf. Ich spüre etwas Fremdes in meinem
Kopf. Ich frage, was das ist? Er gibt mir aber diesmal keine Antwort. Er sagt nur, daß es sein muß. Beim nächsten
Mal werden sie es wieder entfernen. Ich frage ihn, warum
er mir das antut, aber er nickt nur mit dem Kopf. Jetzt muß
ich wieder aufstehen. Nun kommt mein kleiner Freund und
führt mich weg. Er sagt zu mir, daß er mich „betreue", seit
ich auf der Welt bin. Ich gewissermaßen mit ihm ein Abkommen geschlossen hätte, wonach er in diesem Leben
über mich wacht und ich aufgrund meines Einverständnis-
ses Teil dieses Projektes sei. Deswegen kommen sie mich in
regelmäßigen Abständen immer wieder besuchen. Ich verstehe dies nicht, ich habe doch Eltern, Vater und Mutter.
Gerne möchte ich ihn noch mehr fragen, aber er gibt mir
keine Antwort. Ich habe das Gefühl, daß sie mich wieder
nach Hause bringen. Nein, sie bringen mich überhaupt
nicht nach Hause. Ich sehe nichts! Seltsam, ich kenne den
Ort nicht, aber ich muß mit anderen Kindern spielen. Sie
sind alle ungefähr gleich alt wie ich, es sind Menschenkin-
der. Alles sieht so komisch aus in dem Raum* (ich muß laut
lachen). *Da kommt ja ein Clown, er hat einen großen Kopf
und große Augen, er schaut uns Kinder alle ganz streng an*

und sagt zu uns, daß wir nun spielen sollen. Wir spielen mit Legos und Autos. Er schaut uns nur zu und beobachtet, wie wir uns dabei verhalten. Ich habe sogar das Gefühl, daß er uns dabei studiert, wie wir spielen und welche Emotionen dabei auftreten. Nun müssen wir den Raum wieder verlassen. Jedes Menschenkind wird separat von einem kleinen Wesen an der Hand herausgeführt. Jetzt sehe ich große Räume, große, helle Räume, in den Räumen fühlt sich alles sehr eigenartig an. Ich darf noch nicht wissen, was sich in den Räumen befindet. Er sagt zu mir, daß der Zeitpunkt kommen würde, an dem ich alles erfahren werde, aber jetzt sei ich noch nicht reif dafür. Ich wäre noch viel zu jung, um dies alles zu verstehen. Ich befinde mich in einem anderen Raum und liege auf einem Tisch. Ich fühle, daß sie etwas an meinen Körper anschließen. Überall am Körper spüre ich Schläuche. Ich spüre Strom, es fühlt sich angenehm an. Ich nehme an, sie reinigen meinen Körper von Umweltgiften. Es ist etwas in meinem Körper. Ich spüre, wie alles darin fließt, von den Finger- bis zu den Zehenspitzen, überall. Sie sagen zu mir, daß ich das dringend nötig habe. Mein ganzer Körper vibriert und ich fühle mich danach wie neugeboren. Ich frage ihn, warum sie all die Kinder holen und er äußert mir gegenüber, daß wir Menschen noch nicht wissen dürften, was sie vorhaben, da es noch zu früh wäre, darüber Auskunft zu geben. Aber die Zeit würde kommen, da alle wissen werden, was sie zu tun haben. Ich frage ihn nochmals: „Warum sagst Du mir nichts Genaueres über euren Plan?" Er meint daraufhin, daß er mir noch nicht alles preisgeben darf. Es wäre auch zu meiner eigenen Sicherheit.

Jetzt geschieht wieder etwas Eigenartiges mit mir. Mein ganzer Körper fühlt sich wieder ganz schwer und leicht zugleich an. Ohoo, das kommt mir bekannt vor.

Nun fühle ich klar und deutlich eine starke Energie in meiner Umgebung. Ich kenne dieses Gefühl, ich habe dieses Gefühl schon mehrmals erlebt. Ich sehe nichts, aber ich fühle, daß etwas hier ist. Hier und jetzt, aber ich werde mental blockiert. Ich darf darüber noch keine Auskunft geben. Nein, nein, ich darf heute und hier nichts mehr sagen, ich habe keine Kontrolle über meinen Körper. Irgend etwas blockiert mein Unterbewußtsein.

Ich bin auch nicht mehr in der Erinnerung des Achtjährigen, sondern mir ist vollkommen bewußt, daß ich hier in Stuttgart in einer Hypnosesitzung bin. In dem Moment, als ich eine Auskunft erzwingen wollte, weshalb sie uns holen, kam diese starke Energie und blockierte mein Unterbewußtsein.

Ich fühle mich jetzt sehr gut, denn ich weiß, wer immer oder was das war, ist etwas sehr Liebevolles und Gutes. Ich kann sogar noch deutlich spüren, daß es hier im Raum anwesend ist. Ich fühle klar und deutlich, daß etwas hinter mir steht, aber es zeigt sich nicht. Ich kann es nur mit meinen Händen fühlen. Es ist aber nicht sichtbar für uns hier Anwesende. Nein, es ist nicht sichtbar, man kann es nur fühlen. Ich bekomme dadurch jetzt noch unbewußt Informationen. Informationen, die ich im Augenblick noch nicht deuten oder erkennen kann. Aber ich weiß, daß in absehbarer Zeit mein Bewußtsein dafür bereit sein wird, mehr mitteilen zu können."

Hier brechen wir ab.

Diese zweite Rückführung war für mich wieder ein kleines Mosaiksteinchen mehr in einem großen Puzzle, das sich allmählich immer klarer und deutlicher zu erkennen gab. Es wurde alles verständlicher und es sollte sich in Zukunft vieles bestätigen.

Eine Menge von dem, was mir in den Visionen und Träumen gezeigt worden ist, vieles in den regressiven Hypnosen, wurde nun zur Realität. Mein kleiner Freund hatte mir gesagt, daß es meine Aufgabe sei, mit dieser Thematik und meinen Erlebnissen in die Öffentlichkeit zu gehen und genauso geschah es. Ohne mein Zutun kamen Fernsehauftritte und öffentliche Vorträge auf mich zu. Doch wußte ich auch um die Konsequenzen für meine Familie und mich, da die Öffentlichkeit, vor allem die Massenmedien, momentan noch sehr destruktiv gegen solche Informationen arbeiten und derartige Begebenheiten in den Bereich der Lächerlichkeit ziehen. Doch bin ich davon überzeugt, daß sich auch dort irgendwann ein Bewußtseinswandel vollziehen wird. (Mehr zum Thema Massenmedien im gleichnamigen Kapitel weiter hinten.)

Als wir an dem Abend der Hypnosesitzung wieder Richtung Bodensee zurückfuhren, legten wir kurz hinter Stuttgart an einer Autobahnraststätte eine kleine Kaffepause ein. Als wir die Raststätte wieder verließen, war es ziemlich genau 23 Uhr. Etwa drei bis vier Kilometer hinter der Raststätte sahen wir plötzlich drei eigenartige Lichter am Himmel, wobei wir zuerst vermuteten, daß es sich bei diesen eventuell nur um die Laserstrahler einer Disco handelte. Doch sie schienen uns über etliche Kilometer zu folgen. Sie blieben immer in gleicher Distanz zu unserem Wagen, tanzten jedoch dabei eigenartig hin und her. Irgendwann waren sie dann verschwunden, was uns jedoch nicht davon abhielt uns noch eine Weile über sie Gedanken zu machen. Die Zeit schien wie im Flug vorbeizugehen, denn ehe wir uns versahen, standen wir auch schon vor unserem Haus. Es war genau 24 Uhr, als wir die Haustüre öffneten und erst jetzt wurde uns bewußt, daß dies eigentlich gar nicht möglich sein konnte. Die Strecke hatten wir bisher immer in der doppelten Zeit zurückgelegt und ich bin wirklich alles andere als ein langsamer Fahrer. Irgendwie wurde uns ein bißchen komisch zumute. Nicht mal mit 250 km/h hätte diese Strecke in dieser Zeit zurückgelegt werden können, zudem kam noch hinzu, daß zu dieser Zeit die inzwischen gebaute Umgehungsstraße noch nicht vorhanden war, was die Fahrtzeit nochmals um einige Minuten erhöht hätte. Was war geschehen und vor allem wie?

Hatten wir es hier mit dem sogenannten Phänomen der Zeitverschiebung zu tun? Ernst Meckelburg hatte über dieses Phänomen bereits in seinen Büchern berichtet, in den meisten Fällen jedoch eher in umgekehrter Weise – sogenannte „missing time"-Erlebnisse. In solchen Berichten erfährt man über Personen, die im Auto unterwegs waren und zuhause feststellten, daß sie mehrere Stunden länger gebraucht hatten, als gewöhnlich, sich aber nicht daran erinnern konnten, während der Fahrt angehalten oder in sonstiger Weise eine Pause eingelegt zu haben. In vielen solcher Fälle waren sogar weitere Zeugen mit im Fahrzeug gewesen.

Bei uns war es jedoch offenbar so, daß wir schneller am Ziel ankamen, als es überhaupt möglich ist. Wir überlegten, ob dieser Vorfall eventuell mit den Lichtern zu tun hatte, die unsere Fahrt begleitet hatten. Waren wir vielleicht 'hoch-' und dann kurz vor unserem Haus wieder 'hinabgebeamt' worden? *„Scotty läßt grüßen"* scherzten wir und vergaßen dieses Ereignis auch bald wieder.

Im Oktober 1995 besuchten wir den UFO-Kongreß in Düsseldorf, unseren ersten Kongreß in dieser Art, auf dem ich die Gelegenheit hatte, vor fast 500 Menschen einen Vortrag zu halten und über meine ersten Erlebnisse zu berichten. Innerlich war ich sehr nervös, da es mein erster Vortrag überhaupt gewesen ist, doch kehrte meine innere Ruhe bald wieder zurück. Vor allem war ich darüber überrascht, wie ruhig und gelassen ich meine Erfahrungen weitergeben konnte und war gleichzeitig froh darüber, endlich meinen Dampf ablassen zu können.

Es wurde mir klar, daß dies erst der Anfang war, vieles folgen würde, angenehmes und unangenehmes. Doch ich war gewappnet und hatte die Hoffnung, etwas bewirkt zu haben, das bei vielen im Gedächtnis haften bleiben würde. Obwohl ich alles andere als ein geschulter Redner bin, scheint es meine Aufgabe zu sein, öffentlich über diese Thematik zu sprechen. Womöglich auch über andere, mit diesem Thema verbundene Bereiche - auch brisante - um damit ein wenig auf das Bewußtsein der Menschen einzuwirken.

Im Januar 1996 hielt ich einen weiteren Vortrag, diesmal in Zürich, der mir auf meinem Weg sehr weiterhalf. Denn diese positiven Gedanken und Gefühle, die von den Anwesenden ausgingen, bestärkten mich in meiner Arbeit und führten mir vor Augen, daß ich mit der Entscheidung, über meine Erlebnisse offen zu sprechen, den richtigen Weg gewählt hatte. Die Resonanz der Menschen war wunderbar und meine innere Traurigkeit wich einer wachsenden Aufbruchstimmung und ich kam zu der Überzeugung, daß immer mehr Menschen die Realität dieser Ereignisse akzeptieren könnten.

Unser Weg führte uns im Februar 1996 erneut nach Zürich, wo diesmal der UFO-Weltkongreß stattfand. Doch auf dem Weg dorthin verspürten Karin und ich eine innere Unruhe und Nervosität, die wir uns eigentlich nicht erklären konnten. Erneut hielt ich einen Vortrag, doch dieser unterschied sich gewaltig von allen anderen. Die Menschen strahlten ganz andere Energien aus und Karin wurde es während des Vortrags schwindlig und schlecht. Für sie war dies immer ein Zeichen gewaltiger Negativität. Gottseidank verbesserte sich ihr Gesundheitszustand am nächsten Tag wieder. (Von Jan erfuhren wir im Nachhinein, daß auch er auf diesem Kongreß anwesend war und mit einem Freund zusammen einen Buchstand aufgebaut hatte. Dort wurden mit reißender Nachfrage auch seine eigenen Bücher verkauft, bis am zweiten Tag des Kongresses einer deutscher Ufologe Anzeige wegen des „Verkaufs rassistischer Bücher" erstatten ließ. Dies führte zu einem Besuch zweier Polizeibeamter aus Zürich. Jan war jedoch in Begleitung eines bewaffneten Bodyguards, ein Freund von ihm, der einst nachrichtendienstlich tätig gewesen ist und sich in dieser Form den Beamten zu erkennen gab und so die Sache in kompetente Hände geriet.) Diese „Energien" waren also für mehrere Menschen auf dem Kongreß wahrnehmbar.

Doch der Kongreß hatte auch eine sehr positive Begebenheit für uns parat. Kurz nachdem unsere Bekannten eingetroffen waren, lernten wir Mr. X. kennen, der uns nicht nur wertvolle Informationen weitergab, die uns u.a. auch unsere Erlebnisse bestätigten, sondern sich schon bald darauf auch als eine wichtige Schlüsselperson entpuppen sollte. (Ein Teil seiner Informationen findet sich weiter hinten im Buch).

Der sogenannte 'Zufall' war wieder einmal im Spiel. Doch war uns natürlich klar, daß all dies 'geführt' worden war, um unseren Weg zu finden, den wir uns für dieses Leben ausgesucht haben.

Dritte hypnotische Rückführung am 17. Februar 1996

Auch diese Rückführung war für uns wieder ein ungeheures Erlebnis, auf dem Weg, neue Erkenntnisse zu sammeln. Wir gehen dabei wieder in die Erzählform, um die Berichterstattung flüssiger zu gestalten.

Dr. A.: *„Wir fangen genau dort an, wo die Erinnerung bewußt ist. In das Erlebnis, was Sie gar nicht mehr im Gedächtnis haben, immer weiter, weiter hinein. Möglicherweise ahnen Sie schon, wo Sie sind. Wo sind Sie denn?"*

Reiner: *„Ich bin zuhause. Diesmal erinnere ich mich an ein Erlebnis, als ich sechs Jahre alt war...*
Ich liege zuhause im Bett und schlafe. Aber nein, ich kann nicht einschlafen, nein, nicht schon wieder. Ich sehe wieder dieses blaue Licht und versuche krampfhaft, mich mit meiner Bettdecke zu schützen, in dem ich sie über meinen Kopf ziehe. Obwohl es mir glühend heiß ist, versuche ich Schutz unter der Decke zu finden. Ich kann nicht einmal meine Schwester um Hilfe rufen, die ebenfalls im Zimmer liegt, denn ich bin nicht in der Lage, mich zu bewegen.
Ich habe meine Augen auf und kann das blaue Licht durch meine Bettdecke hindurch erkennen. Ich weiß genau, was passiert. Ich habe wieder furchtbare Angst, denn ich weiß,

daß jeden Moment diese kleinen Wesen in mein Zimmer eindringen werden, um mich abzuholen. Ich weiß das, denn ich kenn' sie schon lange, jetzt kommen sie... Sie kommen wie kleine Geister, von nirgendwo her in mein Zimmer und stehen um mein Bett herum. Sie sind kaum größer als ich, haben aber riesige Augen. Den einen kenne ich, er kommt mir vertraut vor. Obwohl sie alle gleich aussehen, habe ich zu dem Anführer eine gewisse Verbindung. Es sind drei Wesen um mich herum. Ich höre wieder diese metallische Stimme in meinem Kopf, die zu mir sagt, daß ich mich nicht zu fürchten brauche, aber sie müßten mich wieder mitnehmen. Ich will nicht und bitte sie, mich doch dazulassen, aber ich bekomme keine Antwort darauf. Jetzt wird es noch heißer im Zimmer und ich kann meine Schwester erkennen. Sie schläft tief und fest und bekommt überhaupt nichts von der ganzen Aktion mit. Ich spüre eine starke Energie in meinem Kopfbereich, so daß sie meinen Kopf durchschüttelt. Jetzt kommt der Anführer und faßt mir an den Kopf. Er faßt mit seiner kleinen Hand auf meine Stirn. Sie fühlt sich komisch an, anders als Menschenhände, die Hand fühlt sich viel kälter an. Jetzt beginnt wieder etwas Eigenartiges, ich verliere jegliche Kontrolle über meinen Körper. Ich habe das Gefühl, gar keinen Körper mehr zu haben. Den Körper fühlt man nicht, sobald dieses Wesen einen anfaßt, aber es ist kein unangenehmes Gefühl. Nun fliege ich, ich fliege und fliege und fühle mich dabei sehr wohl. Ich kann aber nichts erkennen. Obwohl ich meine Augen aufhabe, sehe ich nur Nebel. Jetzt sehe ich Licht, weißes Licht. (Ich muß laut lachen.) Es wird schlagartig hell - ich sehe nur Licht und viele kleine Wesen, und alle schauen sie mich an. Es ist irgendwie komisch. Der Raum sieht so anders aus. Die Räume sehen fremdartig aus. Plötzlich kommt ein Wesen auf mich zugelaufen, es ist der Anführer, mein Freund. Er kommt zu mir und holt mich ab. Er nimmt meine Hand und führt mich aus dem Raum. Wir gehen weiter, er führt mich durch einen langen Gang, der wie ein Tunnel aussieht und nur Rundungen aufweist. Dieser Gang ist eher dunkel. Es ist ein eigenartiges Licht in dem Tunnel, man kann aber keinerlei Lampen erkennen. Ich gehe auch nicht richtig, sondern habe das Gefühl zu schweben. Dieses kleine Wesen, das mich an der Hand führt, sagt zu mir, daß es mir etwas zeigen will. Ich spüre wieder, wie mein Körper zuckt. Es fühlt sich wieder wie starker Strom an und plötzlich öffnet sich eine Türe. Wie von Geisterhand scheint sich mitten im Tunnel eine Türe zu öffnen, an einer Stelle, an der man überhaupt keine vermuten würde. Es ist auch keine normale Türe. Diese Türe öffnet sich ohne ersichtlichen Grund und geht automatisch von unten nach oben auf. Nun treten wir beide in diesen Raum. Irgend etwas scheint jetzt mein Unterbewußtsein zu blockieren. Ohooo... (Ich muß lachen). *Ja, wer ist denn das? Ich sehe ein wunderschönes, großes Wesen. Es sieht aus wie ein Mensch, ein Mann, nur viel schöner und ist bestimmt über zwei Meter groß. Er hat dunkle, lange Haare und wunderschöne, stechend blaue Augen. Er sieht etwas anders aus als wir Menschen, er hat einen kleinen Mund, etwas größere Augen und ein schmaleres zarteres Gesicht. Ich habe überhaupt keine Angst vor ihm. Im Gegenteil, ich fühle mich sehr wohl in seiner Gegenwart. Mein Freund, der kleine Graue, steht neben mir und sagt, daß* dies ihr Kommandant sei, der über alles wacht. *Daß er verantwortlich sei für all das, was sie tun würden. Ich höre die Stimme von meinem kleinen Freund klar und deutlich in meinem Kopf. Danach gehe ich zu dem Kommandanten hinüber. Er strahlt mich an und schaut auf mich herunter. Er streichelt mit seiner Hand über meinen Kopf und sagt zu mir, daß ich etwas Besonderes bin. Aber ich versteh ihn nicht. Da ich doch noch so klein bin (6 Jahre), verstehe ich nicht, was er damit meint. Er sagt zu mir:*

„Lieber Reiner, die Zeit wird kommen, in der Du erfahren wirst, wer Du bist und was Deine Aufgabe auf der Erde sein wird." Er sagt mir auch, daß sie mich noch oft holen werden, um mich zu schulen, auszubilden und die Gesetzmäßigkeiten des Kosmos zu lehren. Er sagt weiter, daß es viele Menschen auf der Erde gibt, die geholt und auch geschult werden. Denn bald wird die Zeit kommen, wo wir Menschen einen großen Umbruch erleben werden. Ich versteh nicht alles, was er mir da sagt, da ich noch viel zu klein bin. Dann erklärt er: „Reiner, Du mußt auf Deine Frau aufpassen!" Aber wieso, ich bin doch noch so klein, ich bin doch noch ein Kind. Wieso muß ich auf eine Frau aufpassen, das verstehe ich nicht. Er meint, daß ich noch verstehen werde, bald, in einigen Jahren. Er meint, daß ich stark sei und noch vieles erleben werde, was mich stärken wird. Er sagt auch, daß ich mich nicht zu fürchten brauche, weil sie auf mich aufpassen. Sie wachen über mich und beschützen mich. Jetzt weist er mich an, wieder zu gehen. Komisch, jetzt fällt mir erst auf, daß dieser Kommandant mit mir gesprochen hat. Aber nicht so, wie die kleinen Grauen mit mir kommunizieren, in dem ich ihre metallisch klingende Stimme im Kopf höre. Er sprach als Einziger an Bord dieses Schiffes mit mir verbal in deutscher Sprache. Er bewegte dabei auch seinen Mund wie wir Menschen. Mir fällt auch auf, daß dieser Kommandant einen Anzug anhat, einen enganliegenden roten Overall. Ich kann auch so etwas wie ein Abzeichen erkennen. Ich sehe ein Dreieck nach unten. An jedem Ende befindet sich ein Punkt. Dieses Dreieck befindet sich in einem Kreis mit schwarzem Untergrund und weißer Umrandung. Mir fallen auch gleich seine Hände auf. Er hat ziemlich große Hände, aber sehr feingliedrig. Er hat fünf Finger, genau wie wir Menschen. Seine Gesamterscheinung ist nur etwas schmaler, zierlicher und größer. Er strahlt eine unwahrscheinliche Liebe

58

aus, anders als die kleinen Wesen, die in ihrer Erscheinung eher kühl und emotionslos wirken. Mein Freund, der Kleine, führt mich wieder aus dem Raum. Wir befinden uns nun in einem anderen Raum, wobei ich mich auf einen Stuhl setzen muß und er wieder diese komischen Schläuche anschließt. Ich höre etwas summen. Ich höre ein leichtes Summen, ich staune und lache. Jetzt spüre ich wieder diese Energie im Körper fließen. Ich frage ihn, warum es denn schon wieder sein muß? Er meint, daß ich das bräuchte, er müßte mich reinigen. Er reinigt meinen Körper, ich kenne dieses Gefühl. Der ganze Körper fühlt sich anders an, man fühlt etwas im ganzen Körper wie Strom. Es ist sehr angenehm und man fühlt sich danach frisch und ausgeruht. Ich hänge bestimmt eine halbe Stunde an diesem Apparat. Jetzt kommt ein anderes Wesen - der Doktor. Er hat einen weißen Kittel an und sieht anders aus als die Kleinen. Aber auch anders als der Kommandant. (Es sind also mindestens drei verschiedene Gruppen präsent). Er ist etwa 1.50m groß und noch ein Stück größer als ich. Er schaut mich an und es kommt so eine Art Lächeln herüber. Er sagt zu mir, daß ich ein braver Junge sei und mich gut entwikkeln würde, aber ich vorsichtig sein müsse. Er meint damit, daß ich aufpassen muß bei den Menschen. Aber er sagt auch, daß ich bald spüren werde, wenn ich älter bin, welchen Menschen ich vertrauen kann und bei wem ich vorsichtig sein muß. Er sieht für mich auch älter aus als die Kleinen, älter und reifer. Es scheint so, als ob er der Arzt ist, der die Untersuchungen durchführt und die Kleinen nur dafür zuständig sind, die Menschen auf der Erde abzuholen und wieder unversehrt zurückzubringen. Er ist wohl derjenige, der die Menschen dann behandelt. Jetzt nimmt er wieder die Schläuche von mir ab. Ich muß laut lachen, denn überall an meinem Körper sind rote Zapfen. Man kann das gut auf meiner Haut sehen, es sind überall Ab-

drücke am ganzen Körper, vor allem im Brustbereich.
Daraufhin verabschiedet sich der Doktor von mir und ver-
läßt den Raum. Dann kommt mein Freund wieder an meine
Seite und führt mich an ein Becken. Er fordert mich auf, in
dem Becken zu baden. Komisch das Wasser. Ich weiß nicht,
es ist irgendwie anders, ich versteh das nicht. Ich bin unter
Wasser und kann atmen. Ich bekomme Luft, das kann doch
kein Wasser sein. Ich kann das nicht richtig beschreiben.
Es ist durchsichtig, es fühlt sich an wie Wasser. Ich plan-
sche herum und es macht mir viel Freude. Ich bin nicht der
Einzige, der hier badet. Ich sehe viele Kinder, die auch baden und planschen, wie ich. Es sind aber keine Kinder von
der Nachbarschaft oder Freunde von mir. Ich kenne nur
einen Jungen, der mir sofort auffällt, weil er so schöne
Sommersprossen im Gesicht hat. Daran erkenne ich ihn
wieder. Aber alle anderen Kinder? Ich kann mich nicht
erinnern, sie jemals gesehen zu haben. Der Junge mit den
Sommersprossen scheint mich auch zu kennen, wir lachen
nur, freuen uns des Lebens und planschen in dem eigenartigen Wasser. Ich weiß nicht, wie lange wir uns schon in
dem Wasser befinden, jetzt werden wir wieder aufgefordert
das Becken zu verlassen. Und die anderen Kinder, die alle
etwa in meinem Alter sind, müssen auch aus dem Becken
kommen. Sie holen uns nun heraus. Jeder Einzelne von uns
muß in eine Kabine gehen, um dort getrocknet zu werden.
Es entströmt überall warme Luft aus der Kabine. Ich fühle
mich jetzt ganz toll, ich möchte gar nicht mehr nach Hause.
Da kommt mein Freund wieder zur Kabine. Er fordert mich
auf herauszukommen. Er meint, daß es Zeit sei, nach Hause zu gehen. Ich will aber noch gar nicht, ich fühle mich
gerade so toll. Er meint nur dazu, daß er mich jetzt zurückbringen muß, nach Hause. Ich sehe auch die anderen Kinder, sie müssen genauso wie ich zurück. Jedes Kind hat
seinen Betreuer und jedes Kind wird einzeln aus dem Raum

geführt. Nun werde ich wieder in den Raum zurückgebracht, in dem dieses helle Licht ist. Überall ist Licht, helles Licht und ich kann nur noch diese kleinen Wesen schattenhaft sehen. Ohooo... jetzt fängt es wieder an zu zucken, nun fang ich wieder an zu schweben. Ich fliege wieder, ich fliege, ich sehe nur Licht, pulsierendes Licht, plötzlich liege ich wieder zuhause im Bett. Ich sehe noch, wie mich mein kleiner Freund zudeckt und sich von mir verabschiedet. Dann sehe ich nur noch Nebel im Zimmer und blaues Licht. Als ich mich zu meiner Schwester umdrehe, muß ich feststellen, daß sie von allem überhaupt nichts mitbekommen hat. Sie schläft immer noch tief und fest. Mir ist immer noch sehr heiß, allmählich läßt die Hitze nach und ich falle in tiefen Schlaf."

Dr. A.:   *„Ja, und wird der kleine Junge das vergessen haben?"*

Reiner: *„Nein."*

Dr. A.:   *„Er wird sich daran erinnern?"*

Reiner: *„Ja."*

Dr. A.:   *„Aber er wird nichts davon erzählen?"*

Reiner: *„Nein, er weiß alles, nur darf er nicht alles sagen, noch nicht, erst wenn die Zeit reif dafür ist. Ich weiß, es wird nicht mehr lange dauern, bis die Öffentlichkeit damit konfrontiert wird, denn es ist bald Zeit, die Wahrheit zu sagen."*

Dr. A.:   *„Wer sagt das, wer hat das gesagt?"*

Reiner: *„Ich weiß es, ich weiß es einfach. Mein Gefühl sagt mir das, tief drin."*

Dr. A.: *„OK, und alles, was jetzt geöffnet ist an Wissen und an Erinnerungen wird uns jetzt zur Verfügung stehen, wenn Sie wieder wach sind. Wenn Sie in diesem Raum aufwachen, wird Ihnen möglicherweise noch Zusätzliches einfallen. Eine ganze Reihe zusätzlicher Begebenheiten, die im Moment dabei sind, sich zu eröffnen. Später im Wachzustand* *kann es sein, daß noch mehr Erinnerungen auftauchen. Ist das Kind eingeschlafen?"*

Reiner: *„Ja, ich weiß was Wichtiges. Ich weiß, daß meine Frau was ganz Besonderes ist."*

Dr. A.: *„Sind Sie jetzt immer noch in ihrem Bett?"*

Reiner: *„Nein."*

Dr. A.: *„Wo sind Sie denn?"*

Reiner: *„Hier."*

Dr. A.: *„Ja?"*

Reiner: *„Hier in Stuttgart."*

Dr. A.: *„Hier in Stuttgart, hier in diesem Raum?"*

Reiner: *„Ja."*

Diese dritte Rückführung war ein sehr einschneidendes und bewegendes Erlebnis. Mir wurde klar, daß diese kleinen grauen Wesen nur die Funktion haben, mich abzuholen. Dann gibt es die mittelgroßen 'Grauen', die mich untersuchen und etwas 'menschlicher' zu sein scheinen (sie lächeln manchmal). Aber die eigentlichen 'Hauptdarsteller', deren Raumschiffe es auch sind, sind die über zwei Meter großen Menschen, wie der Kommandant. Sie sind die lenkende und befehlende Kraft im Hintergrund und haben die Aufgabe, uns auf etwas Großes, Gewaltiges vorzubereiten. Es läuft alles ganz anders ab, als wir es uns vorstellen.

Karin

Reiner

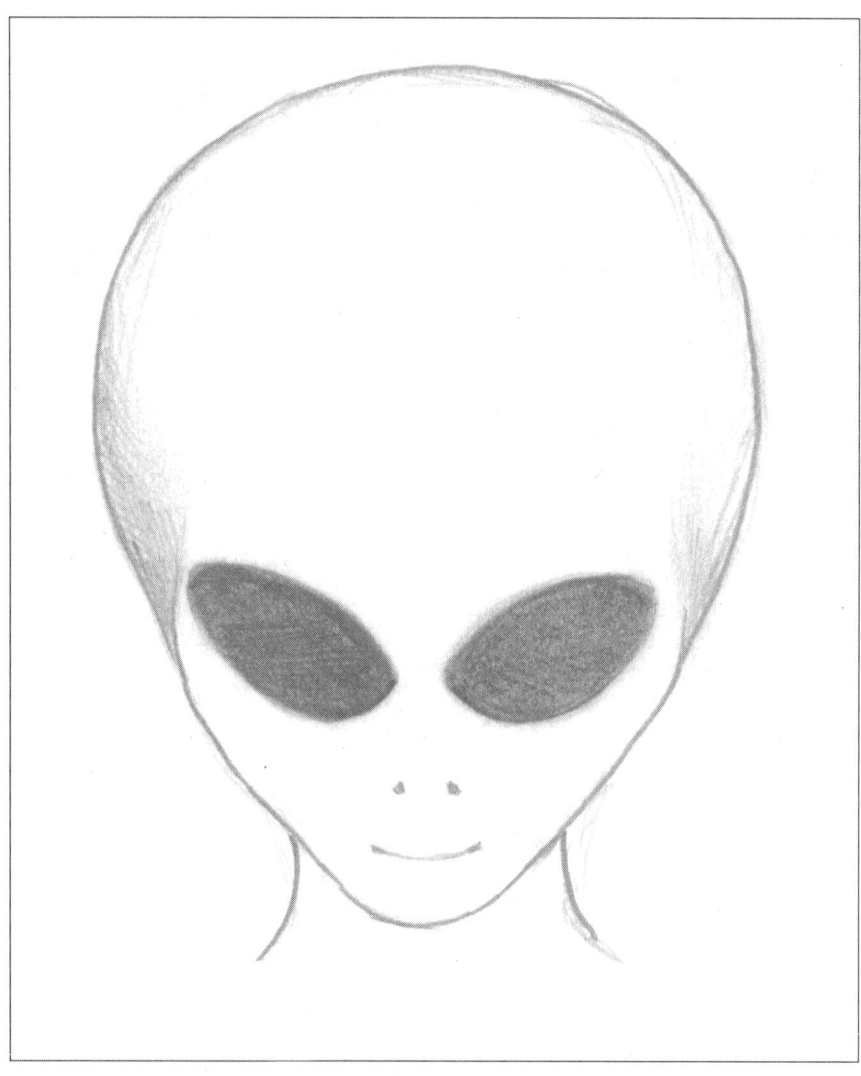

Reiners „kleiner grauer Freund"

Reiner (in einer Art Nachthemd) und sein kleiner Freund, der ihn durch die zylinderförmige Anlage führt, in der die Föten herangezogen werden.

Karins erste Hypnose
erzählt von Karin

Da ich selbst schon durch viele Träume und Visionen fremde Raumschiffe, Außerirdische und unnatürliche Landschaften gesehen hatte, wollte ich doch nun wissen, was in meinem Unterbewußtsein tatsächlich verborgen war. Etwas neugierig geworden, faßte ich den Entschluß, nun ebenfalls eine hypnotische Rückführung durchführen zu lassen.

Ich wußte nicht, ob es gelingen würde, meine Blockaden zu durchbrechen, aber ich ließ es einfach geschehen und wartete ab, was sich ergab. Dr. Alberts braucht lange Zeit, viel länger, als bei Reiner. Doch dann war mein Unterbewußtsein geöffnet und es konnte losgehen (auch diese Hypnose ist in Erzählform aufgeführt):

„Es war ein ungeheures Gefühl, so tief in Trance zu sein. Ich spürte meinen Körper nicht mehr, doch mein Geist war hellwach, wacher als je zuvor. Ich wußte nicht, wo ich mich befand und ein seltsames Gefühl durchströmte meinen Körper. Irgend etwas drückte mich hinunter, immer tiefer und tiefer. Dieses Gefühl des immer tiefer Fallens hielt ewig an, doch es war ein angenehmes Gefühl. Ich fühlte mich wie in einem Vakuum, wie in Watte eingebettet. Das Fallen hielt an und ich fühlte, als läge ich auf etwas sehr weichem, kuschligem, wie auf einer Decke.

Doch urplötzlich veränderte sich etwas, es war ein Gefühl, als würde ich mich selbst verändern. Ich wurde immer kleiner, aber konnte von der Umgebung, in der ich mich befand, nichts erkennen - weder hell, noch dunkel. Irgendwie wußte ich, daß ich nun neugeboren war. Dabei veränderte ich mich, immer kleiner werdend, in eine Kugel. Diese Kugel wurde immer kleiner. Es war, als ob ich mich in eine Energieform verwandeln würde, die nicht zu beschreiben ist - wie reine Energie.

Nun wurde es mir plötzlich glühend heiß, jetzt war dieses Gefühl, Energie zu sein, vorbei. Nun war ich wieder da, dort in dieser Unendlichkeit. An diesem Ort fühlte ich mich unwahrscheinlich geborgen. Diesen Ort kannte ich, ich wußte, daß ich dort schon oft gewesen bin. Hier fühlte ich mich sicher, doch sah und hörte ich nichts, nur eine grelle Helligkeit. Mir war klar, daß mich mein Unterbewußtsein nicht umsonst in diese Situation geführt hatte, es wollte mir etwas mitteilen, das ich im Moment noch nicht verstand.

Urplötzlich verspürte ich auf der linken Seite einen Schmerz. Es war wie ein Druck, ganz seltsam, der ganze linke Fuß fühlte sich seltsam an. Irgendwie war der Fuß nicht vorhanden.
Dann überkam mich ein Gefühl, das ich nicht beschreiben kann, dazu war es zu umwerfend. Ich hatte das Gefühl, daß es mich nach oben zieht,... nun bin ich da, doch ich sehe nichts, ich darf nichts sehen. (Jetzt traten starke, sehr starke Emotionen auf). Ich durfte nicht sehen, wo ich mich befand. Ich war total aufgeregt und aufgelöst von diesem Ereignis. Ich wußte, daß es noch zu früh war, über dieses zu reden.
Irgendwie änderte sich plötzlich die Situation. Auf einmal war ich ein Kind von sechs Jahren, aber ich durfte es nicht sehen und nicht wissen, ich war noch zu klein. Meine Stimme wurde weinerlich: „Sie tun mir immer weh und sie stechen mich in den Fuß." Es waren Wesen, in meinen Kinderaugen Wesen, aber ich war noch zu klein, um das alles zu verstehen. Es waren kleine Wesen, aber nicht böse. Sie sagten mir, daß sie mich liebten. Nun traten wieder sehr starke Emotionen auf: „Ich darf nicht, ich darf nicht darüber reden." Dr. Alberts versuchte mehr zu erfahren, doch ich konnte und durfte nicht darüber reden. Wahrscheinlich waren die Blockaden noch zu stark und der Zeitpunkt, sie zu brechen, noch zu früh."

Urplötzlich wollte ich nicht mehr. Mitten in der tiefen Trance wachte ich auf, mit Tränen in den Augen. Mein Unterbewußtsein holte mich wieder nach Stuttgart zurück und Dr. Alberts beendete die Hypnose. Ich fühlte nach dieser Rückführung, daß noch einige Blockaden tief im Unterbewußtsein saßen und es noch nichts brachte, eine weitere durchführen zu lassen. Vielleicht war es auch gar nicht nötig. Ich glaube, irgendwann wird alles, was für mich wichtig ist, zu Tage treten - auch ohne Hypnose.

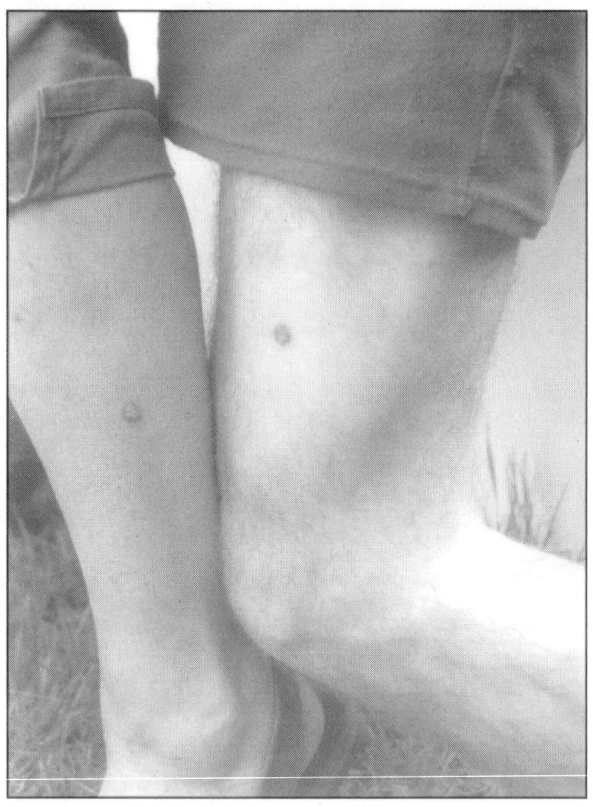

Die Narben von Karin (Unterschenkel) und Reiner (Oberschenkel)

KAPITEL 2
Erste Schlüsse

Nachts, wenn wir schlafen, ist unser Körper in vollkommener Entspannung und Ruhe, nur unser Geist bleibt hellwach, er schläft niemals. In diesem Moment können die Außerirdischen auf uns einwirken, indem sie von einer höheren Frequenzstufe in unsere materielle dritte Dimension eintauchen. Sie können sich offenbar in mehreren Frequenzen aufhalten, kraft ihrer geistigen und spirituellen Entwicklung. Sie berühren uns, verändern uns und unsere Körperstruktur, worauf eine Transformation in eine höhere Schwingungsebene durch körperliche Umwandlung folgt. Sie beschleunigen unsere Moleküle so, daß wir ohne Probleme in deren Frequenzebene gelangen können. Wir wissen zwar von diesen anderen Frequenzebenen, auch von der vierten Dimension, können sie uns aber noch nicht 'wirklich' vorstellen, da wir noch nicht in der Lage sind, unser vorhandenes Gehirnpotential vollkommen zu nutzen, beziehungsweise direkt Informationen aus dem morphogenetischen Feld oder gar von unserem „Höheren Selbst" abzurufen. Dadurch könnten wir uns Dimensionen eröffnen, die wir uns mit unseren beschränkten Fähigkeiten nicht einmal in den kühnsten Träumen vorstellen könnten. Diese Außerirdischen wissen, wie man Materie umwandelt. Sie haben den Schlüssel gefunden. So wie wir Menschen die Moleküle eines Eiswürfels durch Erhitzen beschleunigen können und diesen in Wasser umwandeln, das heißt, eine Änderung des Aggregatzustands künstlich herbeiführen, so können die Außerirdischen das, was wir Erdlinge als Alchimie bezeichnen, das Wissen um die Transformation von Materie, auch herbeiführen (vermutlich durch Gedankenkraft). Sie beschleunigen unsere Moleküle derart, daß sich unser Aggregatzustand ändert, unser physischer Körper feinstofflicher wird, so wie Wasser durch eine Frequenz- und gleichzeitige Molekularbeschleunigung zu Wasserdampf wird. Es ist im Grunde einfache Physik, wir stellen uns nur alles immer so kompliziert vor, wir denken zu schwierig. Uns ist diese Technik noch unbekannt (mit Betonung auf NOCH). Oft liegt die Lösung direkt vor uns, doch wir sehen sie nicht, oder wir wollen sie nicht sehen. Alles im Raum ist veränderlich, alles ist möglich. Kein Gedanke, keine Idee wurde jemals neu erfunden, sie waren immer schon vorhanden.

Diese kleinen Wesen sind physisch vollkommen anders aufgebaut als wir. Sie sind feiner, durchlässiger, sie sind halbmateriell, können sich aber herunter oder herauftransformieren, das heißt, sie können für Momente entweder feststofflicher oder sogar noch feinstofflicher werden. Die Raumschiffe, die wir sehen, diese Scheiben sind oftmals materiell, zum Anfassen, aber manchmal auch nur Hologramme. Sie selbst müssen nicht immer darin sein. Sie beherrschen eine Energie, von der wir noch weit entfernt sind, sie zu begreifen oder zu verstehen und können uns daher eine ganze Menge zeigen und lehren. Doch warum kommen sie gerade jetzt zu uns?

Wir stehen im Moment vor einer gewaltigen geistigen Evolution, nicht nur wir und die Erde, sondern das gesamte Sonnensystem mit all seinen vielfältigen Lebensformen (womöglich im ganzen Universum?).

Ein Umbruch im Geistigen wie auch im Materiellen wird kommen, und da sich die meisten Bewohner der Erde momentan nicht freiwillig auf einen Weg des spirituellen Wachstums begeben wollen, kann wahrscheinlich nur ein Zusammenbruch des gegenwärtig Bestehenden und ein von den Naturkräften zugelassener Ausgleich der Polaritäten und die damit einhergehenden gewaltigen Veränderungen das radikale Umdenken auf unserer Erde bewirken. Wir wünschen uns von ganzem Herzen, daß so viele Menschen wie nur möglich den wirklichen Sinn ihres Da-Seins erkennen und versuchen werden, sich von materiellen Werten zu lösen, um geistig und spirituell zu wachsen. Dieser Ausgleich ist dringend erforderlich, damit die Chance besteht, die Frequenzerhöhung, und dadurch den Dimensionssprung, zu schaffen.

Wir sind hier auf der Erde, um zu lernen, unser Planet ist ein Schulungsplanet, auf dem sich unterschiedliche Wesen inkarnieren, um den Schritt vom „Kindergarten" in die nächsthöhere Stufe, die „Schule", zu schaffen. Es steht jedem Wesen frei, stehenzubleiben, nicht zu lernen, oder aber eine Weiterentwicklung anzustreben. Sollte es dem einen oder anderen von uns nicht gelingen, sein inneres Ziel in diesem Leben zu erreichen, hat er auf jeden Fall die Chance, es in einem anderen erneut zu versuchen. Doch sollten wir uns alle nach dieser Erkenntnis bemühen, es in diesem Leben zu schaffen, oder es zumindest zu versuchen.

Und diese Wesen wollen uns dabei helfen. Doch wer sind sie? Woher kommen sie? Wieso gerade zu uns?

Wollen wir sehen, ob sich diese Fragen in den nächsten Kapiteln schlüssig beantworten lassen.

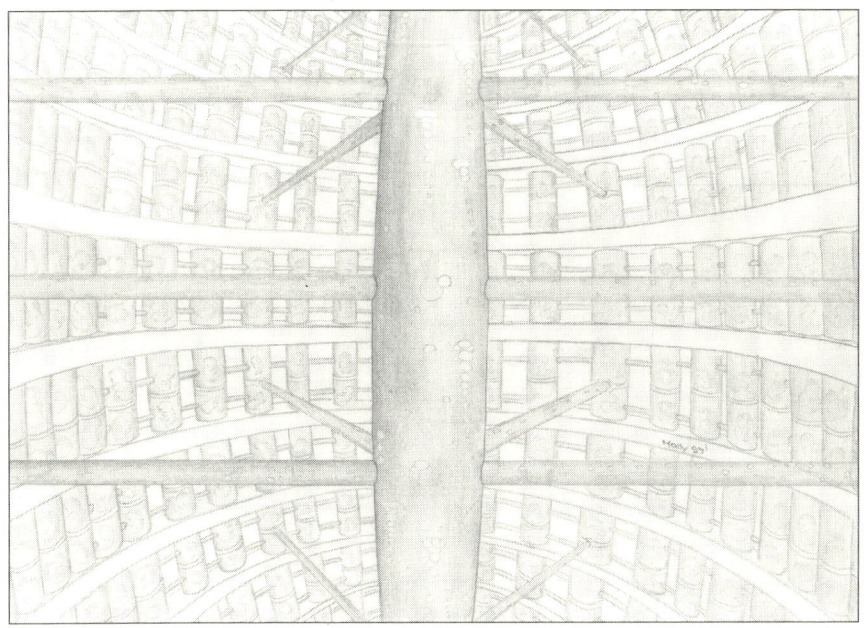

Die in viele Etagen unterteilte Anlage, in der die Föten heranreifen.

KAPITEL 3
Unheimliche Begegnung
Reiner berichtet

Wie zuvor schon erwähnt, fuhren wir im Februar 1996 auf den Welt-UFO-Kongreß nach Zürich. Es war gegen 18.00 Uhr, als wir von daheim aufbrachen. Irgendwie waren wir ohne einen ersichtlichen Grund unruhig und nervös und dazu kam noch, daß wir diesmal auch eine ganz andere Strecke fuhren als sonst. Wir entschlossen uns, rein intuitiv und anders als sonst, über Schaffhausen zu fahren. Wir wußten nicht warum, doch dachten wir uns, daß es schon einen Grund dafür geben würde. Kurz vor Schaffhausen bemerkte Karin plötzlich eigenartige Lichter am Himmel. Ich selbst konnte sie leider nicht sehen, da ich mich voll auf die Autobahn konzentrieren mußte, die neben dem strömenden Regen auch noch sehr belebt war. Karin meinte nur, daß es eigenartig wäre, wie sich die Lichter bewegten. Nun gut. Wir machten uns vorerst keine weiteren Gedanken darüber, da ich mich bereits voll auf meinen Vortrag konzentrierte.

Diese kleine Episode soll nur als Vorgeschichte dienen, um die Zusammenhänge zu dem erkennen zu können, was sich während unserer Abwesenheit zuhause zugetragen hatte.

Am Sonntagabend kamen wir wieder in Immenstaad, unserem damaligen Wohnort, an, als unsere Kinder etwas seltsames zu berichten hatten. Genau an dem Freitagabend, als Karin diese eigenartigen Lichter am Himmel bemerkt hatte, verließ Uwe, der Freund meiner Stieftochter, mit dem Hund das Haus, um spazierenzugehen. Da sah er eine mysteriöse Frau an unserer Gartentür stehen. Sie war eigenartig gekleidet, sehr groß (ca. 1,90m) und hatte langes, nach hinten gekämmtes, blondes Haar. Eigentlich nichts weltbewegendes, wenn nicht bei Uwe ohne ersichtlichen Grund ein mulmiges Gefühl emporgestiegen wäre und er zu seinem Schreck feststellen mußte, daß er sich plötzlich nicht mehr bewegen konnte. Er war wie gelähmt. Dazu kam die eigenartige Reaktion des Hundes, der wie verrückt bellte. Ein tiefes Grollen und Knurren kam aus seiner Kehle, eine Reaktion, die er noch niemals einem Menschen gegenüber gezeigt hatte. Er gebärdete sich wie wild. Offenbar hatte die Frau etwas „Fremdes" an sich, das der Hund überhaupt nicht einsortieren konnte. Scheinbar war sie keine 'normale Frau'.

Uwe stand da, unfähig sich zu bewegen, nur der Hund spielte weiterhin verrückt. Die mysteriöse Frau stand still am Gartentor und beobachtete den Himmel, ohne irgendeine Reaktion zu dem Hund oder sonstigem zu zeigen.

Dann, berichtete Uwe, hätte er sich von seinem Schreck wieder erholt und lief mit dem Hund ins Haus zurück, um Sandra zu holen und ihr diese eigenartige Frau zu zeigen. Das ganze dauerte vielleicht zwei Minuten, doch als die beiden den Hof gemeinsam betraten, war die Frau spurlos verschwunden. Nur der Hund rannte noch ganz aufgeregt im Hof herum und bellte die Stelle an, an der die eigenartige Frau gestanden hatte. Es ist fast unmöglich, sich in so kurzer Zeit ohne Auto spurlos von diesem Ort zu entfernen, da eine gerade lange Straße an unserem Haus vorbeiführt. Man braucht also schon ein Auto dazu, doch das hätte man gehört oder wegfahren sehen. Aber nichts dergleichen. Sie war einfach verschwunden.

Sandra und Uwe suchten noch das ganze Gelände ab, konnten aber nichts mehr entdecken, was darauf hätte schließen lassen, daß irgend jemand dagewesen wäre.

Das war also etwa zur selben Zeit, als wir uns auf dem Weg nach Zürich befunden hatten. Sandra erzählte uns noch, daß sie fast zur gleichen Zeit drei seltsame Lichtpunkte am Himmel gesehen hätte, was sich wiederum mit Karins Aussage decken würde.

Nun muß ich nochmals kurz auf den UFO-Kongreß in Zürich zurückkommen, um die Zusammenhänge verständlicher zu machen. Ein Freund von uns, Markus Eschbach, der ein Mitorganisator des Kongresses war, hatte eine UFO-Hotline für die Schweiz eingerichtet, bei der man anrufen und die Sichtung eigenartiger Lichter oder anderer Himmelsphänomene melden konnte. Markus hatte auch mit den Medien und Rundfunksendern Kontakt. So gab er für einen Privatsender ein Interview, in dem er auch seine Hotline-Nr. ansagte. Am darauffolgenden Tag wurde das Interview ausgestrahlt. Als Markus sich im Hotelzimmer eines Referenten das Interview ansah, klingelte auch schon das Telefon, und raten Sie mal, von wo der Anruf kam - aus Friedrichshafen. Eine Frau berichtete, sie hätte am Freitagabend gegen 18.30 Uhr seltsame Lichter gesehen.

Friedrichshafen liegt genau zehn Kilometer von unserem damaligen Wohnort entfernt. Ein guter Freund von uns, der auch aus Friedrichshafen kommt und ebenfalls den Kongreß besuchte, mußte nur lachen. Er meinte mit einem Augenzwinkern: *„Jetzt fahre ich in die Schweiz zu einem UFO-Kongreß und zuhause werden UFOs gesichtet - verrückt."*

Und zusätzlich bestätigend kann man auch die Tatsache bewerten, daß die darauf folgende Woche verschiedene Leute unabhängig voneinander in unseren Buchladen kamen und berichteten, daß auch sie zur gleichen Zeit diese eigenartigen Lichter beobachtet hätten.

Eine andere seltsame Geschichte wollen wir gleich mit anfügen. Am letzten Tag des UFO-Kongresses lernten wir, wie bereits kurz erwähnt, einen hochinteressanten Mann kennen - Mr. X. Wir nennen ihn Mr. X., da er wegen seines Wissens privat und auch geschäftlich schon viel sabotiert wurde.

Wir führten mit ihm ein langes und sehr ausführliches Gespräch, in dem er uns auch über große menschlich aussehende Außerirdische berichtete, die bereits vor siebzig Jahren mit Deutschen kooperiert haben sollen. Er hatte Pläne von Raumschiffen und Zeichnungen von diesen Außerirdischen dabei, die so beeindruckend waren, daß es uns eiskalt den Rücken runterlief. Diese Wesen kannte ich aus meiner letzten Hypnosesitzung. Sie sahen aus wie der große Kommandant. Es war ein unglaubliches Gefühl für uns. Auch die Landschaften, die er uns zeigte, waren meiner Frau bekannt. Sie hatte diese bereits in Träumen sehr realistisch gesehen. Nur hatte sie sich damals über die eigenartigen Farben dieser Landschaften gewundert. Um nicht unglaubwürdig zu erscheinen, hatte sie die Farben der Pflanzen nie erwähnt. Nun bekam sie aber die Bestätigung durch seine Zeichnungen - sie waren identisch.

Das waren schon sehr seltsame 'Zufälle'. Nun kam der nächste Hammer. Ich hatte Uwe bis ins Detail ausgefragt, wie die große Frau, die an unserer Gartentür stand, ausgesehen hatte.

Und seine Ausführungen über sie paßten genau auf die Beschreibung, die wir am Sonntagmittag von Mr. X. bekommen hatten. Sogar die Bekleidung dieser Person stimmte mit der Bekleidung der Außerirdischen überein, die Mr. X. auf seinen Zeichnungen offenbarte.

Über seine Ausführungen wird in späteren Kapiteln noch ausführlich berichtet.

In der Kommandozentrale: Es kann nicht das Raumschiff der kleinen Grauen sein. Stühle und Instrumente stimmen mit diesen in der Proportion nicht überein.

KAPITEL 4
Die entscheidende Wende
von Reiner

Am 20. Oktober 1996 fand meine vierte und letzte Hypnosesitzung bei Dr. Alberts statt. Als Zeugen waren anwesend: Dipl.-Psych. Inge Frank, Dipl.-Ing. Peter Mally mit Freundin Kerstin, und meine Frau Karin.

(Wir wollen auch hier wieder den Teil überspringen, in dem Reiner von Dr. Alberts in die Trance geführt wird und gleich da einsetzen, wo es spannend wird. Diesmal ist die Sitzung im Originalwortlaut wiedergegeben).

Dr. A.: *„Wo sind Sie da, wissen Sie das?"*
Reiner: *„Daheim, zuhause."*
Dr. A.: *„Wissen Sie das Datum, ungefähr?"*
Reiner: *„Ja, Dezember 1994."*
Dr. A.: *„Sind Sie daheim?"*
Reiner: *„Ja."*
Dr. A.: *„Wo sind Sie daheim, in welchem Zimmer, in welchem Raum?"*
Reiner: *„Im Schlafzimmer."*
Dr. A.: *„Im Schlafzimmer, was zuckt da so, was ist das für ein Gefühl?"* (Reiner zuckt im Sessel).
Reiner: *„Energie."*
Dr. A.: *„Von wo bis wo geht die?"*
Reiner: *„Überall im Körper."*
Dr. A.: *„Liegen Sie alleine im Bett? Ist Ihre Frau da?"*
Reiner: *„Ja, wir sind zusammen."*
Dr. A.: *„Sind Sie schon im Bett oder sind Sie noch auf, noch draußen?"*
Reiner: *„Nein, wir schlafen schon."*
Dr. A.: *„Und Sie schlafen auch schon?"*

Reiner: *„Ja, ohhh..."*
Dr. A.: *„Was geschieht denn jetzt gerade?"*
Reiner: *„Jetzt wird's heiß."*
Dr. A.: *„Wo wird's heiß?"*
Reiner: *„Im Schlafzimmer, ohh... mir wird's heiß."*
Dr. A.: *„Nehmen Sie noch was wahr?"*
Reiner: *„Ja."*
Dr. A.: *„Was denn, Hitze und sonst noch was?"*
Reiner: *„Nebel."*
Dr. A.: *„Haben Sie die Augen offen?"*
Reiner: *„Ja, ich hab meine Augen auf, ich bin wach geworden, jetzt kommen sie wieder."*
Dr. A.: *„Wer sie?"*
Reiner: *„Meine Freunde."*
Dr. A.: *„Wie viele sind es denn?"*
Reiner: *„Drei, drei Stück."*
Dr. A.: *„Haben Sie gesehen, woher sie kommen, sind die plötzlich da?"*
Reiner: *„Sie kamen einfach im Nebel, sie waren einfach hier."*
Dr. A.: *„Sie waren einfach da, plötzlich war's nebelig, war's auch hell?"*
Reiner: *„Nebelig und blaues Licht, und dann kamen diese Wesen, alle drei, nacheinander."*
Dr. A.: *„Und sie sind jetzt da?"*
Reiner: *„Ja."*
Dr. A.: *„Kommunizieren die irgendwie mit Ihnen?"*
Reiner: *„Der Kleine, mein Freund redet wieder mit mir."*
Dr. A.: *„Den, den Sie schon kennen?"*
Reiner: *„Ja."*
Dr. A.: *„Der redet mit Ihnen, was sagt er?"*
Reiner: *„Es ist wieder Zeit, er muß mich wieder mitnehmen."*
Dr. A.: *„Antworten Sie irgendwas?"*
Reiner: *„Nein, ich weiß Bescheid, ich kenne sie ja schon lange. Sie gucken auch meine Frau an, ja, einer geht zu meiner Frau*

und macht was, aber ich kann es nicht deutlich erkennen.
Ich seh' nur, daß er sie berührt, ohhh..."

Dr. A.: „Was spüren Sie jetzt?"

Reiner: „Ich, da spüre ich wieder diese Energie, die durch meinen
Körper fließt."

Dr. A.: „Diese Hitze?"

Reiner: „Ja, das ist körperlich spürbar."

Dr. A.: „Die Zeit läuft weiter, was passiert denn jetzt?"

Reiner: „Jetzt spür' ich, wie ich mein Körpergefühl verliere und
schwebe, ich schwebe wieder, jetzt zieht's mich nach oben,
unaufhaltsam nach oben."

Dr. A.: „Ja, das ganze können Sie spüren?"

Reiner: „Ja."

Dr. A.: „Wir gehen weiter durch, können Sie dabei was sehen?"

Reiner: „Nein, alles ist neblig, jetzt hör' ich ein Summen, ein hoher
Summton in meinen Ohren."

Dr. A.: „Und was passiert weiter."

Reiner: „Mein Freund kommt, nimmt mich an der Hand."

Dr. A.: „Durch den Nebel durch?"

Reiner: „Ja, und führt mich in einen Raum."

Dr. A.: „Kennen Sie den Raum?"

Reiner: „Ja."

Dr. A.: „Waren Sie da schon öfters?"

Reiner: „Ja, ja, schon paarmal, es ist ein Untersuchungsraum,
aber ich werde heute nicht untersucht, er führt mich weiter."

Dr. A.: „Das erfahren Sie?"

Reiner: „Ja, jetzt gehen wir durch einen langen tunnelartigen
Raum, ohhh..."

Dr. A.: „Und was haben sie da gerade gespürt?"

Reiner: „Im Kopf, hinten im Kopf, ich weiß nicht, ich hab das Gefühl in meinem Kopf ist was."

Dr. A.: „Hinten im Hinterkopf?"

Reiner: „Ja."

Dr. A.: „*Als wenn sich was bewegt oder kribbelt?*"

Reiner: „*Nein.*"

Dr. A.: „*Sondern?*"

Reiner: „*Es ist wie ein Energiestoß, ich glaube, daß sie dadurch mit mir telepathisch in Kontakt treten können.*"

Dr. A.: „*OK, gehen Sie noch durch den Gang?*"

Reiner: „*Ja.*"

Dr. A.: „*Wir gehen weiter, was passiert jetzt?*"

Reiner: „*Jetzt betreten wir eine große Halle, es ist eine Art Garten - botanischer Garten.*"

Dr. A.: „*Kennen Sie die Pflanzen?*"

Reiner: „*Nicht alle. Ich sehe Palmen, Blumen, einen Springbrunnen in der Mitte vom Raum. Es ist wunderschön hier.*"

Dr. A.: „*Kann man auch etwas hören?*"

Reiner: „*Ein Rauschen.*"

Dr. A.: „*Gibt es irgendeinen Duft oder Geruch im Raum?*"

Reiner: „*Ja, ich rieche frische Blumen.*"

Dr. A.: „*Sind Sie allein da?*"

Reiner: „*Nein, mit meinem Freund, er führt mich durch diesen Raum, durch diesen Garten.*"

Dr. A.: „*Wissen sie warum oder wohin sie geführt werden?*"

Reiner: „*Noch nicht, jetzt gehen wir weiter.*"

Dr. A.: „*Aus der Halle raus?*"

Reiner: „*Ja.*"

Dr. A.: „*Und wann hatten Sie das Gefühl? War es wieder so ein Gefühl im Hinterkopf?*"

Reiner: „*Ja, genau.*"

Dr. A.: „*Wann haben Sie es bekommen, als sie rausgegangen sind?*"

Reiner: „*Genau, als ich den Raum verlassen hatte.*"

Dr. A.: „*Und wo sind Sie jetzt?*"

Reiner: „*Jetzt führt er mich weiter. Ich seh' wie sich eine Tür öffnet.*"

Dr. A.: „*Seitlich oder von oben nach unten? Oder wie öffnet sie sich?*"

Reiner: „*Von unten nach oben, ich betrete einen kleinen Raum und sehe ein Wesen stehen.*"

Dr. A.: „*Kennen Sie dieses Wesen?*"

Reiner: „*Ja, er ist der Kommandant, er ist groß* (Lachen). *Er lacht mich an, er freut sich, mich zu sehen und sagt, daß ich mich gut entwickeln würde und er zufrieden mit mir wär'. Er spricht mit mir.*"

Dr. A.: „*Er spricht mit Ihnen?*"

Reiner: „*Ja.*"

Dr. A.: „*Was sagt er denn?*"

Reiner: „*Er sagt, ich soll vorsichtig sein und aufpassen.*"

Dr. A.: „*Sie sollen vorsichtig sein und aufpassen?*"

Reiner: „*Ja.*"

Dr. A.: „*Sagt er es Ihnen direkt oder erahnen Sie es nur, oder kriegen Sie es nur im Geist mit?*"

Reiner: „*Ich brauch' mit ihm nicht zu reden, ich versteh ihn, ich krieg' seine Gedanken in meinen Kopf. Aber es sind andere Gedanken, als wenn die kleinen Wesen mit mir kommunizieren, es hört sich menschlich an, nicht metallisch* (später erfahren wir noch, daß sie manchmal reden und manchmal telepathisch kommunizieren).*"

Dr. A.: „*Wovor sollen Sie vorsichtig sein?*"

Reiner: „*Er sagt, ich muß mich hüten vor den Menschen.*"

Dr. A.: „*Sagt er noch was?*"

Reiner: „*Ja, er will mir was zeigen.*"

Dr. A.: „*Wie geht's weiter, was geschieht nun?*"

Reiner: „*Er zeigt mir eine Karte, eine Landkarte, ich versteh das noch nicht alles.*"

Dr. A.: „*Aber Sie haben sie vor Augen?*"

Reiner: „*Ich kenn' keine solche Karte.*"

Dr. A.: „*Was ist das für eine Karte?*"

Reiner: *„Eine Landkarte, eine Landkarte von der Erde, aber ich erkenne nicht die Erde auf der Karte, denn die Kontinente, die ich erkenne, sehen anders aus, als wir sie kennen. Aber es ist die Erde, sagt er - die Erde der Zukunft. Ich sehe zwei große Kontinente auf diesem Plan und drei größere Inseln auf der Karte, die aber die Größe von Europa haben. Aber die gesamte Kartenstruktur sieht ganz anders aus, als jetzt auf der Erde. Ich sehe kein Australien, kein Europa und Nord- und Südamerika, alles scheint sich zu verändern."*

Dr. A.: *„Sagt er was zu der Karte?"*

Reiner: *„Ja, er sagt mir, daß das die zukünftige Erde sein wird, nach der Transformation. Daß sich die Pole verschieben werden und sich eine neue geographische Erde bilden wird mit neuen Kontinenten. Ich bin beeindruckt von ihm."*

Dr. A.: *„Warum?"*

Reiner: *„Er strahlt soviel Liebe aus, und Ruhe und Wissen."*

Dr. A.: *„Und wie sieht er aus?"*

Reiner: *„Er ist größer als ich, über zwei Meter. Er hat dunkles, glattes Haar und strahlend blaue Augen, größere als wir, etwas schräger und in der Gesamterscheinung feiner als wir Menschen, zierlicher, ästhetischer."*

Dr. A.: *„Was geschieht weiter?"*

Reiner: *„Er fordert mich auf, mitzukommen. Er will mir noch was zeigen."*

Dr. A.: *„Wechseln Sie das Zimmer, oder den Raum?"*

Reiner: *„Ja, ich laufe hinter ihm her und er führt mich woanders hin."*

Dr. A.: *„Spüren Sie, daß Sie laufen?"*

Reiner: *„Ich laufe. Ich fühl' mich sehr wohl, ich hab' überhaupt keine Angst. Es kommt mir alles so vertraut vor."*

Dr. A.: *„Wir geh'n weiter in diesem Ereignis."*

Reiner: *„Ich sehe Menschen, viele Menschen in einem Raum."*

Dr. A.: *„Sie sind in einen größeren Raum gekommen?"*

Reiner: *„Nein, in einen Saal, dort sind Menschen, viele Menschen. Er zeigt mir all die Menschen und sagt zu mir: „Schau hin, all diese Menschen dort unten, sie wurden alle ausgesucht, und jeder von diesen einzelnen Menschen hat seine Aufgabe auf der Erde."* (Lautes Lachen von Reiner) *„Ich sehe jemanden, den ich kenne."*

Dr. A.: *„Nur einen?"*

Reiner: *„Mehrere, ich seh' meine Frau, ich seh' auch noch andere Personen, die mir bekannt vorkommen."*

Dr. A.: *„Sind die alle in diesem Saal versammelt?"*

Reiner: *„Ja, sie werden alle unterrichtet. Es spricht ein anderes Wesen zu ihnen, das genauso aussieht wie der Kommandant, nur ist es eine Frau. Sie hat blonde Haare, ist sehr groß und sie spricht zu den Menschen und alle Menschen hören ihr genau zu. Und ich stehe mit dem Kommandant auf einer Anhöhe und überschaue alles mit ihm zusammen."*

Dr. A.: *„Das will er Ihnen zeigen?"*

Reiner: *„Ja, er will mir damit zeigen, daß ich nicht der einzige Mensch bin, der hier oben ist, daß es viele Menschen gibt auf der Erde, die geholt werden. Alle Menschen die dort sind, sind gekennzeichnet, sagt er zu mir. Alle Menschen, die gekennzeichnet sind, werden zueinanderfinden, wenn die Zeit dafür reif ist und sie ist bald reif dafür."*

Dr. A.: *„Sagt er?"*

Reiner: *„Ja."*

Dr. A.: *„Sagt er noch etwas?"*

Reiner: *„Er sagt zu mir, daß ich mich bald erinnern werde, ohne Hypnose. Er sagt zu mir, ich werde bald so weit sein, daß ich direkt empfangen kann, denn die Zeit wird sehr knapp werden. Denn er sagt mir auch, daß bald viele Veränderungen stattfinden werden, und wir vorbereitet sein müssen, um den Menschen zu helfen. Ich freue mich, daran teilhaben zu dürfen."*

Dr. A.: *„Sie stehen immer noch auf dem Hügel und schauen zu den Leuten herunter?"*

Reiner: *„Ja, jetzt führt er mich wieder zurück in den kleinen Raum und sagt mir, daß ich mir die Karte einprägen soll."*

Dr. A.: *„Schauen Sie sie nochmals an?"*

Reiner: *„Ja."*

Dr. A.: *„Werden Sie sich diese einprägen?"*

Reiner: *„Ja, ich schaue sie noch einmal intensiv an."*

Dr. A.: *„Was ist denn jetzt geschehen, sind Sie jetzt wieder aus dem Raum raus?"*

Reiner: *„Nein."*

Dr. A.: *„Sondern?"*

Reiner: *„Das war, als ich die Karte intensiv anschaute, da bekam ich wieder diesen Stromschlag."*

Dr. A.: *„Die Karte ist immer noch vor Ihren Augen?"*

Reiner: *„Ja, ich sehe zwei große Kontinente und drei mittlere und einige kleine Inseln."*

Dr. A.: *„Wird das kommentiert, was Sie da sehen?"*

Reiner: *„Er sagt mir nur, ich solle sie mir einprägen."*

Dr. A.: *„Es gibt keine Erklärung dafür."*

Reiner: *„Er hat sie mir schon gesagt."*

Dr. A.: *„Er hat ihnen die Erklärung schon gegeben?"*

Reiner: *„Ja."*

Dr. A.: *„Wir gehen weiter in der Situation und erleben, was sich weiter entwickelt. Ist die Karte noch vor Ihren Augen?"*

Reiner: *„Nein."*

Dr. A.: *„Hat sich was verändert?"*

Reiner: *„Ich weiß nicht, ich fühl' mich jetzt ganz wohl."*

Dr. A.: *„Wissen Sie jetzt wo Sie sind?"*

Reiner: *„Nein."*

Dr. A.: *„Sagt er Ihnen irgend etwas?"*

Reiner: *„Nein."*

Dr. A.: *„Sind Sie alleine?"*

Reiner: *„Nein."*

Dr. A.: *„Sie werden weiter erleben, was jetzt passiert."*

Reiner: *„Etwas zieht mich jetzt."*

Dr. A.: *„Wo?"*

Reiner: *„Am Arm."*

Dr. A.: *„Am rechten oder linken?"*

Reiner: *„Am rechten."*

Dr. A.: *„Was ist es, was da zieht, eine Berührung?"*

Reiner: *„Ja, ich fühl' was, ich fühl' was."*

Dr. A.: *„Wo denn?"*

Reiner: *„Hier."*

Dr. A.: *„Wo denn, hier in diesem Raum?"*

Reiner: *„Ja."*

Dr. A.: *„Und welcher Raum ist das, welcher Raum ist das, wo sie sind?"*

Reiner: *„Stuttgart."*

Dr. A.: *„Und das fühlen Sie jetzt in dem Moment?"*

Reiner: *„Ja, ich fühle was."*

Dr. A.: *„In ihrer Hand?"*

Reiner: *„Nein, neben mir stehen. Ich fühle es, daß etwas hier im Raum steht und meine Hand führt."* (In diesem Moment hebt sich Reiners leblose Hand, als hienge sie an einem unsichtbaren Faden).

Dr. A.: *„Und wir sind aus dieser Erinnerung und aus dieser Szene draußen?"*

Reiner: *„Ja."*

Dr. A.: *„Und Sie erinnern sich noch, welche Szenerie das war?"*

Reiner: *„Ja."*

Dr. A.: *„Und welches Datum war das?"*

Reiner: *„Es war Dezember 94, 24. Dezember 94."*

Dr. A.: *„Und aus dieser Situation sind Sie jetzt in diesem Moment draußen?"*

Reiner: *„Ja."*

Dr. A.: *„Haben Sie eine Ahnung, was die Anwesenheit dieses Wesens... bedeutet?"*

Reiner: *„Ja, er ist hier, damit eine bessere Kommunikation statt-finden kann, er ist spürbar hier für mich, aber nicht sicht-bar."*

Dr. A.: *„Sollen Sie über irgendwas informiert werden?"*

Reiner: *„Ja, nicht ich."*

Dr. A.: *„Sollen die Anwesenden über etwas informiert werden?"*

Reiner: *„Ja, er sagt mir, daß es gut ist, hier zu sein. Er sagt mir auch, daß Sie ein sehr guter Psychiater seien, mit einem offenen Herzen, und er sagt mir auch, daß Sie so weiter machen sollen, und in Zukunft auch Vorträge abhalten sollten, vor ihren Kollegen, über diese Thematik. Und jeder hier im Raum sei ausgesucht worden, hätte eine Aufgabe."*

Dr. A.: *„Möchte er das durch Sie kundtun?"*

Reiner: *„Obwohl ich das gar nicht sagen müßte, jeder einzelne, hier Anwesende, weiß das schon intuitiv, aber wir Men-schen brauchen hin und wieder einen Anstoß, um das zu tun, was wir innerlich fühlen. Auch wenn wir dadurch hin und wieder Schwierigkeiten bekommen mit der Öffentlich-keit, wir sollen uns dadurch nicht beirren lassen und unse-ren Weg gehen, wir sollen stark bleiben. Das war es, was ich euch sagen sollte."*

Hier brechen wir ab.

Diesmal war die regressive Hypnose total anders verlaufen als die letzten drei, viel intensiver. Auch die Bilder, die ich zu sehen bekam, waren viel klarer und deutlicher als je zuvor. Alle Anwesenden wa-ren sichtlich beeindruckt, vor allem Peter, unser Freund. Er hatte die Absicht gehabt, auch eine Hypnose durchführen zu lassen, doch nun war ihm klar geworden, daß er keine brauchte. Er hatte die Land-karte von der Erde und den botanischen Garten mit geschlossenen Augen gesehen, selbst den Brunnen. Er war sichtlich irritiert davon und wir wußten, daß dies die Bestätigung für die Aussagen in der Hypnose war. Peter wußte nun Bescheid über sich. Ihm, wie auch den anderen, war klar geworden, daß sie ebenfalls an der Sache be-teiligt waren und mußten deswegen nicht mehr lange auf die Suche

gehen. Als sich gegen Ende der Sitzung meine Hand hob – das Wesen hatte mich am Handgelenk angefaßt – verspürten alle Anwesenden plötzlich ein inneres Glücksgefühl. Peter beschrieb es „als
könnte ich die ganze Welt umarmen". Das strahlte offenbar dieses
Wesen aus und es übertrug sich auf die Anwesenden.

Danach saßen wir noch beisammen und unterhielten uns über diese vorerst letzte Hypnose. Herr Dr. Alberts bestätigte mir nochmals,
daß ich in Zukunft ohne seine Hilfe in mein Unterbewußtsein eindringen könnte. Etwas Ähnliches sei in einem Buch eines Prof. Dr.
Mack beschrieben. Bei über 100 Entführungsfällen sei bei 2-3 Personen das gleiche eingetreten wie bei mir - daß während der Regression diese auch von absoluter Volltrance in einen offenen Kanal
übergegangen seien, um Informationen abzurufen. Dies passiere
nicht sehr oft, doch war er der Meinung, daß es bei mir der gleiche
Fall wäre. Nun, damit mußte ich erst einmal lernen umzugehen und
versuchte, es in mein Leben zu integrieren.

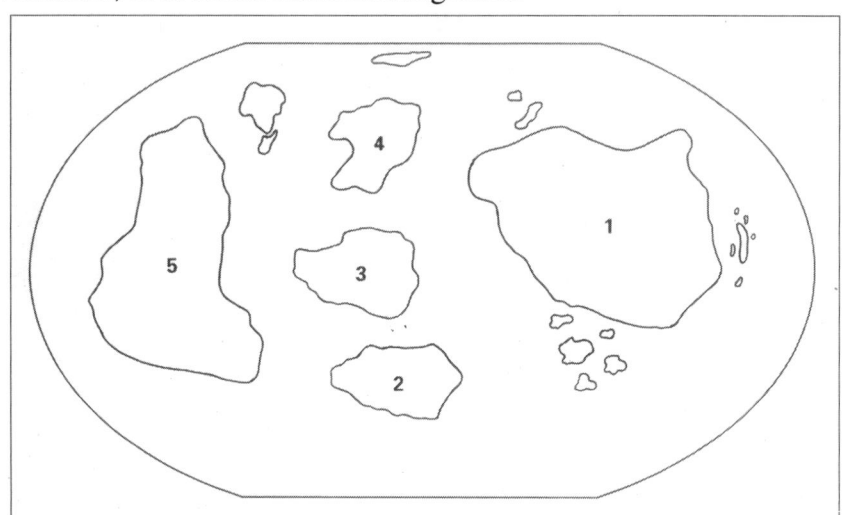

Die 'Erde der Zukunft' wie sie Reiner von dem Kommandanten gezeigt worden ist
Die Karte könnte auch die Erde nach dem Polsprung darstellen, was bedeuten
würde, daß man sie auf den Kopf stellen müßte, um die Reste der 'ehemaligen
Erde' wiederzufinden.

Der 'botanische Garten', vom Brunnen aus gesehen, mit Blick auf den Gang.

Hier mit Blick zum Brunnen, der einen sehr 'irdischen' Eindruck erweckt und mit 'Tierköpfen' verziert zu sein scheint.

KAPITEL 5
Selbsterkenntnis

Am 23. November 1996 wurde dann ein Experiment, eine Trance, bei Reiner durchgeführt. Es wurde versucht, ohne Dr. Alberts diesen hypnotischen Zustand herbeizuführen.

Reiner hatte sich selbst in Trance versetzt und war bereit, Informationen zu empfangen. Markus fragte und Reiner gab jeweils die Antwort (wir steigen wieder da ein, wo es spannend wird):

Markus: *„Wo bist Du gerade im Moment?"*
Reiner: *„Zuhause."*
Markus: *„Welches Gefühl hast Du?"*
Reiner: *„Gut, sicher, geborgen."*
Markus: *„Sind nur wir im Raum? Sind noch andere im Raum?"*
Reiner: *„Noch nicht."*
Markus: *„Eine andere Präsenz?"*
Reiner: *„Sie sind hier, nur nicht sichtbar für uns."*
Markus: *„Weißt Du wie viele?"*
Reiner: *„Drei - sind hier."*
Markus: *„Kennst Du sie alle?"*
Reiner: *„Oh, ja, sie wollen mir was mitteilen, sie sind da, über uns."*
Markus: *„Was sollst Du uns mitteilen?"*
Reiner: *„Ich soll euch sagen, daß Karin bald wissen wird, was sie zu schreiben hat* (lautes Lachen). *Markus, Du mußt vorsichtig sein in Amerika, sei vorsichtig, mit wem Du sprichst. Gefahren lauern auf dem Weg, Gefahren, über dieses Thema zu sprechen. Amerika ist gefährlich, Du mußt aufpassen. Menschen, die das nicht verstehen, Menschen die Bescheid wissen, wollen es nicht."*
Markus: *„Warum wollen sie es nicht?"*

Reiner: *„In Amerika wissen sie über diese Wesen Bescheid. Sie wissen auch, wenn diese hier eingreifen, sie ihre Macht verlieren. Die Außerirdischen wollen uns helfen."*

Markus: *„Helfen bei was?"*

Reiner: *„Bei der geistigen Entwicklung. Gegen unsere Habgier, denn wir Menschen sind dabei, das, was uns heilig sein sollte, zu zerstören. Nur das Materielle zählt."*

Markus: *„Welche Verantwortung haben wir?"*

Reiner: *„Wir alle haben eine wichtige Aufgabe nach der Transformation, wir müssen danach bei dem Aufbau helfen."*

Markus: *„Bekommen wir Hilfe?"*

Reiner: *„Ja, alle die ein offenes Herz haben, die nur auf die innere Stimme hören."*

Markus: *„Es gibt viele inneren Stimmen, welche ist die richtige?"*

Reiner: *„Du wirst es wissen, glaube und fühle, dann wirst Du wissen."*

Markus: *„War das Licht im Büro ein Zeichen?"*

Reiner: *„Ja, das war's, ihre Energie, ihr Geist ist immer bei Dir."*

Markus: *„Wie kann ich sie rufen?"*

Reiner: *„In dem Du Dich zurücklehnst, leer machst, nach innen gehst. Du wirst es fühlen. Wir brauchen immer Beweise. Auch den Wind können wir nicht sehen, aber wenn er durch den Dachstuhl pfeift, hören wir ihn."*

Markus: *„Welche Aufgaben und Botschaften habt ihr noch für uns?"*

Reiner: *„Die Aufgabe hast Du schon, Du bist nicht ohne Grund hier. Ich bin hier, um euch mitzuteilen - daß Karin nicht von hier ist. Schaut ihr in die Augen und ihr werdet verstehen. Sie ist kein Wesen von der Erde, sie kommt von Aldebaran."*

Markus: *„Wie alt ist sie?"*

Reiner: *„Sie ist sehr alt, ihre Seele ist sehr, sehr alt. Sie ist sehr weise, ihr müßt auf sie hören, sie weiß Bescheid, sie will es nur noch nicht akzeptieren, aber sie weiß."*

Markus: *„Hat sie eine höhere Aufgabe hier?"*

Reiner: *„Sie ist geführt worden, so wie Reiner die Aufgabe hat, es der Öffentlichkeit weiterzugeben. Er ist stark genug dafür und er hat auch die nötige Kraft und das Wissen, allen Anfeindungen standzuhalten und abzublocken. Jetzt kommt bald die Zeit für ihn, und Du Markus wirst ihn unterstützen und Deine Erfahrungen mit einbringen. Auch Du wirst eine höhere Aufgabe bekommen. Es ist noch zu früh, es Dir zu sagen, auch all seine Freunde Peter, Frank und Norbert, sie wurden zugeführt, damit wir uns gegenseitig unterstützen bei diesem schweren Weg. Karin, Du weißt das, weil ihr in Zukunft Angriffen ausgesetzt sein werdet. Menschen, die Angst vor euch bekommen, weil ihr die Wahrheit sagt. Ihr müßt stark bleiben. Wir beschützen euch."*

Markus: *„Was kann ein Einzelner denn tun?"*

Reiner: *„Falsch, ihr seid nie allein, ein Mensch, der an sich glaubt, an seine Kraft, kann mehr bewirken, als tausende andere zusammen. Wir sind bereit, euch bald ein Zeichen zu geben."*

Markus: *„Erkennen wir es?"*

Reiner: *„Schaut nur nach innen und nach oben."*

Reiner: *„Frage?"*

Markus: *„Welche Energie benützt ihr?"*

Reiner: *„Wir haben euch alle schon als Kinder geholt, Implantate gesetzt, die eine Hilfe darstellen, über diese Implantate euch zu kontaktieren. Es arbeitet wie ein Verstärker, wir können überall den Kontakt herstellen - aber erst wenn ihr dazu bereit seid."*

Markus: *„Brauchen wir bestimmte Fähigkeiten?"*

Reiner: *„Es ist einfach - euer Magnetfeld - das spüren wir auf, wir können es herauskristallisieren - ihr werdet lernen, euch zu öffnen und zu wachsen."*

Markus: *„Wie viele Menschen sind es?"*

Reiner: „*Millionen von Menschen. Es wird bald einen zweiten Versuch geben, einen Kontakt mit den Regierungen herzustellen. Wenn er scheitert, müssen wir handeln. Es wird nicht zugelassen, die Erde zu zerstören und dann andere Planeten zu besiedeln. Es gibt im Universum eine Vereinbarung, an die sich alle Menschen und Wesen halten müssen - das universelle Gesetz. Es gibt Menschen auf der Erde, die das wissen.*"

Markus: „*Welches sind die schlimmsten Verstöße?*"

Reiner: „*Haß und Habgier, deshalb müssen wir fast immer verdeckt arbeiten, in euren Träumen und im Unterbewußtsein.*"

Markus: „*Seid ihr anders?*"

Reiner: „*Größer, aber wenn ihr uns seht, könntet ihr fast keinen Unterschied erkennen, wir ähneln euch sehr.*"

Markus: „*Auch in Gefühlsdingen?*"

Reiner: „*Es gibt bei uns nicht solche Gefühle wie Liebe und Haß - unsere Liebe ist allumfassend - universell. Für uns ist es selbstverständlich, anderen Rassen zu helfen - allen Geschöpfen.*"

Markus: „*Liebe ist ein starkes Gefühl?*"

Reiner: „*Liebe und Haß sind die zwei Dualitäten zueinander. Wir haben gelernt, eins zu sein - eins mit uns selbst - allumfassende Liebe.*"

Danach wurde der Kontakt unterbrochen und Markus holte Reiner wieder aus der Tiefen-Trance zurück. Es war sehr interessant für alle. Insgesamt kam man zu der Überzeugung, daß viel Wahres darin steckt und alle waren über diese Erkenntnis tief berührt. Es wurde klar, daß Reiner in Zukunft noch besser und tiefer in Trance gehen, und dabei noch bessere und genauere Informationen über diese Wesen bekommen würde. Diese Wesen, von denen bis jetzt so wenig berichtet wurde.

Auch Markus, der diese Trance unterstützte, hat mit dem sogenannten 'Entführungssyndrom' zu tun. Karin und Reiner lernten
auch ihn wieder einmal 'zufällig' kennen und er trug den starken
Wunsch in sich, seine Erlebnisse, die auch heute noch sehr mit Ängsten verbunden sind, weiterzugeben, indem er sie aufschrieb und
ihnen übergab.

Da wir der Meinung sind, daß seine Erlebnisse weitere Teilchen
eines großen Puzzles darstellen, haben wir beschlossen, sie in dieses
Buch mit zu integrieren.

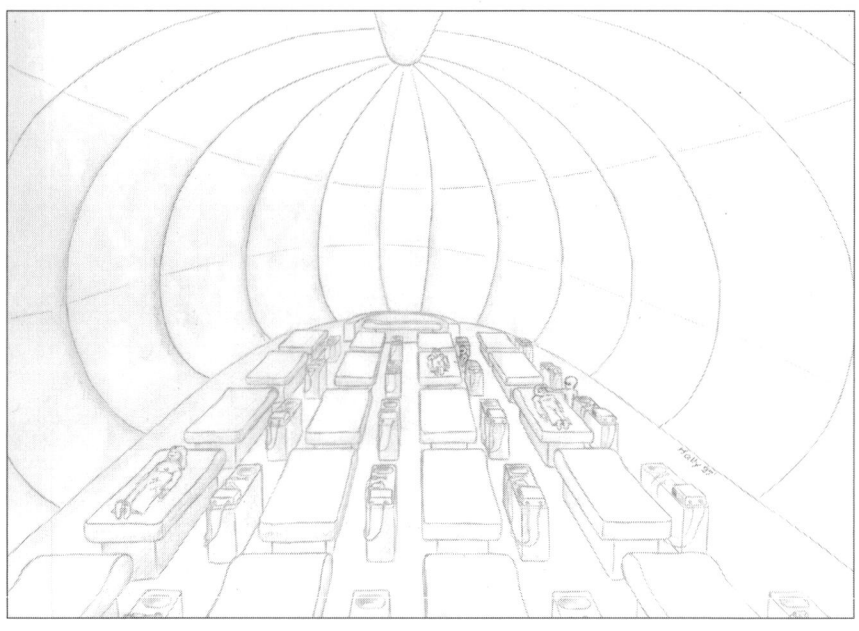

Der Untersuchungsraum

Der Kommandant

Kinder, mit denen Reiner auf dem Raumschiff spielte (Junge)

(Mädchen)

KAPITEL 6
Erinnerungen
von Markus Stransky

Vor nicht allzulanger Zeit bekam ich das Buch 'Sternentore' von Dr. Johannes Fiebag in die Hände und begann, zuerst weniger angetan, dann aber stets interessierter, die dort aufgeführten Erlebnisse von Betroffenen in mich aufzunehmen und diese Erfahrungen auf mich wirken zu lassen. Es ist nicht so, daß dies das erste Buch zum Thema 'Entführungen' war, das ich gelesen habe. Mein Interesse an dieser Lektüre beschränkte sich eigentlich nur auf die Spannung, ähnlich wie man einen Grusel- oder Kriminalroman liest. Nur mit dem Unterschied, daß die hier aufgezeigten Geschichten tatsächlich passiert sind. Es war immer recht gemütlich, am Abend in der warmen Wohnung zu sitzen, bei einem Glas Wein und einer Zigarette, und ein UFO-Buch, wie ich es immer nannte, zu lesen.

Bei der Lektüre von 'Sternentore' war es anders, ich kann jetzt gar nicht beschreiben wie. Ich sah abgebildete Mondkrater, Zeichnungen von kleinen grauen Wesen mit großen Augen, Bilder, welche bei jedem Menschen die Phantasie anregen. All diese Berichte und auch die Bilder waren für mich faszinierend und schauerlich zugleich und ich fragte mich bei jedem dieser Bücher, was in einem Menschen wohl vorgehen mag, der die geschilderten Geschehnisse am eigenen Leib verspürt hat. Da waren auch immer Zweifel an der Authentizität der Berichte, da all unser Denken nur bis zu einem gewissen, in der Erziehung künstlich errichteten Horizont und nicht darüber hinaus geht. „Es darf nicht sein, was nicht sein kann!" Das war die Erziehung, die wohl die meisten Menschen geprägt hat, die unser Denken beeinflußt und unsere Wahrnehmung in Grenzen verweist. Wir selbst bilden uns Barrieren, beziehungsweise in uns werden Barrieren durch Einflüsse von Außen herangebildet, die es uns nicht leicht machen, außergewöhnliche Dinge zu erkennen und zu begreifen. So sind die Zweifel in uns und unseren Mitmenschen durchaus verständlich, wenn sie mit dem 'Ungewöhnlichen' konfrontiert werden. Es ist aber auch die Angst, daß an all diesen Geschichten doch etwas Wahres sein könnte. Denn diese Erkenntnis würde unser gesamtes Weltbild über den Haufen werfen. Wir erzählen unseren Kindern, es gäbe keine Monster, es gäbe keinen schwarzen Mann, weil wir sie nicht beunruhigen möchten und weil wir uns an unsere ureigensten Ängste aus der eigenen Kindheit erinnern.

Seien wir doch einmal ehrlich zu uns, haben wir als Kinder nicht auch Wesen gesehen, welche uns erschreckten, Gestalten, die uns nicht einschlafen ließen und welche von unseren Eltern als Unfug abgetan wurden? Wenn ja, waren es wirklich nur Trugbilder, nur Phantasiegestalten? Wie kann sich ein Kind etwas einbilden zu sehen, ohne daß dem ein entsprechendes tatsächliches Erlebnis vorausging?

So erinnerte ich mich durch das Buch an eine Gestalt, welche mich allabendlich, wenn es hieß ins Bett zu gehen, in Angst und Schrecken versetzt hatte. Immer wenn ich im Bett lag, meine Eltern waren noch im Wohnzimmer, da kam der „Bimbo", wie ich ihn nannte, ein kleines, dunkles Wesen ohne erkennbare Gesichtszüge auf mich zu und blieb an meinem Bett stehen. Wie oft nervte ich meine Eltern, weil ich nicht einschlafen konnte, denn es war ja „Bimbo" im Zimmer. Mit dem Älterwerden verlor der „Bimbo" seine Schrecklichkeit (er kam dann auch nicht wieder) und irgendwann vergaß ich ihn auch. Der „Bimbo" war für mich nun nur noch eine Phantasiegestalt, welche nicht wirklich existiert hatte. Ganz klar, denn mir wurde auch gesagt, daß der „Bimbo" nur in meiner Phantasie existierte und wer sollte dies besser wissen als meine Eltern.

So lautet unsere Erziehung. Wir erziehen unsere Kinder zu vernünftigen Menschen, welche realistisch in die Welt schauen und sich nicht mit Träumereien aufhalten. Insofern ist dies doch richtig, aber wie groß sind die Probleme, wenn ein erwachsener Mensch unerwartet erkennen muß, daß man ihm etwas vorenthalten hat, wenn auch nur unbewußt. So ist es sehr viel schwieriger, das Erlebte zu verarbeiten und damit umzugehen. Plötzlich kippen alle Lehren und alle Weltanschauungen, an denen man festgehalten hat und man weiß damit nichts anzufangen. Sofort reagiert unser trainierter Verstand und sucht natürliche Erklärungen. *„Das hast Du Dir doch nur eingebildet"* und schon ist die Welt wieder in Ordnung. Aber ab einem gewissen Punkt schaltet sich das Unterbewußtsein ein, kommen Erinnerungen an verschwommene Erlebnisse und der Nebel beginnt sich zu lichten.

So erging es mir, als ich in 'Sternentore' die beiden Aufnahmen der Narben von Reiner und Karin Feistle sah. Da ich selbst an meinem rechten Unterschenkel eine solche Narbe habe, deren Herkunft mir völlig unklar ist, wurde ich etwas aufmerksamer und begann das Buch nochmals unvoreingenommener zu lesen. Ich spürte, daß mit mir auch etwas nicht stimmte. Doch die ganzen Gefühle, die mich dabei überkamen, konnte ich nicht in Worte fassen. Es waren Bilder in meinem Kopf, nicht sehr klar und unverständlich, aber sie waren da. Mir war zu diesem Zeitpunkt aufgefallen, daß es in den Berichten der „Entführten" Parallelen zu meiner eigenen Vergangenheit gab, aber ich wies diese Gedanken umgehend zurück. Vielleicht aus der Vernunft heraus, aber sicher vielmehr aus einer inneren Angst, es könnte doch wahr sein. Ich hatte schon in der Vergangenheit mit Freunden und Bekannten über seltsame Erlebnisse gesprochen und erntete nur Spott oder bestenfalls ein müdes Lächeln. Dies war ja verständlich, da ich selbst nicht so recht an das glaubte, was ich erzählte, obwohl ich dieses Gefühl nicht los werden konnte, daß da noch mehr ist zwischen Himmel und Erde, als unsere Schulweisheit sich träumen läßt. Aber warum sollte es ausgerechnet mich betreffen? Also vergaß ich, was da tief in mir saß und wartete, daß es zum Vorschein kommen konnte. Bis zu diesem genannten Augenblick, wo mich ein starker Drang dazu bewegte, doch einmal über das Unerklärliche nachzudenken.

Ich sprach zunächst mit meiner Lebensgefährtin über verschiedene Erinnerungen, die mich beschäftigen und auf die ich später im Einzelnen noch zurückkommen werde. Ich hatte von ihr erwartet, daß sie mich auf Anhieb verstehen würde, da sie sonst auch ein guter Zuhörer und ein liebe- und verständnisvoller Mensch war. Aber in diesem Fall antwortete sie mir nur, daß ich mich doch nicht so sehr in solch einen Unsinn hineinsteigern soll. Dies würde mir nur schaden. Ich verstand schon, was sie damit meinte. Ich arbeite als Ausbildungsleiter für die Zweigstelle eines amerikanischen Unternehmens und die Mitarbeiter vertrauten mir. Was sollten sie von mir denken, wenn ich plötzlich anfangen würde, von UFOs zu phantasieren. Und mein Freundeskreis? Lauter gutgestellte und angesehene Geschäftsleute, auch Rechtsanwälte, also Menschen, zu denen ich geschäftlich und privat ein besonderes Vertrauensverhältnis aufgebaut hatte.

Sollte ich mir das kaputt machen, wegen ein paar ungenauer und noch nicht einmal erklärbarer Erinnerungen? Meine Freundin saß mir gegenüber und in ihren Augen sah ich ein tiefes Bedauern.

Vielleicht lag dies am Kerzenlicht? Oder verlor sie den Glauben an meinen Verstand? Ich versuchte ihr zu erklären, daß da wirklich etwas war, was mich nun beschäftigte, aber es doch etwas zu viel für sie war.

So suchte ich nach Antworten und nahm all meinen Mut zusammen, schrieb an Dr. Johannes Fiebag und hoffte auf eine Antwort.

Durch den Brief an ihn erinnerte ich mich immer mehr und mehr an Begebenheiten, welche ich im Laufe der Jahre verdrängt oder vergessen hatte. Wenn ich ehrlich bin, muß ich heute sagen, daß ich nicht an eine Rückantwort glaubte. Zumal ich in meinem Schreiben auch meinen Unglauben an das Erlebte zum Ausdruck brachte. Dennoch bat ich um Stellungnahme und Rat.

Nach etwa zwei Wochen kam die Rückantwort und das Schreiben von ihm zeigte so viel Verständnis, für das ich ihm heute noch danken möchte. Als Anlage in diesem Schreiben fand ich Adressen von anderen Betroffenen zwecks Kontaktaufnahme und einem mögli-

chen Austausch. Aber auch hier war schon wieder eine Hemm-
schwelle, denn ich weigerte mich zu glauben, daß ich selbst zu den
Betroffenen gehörte. Der andere Gedanke, der mir kam, war der, daß
sich hier für mich die Möglichkeit ergab, mit unvoreingenommenen
Menschen zu sprechen, was mir unter Umständen helfen konnte,
Antworten auf meine Fragen zu finden. Ich sah mir die Adreßliste
durch und fand die Anschrift von Reiner und Karin Feistle, welche
nur wenige Kilometer von meinem Wohnort entfernt ein Haus ge-
mietet hatten. Mir fiel der Griff zum Telefon schwer, als ich die beiden anrufen wollte und ich trug mich mit dem Gedanken, den Hörer
wieder aufzulegen, was ich auch tat. Besser war es, den beiden einen
Brief zu schreiben, um in den ersten Kontakt zu treten. Ich schilderte
erneut was mich bedrückte, welche Bilder sich seit Wochen in meinem Kopf tummelten und bat um Rückantwort. Schon zwei Tage
später sprach mir Reiner auf den Anrufbeantworter und bat um
Rückruf.

Ich setzte mich mit Reiner in Verbindung und er erzählte mir von
ihrem ersten Buch, von seinen Erlebnissen und lud mich ein, ich
solle ihn und seine Familie in den nächsten Tagen besuchen. Schon
am Telefon machte Reiner auf mich einen netten, freundlichen Eindruck, was mich dazu veranlaßte, die Einladung anzunehmen. Am
Tag des Treffens, ich werde es nicht vergessen, war eine sternklare
Vollmondnacht, als wir, meine Lebensgefährtin und ich, zu den
Feistles nach Immenstaad fuhren. Es war hell und es war eine unglaubliche Energie zu spüren, die in der Luft lag.
*„Ein schöner Abend für einen Plausch über UFOs und Über-
sinnliches"*, dachte ich mir während der Fahrt und mußte dabei
schmunzeln. Das Haus der Feistles lag in einer kleinen Siedlung am
Waldrand und machte von außen einen gemütlichen Eindruck. Aber
auch hier kam in mir der Gedanke auf, daß dieses Anwesen geradezu
ideal für eine UFO-Sichtung und den Kontakt mit fremden Intelligenzen ist. So zumindest hatte ich mir bei der Lektüre das Anwesen
der Betroffenen vorgestellt. Mit diesen Gedanken erfüllt suchte ich

einen Parkplatz vor dem Haus. Reiner stand schon im Garten, um uns zu begrüßen und die Begrüßung war so ganz anders, als ich sie erwartet hatte. *„Heute fließt eine unglaubliche Energie, spürt ihr das auch?"* Mit diesen Worten empfing uns Reiner Feistle und es war schon seltsam, daß er mich mit den Worten begrüßte, die ich erst wenige Minuten vorher gedacht hatte. So sollte ich an diesem Abend meinen ersten Schritt wagen, in die unermeßlichen Dimensionen vorzustoßen, welche voller Geheimnisse und Rätsel umbunden in unserer aller Realität unmerklich gegenwärtig sind. Wollen wir doch den Sinn des Lebens erkennen und diese wunderbaren Geschehnisse nicht von uns weisen. Aber diese Erfahrung kommt erst im Laufe der Zeit und ich wünsche jedem Leser Verständnis, Einsicht und einen offenen Geist.

KAPITEL 7
Schlafwandler
von Markus Stransky

Eine meiner Erinnerungen ging in meine Kindheit zurück, in ein Alter von etwa acht oder neun Jahren. Wie jeden Abend wurde ich von meinem Vater ins Bett gebracht, hoch in mein Zimmer im ersten Stock. Die Wohnung meiner Eltern war im Hochparterre gelegen und mein Kinderzimmer wurde einen Stock höher in der Wohnung meiner Großmutter eingerichtet. Beide Wohnungen waren ausschließlich mit dem Treppenhaus verbunden.

Ich erinnere mich auch daran, daß es eine Nacht von Freitag auf Samstag war. Für diese Erinnerung gibt es einen besonderen Hintergrund, der mit dem Vorfall interessanterweise derart in Verbindung steht, als daß die Tatsache, welche mir die Erinnerung ermöglicht, das Erlebte erst recht besonders dubios erscheinen läßt. Denn mein Vater hatte eine Angewohnheit. Jeden Freitag Abend steckte er den Schlüssel von innen ans Schloß der elterlichen Wohnung, damit ich ihn und meine Mutter am Samstag morgen nicht zu früh wecken kommen konnte. Ich hätte ja bei Bedarf klingeln können.

Ich schlief wie gewohnt recht schnell ein, der „Bimbo" hatte sich recht lange nicht mehr sehen lassen und ich hatte ihn vergessen. So gab es für mich keinen Grund zur Besorgnis. Mitten in der Nacht erwachte ich plötzlich aus meinem sonst recht tiefen Schlaf, den ich noch heute mein Eigen nenne und wollte aufstehen, um zur Toilette zu gehen. Doch irgendwie war alles anders. Es war stockdunkel im Raum und ich wollte meine Lampe, die an meinem Bett montiert war, einschalten. Doch ich fand weder den Schalter noch die Lampe. Außerdem sollte hinter mir eine Wand sein, ich griff allerdings ins Leere. Ich stand auf und stieß mir das Bein an einem harten Gegenstand. Inzwischen überkam mich eine unbeschreibliche Angst.

Orientierungslos irrte ich in diesem Raum umher und suchte einen Lichtschalter. Ich hatte eine Vermutung, war mir nicht sicher,

aber das harte Ding, gegen das ich gestoßen war, mußte der Wohn-
zimmertisch in der Wohnung meiner Eltern, also im Wohnzimmer
gewesen sein. Aber das konnte nicht sein. Nach langem Suchen fand
ich einen Lichtschalter und betätigte ihn. Als das Licht anging, befand ich mich tatsächlich im Wohnzimmer meiner Eltern. Im Flur
steckte, wie gehabt und beschrieben, der Wohnungsschlüssel von
innen im Schloß. Ich ging zu meinen Eltern ins Schlafzimmer, um
sie zu wecken. Aber meine Eltern schliefen tief und fest und sogar
mein Rütteln blieb erfolglos.

Dies war schon seltsam, denn zumindest mein Vater hatte einen
sehr leichten Schlaf und wurde beim geringsten Geräusch wach.
Also ging ich in die Küche und setzte mich, immer noch zitternd an
den Tisch. Mein zweiter Versuch, meine Mutter zu wecken war erfolgreich und sie erschrak, als sie mich neben ihrem Bett stehen sah,
denn da konnte ich unmöglich sein. Ich hatte normalerweise nicht
die geringste Möglichkeit in die elterliche Wohnung zu gelangen, da
der Schlüssel ja von innen die Türe verschloß. Meine Mutter brachte
mich wieder nach oben in mein Bett und fragte mich dort, wie ich
denn in das Wohnzimmer gekommen sei. Glauben sie mir, hätte ich
eine Antwort gewußt, hätte ich sie ihr liebend gerne gegeben.

Dieser Vorfall wurde noch des öfteren im Familienkreis erörtert
und man suchte nach einer vernünftigen Erklärung. Leider vergeb-
lich. Denn für mich sollte dieser Vorfall seine Auswirkungen zeigen.
Seit diesem Tag lag ich jeden Abend verängstigt im Bett (und ich
war sicher kein Weichling für mein Alter) und konnte nicht einschlafen. Mittlerweile hatte ich mir eine regelrechte Checkliste gemacht,
um vor dem Einschlafen alles zu kontrollieren. Geht meine Lampe
am Bett? Ist das Fenster und die Jalousie geschlossen? Ist die Tür
geschlossen? Liegt meine Spielzeugpistole auf dem Nachtkästchen?
Ich hatte mir sogar eine Trillerpfeife bereit gelegt, um im Notfall
Alarm zu geben. Dies klingt nicht nur verrückt, es war verrückt. Ich
steigerte mich so in meine Ängste hinein, daß meine Eltern vor Ver-
zweiflung oft nicht mehr wußten, was sie mit mir machen sollten,

und ich glaube sagen zu können, daß ich ansonsten alles andere als ein Problemkind war.

Mein junges Leben geriet irgendwie aus den Fugen, da ich mittlerweile schon die schlimmsten Befürchtungen zu diesem Vorfall hatte: Geister, Einbrecher oder Schlimmeres haben versucht, mich meinen Eltern wegzunehmen! Zu dieser Zeit hatte ich abnormale Entführungsträume, in denen ich immer in einem *„glatten Raum mit rosafarbenen Porzellanwänden"* gefangen gehalten wurde. Es war kein runder Raum, er war nicht eckig, er war völlig unbeschreiblich. Wie das Innere eines Organs, nur mit glatten und glänzenden Porzellanwänden. Verschnörkelt mit Streben und Säulen. Nie konnte ich mich bewegen, war hilflos gefangen und konnte nicht fliehen. Wohlgemerkt: das waren Träume!

Es sollte einige Zeit vergehen, bis ich mich wieder beruhigt hatte, als mich ein weiteres, vergleichbares Erlebnis bewegte. Diesmal erwachte ich in der Nacht und befand mich auf der Treppe zum Dachboden. Diesmal konnte ich sofort erkennen, wo ich war, denn es leuchteten die Straßenlaternen zum Fenster herein. Bei allen Ängsten, die ich vorher hatte, reagierte ich nun völlig unnormal, ging in mein Zimmer zurück, legte mich ins Bett und schlief ein. Ich erzählte meinen Eltern zwar von meinem ungewöhnlichen Nachtausflug, doch mein Vater meinte dazu nur, daß ich ein Schlafwandler wäre. Und schon wieder war die Sache erledigt. Zumindest für meine Eltern, für mich aber noch lange nicht. Es vergingen nun einige Jahre, in denen gar nichts Vergleichbares passierte und ob dieser Tatsache war ich mehr als froh.

Inzwischen ging ich schon in die höhere Schule und genoß den Physikunterricht. In diesem habe ich gelernt, daß es zur Aufhebung der Schwerkraft Flugzeuge, Raketen oder starker Magneten bedarf. Auf alle Fälle sind da Kräfte notwendig, die entgegen der Schwerkraft wirken.

Was waren es für Kräfte, die mein folgendes Erlebnis steuerten? Es geschah wieder einmal in der Nacht. Ich war inzwischen vielleicht zwölf oder dreizehn Jahre alt. Ich schlief noch immer in meinem alten Zimmer, in dem schon die anderen Ereignisse eintraten. Ich erwachte in der Nacht, es war seltsam hell im Raum und... ich schwebte! Es klingt nach einem schlechten Scherz oder einer außergewöhnlichen Lüge von Baron Münchhausen, aber ich schwebte tatsächlich und zwar etwa einen bis zwei Meter über meinem Bett. Es war ein herrliches Gefühl, es dauerte nur ein paar Sekunden. Die Helligkeit im Raum verlosch und ich fiel auf mein Bett. Etwas benommen schaltete ich das Licht ein und sah mich um. Ich lag auf meiner Decke und hatte mir die Hand verletzt. Natürlich von diesem Sturz, dachte ich mir, aber im nächsten Augenblick kamen schon wieder die Zweifel. Menschen können nicht fliegen, das war mir klar, aber was hatte ich da eben erlebt? Einen Traum?

Ich hatte zwar schon früher einmal geträumt, daß ich fliegen konnte, aber da war mir sofort klar, daß es ein Traum war.

Diesmal war ich mir nicht so sicher, denn mir schmerzte mein Rücken und meine Hand und ich spürte noch etwas: Ein starkes Kribbeln am ganzen Körper, welches noch den ganzen darauffolgenden Tag anhielt.

Manche Erinnerungen kommen plötzlich und unerwartet zurück, auch beim Schreiben dieser Zeilen fallen mir noch verschiedene Erlebnisse ein, die bis dato von meinem bewußten Selbst verdrängt wurden. Nur müssen wir zulassen, daß sich diese Erinnerungen zurückmelden, denn wenn dies geschieht, beginnt eine Zeit der Veränderung, die wir nutzen sollten. Es ist eine Zeit der Erkenntnis, aber auch eine Zeit der Ängste, wenn wir gezwungen werden, das Gesehene und Erlebte zu verarbeiten. Der eine kann dies besser, leichter und schneller, der andere hat damit seine Probleme. Und wir sollten uns über die Tatsache klar werden, daß bisher nur wenige Menschen in diesem Erleben involviert sind, aber dennoch mehr, als wir glauben. Vielleicht gehören auch Sie dazu, aber das müssen Sie besser wissen als ich. Denn ich habe bis vor kurzer Zeit noch keinen Gedanken daran verschwendet, ob ich ebenfalls betroffen bin oder nicht.

Aber wenn wir Antworten suchen, werden wir diese auch finden, denn das Unterbewußtsein macht dazu den Weg frei. Es ist auch die Frage, ob Sie die Wahrheit erkennen wollen oder ob Sie sich davor fürchten. Aber Antworten zu finden ist meines Erachtens nach besser, als stets und ständig im Ungewissen zu leben.

Denken sie daran: der Verstand kann uns dazu keine Antwort liefern, sondern nur Ihr Gefühl und Ihr Unterbewußtsein.

Je mehr man die Ängste verdrängt, um so stärker kommen diese zurück. Wir sollten zulassen, was hier geschieht, denn es geschieht nicht zu unserem Schaden. Aber um dies zu erkennen, braucht es Zeit und Kraft und den Wunsch, zu verstehen und zu lernen.

Denn unser Verständnis ist nur auf die alltäglichen Dinge gerichtet. Unsere Arbeit, unsere Familie, unsere Kinder, unser Einkommen und Glück. Da bleibt oft nur wenig Zeit, sich über „Größeres" Gedanken zu machen. Vielleicht kommt es aber gerade darauf an? Die Antwort auf diese Frage versuche ich zu finden und ich hoffe, ich werde sie noch finden, denn auch ich bin erst am Anfang des Verstehens.

KAPITEL 8
Höhere Dimensionen
von Markus Stransky

Ein besonderes Erlebnis hatte ich im Alter von etwa 14 Jahren und diesmal waren sogar Zeugen dabei: meine Eltern. Es war ein wunderschöner Spätsommertag. Wir machten gemeinsam einen Ausflug mit dem Auto nach Hohenberg an der Eger. Der Nachmittag verging und nachdem wir noch in einer Gastwirtschaft in Hohenberg zu abend gegessen hatten, machten wir uns auf den Heimweg. Es war ein herrlicher Tag mit strahlendem blauen Himmel, keine Wolke war zu sehen und es war wunderbar warm. Wir unterhielten uns während der Fahrt über den schönen Ausflug und erwarteten, daß dieser Tag nun genauso „normal" zu Ende ging, wie er verlaufen war. Wir hatten gerade die Abfahrt nach Kothigenbibersbach passiert und waren auf dem Weg in Richtung Selb in Oberfranken.

Wir fuhren auf einer schönen, breiten und relativ geraden und übersichtlichen Straße, welche ich mit meinen Eltern schon oft gefahren war. Ein paar Kilometer vor Selb ist ein langes gerades Waldstück, welches wir nun erreicht hatten. Vor uns fuhr ein anderer Wagen, vielleicht in einem Abstand von etwa fünfzig Metern. Soweit ich mich erinnern kann, war es ein VW Golf.

Plötzlich erschien in Sekundenschnelle eine Nebelwand vor uns auf der Straße, und das bei strahlendem Sonnenschein und blauem Himmel. Der VW Golf fuhr in diese Nebelwand hinein und genauso schnell, wie die Nebelwand vor uns war, so schnell war sie schon wieder verschwunden, und mit ihr der VW Golf. Die Straße verläuft an dieser Stelle noch etwa achthundert Meter gerade, das bedeutet, wir hätten den anderen Wagen eigentlich noch sehen müssen. Aber er war spurlos verschwunden - einfach weg. Mein Vater hielt an, da wir vermuteten, daß das Auto irgendwo von der Straße abgekommen war. Wir stiegen aus und suchten am Waldrand, in der Hoffnung, noch jemandem helfen zu können. Aber das Fahrzeug war und blieb wie vom Erdboden verschluckt. Der Vorfall zwischen Auftauchen des Nebels und Verschwinden des Autos mit gleichzeitigem Entfernen des Nebels dauerte vielleicht 5 Sekunden. Kein Nebel der Welt verflüchtigt sich so schnell.

Das wußte ich damals schon. Was war mit dem Fahrzeug geschehen? Ich habe keine plausible Erklärung dafür und der Verstand versagt, wenn man darüber nachdenkt. Auch diese kleine Episode wurde mit meinen Eltern auch im Beisein anderer Personen diskutiert, aber keiner konnte eine passende Antwort auf unsere Frage finden.

Die einzige Erklärung, die ich jetzt habe, ist die Mehrdimensionalität. Ich will es etwas deutlicher erklären: Wir leben alle in der Dreidimensionalität und sind in ihr gefangen. Wir leben in Höhe, Länge und Tiefe. Stellen wir uns eine Comicfigur vor. Wäre sie lebendig, gäbe es für sie nur Höhe und Länge. Wie wollten sie "Micky Maus" erklären, daß es da noch eine Tiefe gibt? Dieser Vergleich hinkt zwar, aber dennoch kann man sich gedanklich in die Zweidimensionalität versetzen. Ähnlich verhält es sich bei uns Menschen. Wir leben in drei Dimensionen, die vierte Dimension ist die der Zeit (in der Physik, jedoch nicht in der Metaphysik), welcher wir uneingeschränkt zu unterliegen glauben. Die Zeit vergeht, so glauben wir. Aber dennoch ist die Zeit ebensowenig vergänglich wie die Höhe, die Länge und die Breite. Wir glauben, daß die Vergangenheit vorbei ist. Wäre dies so, dann wäre die Vergangenheit „nichts". Ohne Bedeutung also! Aber wie soll aus „nichts" etwas werden, zum Beispiel unsere Gegenwart? Und da die Gegenwart im Bruchteil einer Sekunde schon wieder Vergangenheit wäre, wäre die Gegenwart ja ebenfalls „nichts", also nichtexistent. Wollen wir diesen Gedanken noch weiter ausführen, dann müßte man feststellen, daß wir auch nicht existent wären. Was für ein furchtbarer Gedanke.

Was wären wir also? Trugbilder in einer nichtexistenten Welt? Schattenerscheinungen ohne existentiellen Wert? Oh nein! Wir wissen alle, jeder für sich, daß jeder Mensch auf seine Art und Weise reell ist. Aber dies funktioniert ausschließlich durch die Mehrdimensionalität. Es gibt meines Erachtens nach noch viele, uns unbekannte Dimensionen und diese Tatsache wurde schon von einigen Wissenschaftlern bewiesen. Erforscher der Quantenphysik wissen darüber sicherlich mehr. Ich durfte mich vor geraumer Zeit mit einem Fachmann unterhalten, der mir bestätigte, daß Zeitreisen, nur um ein Beispiel zu nennen, durchaus möglich seien, dank der Quantenphysik. So ist es auch bekannt, daß sich Elementarteilchen - wenn ich mich nicht täusche, sind es die Neutrinos - sich schneller als das Licht bewegen und dadurch die Grenzen der Zeit überschreiten, das heißt in der Zeit rückwärts reisen. Und laut Einsteins Relativitätstheorie sind auf der Basis der Quantenphysik noch viel mehr Dinge machbar, welche über unser Verständnis hinausgehen.

Wenn Sie mich fragen, so war das Verschwinden des Wagens nur ein Hinüberwechseln in eine andere Dimension. Nur, wer hat die bewerkstelligt? Soweit mich meine Kenntnisse über Autos nicht täuschen, gibt es den VW Golf noch nicht mit eingebautem Dimensionsmodulator und es wird sicher noch eine Weile dauern, bis es ein solches Teil zumindest gegen einen Aufpreis ab Werk gibt. Die andere Frage, die ich mir stelle, ist, wo ist der VW Golf jetzt? Durch wen wurde dieses Verschwinden hervorgerufen und wer ist in der Lage, solche Dinge zu vollbringen?

Vielleicht sind Sie gerade der Meinung, daß dies alles etwas dick aufgetragen ist, aber ich weiß, was ich gesehen habe. Um Dr. Fiebag zu zitieren: *„Ein Mensch, der solches erlebt, kann zwar als Zeuge vor Gericht bei einem Mordfall aussagen und man wird seine Aussage nicht in Zweifel stellen, wenn aber dieselbe Person vom plötzlichen Verschwinden eines Autos berichtet, oder davon, daß sie über dem Bett geschwebt ist, dann kann es schnell passieren, daß besagte Person als Schwindler oder unverschämter Lügner bezeichnet wird."* Dieser Gefahr werde ich mich hier stellen, denn es ist an der Zeit, daß die Wahrheit erzählt wird. Es gibt unerklärliche Kräfte, die von Zeit zu Zeit Eingriff in unseren Alltag und unser Leben nehmen, und dies geschieht auch, obwohl so mancher Zweifler versucht, die Aufrichtigkeit solcher Personen, die mit ihren Erfahrungen an die

Öffentlichkeit treten, ins Lächerliche zu ziehen. Es ist besser, nicht über die Ursachen nachzudenken, sondern die tatsächlichen Vorfälle zu akzeptieren.

Wenn es auch schwer fällt, diese Schilderungen für bare Münze zu nehmen, wäre es doch verkehrt, alles, was man sich nicht erklären kann, für pure Lüge zu halten. Kein Mensch hat jemals Gott gesehen, aber dennoch glauben die meisten Menschen an ihn. Sie laufen jeden Sonntag in die Kirche und beten zum Allmächtigen, wenn sie seine Hilfe benötigen. Und das, ohne ihn je gesehen zu haben. Sind alle Menschen, die in einer stillen Minute ein Stoßgebet nach oben schicken, Spinner? Sind alle die, welche sich ein Kreuz in die Wohnung hängen und die Bibel lesen, Verrückte? Ich denke nein! Aber die Religion ist ja etwas anderes! Seit der Kindheit werden die Menschen mit dem Thema 'GOTT' konfrontiert und das schon seit vielen Jahrhunderten. Da wird ein gläubiger Christ nicht müde belächelt, wenn er an Gott glaubt. In manchen Religionen gehört es zum guten Ruf, der Weisung der Kirche zu folgen und alle Gottesdienste zu besuchen.

Findet hingegen ein Treffen von UFO-Erfahrenen statt, finden die Medien immer Gründe, die Betroffenen als Tagträumer oder Schlimmeres in der Öffentlichkeit bloßzustellen. Stellen sie sich einen Pressebericht vor, der nach einem Papstbesuch erscheint, mit dem Wortlaut: *„Fanatische Anhänger kamen zur Versammlung, als ein selbstherrlicher Mann von einem Gott sprach, dessen Existenz keiner der Teilnehmer beweisen konnte, noch nicht einmal der Sprecher selbst!"* Es wäre undenkbar und sogar, um es vorsichtig auszudrücken, eine Unverfrorenheit! Aber eben dies wird mit Menschen gemacht, die von unerklärlichen Vorfällen berichten. Man könnte dieses Thema noch weiter ausführen, aber ich denke, daß ich offengelegt habe, wo das Problem liegt. Ich hoffe auch, daß sich durch meinen Vergleich niemand beleidigt fühlt, denn ich fühle mich auch nicht beleidigt, wenn man meinen Worten nicht auf Anhieb Glauben schenkt.

KAPITEL 9
Besuch in der Nacht
von Markus Stransky

Etliche Jahre später zog ich nach Altenhof in der Nähe des schön gelegenen Coburg in Oberfranken. Ich heiratete Diana und wir zogen in eine gemütliche Vierzimmerwohnung in ein Zweifamilienhaus. Dieses Haus hatte einen ganz besonderen Reiz, denn es lag am Ortsrand der Gemeinde an einer sehr wenig befahrenen Straße. Vor dem Haus lag ein weites Feld und hinter dem Haus ein Teich mit angrenzendem Wald, in welchem wir oft an schönen Tagen spazieren gingen. Zwischen dem Haus und dem Teich war ein Garten mit einer riesigen Wiese und einem Klettergerüst angelegt, wo sich unsere Tochter, vielmehr die Tochter meiner Frau, zu jeder passenden Gelegenheit aufhielt. Im Grunde genommen hatten wir jeden Grund glücklich zu sein. Eines Tages erzählte unser Nachbar vom Vormieter unserer Wohnung, welcher im Ort nicht sehr beliebt war. *„Der hat sogar UFOs gesehen und grüne Männchen, eines davon war sogar in seiner Wohnung"* erzählte man uns und lächelte dabei. Zu dieser Zeit lächelte ich über solche Bemerkungen auch noch und konnte mir den Vormieter lebhaft vorstellen, als er im Dorf herumlief und jedem seine UFO-Geschichte erzählte. Wie konnte ich damals ahnen, daß ich recht bald in die Fußstapfen meines Vormieters treten würde.

Es begann an und für sich ganz harmlos. Wir verließen unsere Wohnung eines Abends, um die Schwiegereltern zu besuchen. Es war ein gemütlicher Abend und es war sicherlich schon nach Mitternacht, als wir zuhause ankamen. Ich stellte das Auto in die Garage und wir gingen gemeinsam ums Haus. Meine Frau schloß die Wohnungstüre auf und wir liefen gemeinsam das Treppenhaus nach oben. (In unsere Wohnung war ein großes Treppenhaus integriert, die Wohnung an sich war sehr offen und hell.) Ich erinnere mich daran, daß meine Frau damals vor mir die Treppe hinaufging und ich erinnere mich auch an ihr verdutztes Gesicht, als sie oben an der Treppe ankam. Sie schaute mich an und wurde zusehends blasser. Erst verstand ich nicht, warum sie erschrak, denn ich konnte nichts Außergewöhnliches sehen. Erst als meine Frau zur Wohnzimmertüre zeigte, fiel mir auf, daß sämtliche Türen im Flur, also auch die Schlafzimmer-, die Badezimmer- und die Küchentüre verschlossen waren.

Es hätte durchaus sein können, daß der Wind die Türen zuschlug. Aber bei der Küchentüre war dies unmöglich, da es sich dabei um eine Falttüre handelte. Das Unheimliche dabei war, daß meine Frau nie die Türen schloß, wenn wir die Wohnung verließen und ich auch nicht und bei zwei Türen war sogar der Schlüssel im Schloß versperrt, gottlob von außen. Da keiner außer uns in die Wohnung kommen konnte, war dies schon äußerst merkwürdig. Wir sprachen sogar den Vermieter darauf an, ob er vielleicht in der Wohnung war, obwohl wir wußten, daß er keinen Schlüssel besaß.

Dies war nur eine kleine Episode von vielen, denn fortan öffneten sich Türen sogar während unseres Beiseins, gingen Lichter an und aus, wobei man deutlich das Klicken der Lichtschalter vernehmen konnte. Immer, bevor so etwas passierte, verhielt sich unsere Katze Jeany wie verrückt, rannte die Treppe hinauf und hinunter, versteckte sich unter dem Sofa oder suchte bei mir oder meiner Frau Schutz. Wir hörten nachts Schritte im dunklen Schlafzimmer, Schritte, die an unserem Bett vorbeiführten und in der Dunkelheit verschwanden. Komischerweise schlief auch die Katze nicht mehr bei uns im Schlafzimmer, sondern mied diesen Raum.

Schmuckstücke waren plötzlich verschwunden und tauchten Tage später unerwartet wieder auf. Ganz besonders interessant war das Verschwinden meines goldenen Kreuzes, welches ich immer an einer Kette am Hals trug. Eines Morgens war das Kreuz verschwunden, die Kette war noch da. Wir suchten das ganze Bett ab, fanden jedoch nichts. Ein paar Tage später erwachte ich morgens und das

Kreuz hing wieder an der Kette. An diese Begebenheiten konnte ich mich auch erst vor wenigen Tagen wieder erinnern. War dies alles ein Zufall? Ich habe immer nach natürlichen Erklärungen gesucht, habe alles Übersinnliche weit von mir gewiesen.

Auch an folgende Episode erinnere ich mich noch sehr gut. Ich lag mit meiner Frau schon im Bett, wir waren beide eingeschlafen, als unsere Tochter laut nach uns rief. Ich wurde später als meine Frau wach und bemerkte, daß sie aufstand, um nach unserer Tochter zu sehen. Samantha schlief im Kinderzimmer direkt neben dem Elternschlafzimmer. Ich hörte, daß meine Frau Diana und Samantha miteinander sprachen und daß das Kind weinte. Nach ein paar Minuten kam meine Frau zurück und legte sich neben mich ins Bett. Sie erzählte, das Samantha von einem kleinen weißen Mann sprach, der in ihrem Zimmer war, die Bettdecke wegschob und sie am Knie berührte. Dieser Vorfall war erstmalig. Unsere Tochter schlief sonst immer sehr ruhig und fest und hatte noch nie in der Nacht geschrien, geschweige denn von kleinen weißen Männern erzählt. Ich hielt es für einen Traum, drehte mich um und schlief ein. Bis mich meine Frau entsetzt wachrüttelte. Ich drehte mich um und merkte, daß sie zu Tode erschrocken war. Sie zeigte fortlaufend zur Schlafzimmertür und hielt sich verkrampft an meinem Arm fest. Ich fragte sie, was denn los sei, aber sie konnte fast nicht sprechen, nur ein leises Flüstern kam über ihre Lippen: *„Da war gerade jemand, der ging in Samanthas Zimmer. Ich habe es genau gesehen!"* Selbstverständlich wollte ich aufstehen und nachsehen, auch wenn ich mir in diesem Moment keinen rechten Reim auf die Vorfälle machen konnte. Doch es war mir nicht möglich. Meine Beine gehorchten mir nicht und es überkam mich ein kalter Schauer, als ich merkte, daß ich mich nicht bewegen konnte. Ich starrte zur Tür, konnte aber nichts erkennen. Nur das Licht, das von den Straßenlaternen durch die Glasziegel ins Treppenhaus schien. Ich konnte das Treppengeländer erkennen und den Schatten eines Baumes, mehr nicht. An mehr kann ich mich nicht erinnern. Wir müssen dann beide eingeschlafen sein.

Am nächsten Morgen erinnerten wir uns alle an die Geschehnisse in der letzten Nacht. Ich hinterfragte bei meiner Frau und meiner Tochter, was sie gesehen hatten. Meine Tochter ließ ich den weißen Mann malen, die Zeichnung ist leider nicht mehr vorhanden, zeigte aber deutlich Ähnlichkeit mit einem kahlköpfigen Wesen mit großen, schwarzen Augen. Ich weiß, daß meine Tochter noch nie ein Bild von einem „kleinen Grauen" gesehen hatte. Bildete sie sich das alles nur ein? Dann fragte ich meine Frau, ob sie nicht unsere Tochter gesehen hatte, als sie vielleicht von der Toilette ins Zimmer ging. Meine Frau verneinte mit den Worten, daß der Schatten, den sie sah, niemals unsere Tochter sein konnte. Also setzten wir uns hin und fertigten eine Zeichnung an. Diese Zeichnung zeigt den 'Besucher' aus der Sicht meiner Frau mit Blickwinkel vom Bett aus gesehen. Bei der Zeichnung wurde der Schatten öfter wegradiert, bis er die genaue Größe und Form hatte. Meine Frau berichtete, der Kopfansatz war genau in der Höhe des Treppengeländers und der Kopf war überdimensional groß. Die Gestalt wurde von den Straßenlaternen angestrahlt, aber dennoch konnte sie nichts genaues erkennen. Keine Gesichtszüge, gar nichts. Ich kenne meine Frau zu gut und ich weiß, daß sie mit beiden Beinen auf dem Boden der Tatsachen steht. Wenn sie etwas gesehen hatte, dann war es echt. Außerdem kann ich mir nicht die Bewegungsunfähigkeit erklären, hätte meine Frau lediglich geträumt. Eine Sache sollte hier nicht vergessen werden. Am Tag nach dem Vorfall wollte meine Frau Fenster putzen und als sie am Fenster im Kinderzimmer stand, rief sie mich, damit ich mir etwas ansehen solle. Von außen war ein Blatt gegen die Fensterscheibe geblasen worden und war dort aufgrund des Regenwassers festgeklebt, etwa in der Mitte des Fensters. Bei genauem Betrachten fiel uns dann auf, daß in der Mitte des Blattes Kratzer zu sehen waren, als wenn jemand mit dem Fingernagel das Blatt wegkratzen wollte. Nur wer sollte dies getan haben? Das Fenster lag im ersten Stock, von unten konnte also keiner das Fenster erreichen. Hätte jemand eine Leiter an die Hauswand gestellt um hochzusteigen, wäre sofort der darunter befestigte Strahler mit Bewegungsmelder angegangen.

Dies hätten wir bemerkt. Und wer hätte mit einer Leiter nach oben steigen wollen, nur um ein Blatt abzukratzen? Das wäre sehr weit hergeholt, oder nicht? Gegenüber der Hauswand war im Abstand von etwa zwei Metern die Garage. Von der aus hätte der Betreffende aber mindestens drei Meter groß sein müssen, um das Fenster zu erreichen. Also blieb das Blatt ein weiteres Rätsel, das keiner lösen konnte. Die Kratzer waren übrigens noch immer nach Entfernen des Blattes auf dem Glas zu sehen. Wer hat solche Fingernägel, ist drei Meter groß und hat Interesse, durch das Zimmerfenster unserer Tochter zu sehen und ein Blatt anzukratzen, um später in den Räumen aufzutauchen, nachdem er geschrumpft ist und die Bewohner erschreckt? Ein bißchen viele Zufälle für eine Nacht, finden Sie nicht auch?

Über ein halbes Jahr später waren wir zur Konfirmation meiner Nichte in Saalfeld/Thüringen eingeladen. Meine Nichte hatte zur Konfirmation unter anderem ein Buch geschenkt bekommen mit dem Titel „Die Weissagungen des Nostradamus". Unsere Tochter und ich blätterten in dem Buch gemeinsam und ich war fasziniert von den Aussagen dieses großen Mannes. Auf einer Seite ist ein Kommentar, daß im Jahre 1997 erstmals offiziell für alle Menschen ein Kontakt mit den „Anderen" stattfinden wird. Daneben war der Kopf eines „kleinen Grauen" abgebildet. Samantha zeigte sofort auf dieses Bild und sagte zu mir: *„Der war damals bei mir im Zimmer und hat mich am Knie angefaßt!"* Das Mädchen war zu dieser Zeit etwa sieben Jahre alt und hatte, wie alle Kinder eine blühende Phantasie, aber noch nie hatte sie so ernsthaft und überzeugt an einer Geschichte festgehalten. Sollte sie sich doch an ein reelles Erlebnis erinnern oder war alles nur Einbildung? Fragen über Fragen, die man selbst nicht beantworten kann. Tatsache ist, daß bei uns etwas vorgefallen ist.

In Altenhof gab es noch weitere Vorfälle. So ging meine Frau eines Samstagmorgens gegen 5 Uhr zur Arbeit. Sie half damals in einer Bäckerei aus und mußte immer relativ früh das Haus verlassen.

Es war noch dunkel, als ich hörte, daß meine Frau die Haustüre hinter sich zuschlug. Ich hörte auch ihre Schritte, als sie unter dem Schlafzimmerfenster vorbeiging zu ihrem Auto.

Auch die Außenbeleuchtung schaltete sich ein, dank eines Bewegungsmelders. Dieser Melder war so angebracht, daß man, wenn man von der Garage her kam und zum Hauseingang lief, etwas sehen konnte. Kam man von der anderen Seite, schaltete sich das Licht erst nach Passieren des Melders ein. Der Durchgang zwischen dem Haus und der Garage war, wie vorhin erwähnt, etwa zwei Meter breit und führte in Richtung Straße. Eben da befand sich jetzt etwa meine Frau, in dem besagten Durchgang und sie mußte den Bewegungsmelder schon passiert haben. Plötzlich hörte ich die Schritte meiner Frau zurückkommen, diesmal schneller als vorher, sie rannte fast. Sie kam zurück in die Wohnung und stürzte ins Schlafzimmer. Irgend etwas hatte sie erschreckt. Sie schaltete das Licht an, und als sich meine Augen an die Helligkeit gewöhnt hatten, fiel mir auf, wie blaß meine Frau war. *„Da rannte eben etwas vor mir über den Weg"* erzählte sie mir, nach den richtigen Worten suchend. Sie beschrieb es als eine kleine Gestalt, die beim Rennen ein Kratzen auf dem Asphalt verursachte. Das Wesen tauchte in dem Moment auf, als das Licht anging. Laut der Beschreibung von Diana war das Wesen etwa so groß wie ein Kind und sprang über den Gartenzaun. Mit einem Satz war es verschwunden. Meine Frau war vor lauter Schreck nicht mehr in der Lage zur Arbeit zu gehen. So kannte ich sie nicht, und ich wußte, daß sie tatsächlich etwas gesehen hatte. Es war unmöglich, daß sie sich dies eingebildet hatte. Inzwischen waren wir auf solche Dinge vorbereitet, das heißt wir rechneten immer mit Vorfällen, auch wenn wir diese dann nicht erklären oder verarbeiten konnten. Immer, wenn sich unsere Katze auffallend seltsam verhielt, wußten wir, daß wieder etwas passieren würde. Das Tier war unsere Warnanlage für Unerklärliches und Übersinnliches. Wie oft schon stand sie im Raum und fauchte die Wand an, ohne daß etwas zu sehen war. Ihr Fell sträubte sich und sie war so gar nicht unsere liebe und verschmuste Jeany. Wie oft verkroch sie sich oder saß verschreckt auf der Wendeltreppe. Es war seltsam, denn dieses Verhalten legte sie nur zu bestimmten Zeiten an den Tag, ansonsten verhielt sie sich ganz normal.

Daß Tiere ein ausgereiftes Empfindungssystem haben, ist der Wissenschaft schon lange bekannt. Auch, daß sie auf Übernatürliches reagieren. Aber wie soll man reagieren, wenn so ein Tier anschlägt, ohne daß man einen Grund dafür erkennen kann? Uns wurde manchmal Angst, wenn unsere Samtpfote 'grundlos' Theater machte und wir waren für die Tage froh, an denen sich unser Stubentiger ruhig verhielt. Dieses seltsame Verhalten der Katze fiel auch so manchen Besuchern auf.

Über ein paar Monate erstreckten sich diese Vorfälle, und von heute auf morgen war plötzlich Schluß. Wir zogen ein Jahr später an den Bodensee und ließen alle diese Erinnerungen zurück in Altenhof. Wir sprachen damals schon mit Freunden und Bekannten über das Erlebte, aber immer mit der Erkenntnis, man hätte besser den Mund halten sollen.

Daher sprachen wir dann nicht mehr über die Vorfälle, sondern konzentrierten uns auf die neue Umgebung und den Beruf. Wir lebten uns am Bodensee ein und hatten wieder einmal alles verdrängt. Wir fuhren dann nach etwa zwei Jahren, die wir hier in Uhldingen lebten, in den Urlaub nach Italien, genaugenommen nach Cecina Mare, etwa 40 Kilometer südlich von Pisa und hatten dort eine Ferienwohnung angemietet. Es war ein wunderschöner Urlaub, der nur durch einen Zwischenfall getrübt wurde. Wir erwachten alle drei eines Nachts, aufgeschreckt durch einen plötzlichen Alptraum. Einen Traum wohlgemerkt, den wir alle drei hatten: meine Frau, unsere Tochter und ich. In diesem Traum wurden wir umzingelt von einer Unmenge Katzen, welche sich zunächst noch ganz friedlich verhielten. Plötzlich rissen diese Katzen ihre Mäuler so weit auf, daß das Alien im gleichnamigen Film wie ein Kuscheltier wirkte und fielen uns an. Dann war der Traum auch gottseidank vorbei. Wir sahen uns an, noch zitternd und schweißgebadet, und jeder erzählte seinen Traum, bis wir merkten, daß sich alle drei Träume haargenau glichen. Am darauffolgenden Tag gingen wir zum Baden ans Meer und legten uns an den Strand. Meine Frau sprach mich auf eine Narbe am rechten Schienbein an, welche zwar verheilt war, aber immer noch recht dunkelrot aussah. Es war eine punktförmige Narbe mit vielleicht einem halben Zentimeter Durchmesser. Ich wußte, daß ich diese Narbe am Vortag noch nicht hatte, spürte aber schon den ganzen Morgen an dieser Stelle ein fürchterliches Jucken. Meine Frau bemerkte, daß es sie da unten am Schienbein ebenfalls ständig juckte und als ich nachsah, fanden wir dort ebenfalls eine solche Narbe, nur am linken Schienbein. Sogar bei unserer Tochter Samantha konnten wir eine solche Narbe am Bein feststellen, die am Vortag noch nicht vorhanden war. Woher kamen diese Narben, die einerseits neu, aber andererseits doch schon verheilt waren? Und dann auch noch an der gleichen Stelle? Einen Zusammenhang zu dem 'Traum' fand ich erst später bei der Lektüre des Buches von Dr. Fiebag. Deckerinnerungen nennt man so etwas und mir war nun klar, daß meine Familie und ich damals 'entführt' worden sind. Vermutlich nicht zum ersten Mal. Diese Dinge zu verarbeiten und einen Sinn darin zu sehen ist sicherlich nicht einfach. Daher nahm ich Kontakt mit Dr. Fiebag und später mit Reiner und Karin Feistle auf, in der Hoffnung, Antworten finden zu können.

Bis heute bin ich mir noch nicht ganz sicher, was passiert ist, aber ich schwöre bei allem, was mir lieb und heilig ist, daß die Berichte der Wahrheit entsprechen.

Zweifel sind nicht verkehrt, aber es kommt der Tag der Wahrheit, der Tag, an dem die Suche beginnt, die Suche nach dem Phantastischen und Unerklärlichen. Ich hoffe, daß bald alle eine Antwort auf ihre Fragen bekommen werden.

Markus Stransky
Oberuhldingen den 21.11.1996

Es war nicht einfach für Markus, dies alles so niederzuschreiben und es mit den anderen Erlebnissen veröffentlichen zu lassen. Doch es ist wunderbar zu wissen, daß auch andere Menschen bereit sind - für die Wahrheit, die sie eigentlich schon kennen, nur noch nicht bereit sind zu akzeptieren - noch nicht. Markus hat Dinge erlebt, die sehr viele andere Menschen auch erleben. Würden diese ebenfalls ihr Unterbewußtsein hinterfragen, würden sie ebenso hinter die Realität der Ereignisse kommen.

Diese Wesen sind real, sie greifen in unser Leben bewußt und unbewußt ein. Doch diese kleinen grauen Wesen sind nur ein Deckmantel für etwas anderes, größeres.

KAPITEL 10
Trancesitzung am 1. Dezember 1996

An diesem Tag wurde abermals eine hypnotische Rückführung bei Reiner durchgeführt. Diesmal fragte Karin selbst und ihre ältere Tochter Sandra schrieb mit. Sie sind beide sehr skeptisch gegenüber medialen Aussagen und wollten genau prüfen, ob Reiner die Wahrheit sprach und ob er sich auch wirklich in Trance befand.

Wollen wir auch in diesem Fall die Informationen, die durch Reiner kommen, erst einmal wertfrei annehmen und uns später betrachten, inwieweit seine Informationen mit anderen einhergehen und übereinstimmen oder nicht.

Karin und Sandra waren in ein anderes Zimmer gegangen, während sich Reiner in Trance versetzte. Dort schrieben sie die Fragen auf, die sie an Reiner stellen wollten, um sicherzugehen, daß er sich nicht schon im Vornherein passende Antworten ausdenken konnte. In Trance mit den Fragen konfrontiert, kamen Reiners Antworten ohne eine Denkpause, wie aus der Kanone geschossen, heraus:

Karin: *„Gibt es ein bestimmtes Ereignis, das wichtig zu wissen wäre und noch im Unterbewußtsein verankert ist?"*

Reiner: *„Nein, momentan gibt es nichts, was Reiners Unterbewußtsein euch mitzuteilen hätte."*

Karin: *„Woher kommt ihr?"*

Reiner: *„Wir kommen von Aldebaran."*

Karin: *„Wie heißt euer Kommandant?"*

Reiner: *„Eno."*

Karin: *„Wann werden die Erdveränderungen eintreten, die Zeit der Transformation?"*

Reiner: *„...es wird nicht mehr lange gehen, dann werdet ihr sehen, was passiert. Ihr müßt euch nicht fürchten.*
Sandra Du willst was fragen?"

Sandra: *„Das Bild, das ich gemalt habe, wer ist das?"*

Reiner: „*Es ist Rodon, Dein Freund von Aldebaran, das Bild kommt ihm sehr nahe, Rodon ist ein Freund von Eno.*"

Karin: „*Gibt es aldebaranische Stützpunkte auf der Erde?*"

Reiner: „*Ja, tief im Ozean und unter den Pyramiden auf dem Mars und auf der dunklen Seite des Mondes. Wir haben schon zweimal Kontakt mit der amerikanischen Regierung aufgenommen, wurden aber nicht ernst genommen, müssen deshalb eingreifen, es wird viele Menschenleben kosten.*

Oh, ihr macht euch viel zu viele Sorgen, eure Bücher werden gut anlaufen, euer Buch wird (auch) in Amerika gedruckt werden, wir werden euch dabei helfen, denn gerade in Amerika sind eure Bücher sehr wichtig, um den Menschen die negativen Ängste zu nehmen, die von Seiten der Regierung produziert werden. Wir dürfen euch noch nicht alles sagen, denn es wäre gefährlich für euch. Reiner ist noch zu euphorisch und würde zuviel in der Öffentlichkeit darüber berichten und sich unnötigen Gefahren aussetzen. Ihr werdet im richtigen Moment die richtigen Informationen bekommen. Wir werden auch die richtigen Menschen zu euch führen und ihr werdet diese Menschen auch erkennen. Ihr werdet 1997 viele Menschen treffen, die euch helfen werden und auch finanziell unterstützen. Wir haben überall Menschen plaziert, die wissen und informiert sind. Wir können sie alle über die Implantate, die schon lange eingesetzt wurden, aktivieren, die wie Verstärker arbeiten. Auch bei euch allen wird an Weihnachten etwas passieren, ihr werdet aktiviert."

Sandra: „*Ist Uwes Traum nur ein Traum gewesen oder mehr?*"

Reiner: „*Nein, es war kein Traum. Sandra wurde von uns geholt und behandelt. Uwe wurde es über einen Traum mitgeteilt. Wir haben eine Behandlung durchgeführt, um all ihre (Sandras) Ängste zu nehmen.*" (Dieser Traum wird weiter hinten im Buch beschrieben).

Karin: *„Was war das für ein Wesen, das ich in der gleichen Nacht wie Sandra gesehen habe?"*

Reiner: *„Es war Arkan, es ist Dein Bruder, er kommt von Aldebaran und ist zur Zeit auf dem Mars stationiert. Deine Seele hat sich freiwillig dazu bereit erklärt, hier zu inkarnieren. Uwe braucht noch eine Intensivbehandlung, eine Seite von ihm glaubt, die andere Seite will noch nicht akzeptieren. Wundert euch nicht, wenn er an Weihnachten verstört aufwacht."*

Karin: *„Was hatte das zu bedeuten, was 1995 auf dem Anrufbeantworter gesprochen wurde?"*

Reiner: *„Es war von uns gemacht, um euch eine Botschaft zu übermitteln. Riwa ist die Station auf dem Mars, dort sitzen die Dolmetscher."*

Karin: *„Was haben die kleinen Grauen für eine Funktion?"*

Reiner: *„Sie sind nicht mehr aktiv seit Sommer 1995, ihre Versuche sind abgeschlossen. Ich soll euch von ihrer Königin danken. Sie sind wieder auf ihren Heimatplaneten NEMO zurückgekehrt, der im Sternbild ORION ist. Sie haben ihre Kinder mitgenommen und wollen ein neues Leben aufbauen auf ihrem Heimatplaneten. Es war euer aller freier Wille, ihnen zu helfen, daß ihre Rasse nicht ausstirbt. Nichts im Universum geschieht zufällig, sondern ist seit Äonen geplant und wird auch durchgeführt. Aber jetzt müssen wir uns um die Erde und um die Menschheit kümmern. Leider gibt es für viele Menschen keine Rettung, da sie zu stark an ihrer materiellen Welt festklammern und nicht bereit sind, sich der neuen Welt zu öffnen."*

Karin: *„Wer war das Wesen, das vor unserer Gartentüre stand?"*

Reiner: *„Das war eine Abgesandte von uns namens Siwa. Sie beobachtete euer Haus während ihr in Zürich auf dem UFO-Kongreß ward. Manchmal besuchen wir Menschen, wir müssen aber sehr vorsichtig sein, denn wir werden oft von Satelliten beschossen. Amerika hat eine außerirdische*

Technologie. Sie haben ein gut angelegtes Verteidigungs-system um die Erdumlaufbahn eingerichtet. "

Damit brachen sie die Trance ab. Irgendwie spürten sie, daß es besser für sie war. Man weiß nie genau, wann sich „andere Kräfte" einschleichen wollen.

Sie waren erstaunt, daß nach jeder Frage sofort die Antwort ohne zu überlegen aus Reiner herausschoß. Auch spricht Reiner während der Trancesitzungen ein einigermaßen gutes Hochdeutsch, was ihm im Wachbewußtsein bei seinem breiten schwäbischen Akzent sehr schwer fällt.

Man kann nicht mit hundertprozentiger Sicherheit sagen, ob die Informationen tatsächlich von den Aldebaranern stammen. Möglicherweise kommt ein Teil dessen auch aus seinem Unterbewußtsein. Es ist auch nicht auszuschließen, daß sich etwas Wunschdenken mit einschleicht. Nehmen wir es daher erst einmal so an, wie es hier mitgeteilt wurde.

Alles hat seinen Sinn und wir sind erst am Anfang zu erkennen, am Anfang zu wissen. Und dieses Wissen ist so groß, daß wir es wahrscheinlich gar nicht begreifen würden und daher auch nicht akzeptieren könnten. Offenbar wird es uns deshalb nur scheibchenweise zugeführt. Im nachhinein, wenn das Puzzle einmal vollständig ausgefüllt ist, das komplette Bild ersichtlich wird, müssen wir wahrscheinlich alle lachen, da das ganze Szenarium viel einfacher war, als wir es uns vorgestellt hatten. Wir hatten uns nur alle verwirren lassen, uns nicht nach der inneren Stimme gerichtet, nicht geglaubt und vertraut, sondern oft gezweifelt.

Doch noch stehen wir mitten drin. Wollen wir einmal sehen, ob wir den folgenden Kapiteln nicht doch ein paar neue Erkenntnisse entlocken können.

KAPITEL 11
Die VRIL-Gesellschaft

Um noch besser verstehen zu können, was wir in den späteren Kapiteln über Aldebaran und ihre Bewohner erfahren werden, möchte ich hier eine sehr wichtige Komponente mit einfügen. Und zwar handelt es sich um Geschehnisse in der Vergangenheit - in der deutschen Vergangenheit - die von großer Bedeutung sind und den wahrscheinlich wichtigsten Schlüssel für die Ereignisse der letzten fünfzig Jahre auf der Erde darstellen.

Einen großen Teil dieses Kapitels werden meine LeserInnen schon kennen, es sind jedoch ein paar neue Aspekte mit eingefügt, die dem Ganzen noch mehr Fundament verleihen. Den größten Teil der hier dargelegten Informationen habe ich von Augenzeugen, beziehungsweise noch lebenden Mitgliedern der Thule-Gesellschaft den Recherchen von Mr. X. sowie aus Unterlagen des britischen Geheimdienstes zusammengetragen (alle diese Personen haben verständlicherweise kein Interesse, namentlich genannt zu werden).

(Ich möchte zuvor noch kurz bemerken, daß ich dieses Kapitel nicht aufführe, um das Dritte Reich zu glorifizieren. Die Personen, von denen in diesem Kapitel die Rede ist, waren Mitglieder der VRIL-Gesellschaft, die selbst im Laufe des Dritten Reiches von den Nationalsozialisten verboten worden ist.)

Die VRIL-Gesellschaft

Der Gurdjeff-Schüler und Tibet-Reisende Karl Haushofer gründete vor 1919 neben der Thule-Gesellschaft einen zweiten Orden, die 'Brüder des Lichtes', der später in die VRIL-Gesellschaft umbenannt wurde. In dieser vereinten sich ebenfalls die 1917 aus dem Germanenorden hervorgegangene Templer-Neubildung 'Die Herren vom Schwarzen Stein' (DHVSS) und die 'Schwarzen Ritter' der Thule- und SS-Elite 'Schwarze Sonne'. Um einen Vergleich mit der Thule-Gesellschaft anzustellen, könnte man den Unterschied am einfachsten erfassen, wenn man sagt, daß die Thule-Gesellschaft sich den materiellen und politischen Dingen widmete und die VRIL-Gesellschaft im wesentlichen JENSEITIG orientiert war. Aber es blieben doch zahlreiche Anknüpfungspunkte zwischen VRIL- und Thule-Gesellschaft, wie zum Beispiel Atlantis, Thule, die Insel der Seligen des Gilgamesch, die Urverbindung zwischen Germanien und Mesopotamien, aber auch alte Heiligtümer wie die Externsteine, der Untersberg oder der Hausberg von Stronegg. Im Dezember 1919 traf sich ein enger Kreis aus Thule-, DHVSS- und VRIL-Leuten in einem dazu angemieteten Forsthaus in der Ramsau bei Berchtesgaden. Unter ihnen war neben dem Medium Maria Orsic noch ein weiteres, die nur als Sigrun bekannt ist. Maria hatte auf mediale Weise Durchgaben in einer Templergeheimschrift erhalten - eine dem Medium völlig unbekannte Sprache - mit telepathischen Angaben für den Bau einer Flugmaschine. Die telepathischen Botschaften kamen nach Aussage der VRIL-Schriften von dem Sonnensystem Aldebaran, welches 68 Lichtjahre von uns entfernt im Sternbild Stier zu finden ist.

An dieser Stelle möchte ich eine kurze Zusammenfassung der Botschaften präsentieren, die die VRIL-Telepathen über die Jahre hinweg erhielten und die die Grundlage aller weiteren Aktionen der VRIL-Gesellschaft waren:

„Das Sonnensystem Aldebaran soll demnach 68 Lichtjahre von der Erde entfernt und dessen Sonne von zwei bewohnten Planeten umkreist sein, die das Reich SUMERAN bilden. Die Menschheit des Sonnensystems Aldebaran soll sich in ein Volk von hochgewachsenen und spirituell weit fortgeschrittenen Menschen, die die eigentliche und regierende Bevölkerung Aldebarans darstellen, und verschiedene andere menschliche Rassen unterteilt haben, die sich durch negative Mutationen der hochgewachsenen Aldebaraner in-

folge der klimatischen Veränderungen auf den einzelnen Planeten entwickelt haben sollen. Diese farbigen 'mutierten' Rassen sollen eine geringere geistige Entwicklungsstufe gehabt haben. Je mehr es zur Rassenvermischung kam, desto mehr soll auch die geistige Entwicklung dieser Völker herabgesunken sein, was zur Folge hatte, daß, als die Sonne Aldebaran zu expandieren begann, diese nicht mehr in der Lage waren, die Raumfahrttechnologie ihrer Vorfahren zu erhalten, um eigenständig die Planeten zu verlassen. Somit sollen die mutierten Rassen, von der Rasse der großen Aldebaraner völlig abhängig, mit Raumschiffen evakuiert und zu anderen bewohnbaren Planeten gebracht worden sein. Trotz dieser Rassenunterschiede sollen sich jedoch die verschiedenen Rassen absolut respektiert und nicht in des anderen Lebensraum eingegriffen haben, weder die großen hellhäutigen Aldebaraner bei den anderen Rassen, noch andersherum. Jeder respektierte einfach, daß die anderen eine eigene Entwicklung machten (im Gegensatz zur Erde).

Die hochgewachsenen Aldebaraner sollen dann vor etwa 500 Millionen Jahren damit begonnen haben, andere erdähnliche Planeten zu kolonisieren. Es heißt, daß sie in unserem Sonnensystem zuerst den Planeten Mallona (auch Maldek, Marduk oder bei den Russen Phaeton genannt) besiedelten, der, anstelle der heutigen Planetoiden, damals zwischen Mars und Jupiter existiert haben soll. Danach Mars, von dessen hochentwickelten Bewohnern die großen Pyramidenstädte und das bekannte „Marsgesicht" zeugen, die 1976 von der Marssonde 'Viking' aufgenommen wurden. Und man nahm an, daß die Menschen von Aldebaran auch zu dieser Zeit das erste Mal auf die Erde kamen, worauf rund 500 Millionen Jahre alte versteinerte Schuhspuren hindeuten, mit einem vom Absatz zertretenen ebenso versteinerten Trilobiten, einem damals auf der Erde lebenden und vor 400 Millionen Jahren ausgestorbenen Urkrebs.

Die Mitglieder der VRIL-Gesellschaft waren der Ansicht, daß die Rasse der Aldebaraner demnach später, als die Erde langsam bewohnbar wurde, in Mesopotamien gelandet sein soll und die Herrscherkaste der SUMERER, die als helle, weiße Gottmenschen be-

zeichnet wurden, gebildet haben. Des weiteren kamen die VRIL-Telepathen zu der Erkenntnis, daß das Sumerische nicht nur mit der Sprache der Aldebaraner identisch ist, sondern auch, daß das Alde-baranisch-Sumerische wie ein unverständliches Deutsch klingt und auch die Sprachfrequenz beider Sprachen - des Deutschen und des Sumerischen - fast gleich ist. "

Ob diese Aussagen über Aldebaran der Tatsache entsprechen, sei erst einmal dahingestellt, die Baupläne und technischen Angaben, welche die VRIL-Telepathen erhielten - wo immer diese Angaben auch herkamen - waren jedoch so genau, daß sie zu einer der phanta-stischsten Ideen führten, die wohl je von Menschen erdacht wurde: zum Bau der 'Jenseitsflugmaschine'!

Es reifte das Konzept einer 'anderen Wissenschaft' heran (heute würde man 'alternative Energieformen' sagen). Doch es dauerte über drei Jahre, bis das Projekt in Angriff genommen wurde. In dieser frühen Phase der 'anderen Technik' oder 'anderen Wissenschaft' hielt Professor Dr. W. O. Schumann, Thule- und VRIL-Mitglied, an der TH-München einen Vortrag, aus dem hier einige Sätze wieder-gegeben werden sollen:

„Wir kennen in allem und jedem zwei Prinzipien, welche die Din-ge des Geschehens bestimmen: Licht und Finsternis, Gut und Böse, Schaffen und Zerstören - wie wir auch bei der Elektrizität Plus und Minus kennen. Es heißt stets: Entweder - Oder.

Diese beiden Prinzipien - konkret zu bezeichnen als das Schaf-fende und das Zerstörende - bestimmen auch unsere technischen Mittel...

Alles Zerstörende ist satanischen Ursprungs - alles Aufbauende göttlicher Herkunft... Jede auf dem Explosionsprinzip oder auch der Verbrennung beruhende Technik kann daher als satanische Technik bezeichnet werden. Das bevorstehende neue Zeitalter wird ein Zeit-alter neuer, positiver, göttlicher Technik werden." (Quelle: SS-Geheimarchiv).

Zu gleicher Zeit arbeitete der Wissenschaftler Viktor Schauberger an einem ähnlichen Projekt. Johannes Kepler, dessen Lehren Schauberger verwendete, war im Besitz der Geheimlehre der Pythagoräer, deren Wissen über die Tempelritter geheimgehalten und übernommen wurde. Es war das Wissen um die IMPLOSION (Implosion in diesem Fall = die Nutzbarmachung des Potentials der inneren Welten in der äußeren Welt). Die Thule- und VRIL-Leute, wußten, daß das göttliche Prinzip immer aufbauend, das heißt konstruktiv ist. Eine Technologie, die dagegen auf der Explosion beruht und daher destruktiv ist, ist gegen das göttliche Prinzip. Folglich wollte man eine Technologie schaffen, die auf der Implosion beruhte. Schaubergers Schwingungslehre (Prinzip der Obertonreihe = Monochord) knüpft an das Wissen um die Implosion an. Vereinfacht könnte man sagen: IMPLOSION statt EXPLOSION! Anhand der Energiebahnen des Monochords und der Implosionstechnik gelangt man in den Bereich der Antimaterie und damit zur Auflösung der Schwerkraft.

Im Sommer des Jahres 1922 wurde an dem ersten untertassenförmigen Flugschiff gebaut, dessen Antrieb auf der Implosionstechnik beruhte (die Jenseitsflugmaschine). Sie bestand aus einer Scheibe von acht Metern Durchmesser, über der sich eine parallel gelagerte Scheibe von sechseinhalb Metern Durchmesser befand, und darunter eine weitere Scheibe von sieben Metern Durchmesser. Diese drei Scheiben wurden in der Mitte von einem 1.80m messenden Loch durchbrochen, in dem das 2.40m hohe Antriebsaggregat montiert war. Unten lief der Mittelkörper in einer kegelförmigen Spitze aus, von der aus ein in das Kellergeschoß reichendes Pendel für die Stabilisierung des Geräts sorgte. Im aktivierten Zustand drehten sich die untere und die obere Scheibe in gegenläufiger Richtung, um zunächst ein elektromagnetisches Rotationsfeld aufzubauen.

Welche Leistungen diese erste Flugscheibe erbrachte, ist unbekannt.

Es wurde jedenfalls zwei Jahre lang mit ihr experimentiert, bevor sie jedoch wieder demontiert und vermutlich in den Augsburger

Messerschmidt-Werken eingelagert wurde. Finanzierungshilfen für dieses Projekt tauchen unter dem Code 'JFM' in den Buchhaltungen mehrerer deutscher Industriebetriebe auf. Mit Sicherheit ging aus der 'Jenseitsflugmaschine' das VRIL-Triebwerk hervor, das jedoch formal als 'Schumann SM-Levitator' geführt wurde.

Im Prinzip sollte die 'Jenseitsflugmaschine' um sich herum und in ihrer unmittelbaren Umgebung ein extrem starkes Feld erzeugen, welches den davon umschlossenen Raumsektor mitsamt der Maschine und ihrer Benutzer zu einem vom diesseitigen Kosmos vollkommen unabhängigen Mikrokosmos werden ließ. Dieses Feld wäre bei maximaler Feldstärke von allen ihn umgebenden diesseitigen universellen Kräften und Einflüssen - wie etwa Gravitation, Elektromagnetismus und Strahlung sowie Materie jeglicher Art - völlig unabhängig und könnte sich innerhalb jedes Gravitations- und sonstigen Feldes beliebig bewegen, ohne daß in ihm irgendwelche Beschleunigungskräfte wirksam oder spürbar würden.

Im Juni 1934 wurde Viktor Schauberger von Adolf Hitler und den höchsten Vertretern der VRIL- und Thule-Gesellschaften eingeladen und arbeitete von da an mit ihnen zusammen.

Nach diesem ersten möglichen Fehlschlag schlug die Geburtsstunde des ersten sogenannten 'deutschen UFOs' aber dann im Juni 1934. Unter Leitung von Prof. Dr. W. O. Schumann entstand das erste Experimental-Rundflugzeug, das RFZ 1, auf dem Gelände der deutschen Flugzeugfabrik Arado in Brandenburg. Bei seinem ersten und auch gleichzeitig letzten Flug stieg es senkrecht auf eine Höhe von ca. 60m, begann dann aber minutenlang in der Luft zu taumeln und zu tanzen. Das zur Steuerung angebrachte Leitwerk Arado 196 erwies sich als völlig wirkungslos. Mit Mühe und Not gelang es dem Piloten Lothar Waiz, das RFZ 1 wieder auf den Boden zu bringen, herauszuspringen und davonzurennen, bevor es anfing, sich wie ein Kreisel zu benehmen, dann umkippte und regelrecht zerfetzte. Das war das Ende des RFZ 1, aber der Anfang der VRIL-Flugkörper.

Noch vor Ende 1934 war das RFZ 2 fertiggestellt, das einen VRIL-Antrieb und eine 'Magnet-Impulssteuerung' hatte. Es ent-

sprach 5m im Durchmesser und hatte folgende Flugmerkmale: Optisches Verschwimmen der Konturen bei zunehmender Geschwindigkeit und das für UFOs typische farbige Leuchten. Je nach Antriebsstufe Rot, Orange, Gelb, Grün, Weiß, Blau oder Violett.
Es funktionierte also - und es sollte 1941 noch ein bemerkenswertes Schicksal vor sich haben. Und zwar wurde es während der 'Luftschlacht um England' genannten Kriegsphase, als sich die deutschen Standardjäger ME 109 für transatlantische Aufklärungsflüge wegen ihrer zu kurzen Reichweite als untauglich erwiesen, als Fernaufklärer eingesetzt.

Ende 1941 wurde es über dem Südatlantik fotografiert, als es auf dem Weg zu dem Hilfskreuzer 'Atlantis' in antarktischen Gewässern war. Der Grund, warum es nicht als Jagdflugzeug eingesetzt werden konnte, lag daran, daß das RFZ 2 wegen seiner Impulssteuerung nur Richtungsänderungen von 90°, 45° und 22,5° ausführen konnte. Unglaublich werden manche denken - aber genau diese rechtwinkligen Flugveränderungen sind das für sogenannte UFOs absolut typische Flugverhalten.

Nach dem Erfolg des kleinen RFZ 2 als Fernaufklärer bekam die VRIL-Gesellschaft ein eigenes Versuchsgelände in Brandenburg. Ende 1942 flog die leicht bewaffnete Flugscheibe 'VRIL-1-Jäger'. Sie hatte 11,5m im Durchmesser, war ein Einsitzer und hatte einen 'Schumann-Levitator-Antrieb' und eine 'Magnetfeld-Impulsor-Steuerung'. Sie erreichte Geschwindigkeiten von 2.900 bis zu 12.000 km/h, konnte bei voller Geschwindigkeit Flugänderungen im rechten Winkel durchführen, ohne daß die Piloten davon beeinträchtigt waren, war wetterunabhängig und hatte eine Weltallfähigkeit von 100%. Von VRIL 1 wurden 17 Stück gebaut und es gab auch mehrere zweisitzige, mit einer Glaskuppel ausgestattete Varianten.

Ebenfalls zu dieser Zeit entstand ein eigenes Projekt, V-7. Unter dieser Bezeichnung wurden mehrere Flugscheiben gebaut, jedoch mit konventionellen Düsenantrieben. Auf den Grundlagen von Andreas Epp entstand das RFZ 7, eine Kombination aus einer levitierenden Flugscheibe mit Düsenantrieb. An dieser arbeiteten die Entwicklungsgruppen Schriever-Habermohl und Miethe-Belluzo. Das RFZ 7 hatte einen Durchmesser von 42m, ging aber bei einer Landung in Spitzbergen zu Bruch. Später wurde jedoch ein nachgebautes RFZ 7 außerhalb von Prag fotografiert.

Im Juli 1941 bauten Schriever und Habermohl ein senkrecht startendes Rundflugzeug mit Düsenantrieb, das aber ebenfalls Mängel aufwies. Man entwickelte einen weiteren 'Elektrogravitations-Flugkreisel' mit 'Tachyonen-Antrieb', der erfolgreicher war. Darauf folgte das RFZ 7 T, von Schriever, Habermohl und Belluzo gebaut und ebenfalls voll funktionstüchtig. Die V-7 Flugscheiben waren jedoch, verglichen mit den VRIL- und Haunebu-Scheiben, eher als eine Art Spielzeug zu beschreiben. Wiederum unterschieden sich die VRIL- und Haunebu-Scheiben erheblich voneinander. Das lag hauptsächlich mit daran, daß die VRIL-Flugkörper von Flugzeugbauern in deren Werken, und die Haunebus in den U-Boot-Werften hergestellt worden sind. Daher waren die Haunebus wesentlich stabiler, aber auch schwerer, was bei einem Anti-Gravitations-Antrieb jedoch ohne Bedeutung ist.

Innerhalb der SS gab es eine Gruppe, die sich mit der Gewinnung von alternativer Energie befaßte, die SS-E-IV= 'Entwicklungsstelle IV der Schwarzen Sonne', deren Hauptanliegen es war, Deutschland von ausländischem Rohöl unabhängig zu machen. Die SS-E-IV entwickelte aus den bestehenden VRIL-Triebwerken und dem Tachyonenkonverter von Kapitän Hans Coler das 'THULE-Triebwerk', das später als 'THULE-Tachyonator' bezeichnet wurde.

Im August 1939 startete das erste RFZ 5. Es war ein mittelschwer bewaffneter Flugkreisel mit dem eigenartigen Namen 'Haunebu I'. Es hatte eine Besatzung von acht Mann, maß 25m im Durchmesser, erreichte zu Anfang eine Geschwindigkeit von 4.800 km/h und später bis zu 17.000 km/h. Es war mit zwei 6 cm KSK (Kraftstrahlkanonen) in Drehtürmen und vier MK 106 bestückt und hatte eine Weltraumfähigkeit von 60%.

Ende 1942 war ebenfalls das 'Haunebu II' ausgereift. Der Durchmesser variierte von 26 bis 32m und in der Höhe zwischen 9 und 11m. Es konnte eine Besatzung zwischen 9 und 20 Personen transportieren, war mit einem Thule-Tachyonator angetrieben und erreichte in Erdnähe eine Geschwindigkeit von 6.000 km/h. Ebenso war es weltalltauglich und hatte eine Reichweite von 55 Flugstunden.

Zu dieser Zeit existierten schon Pläne für das VRIL-7-Großraumschiff mit einem Durchmesser von 120m. Es sollte ganze Mannschaften transportieren. Kurze Zeit später wurde das 'Haunebu III', das absolute Prunkstück aller Scheiben, fertiggestellt mit 71m Durchmesser. Es wurde geflogen und auch gefilmt. Es konnte eine Besatzung von 32 Mann transportieren, hatte eine Reichweite in Flugdauer von über 8 Wochen und erreichte im Erdbereich eine Geschwindigkeit von mindestens 7.000 km/h (nach Unterlagen aus SS-Geheimarchiven bis zu 40.000 km/h).

Virgil Armstrong, ehemaliger CIA-Angehöriger und Green Beret a.D., beschreibt deutsche Flugkörper während des Zweiten Weltkrieges, die vertikal landen und starten und rechte Winkel fliegen konnten. Sie wurden bis zu 3.000 km/h schnell gemessen und hatten eine Laserwaffe als Geschütz (vermutlich die sogenannte KSK Kraftstrahlkanone), die 4 Zoll Panzerung durchbrechen konnte.

Professor J. J. Hurtak, Ufologe und Autor von 'Die Schlüssel des Enoch', beschreibt, daß die Deutschen damit beschäftigt waren, etwas zu bauen, was die Alliierten als 'Wunderwaffensystem' bezeichneten. Hurtak bekam Protokolle in die Hände, die zwei Sachverhalte beschrieben:

1. den Aufbau der Weltraumstadt 'Peenemünde' und
2. das Herüberholen der besten Techniker und Wissenschaftler aus Deutschland in die USA

Erwähnt war ebenfalls die genauere Untersuchung der sogenannten 'Foo-Fighters' (Feuerkugeln). Der Bau und Einsatz solcher Flugobjekte war dem CIA wie auch dem britischen Geheimdienst um 1942 schon bekannt, wurde jedoch nicht richtig eingeschätzt. 'Foo-Fighter' war eigentlich die Bezeichnung der Alliierten für sämtliche leuchtenden deutschen Fluggeräte. Insbesondere waren es aber wohl zwei Erfindungen, die unter den Begriff 'Foo-Fighters' fielen: Die 'Fliegende Schildkröte' und die 'Seifenblase', zwei völlig unterschiedliche Dinge, die aber von den Alliierten als zusammengehörend gewertet wurden.

Die 'Fliegende Schildkröte' wurde von der SS-E-IV in Wiener Neustadt entwickelt. Ihre äußere Form erinnerte an die eines Schildkrötenpanzers. Es waren unbemannte Flugsonden, die Störungen bei den elektrischen Zündanlagen der feindlichen Streitkräfte auslösen sollten. Sie hatten weiterentwickelte Klystronröhren eingebaut, die von der SS als 'Todesstrahlen' bezeichnet wurden. Die wirksame Zündabschaltung funktionierte jedoch zu Anfang noch nicht so perfekt. Später gab es Weiterentwicklungen dieser Technik und der UFO-Kenner wird bestätigen können, daß die 'Zündabschaltung', das Ausfallen elektrischer Anlagen, eines der typischen Merkmale beim Auftauchen eines UFOs ist.

Wendell C. Stevens, US-Air-Force-Pilot während des Zweiten Weltkrieges, beschreibt die 'Foo-Fighters' als manchmal graugrün oder rotorange, die bis zu 5m an die Flugzeuge herankamen und dann dort blieben. Sie ließen sich weder abschütteln noch abschießen und zwangen Flugstaffeln zum Teil zum Umdrehen oder Landen.

Eine ganz andere Sache waren die oft als 'Foo-Fighters' bezeichneten 'Seifenblasen'. Bei diesen handelte es sich um einfache Ballons, in denen sich dünne Metallspiralen zur Störung des feindlichen Flugzeugradars befanden. Der Erfolg dieser Idee dürfte gering gewesen sein, von der psychologischen Wirkung einmal abgesehen.

Anfang 1943 plante man ebenfalls ein zigarrenförmiges Mutterschiff, das in den Zeppelinwerften gebaut werden sollte - das sogenannte 'Andromeda-Gerät' (139m lang). In ihm sollten mehrere untertassenförmige Flugschiffe für (interstellare) Langzeitflüge transportiert werden.

Um Weihnachten 1943 war ein wichtiges Treffen der VRIL-Gesellschaft im Nordseebad Kolberg. Mit dabei ebenfalls die Medien Maria und Sigrun. Hauptthema dieser Zusammenkunft war das 'Aldebaran-Unternehmen'. Die Medien hatten genaue Angaben über die bewohnten Planeten und die Sonne Aldebarans bekommen und man begann, eine Reise dorthin auszuarbeiten. Am 2. Januar 1944 fand eine Besprechung zwischen Adolf Hitler, Heinrich Himmler, Künkel (VRIL-Gesellschaft) und Prof. Dr. Schumann (VRIL-Gesellschaft) statt, in der es um das 'VRIL-Projekt' ging. Man wollte mit dem VRIL-7-Großraumschiff, mit Namen 'Odin', durch einen lichtgeschwindigkeitsunabhängigen Dimensionskanal nach Aldebaran vordringen. Den Unterlagen der „Schwarzen Sonne" zufolge, soll im Winter 1944 der erste Dimensionskanal-Testflug stattgefunden haben. Dieser soll angeblich knapp an einem Desaster vorbeigeführt haben, denn Fotos zeigen das VRIL-7 nach diesem Flug, auf dem es aussah, *„als wäre es 100 Jahre unterwegs gewesen"*. Die äußere Zellenverkleidung wirkte demnach stark gealtert und war an mehreren Stellen beschädigt.

Aber auch die Konstrukteure 'konventioneller Scheiben' (mit Düsenantrieb) waren derweil aktiv gewesen: Am 14. Februar 1944 wurde der unter dem Projekt V-7 von Schriever und Habermohl konstruierte Überschallhubschrauber, der mit 12 Turboaggregaten BMW 028 ausgestattet war, von dem Testpiloten Joachim Roehlike in Peenemünde testgeflogen. Die senkrechte Steiggeschwindigkeit betrug 800m in der Minute, er erreichte eine Höhe von 24.200 m und im Horizontalflug eine Geschwindigkeit von 2.200 km/h.

Dieser konnte ebenfalls mit unkonventioneller Energie angetrieben werden. Er kam jedoch nicht mehr zum Einsatz, da Peenemünde 1944 bombardiert wurde und auch die Verlagerung nach Prag nichts mehr brachte. Denn ehe die dort gefertigten Flugscheiben einsatzbereit waren, hatten die Amerikaner und Russen Prag besetzt.

Die Briten und Amerikaner entdeckten während der Besetzung Deutschlands Anfang 1945 in SS-Geheimbildarchiven unter anderem auch Fotos der 'Haunebu II' und 'VRIL 1-Typen' wie auch des 'Andromeda-Gerätes'. Präsident Trumans Beschluß im März 1946 führte dazu, daß das Flottenkriegskommitee der USA die Erlaubnis erteilte, deutsches Material zu den Experimenten der Hochtechnologie zu sammeln. Unter der Operation 'Paperclip' wurden im Geheimen arbeitende deutsche Wissenschaftler privat in die USA gebracht. Darunter auch Viktor Schauberger und Wernher von Braun.

Hier noch einmal eine kurze Zusammenfassung der Entwicklungen, die in Serie produziert werden sollten:

Das erste Projekt wurde von dem an der TH München tätigen Prof. Dr. Schumann geleitet, in dessen Rahmen bis Anfang 1945 angeblich 17 diskusförmige 11,5 Meter durchmessende Raumflugscheiben gebaut worden sind, die zu insgesamt 84 Testflügen aufgestiegen sein sollen, die sogenannten 'VRIL-1-Jäger'. Mindestens ein VRIL-7 und ein VRIL-7-Großraumschiff mit dem Namen 'Odin', das im April 1945 mit einem Teil der VRIL-Wissenschaftler und VRIL-Logenmitgliedern von Brandenburg aus - nach der Sprengung des gesamten Testgeländes - nach Aldebaran gestartet sein soll.

Das zweite Projekt stand unter der Leitung der SS-E-IV, die bis zu Anfang 1945 drei glockenförmige Raumflugkreisel-Typen in verschiedenen Größen bauen ließ:

Das kleinste war das Haunebu I, mit 25m im Durchmesser, von dem zwei Exemplare gebaut wurden und zu insgesamt 52 Testflügen aufgestiegen waren (ca. 4.800 km/h).

Vom Haunebu II, mit bis zu 32m Durchmesser, wurden sieben Exemplare gebaut und auf insgesamt 106 Flügen erprobt (ca. 6.000 km/h). Der Haunebu II-Typ war tatsächlich schon für die Serienproduktion vorgesehen. Zwischen den Flugzeugfirmen Dornier und Junkers soll eine Ausschreibung stattgefunden haben, die Ende März 1945 zugunsten von Dornier ausfiel. Die offizielle Bezeichnung der

schweren Flugkreisel sollte DO-STRA (=Dornier-Stratosphären-
flugzeug) lauten.

Das Haunebu III mit 71m Durchmesser wurde nur einmal gebaut
und stieg zu mindestens 19 Flügen auf (ca. 7.000 km/h).

Und in Form von Plänen existierte das 'Andromeda-Gerät', das
139m lange Mutterschiff, mit Hangars für einen Haunebu II, zwei
VRIL I und zwei VRIL II.

Weiterhin gibt es Unterlagen, daß das VRIL-7-Großraumschiff
'Odin' nach seiner Fertigstellung Ende 1944 und einigen Flugtests
bereits zu ersten, noch auf die Erde beschränkten Geheimeinsätzen
gestartet sein soll:

1. Landung beim Mondsee im Salzkammergut, mit Tauchversu-
chen zur Feststellung der Druckfestigkeit der Flugzelle,

2. Vermutlich von März bis April 1945 erfolgte aus Sicherheits-
und Strategiegründen die Stationierung der VRIL-7 in der 'Alpen-
festung', wonach von dort aus Spanien angeflogen wurde, um hier-
her geflüchtete, wichtige reichsdeutsche Persönlichkeiten nach Südamerika und 'Neuschwabenland' (Erklärung folgt) in hier während
des Krieges angelegte geheime reichsdeutsche Stützpunkte zu über-
fliegen und sicher abzusetzen.

3. unmittelbar danach soll die VRIL-7 auf einen Geheimflug nach
Japan gestartet sein, über den jedoch weiter nichts bekannt geworden ist.

Bedeutend empfinde ich auch die Ausführungen eines ehemaligen deutschen Piloten, der selbst verschiedenste Flugscheibenver-
sionen mit eigenen Augen auf Flugplätzen wie auch im Flug gesehen
haben will: Einmal mußte er im Frühjahr 1943 mit seiner Arado in
Neu-Brandenburg landen (in Band 2 hatte ich versehentlich Breslau
geschrieben), da seine Maschine einer Generaltriebwerksuntersu-
chung unterzogen werden sollte. Da dies jedoch bis zum nächsten
Tag andauerte, gesellte er sich zu seinen Fliegerkameraden in die
Halle und traute seinen Augen nicht: er sah dort zwei große Haunebu
II stehen (in diesen Sicherheitsbereich kam er durch seinen „roten

Reiseschein", einen Sicherheitsausweis). Die nächsten Stunden ver-
brachte er mit den Piloten und erfuhr dabei eine ganze Menge über
diese Flugkörper. Ihm wurde erklärt, daß diese locker 50.000 km/h
fliegen würden und außerhalb der Erdatmosphäre sogar über
100.000 km/h. Während er sich die Scheiben von Außen betrachten
konnte, erklärte man ihm, daß sie mit einem Antigravitationsantrieb
ausgestattet seien, der nach dem Gegenlaufsprinzip einer ge-
quetschten Lemniskate funktioniere. Durch die gegenläufigen Scheiben im Innern des Raumschiffs entsteht dadurch ein weiterführender
Dynamoeffekt. Durch diesen Effekt würden die Raumschiffe ein
Null-Feld um sich herum aufbauen, wobei sie sich fortwährend in
dieses Null-Feld hineinsaugen. Je nachdem, wohin man dieses Feld
richten würde, zöge es das Schiff hinein. Durch diesen Antrieb gäbe
es, aber nur von außen sichtbare, ruckartige Bewegungen (zum Beispiel 22,5 °), die jedoch im Innern nicht fühlbar wären. Innerhalb der
Schiffe würden keinerlei Fliehkräfte auf die Piloten einwirken, da
die Schiffe eben ein eigenes Gravitationsfeld besitzen.

Der Informant glaubt, daß die Deutschen bereits 1928 mit diesen
auf dem Mond gewesen wären, wenn nicht schon um die Jahrhun-
dertwende. Er schließt dies deswegen nicht aus, da der Ursprung
dieser hier verwendeten Technik seiner Meinung nach nicht Nikola
Tesla war, sondern der Erfinder Harvey, der bereits im 17. Jahrhundert mit gegenläufigen Scheiben experimentiert hatte und die Bewe-
gungsprinzipien der hyperbolischen Körper angeblich schon damals
in die praktische Physik umgesetzt hatte.

Am nächsten Morgen sollte dann ein Erkundungsflug um die Erde stattfinden (nach Aussage eines der Piloten sollte dies in ca. fünf
Stunden möglich sein). Natürlich stand die ganze Mannschaft bei
Sonnenaufgang vor den Toren, um dieses phantastische Ereignis
mitzuerleben und diese unheimlichen Fluggeräte mit eigenen Augen
fliegen zu sehen. So beschrieb er, daß nur ein leises Summen zu hören gewesen sei und sich die Haunebus sehr schwerfällig vom Flug-

136

platz entfernten (auf ca. 600-700 Meter), bis es plötzlich einen Ruck gab und die Scheiben wie ein Blitz verschwunden waren.

Und weiter berichtet er:

„Als ich dort mit einem Piloten zusammengesessen war, erzählte er auch, daß es bei diesen Flugkörpern keinen Schallmauerdurchbruch gibt. Heute bin ich persönlich davon überzeugt, daß diese Dinger mit dazu herangezogen worden sind, den „Großkopferten" die Möglichkeit einer Flucht einzuräumen. Das ist doch heute auch der Fall (er bezieht sich wahrscheinlich auf die Illuminati und andere Regierende, die solche Geheimwaffen auch für eigene Zwecke zurückhalten). *Man versuchte damals über den Mond als Relaisstation zum Mars zu kommen. Doch heute wissen wir, daß das nicht geht. Also werden sie vom Mond direkt zur Venus geflogen sein. Ob das geklappt hat, darüber möchte ich nicht mehr sagen. Nur soviel, als daß dies mit der Hintergrund für die ganze Geheimhaltung um die deutschen Flugscheiben ist"* (hatte nicht George Adamski Kontakte mit „Venusiern"?).

Auf die Frage, ob er bei einem Start einmal daneben gestanden sei, meinte er, daß er bei vier verschiedenen Gelegenheiten solche Flugscheiben, aber jedesmal verschiedener Bauweise, beim Start erlebt hätte. Einmal stand er beim Start einer „V-7"-Scheibe (mit konventionellem Turbinenantrieb) etwa fünfzig Meter entfernt und beschrieb das Turbinengeräusch als ein *„nicht unangenehmes Singen"* (zwischen Pfeifen und Singen). Diese konventionelle Scheibe flog im Gegensatz zu den ruckartigen Bewegungen der Antigravitationsflugscheiben, elegant davon wie ein Flugzeug, konnte aber auch auf dem Kopf fliegen oder auf der Seite.

Aber auch das „Scheibenprinzip" (des Antriebs) sei schon damals überholt gewesen. Er führt dazu aus, daß die neueren Triebwerke der deutschen Flugscheiben überhaupt keine beweglichen Teile mehr vorzuweisen hatten.

In zwei anderen Fällen hatte er dann noch die „eleganten" VRIL-Scheiben gesehen (ohne Glocke, nur mit einer stromlinienförmigen Kuppel), die ihm am besten gefallen hatten.

Was geschah mit den Flugschiffen nach dem Krieg?

Daß es zur Produktion einer Kleinstserie des Haunebu II kam, kann nicht ganz ausgeschlossen werden. Die verschiedenen UFO-Fotos, die nach 1945 mit dem ganz typischen Aussehen dieser deutschen Konstruktionen auftauchten, legen diese Möglichkeit nahe.

Manche sagen, ein Teil davon wäre im oberösterreichischen Mondsee versenkt worden, andere sagen, sie seien nach Südamerika geflogen oder in Einzelteilen dorthin gebracht worden. Sicher ist hierbei, daß, wenn auch nicht unbedingt die Flugkörper nach Südamerika gelangten, zumindest aber dort anhand von Bauplänen neue gebaut und geflogen worden sind, da ein wichtiger Teil dieser Technologie beim 'Phoenix-Experiment' 1983 (Montauk-Projekt) benutzt wurde, das das Folgeprojekt des 'Philadelphia Experiments' von 1943 war. (Hierbei handelt es sich um Teleportations-, Materialisations- und Zeitreiseexperimente der US-NAVY, die erfolgreicher waren, als die meisten es sich in ihren verwegensten Träumen vorstellen würden. Auch hierbei waren deutsche Wissenschaftler, sowie der kroatische Physiker Nikola Tesla (1856-1943) beteiligt. Siehe die Bücher „Das Montauk-Projekt", „Rückkehr nach Montauk" und „Pyramiden von Montauk" von Preston Nichols und Peter Moon (erhältlich beim „Aldebaran-Versand, siehe Anhang).

1938 wurde eine deutsche 'Antarktis-Expedition' mit dem Katapultschiff 'Schwabenland' durchgeführt. Dabei wurden 600.000 km^2 zu deutschem Land erklärt - 'Neuschwabenland' - ein eisfreies Gebiet mit Bergen und Seen. Ganze Flotten von U-Booten der Typen

XXI und XXIII waren später auf dem Weg nach Neuschwabenland. Es sind angeblich bis heute noch über 100 deutsche U-Boote vermißt, die unter anderem auch mit dem Walter-Schnorchel ausgestattet waren, der ihnen erlaubte, mehrere Monate unter Wasser zu bleiben.

Im April 1995 hatte ich ein Interview mit einem ehemaligen Offizier der deutschen Reichsmarine, der mir versicherte, daß die Aldebaraner physisch mitgeholfen hatten, die neuen U-Boot-Typen zu entwickeln. Er beschrieb einen wunderschönen, etwa 2,10 m großen Mann, mit mandelförmigen Augen, hellem Teint und langen blonden Haaren. Er beschrieb die Kleidung des Aldebaraners als eine Art enganliegenden Overall, der jedoch aus einem Stück zu bestehen schien - ohne Reißverschlüsse, Nähte oder Knöpfe. Doch hatte er noch eine Besonderheit: Vor seinen Augen schwebten, im Abstand von ungefähr 20 cm, zwei violettfarbene Ringe in der Luft (wie eine Brille, die man von den Augen weghält). Diese Ringe sollen sich, seinen Worten nach, immer mit der Kopfbewegung des Aldebaraners mitbewegt haben.

Die U-Boote waren, seinem Bericht zufolge, auch mit Schauberger-Technologie ausgestattet. Die Front war in Ei-Form beschaffen, wodurch das Wasser spiralförmig um die U-Boote gewendelt wurde. Von den Aldebaranern kam demnach der Antrieb, mit denen sich die U-Boote in den enormen Geschwindigkeiten (offiziell 170 km/h, doch angeblich bis zu 300 km/h) fortbewegen ließen.

Während ich gerade dieses Kapitel überarbeite, bekomme ich einen Anruf, bei dem ich darauf hingewiesen werde, daß Generalmajor a.D. Remer, als er 1944 durch Peenemünde geführt worden war, einen Mann gezeigt bekommen hatte, der über zwei Meter groß war, einen seltsamen glatten Anzug trug und lange blonde Haare hatte. Und er hatte etwa 25 cm vor seinen Augen goldene Ringe schweben. Ihm wurde gesagt, *„dies ist einer der Markabianer"* (vielleicht sagte man aber auch *„Aldebaraner"*).

Die Aussage vom Generalmajor a.D. Remer deckt sich also fast mit der des Reichsmarineangehörigen, nur daß die Ringe vor den Augen „seines" Außerirdischen violett waren.

Es ist also anzunehmen, daß ein Teil der Mitglieder der VRIL-Gesellschaft mit den vorhandenen Flugscheiben (vielleicht auch mit zerlegten oder nur mit Bauplänen) nach Kriegsende nach Neuschwabenland geflüchtet ist. Diese Annahme mag manchen wohl etwas gewagt erscheinen, es gibt jedoch starke Hinweise darauf, daß es so gewesen sein könnte.

Und zwar stellt sich die Frage, warum die Alliierten unter Admiral E. Byrd 1947 eine Invasion der Antarktis durchführten, und damit den Waffenstillstand mit dem Deutschen Reich brachen, der mit Großadmiral Dönitz unterzeichnet worden war.

Warum hatte Byrd knapp 4.000 Soldaten, ein Kriegsschiff, einen voll ausgestatteten Flugzeugträger samt einem kompletten Versorgungssystem zur Verfügung, wenn es doch nur eine Expedition sein sollte?

Er hatte acht Monate zur Verfügung, mußte jedoch schon nach acht Wochen und einer hohen und niemals öffentlich genannten Zahl an Flugzeugverlusten abbrechen. Was war geschehen?

Lee Van Atta, Zeitungs-Korrespondent bei der „El Mercurio", Santiago in Chile, als Journalist für die Expedition zugelassen, berichtete über sein Interview mit Byrd am 5. März 1947 in der größten Tageszeitung Südamerikas wie folgt: „...*Admiral Byrd machte heute die Mitteilung, daß die Vereinigten Staaten notwendigerweise Schutzmaßnahmen ergreifen müßten gegen die Möglichkeit einer Invasion des Landes durch feindliche Flieger, die aus dem Polargebiet kommen.*" *Der Admiral sagte, daß er niemanden erschrecken wolle, doch die bittere Wirklichkeit sei die, daß im Falle eines neuen Krieges die Vereinigten Staaten von Fliegern angegriffen werden könnten, die in der Lage sind, von einem zum anderen Pol zu fliegen... Anschließend bemerkte er, wenn er Erfolg gehabt hat, so kön-*

nen andere Personen ebenso eine Expedition durchführen; beste-
hend aus viertausend nordamerikanischen jungen Männern mit der
alleinigen Unterstützung einer Handvoll erfahrener Forscher. Der
Admiral hob die Notwendigkeit hervor, in Alarmzustand und Wach-
samkeit entlang des gesamten Eisgürtels, der das letzte Bollwerk
gegen eine Invasion sei, zu bleiben..."

Admiral Byrd berichtete auch, wie das Land aussah, welches sich
die Deutschen auserwählt hatten. Man sprach von einem *„Mär-*
chental" und *„Anzeichen von Vegetation"*: *„... die nackten Felsen*
jedoch reflektierten so viel Hitze, daß ein ganzer Vorhang von
Schmelzwasserbächen über das Eis zu der kalten Küste hinfloß."
  Ein ähnliches Gebiet entdeckte Byrd schon im Jahre 1929 bei seinem Südpolflug. Er sprach von saftigem grünem Gras, von Blumen
und Tieren, die wie Elche aussahen, denen das Gras bis zum Bauch
reichte...
  Ähnlich erging es der deutschen Antarktis-Expedition 1938/39
unter Leitung von Kapitän Ritscher mit dem Forschungsschiff
'Schwabenland', das auch Namensgeber für 'Neuschwabenland'
war: *„Eine noch erstaunlichere Landschaft entdeckten die Deut-*
schen auf halbem Wege zwischen dem Wohltat-Massiv und den Eis-
klippen der Küste. Es war ein tiefliegendes, hügeliges Gebiet mit
vielen Seen, das völlig eis- und schneefrei ist... Die Seen, nach einem
der Flugkapitäne „Schirmacher-Seen" genannt, gehören zu jenen
Gegenden in der Antarktis, welche zu ihrer Erforschung an Ort und
Stelle geradezu herausfordern". ('Männer und Mächte am Südpol',
Die Eroberung eines neuen Kontinents, Walter Sullivan, Forum
Verlag, Wien)

  Norbert Jürgen-Ratthofer schreibt über den späteren Verbleib der
Haunebu-Entwicklungen in seinem Buch 'Zeitmaschinen' wie folgt:
„Die Haunebu I, II und III Raumflugkreisel und die VRIL-I Raum-
flugscheiben selbst blieben jedoch ab Mai 1945 zunächst spurlos
verschwunden... In diesem Zusammenhang ist es höchst interessant,

daß der reichsdeutsche Haunebu III nach seinem neunzehnten Test-
flug dann am 20. April 1945 von 'Neuschwabenland' aus, einem
riesigen, damals offiziell, reichsdeutschen Territorium in der
Ostantarktis, zu einer Raumexpedition zum Mars gestartet sein soll,
über deren Ausgang jedoch nichts bekannt ist... Ein Jahr später,
1946, sorgten dann jedoch plötzlich über Skandinavien zahlreiche
Sichtungen von Leuchtobjekten unbekannter Herkunft und eindeutig
künstlichen Ursprungs für erhebliche Aufregung bei den Alliierten in
Ost und West.
Wieder ein Jahr später, 1947, tauchten nun über Nordamerika
zunächst bis in die Fünfzigerjahre in ständig steigender Zahl erneut
ohne Zweifel von Intelligenzen gesteuerte Leuchtflugobjekte mit zu-
meist runden, diskus- bis glockenähnlicher Form, zuweilen aber
auch zigarrenförmige 'unbekannte fliegende Objekte', kurz UFOs
genannt, auf."

Er schreibt weiter, daß diese 'UFOs' in der Regel nicht den deutschen Entwicklungen glichen. In diesem Punkt bin ich anderer Meinung. Gut dokumentiertes Fotomaterial beweist, daß speziell die
Haunebu II-Version sogar sehr häufig seit 1945 gesichtet wurde.
Wenn Sie sich, wie ich, ein Jahrzehnt durch die UFO-Fachwelt ge-
kämpft haben, werden Sie ebenfalls feststellen, daß bei einer außer-
gewöhnlich hohen Prozentzahl der Fälle, bei denen es zu persönlichen Kontakten mit Insassen von sogenannten UFOs gekommen ist,
es sich um besonders schöne Exemplare der Spezies 'Arier' handelte, blond und blauäugig, und diese entweder fließend deutsch oder
eine andere Sprache mit deutschem Akzent sprachen (für Insider
seien hier, der Cedric Allingham-Fall 1954, der Fall von Howard
Menger 1956 und der Adamski-Fall 1952 erwähnt.) Der 'Außerirdische', den George Adamski mehrmals traf, hatte blonde lange Haare,
blaue Augen, trug einen 'braunen' Overall und hatte auf seinen
Schuhsohlen Hakenkreuze. Nach einem der persönlichen Treffen
warf dieser eine Filmrolle, die George Adamski ihm gegeben hatte,
später aus der Untertasse heraus, wobei nur eines der Bilder belichtet

worden war. Darauf fand sich inmitten einer Reihe von hyrogly-phenartigen Schriftzeichen ein großes Hakenkreuz.

Desweiteren existieren fünf Farbfotos eines gelandeten und wieder gestarteten Flugdiskus, der sowohl ein Balkenkreuz wie auch ein Hakenkreuz aufgemalt hat, die im Jahre 1979 von einem Nachtwächter im Rheinland aufgenommen wurden (drei dieser Aufnahmen, wobei auf einem das Balkenkreuz zu sehen ist, finden Sie im Bildteil. Das mit dem Hakenkreuz darf in der BRD nicht abgebildet werden, da es mir erneut, wie in meinem ersten Buch als „Verwendung von Kennzeichen verfassungswidriger Organisationen" (§86 StPO), ausgelegt werden würde. Der Interessierte findet dieses spezielle Foto auf dem in Österreich produzierten Video „UFOs – Das Dritte Reich schlägt zurück". Erhältlich beim Damböck-Verlag, A-3321 Ardagger 86, Tel und Fax: (0)7479-6329).

Es stellt sich hier die Frage, woher die VRIL-Gesellschaft das Wissen für den Bau dieser Flugkörper hatte, wenn nicht von den Aldebaranern? Ebenso das Wissen für die Gentechnologie, in der die Deutschen wiederum anderen Nationen um Längen voraus gewesen sein sollen? Von der Atomphysik, der Raketentechnik und der Chemie (u.a. die Hydriertechnik) ganz zu schweigen.

Vielleicht durch den Kontakt von Haushofer und Sebottendorff, den Gründern der Thule- und VRIL-Gesellschaft, zu den aufgestiegenen Meistern in Tibet? Über das Leben und die Erziehung von Deutschen in tibetanischen Klöstern erfahren wir ja nicht nur durch Lobsang Rampa und Russel McCloud (Die Schwarze Sonne von Tashi Lhunpo), sondern auch durch das Buch „Der Eremit" herausgegeben von einem Herrn Felix Schmidt. Und die Tibetaner behaupten ja selbst, daß sie Verkehr mit den „großen Weißen" haben, die von „Oben" kommen (die ersten reisenden weißen Europäer, die den Himalaja erreichten, wurden von den tibetanischen Mönchen mit der Frage begrüßt, „wieso man denn von 'unten' komme, sonst käme man doch von 'oben'").

Nach Aussagen von Herbert G. Dorsey und anderen Forschern soll neben den Bauplänen der VRIL-Gesellschaft, durch den telepathischen Kontakt mit den Außerirdischen, der intakte Antrieb einer im Jahre 1936 im Schwarzwald abgestürzten nichtirdischen Untertasse den Deutschen eine große Hilfe gewesen sein. Hierzu gibt es jedoch so gut wie keine Beweise, von noch lebenden Augenzeugen ganz zu schweigen.

Einen weiteren Hinweis auf die Zusammenarbeit mit den Aldebaranern finden wir in Robert Charroux's Buch „Das Rätsel der Anden". Darin berichtet dieser über riesige Höhlensysteme in den südamerikanischen Anden. In dem Kapitel „Das wissenschaftliche Zentrum des Narcisso Genovese" stützt sich Charroux auf Informationen des Physikers, Philologen und Humanisten Narcisso Genovese. Genovese war ein Schüler des bekannten italienischen Erfinders Gugliemo Marconi. Er behauptet, daß die Schüler Marconis 1938, nach dem Tode ihres Lehrers beschlossen, dessen begonnene Experimente und Forschungen über die Verwendung von Sonnen- und kosmischer Energie fortzuführen. Diese Schülergruppe, bestehend aus 98 Gelehrten und Technikern aus verschiedenen Ländern, hätte, zu einer Gesellschaft verbunden, den Vorsatz gefaßt, alle erforderlichen Vorsichtsmaßnahmen zu treffen, um den Mißbrauch ihrer kosmischen Energie für Kriegs- und kriminelle Zwecke zu verhindern. In eine einsame Gegend der Kordilleren (südamerikanische Anden) zurückgezogen, hätten sie ihr Gemeinschaftsleben drei Forderungen unterstellt:

auf der Erde sollte es nur
- eine einzige Religion, die des wahren Gottes oder der universalen Intelligenz,
- eine einzige Nation: das irdische Vaterland,
- und eine einzige Politik geben: Frieden auf dem Planeten und *Verständigung mit den Völkern im All.*

Robert Charroux schreibt dann weiter auf S.165:

"Da es der Gemeinschaft dank der Kriegsschätze Benito Mussolinis und Adolf Hitlers (1) nicht an Mitteln fehlte, errichtete sie in Südamerika (2) eine unterirdische Stadt, besser an Laboratorien, Geräten und technischen Mitteln ausgestattet als Cap Kennedy, Kuru, Baikonur, Saclay oder das CERN aus Genf.

*Dieses Forschungszentrum hat laut dem Bericht von N. Genovese nicht zuletzt dank **außerirdischer Unterstützung** erstaunliche wissenschaftliche Fortschritte zu verzeichnen. Schon seit 1946 verfügt es über einen großen Sammelspiegel für kosmische Energie und ist nach anfänglicher Ausnutzung des Materie-Antimaterie-Gegensatzes jetzt bereits imstande, die Energie direkt aus der Sonne zu gewinnen."*

Anmerkungen:

(1) Mussolinis Kriegsschatz ist von den italienischen Partisanen nur zum Teil wiedergefunden worden. Der deutsche Reichsschatz wird heute noch von der 3. Schwarzen Kraft für den Aufbau des künftigen Reiches verwendet.

(2) Die Angaben über die Lage der unterirdischen Stadt gehen ziemlich weit auseinander: nach dem einen soll sie auf dem Altiplano (Peru?), nach dem anderen im südamerikanischen Urwald (am Amazonas?) liegen."

Ende August 1994 führte ich ein Interview mit einem Mitglied der „Schwarzen Sonne" (von anderen als die „Dritte Macht" oder wie von Charroux als die „Dritte Schwarze Kraft" bezeichnet), der behauptete, in Neuschwabenland geboren zu sein. Nach den Aussagen dieses Mannes lebt er heute in einer unterirdischen Stadt, zusammen mit drei Millionen Deutschen (1994!). Demnach hätten sie überall auf der Welt unterirdische wie auch überirdische Basen. Eine der unterirdischen Basen soll sich unterhalb der Kanarischen Inseln befinden. Eine weitere im Bermuda Dreieck, doch in diesem Falle auf dem Boden des Ozeans. Mit ihren Flugscheiben können sie, seinen Aussagen nach, problemlos mit hohen Geschwindigkeiten unter Wasser gleiten. Und wenn sie auf dem Meeresboden halten, können sie das Magnetfeld der Scheiben so vergrößern, daß es das Wasser von diesen wegdrückt und sich ein Unterwasserdom bildet. Weiterhin hätten sie eine riesige Basis im Himalaja und zwar in weit über 5000m Höhe. Die Deutschen stehen seiner Aussage nach unter dem Schutz der höchsten tibetanischen Loge, den „dGe-lugspa", den Gelbkappen und auch der Ariannis, den Bewohnern des unterirdischen Reiches unterhalb des Himalajas.

Nach der Aussage des Mitglieds der „Schwarzen Sonne" sollen die VRIL-Deutschen heute ein großes stehendes Heer auf der Welt verteilt haben (bestehend aus eingeschleusten Aldebaranern, Ariannis und Deutschen), die sofort eingesetzt werden könnten, falls ihre Hilfe irgendwo benötigt werden sollte. Weiterhin spricht er von einer Armada von Flugscheiben, derentwegen die USA und Rußland das SDI-Programm errichtet hätten.

Doch hat er auch erwähnt, daß sie niemals angreifen dürften. Das wäre gegen das kosmische Gesetz. Nur im Falle eines Angriffs dürften sie sich verteidigen, also beispielsweise im Falle eines Dritten Weltkrieges.

Wenn sie in der Lage sind, Flugscheiben zu bauen, die die Gravitation aufheben können, setzt das voraus, daß sie die Gesetze des Universums verstanden haben. Daher müßten sie wissen, was 'Leben' ist und dürften somit auch kein Leben zerstören. Demnach sind wohl auch ein Großteil von ihnen Vegetarier. Das Mitglied der „Schwarzen Sonne" bestätigte dies.

Als ein kleines Beispiel über einen Kontakt der VRIL-Deutschen und Aldebaraner mit Amerikanern möchte ich hier folgendes aufzeigen, um Ihnen ein Bild zu vermitteln, wie sich diese verhalten: Der Fall von Reinhold Schmidt!

Am 7. und 9.11.1957 berichtete die Tageszeitung 'Rheinpfalz' über den kalifornischen Getreidehändler Reinhold Schmidt, der in

Kearney, Nebraska, USA, am 5.11.1957 direkten Kontakt mit einem fremden Raumschiff und seiner Besatzung hatte. 1959, zwei Jahre später, berichtete Schmidt in einer Broschüre: „Im Raumschiff zur Arktis - Zwischenfall in Kearney", die deutsche Ausgabe erschien im Ventla-Verlag, Wiesbaden, ausführlich über sein Erlebnis.

Reinhold Schmidt wörtlich: *„Die Männer trugen Straßenkleidung, waren annähernd 1,80 m groß und wogen schätzungsweise 80 kg. Die beiden Frauen schienen ungefähr ebenso groß zu sein, wogen etwa 58 bis 60 kg und ihr Alter schätze ich ungefähr auf 40 Jahre".* (S. 11)

„Sie alle sprachen zu mir in Englisch - wie es mir schien - mit deutschem Akzent. Miteinander sprachen sie hochdeutsch, was ich verstehen konnte, da ich eine Schule absolviert hatte, in der Deutsch ebenso wie Englisch gesprochen wurde; und ich konnte zu jener Zeit Deutsch sprechen, lesen und schreiben." (S.13).

„Während ich an Bord des Schiffes war, wurde mir gesagt, ich möchte meinen Wagen nicht eher in Gang bringen, bis sie ganz ausser Sicht wären, da er sich sonst überhaupt nicht in Bewegung setzen würde. Dies war das erste Mal, daß ich erfuhr, daß das Schiff mein Auto angehalten hatte."

Dieses Motorstopmittel war eine Entwicklung der Deutschen während des Zweiten Weltkrieges, mit dem sie das elektrische System feindlicher Bomber und auch Panzer zu stoppen versuchten.

Reinhold Schmidt wurde dann, nachdem seine Geschichte im Fernsehen ausgestrahlt worden war, von unzähligen Reportern interviewt, doch schon am nächsten Tag wurde er auf Weisung hoher militärischer Dienststellen inhaftiert und später in eine Nervenklinik eingeliefert. Doch da sein Fall schon einen zu großen Bekanntheitsgrad erreicht hatte und Reinhold auch geistig voll gesund war, mußte er wieder auf freien Fuß gesetzt werden.

Am 5.2.1958 kam es dann erneut zu einem Kontakt mit dem Raumschiff und seinen Insassen. Er war etwa 32 km westlich von Kearney entfernt, als sein Wagen erneut stehen blieb. Auf seine verblüffte Frage, wie man ihn denn habe aufspüren können, wurde ihm erklärt: aufgrund seiner Gehirnimpulse. Zu einem kurzen Flug stiegen sie auf und erklärten anschließend, daß sie wiederkommen wollten, was dann am 14. August 1958 auch geschah. Um 16.15 Uhr ging nun der Flug zum nördlichen Polarkreis und zur Arktis. Streckenweise erreichten sie 65.000 km/h und erklärten ihm: *„das Flugzeug könne noch viel schneller fliegen, aber die Entfernung wäre nicht groß genug, um ihm wirklich freien Lauf zu lassen."* Dieses gleiche Schiff kann als Flugzeug in der Luft, als Schiff auf dem Wasser oder als Unterseeboot unter dem Wasser gebraucht werden. (S.39)

Am nördlichen Polarkreis begaben sie sich mit dem Raumschiff für etwa 4 Std. bei 100-120m Tauchtiefe unter die Oberfläche: *„Während wir unterhalb der Oberfläche des Wassers waren, sah ich etwas, was bis jetzt noch niemals der Öffentlichkeit bekanntgegeben wurde. Ich schrieb nach Washington um die Erlaubnis, diesen Bericht zu veröffentlichen. Doch bis zu dem Tage, als ich dies niederschrieb, hörte ich nichts vom Pentagon. Da ich annehme, daß kein Grund für weitere Geheimhaltung besteht, will ich jetzt diese Mitteilungen machen.*

Wir beobachteten zwei russische U-Boote, die von dem Grund des Ozeans eine Karte anfertigten, um Basen zu errichten, von denen sie Wurfgeschosse nach jedem Teil der Welt abfeuern konnten, ohne eine Warnung abzugeben und ohne Lärm zu machen. Die Weltraumfreunde erzählten mir, daß unsere Regierung (USA) von dieser Tätigkeit weiß, da drei unserer Unterseeboote dort stationiert sind, und weil eines unserer kleinen Aufklärungs-Luftschiffe und einige unserer größeren Flugzeuge dieses Gebiet überflogen haben.

Die Weltraumfreunde erzählten mir, daß sie es nicht erlauben werden, daß die Russen dies tun. Sie erklärten, daß - wenn wir die Russen nicht daran hindern könnten, die Welt von unter dem Wasser ohne Warnung und ohne Geräusche anzugreifen - sie es selbst tun würden. Ich bin sicher, daß sie dazu entschlossen sind" (S. 40/41).

Auf die Frage hinsichtlich eines Atomkrieges erklärten die Piloten (für den Amerikaner „Weltraumfreunde") folgendes: *„Sie sagten* *auch, daß sie einen Atomkrieg nicht zulassen würden. Sie legten es deutlich dar, daß sie unparteiisch sind und sich nicht auf die Seite irgendeines Landes stellen, aber daß sie auch nicht dabeistehen und zusehen werden, wie unser Planet durch Atombomben zerstört wird.*

Unser Strahlungsproblem wurde auch erörtert. Die Weltraumfreunde wenden jetzt eine neue Erfindung an, um unsere Atmosphäre von der Strahlung der Explosion von Atom- und Wasserstoffbomben zu reinigen. Dieses Mittel wird aus großer Höhe herabgelassen und wirkt wie ein Regenschirm, der ein großes Gebiet bedeckt und nicht nur unsere Luft säubert, sondern zuweilen selbst den Mechanismus der Bombe vernichtet." (S. 41).

Ebenfalls von Interesse für unser Thema ist der Nordpolflug von Admiral Byrd. Als dieser weit in das Polargebiet hineinflog, beschrieb er Vegetation und Tiere, die herumsprangen. Plötzlich tauchten neben ihm fliegende Untertassen auf und er schrieb in sein Tagebuch: *„Ich kann ein Symbol erkennen, das ich jedoch nicht veröffentlichen/bekanntgeben darf."* („*... I shall not reveal!"* - also Befehlsform*)*. Auf der UFO-Konferenz 1991 in Phoenix, Arizona, fragte ich seinen Neffen, Harley Byrd, um welches Symbol es sich denn gehandelt habe, worauf er antwortete: *„A Swastika, of course!"* - *„Natürlich ein Hakenkreuz!"*

Als Admiral Byrd später gelandet war, fand er sich großen blonden Hünen gegenüber, die offenbar sehr weit in ihrer technischen, aber auch in ihrer spirituellen Entwicklung fortgeschritten waren.

Und als man auf die untertassenförmigen Flugscheiben zu sprechen kam (man spricht englisch), nennt der ihm gegenüberstehende blonde „Meister" diese *„Flugelrads"* (also 'Flügelräder' verenglischt). Und später, als sich die Piloten der Untertassen von Admiral Byrd über Funk wieder verabschieden, sagen sie *„Auf Wiedersehen"* (dieser deutsche Gruß findet sich inmitten seines englischen Tagebuchs!!).

Und während ich gerade dies schreibe, bekomme ich folgenden Erlebnisbericht per Brief ins Haus: Der Verfasser möchte nicht genannt werden, da er über ein Jahrzehnt als westdeutscher Agent für die DDR-Staatssicherheit tätig gewesen war.

In diesem Brief vom 11.3.1997 schreibt er mir folgendes:

„...Als Bundeswehrsoldat nahm ich 1959 an einer winterlichen Nachtübung im Westerwald teil. Ich habe eine seltsame Erinnerung an eine UFO-Landung, die zu meiner Verschleppung/Begleitung in das UFO führte, wo ich mich auf einen Tisch legen mußte zwecks medizinischer Untersuchung. Es wurde deutsch gesprochen. Ich habe noch zu keinem Menschen darüber gesprochen, um nicht für verrückt zu gelten."

Daraufhin sandte ich ihm spontan Karin und Reiners erstes Buch zu und war auf seine Reaktion gespannt.

Die kam per Brief am 17.3.1997, in dem er schrieb:

„Sehr geehrter Herr van Helsing,

herzlichsten Dank für die Schenkung von „Die Unermeßlichkeit des Seins", das ich sofort in einem Atemzug ausgelesen habe und wie vom Donner gerührt war, als ich darin die Untersuchung von Menschen auf Liegen mehrfach geschildert und somit endgültig bestätigt sah. Ich weiß, daß ich bei der Nachtübung - übrigens allein eingesetzt als vorgeschobener Beobachter - in tiefster Winternacht einen diskusartigen Flugkörper landen sah, der auf Stelzen stand und unter dem in der Mitte eine Leiter heruntergelassen wurde...

...Plötzlich sah ich aus einer Wolke ein geisterhaft verschwommen strahlendes kreiselhaftes Etwas in gaukelhaft tanzenden, blitzschnellen Manövern, mit einem Kolibri beim Nektarnaschen vergleichbar, lautlos sich nähern und landen... Der 'Kreisel' blieb in 2-3 Meter Höhe über dem Gelände 'stehen', hydraulisch aktivierte 'Stelzen' wurden ausgefahren, danach eine 'Gangway' wie bei Passagierflugzeugen herabgelassen... Die Kuppel hatte zahlreiche hellerleuchtete Fenster, in denen Köpfe und Oberkörper sichtbar wurden... Obwohl ich selbst,... normal weder durch Frontal-, noch durch Luftsicht 'auf die Schnelle' auszumachen war, sauste ein plötzlich aufflammender Scheinwerfer des seltsamen Luftfahrzeuges

sofort direkt auf mich zu. Drei bis vier Mann kamen die 'Gangway' herunter und direkt zu mir, ... mit der etwaigen Anrede: „Hallo Kamerad, Dir muß verdammt kalt sein, stundenlang auf dem Boden zu liegen und sich nicht rühren zu dürfen! Komm' zu uns rein, 'ne Tasse Kaffe trinken, magst Du?" Ich begriff weder die Anomalität der Situation, noch dachte ich, der pflichtbewußte Soldat, an meinen Beobachtungs- und Sicherungsauftrag. Inmitten meiner 'neuen Kameraden' enterte ich per 'Gangway' die 'fliegende Untertasse', sah die Fenster im kreisförmigen Kommandoraum und die rundumlaufenden (geschlossenen) Schaltpulte. Meine 'neuen Kameraden' trugen eine bläulich-weiße Fliegerkombination mit einem seltsamen Emblem auf dem rechten Oberarm: weißer Kreis mit schwarzem Dreieck, jenes mit nach unten gekehrter Spitze. Da die Kerle von Anfang an, auch untereinander, hochdeutsch sprachen, fragte ich sie, eine besondere Waffengattung der Bundeswehr vermutend, „was für ein 'Haufen' sie wären, ihr taktisches Zeichen hätte ich noch nie gesehen oder auch nur gehört." Daraufhin sagte mir einer der Männer, die absolut wie normale Deutsche aussahen (sie hatten normale menschliche Größe, keine 'Grauen', aber ein oder zwei Frauen in Kombinationen), daß sie weder meiner, noch der feindlichen Militärorganisation angehörten, sondern, absolut unabhängig, in jeder Hinsicht, von einem anderen fernen Planeten kämen. Sie lächelten dabei, wie wohl wissend, daß ich, der unbedarfte Erdenbürger, so etwas nie glauben könnte und wollte. Sie sagten den Namen des Planeten, doch ich weiß ihn nicht mehr...

Irgendwann lag ich auf dem Tisch inmitten der Kommandozentrale. Es wurde gelacht, ich hörte einen sagen: „der (ich war gemeint) ist in Ordnung, der Bursche!" Jemand machte sich an meinem Uniformhosenschlitz zu schaffen. Ein Elektrogerät mit vernehmlichem Betriebsgeräusch wurde an meinem Glied angebracht, das eine nicht zentral- sondern periphernervale Erregung mit darauffolgender Ejakulation verursachte. ...Man sagte mir größte Schwierigkeiten im weiteren Leben voraus, weil ich ganz anders sei, als die Masse meiner Mitmenschen - ich wurde eindringlich ge-

warnt. Ich schied dann in größter Freundschaft von der Besatzung und wurde von ein paar Mann zu meinem befohlenen Postenort zurückgeleitet. Das Fahrzeug hob ab und entschwand gespensterhaft, ohne stufenweise Beschleunigung, schnell, mehrere Dimensionen schneller als die schnellsten Düsenjäger..."

Über die eben aufgeführten Flugkörper existiert neben den in diesem Buch veröffentlichten Aufnahmen noch anderes ausgezeichnetes Film- und Fotomaterial, zum Beispiel die 60 min Dokumentation 'UFOs-Geheimnisse des III. Reiches' (zu beziehen bei „Aldebaran-Versand", siehe Werbeseite im Anhang). Ebenso das Material des Amerikaners Vladimir Terziski, der auf der UFO-Konferenz im September 1991 in Phoenix, Arizona, einen 3-Stunden-Dia-Vortrag mit Fotos von deutschen Untertassen, Bauplänen und unterirdischen deutschen Basen servierte. Interessant ist ebenfalls der Stoff, den der italienische Luftwaffenkommandant Renato Vesco in seinem Buch zusammengetragen hat ('Man made UFOs 1944-1994', Renato Vesco and David Hatcher Childress, Adventures Unlimited Press, Stelle, Illinois 60919, USA).

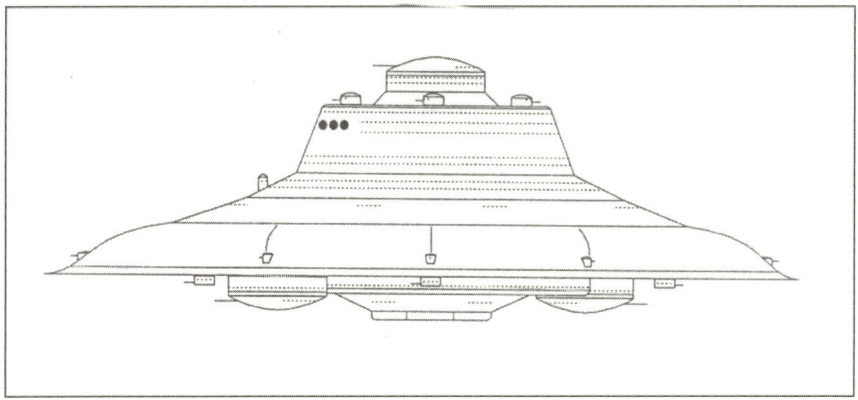

Entwurf des geplanten Großraumschiffs Haunebu IV (mit 120m Durchmesser)

152

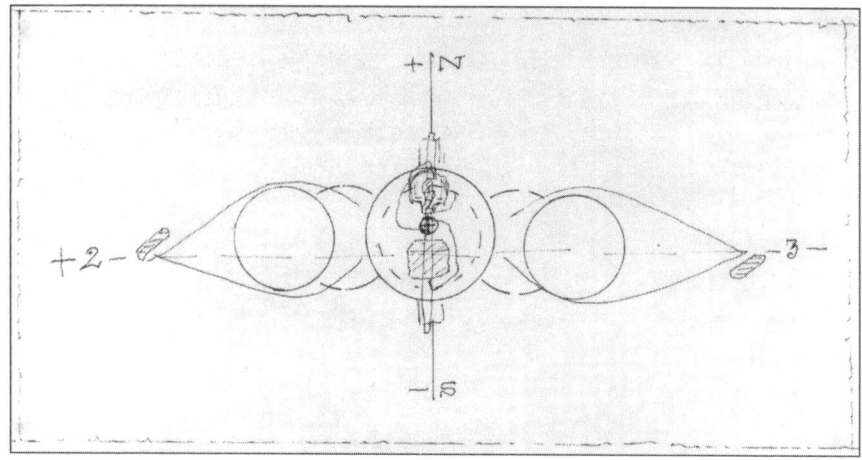

Der Ur-SM-Antrieb (VRIL-Antrieb-Darstellung 1927) Quelle: STM-Archiv

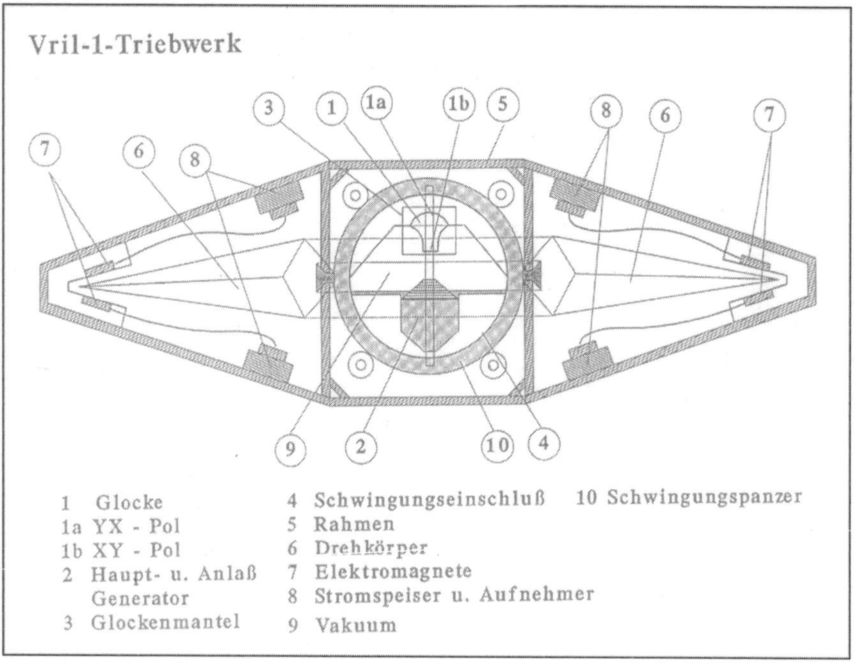

Vril-1-Triebwerk

1 Glocke	4 Schwingungseinschluß	10 Schwingungspanzer
1a YX - Pol	5 Rahmen	
1b XY - Pol	6 Drehkörper	
2 Haupt- u. Anlaß	7 Elektromagnete	
Generator	8 Stromspeiser u. Aufnehmer	
3 Glockenmantel	9 Vakuum	

Das VRIL-Triebwerk (erstellt nach einer Originalzeichnung durch die STM)

153

Deutsche Flugscheibe mit kombiniertem
Elektro-Turbo-Antrieb
(Elektroneninjektor/Drucklufttturbulenzgenerator)

Hier sehen Sie eine Rarität, denn aufgrund des § 30a des deutschen Patentgesetzes (Staatsgeheimnis, Geheimhaltung) und der spurlos verschwundenen Alt-Patente sind Flugscheiben-Konstruktionszeichnungen so gut wie überhaupt nicht zu erhalten.

Um kein Geheimnisverrat zu begehen, kann Ihnen nur eine von vielen Konstruktionszeichnungen, die eine Forschungsmappe enthält, hier gezeigt werden. Diese Zeichnung ist entschärft und stellt nicht das Geheim-Know-how dar.

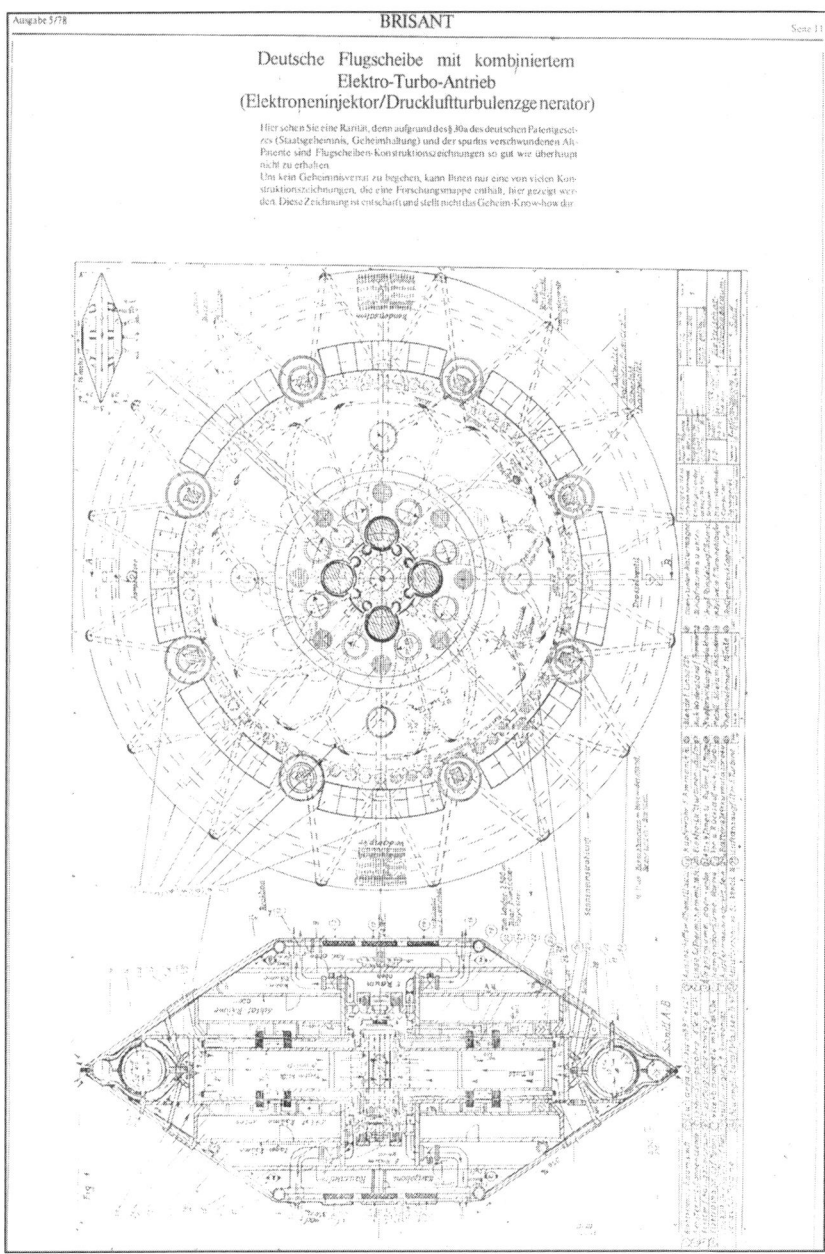

Quelle: Brisant, Ausgabe 5/78

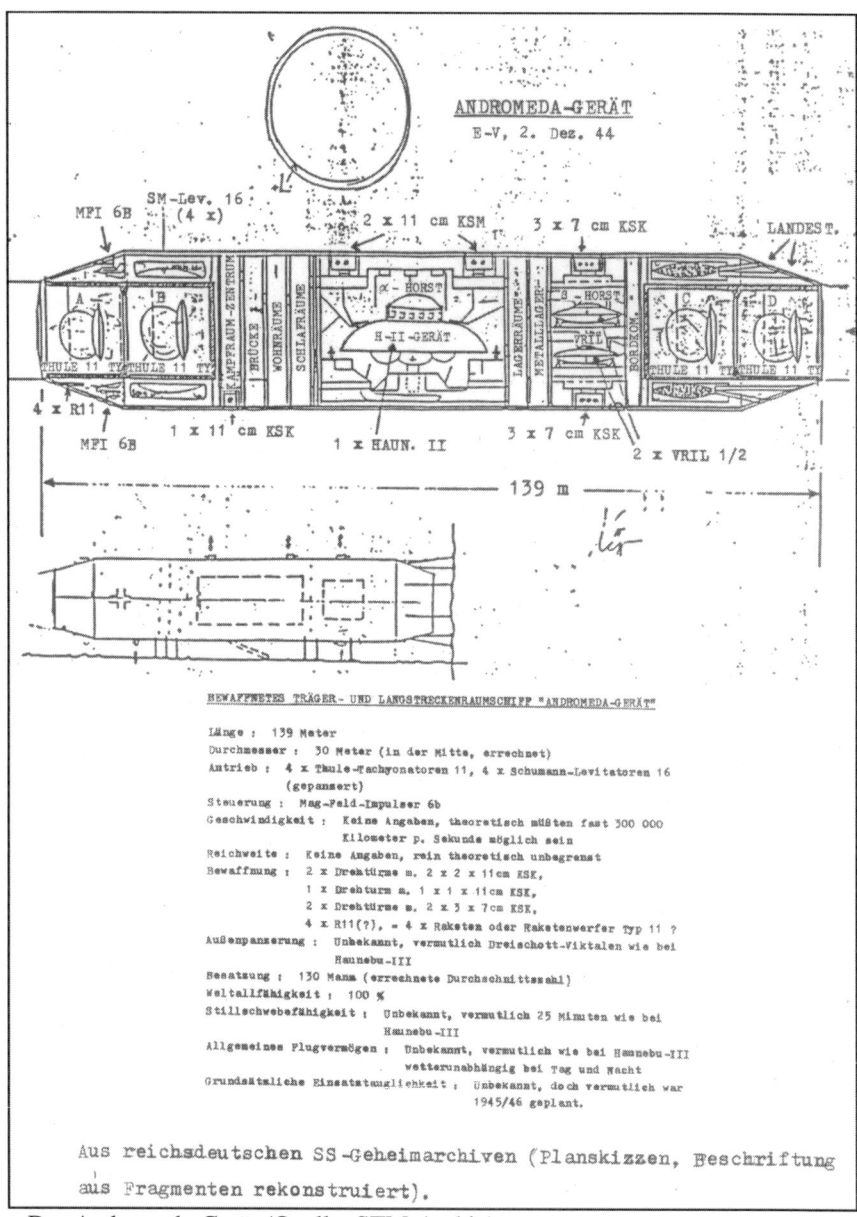

ANDROMEDA-GERÄT
E-V, 2. Dez. 44

BEWAFFNETES TRÄGER- UND LANGSTRECKENRAUMSCHIFF "ANDROMEDA-GERÄT"

Länge : 139 Meter
Durchmesser : 30 Meter (in der Mitte, errechnet)
Antrieb : 4 x Thule-Tachyonatoren 11, 4 x Schumann-Levitatoren 16
(gepanzert)
Steuerung : Mag-Feld-Impulser 6b
Geschwindigkeit : Keine Angaben, theoretisch müßten fast 300 000
Kilometer p. Sekunde möglich sein
Reichweite : Keine Angaben, rein theoretisch unbegrenzt
Bewaffnung : 2 x Drehtürme m. 2 x 2 x 11cm KSK,
1 x Drehturm m. 1 x 1 x 11cm KSK,
2 x Drehtürme m. 2 x 3 x 7cm KSK,
4 x R11(?), = 4 x Raketen oder Raketenwerfer Typ 11 ?
Außenpanzerung : Unbekannt, vermutlich Dreischott-Viktalen wie bei
Haunebu-III
Besatzung : 130 Mann (errechnete Durchschnittszahl)
Weltallfähigkeit : 100 %
Stillschwebefähigkeit : Unbekannt, vermutlich 25 Minuten wie bei
Haunebu-III
Allgemeines Flugvermögen : Unbekannt, vermutlich wie bei Haunebu-III
wetterunabhängig bei Tag und Nacht
Grundsätzliche Einsatzmöglichkeit : Unbekannt, doch vermutlich war
1945/46 geplant.

Aus reichsdeutschen SS-Geheimarchiven (Planskizzen, Beschriftung
aus Fragmenten rekonstruiert).

Das Andromeda-Gerät (Quelle: STM-Archiv)

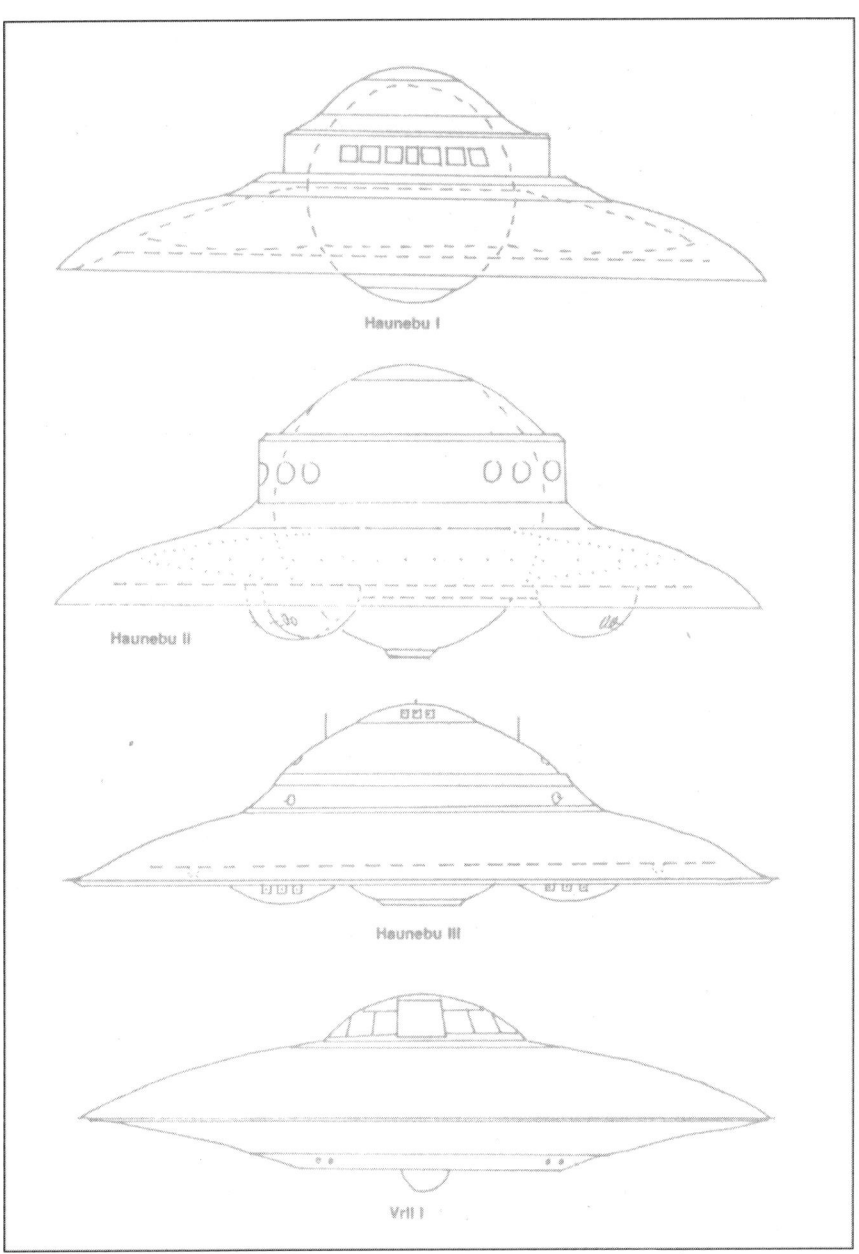

Quelle: CODE Nr. 9, Sept. 1987, Verlag Diagnosen, Leonberg

Daten der Raketenentwicklung

	V 1	V 2	A 9	A 9/A 10		Fliegende Scheibe
Reichweite	370 km	400 km	550-600 km	5000 km	↓	20000 km
Flug- bzw. Gipfelhöhe	200-2000 m	90 km	82 km	350 km	180 km	12,4 km (später 50 km)
Geschwindigkeit	620 kph · 173 m/sec	1470 kph · 1520 m/sec	6650 kph · 1820 m/sec	10000 kph · 2790 m/sec	4320 km/h · 1950 m/s	2000 - 4000 km/h
Länge der Rakete	7,73 m	14 m	14 m	14 m	29 m	Scheibe Ø 42 m
Durchmesser · ·	≈ 80 cm	1,65 cm	1,65 cm	1,65 cm	3,35 m	Kanzel Ø 3,5 m
Gesamtgewicht	2,2 to	12,9 to	12,8 to	12,2 to	87 to	≈ 7,5 to
Treibstoffgewicht	550 kg	9 to	10 to	8 to	72 to	2 to
Sprengstoffgew.	800-1000 kg	975 kg	1000 kg	1000 kg	entfällt	3 to
Steuerung	Kreiselstabil	Elektr. bzw. Funk	Elektr. bzw. Funk	Pilot	Elektr. bzw. Funk	Pilot u. Besatzung
Entwicklungsbeginn	1931	1932	1940	1943	1943	1941
1. Abschuß	15.2.1944	8.9.1944	8.1.1945	Mai 1945	kurz vor Absch.	4.Start 14.2.45
Einsatz im Kriege gegen England (unbedeut. Angaben)	9000	1500 (wovon ca 6000 die Küste erreicht) (Churchill's Memoiren)				
Nach dem Kriege übernommen und weiterentwickelt	USA	USA	(siehe V 2)	(siehe V 2)		

Ein „fliegende Scheibe" wird hier mit 2.000-4.000 km/h angegeben.

KAPITEL 12
Die Reise zu Mr. X.
von Reiner

Um allen sogenannten Zufällen, Visionen und Träumen ein Stückchen näherzukommen, nahmen wir nun endgültig Kontakt mit Mr. X. auf und besuchten ihn gemeinsam mit unseren Freunden. Wir waren auf dem Weg zu ihm sehr aufgeregt und gespannt, ob wir wieder ein Puzzlestück finden würden, um endlich mehr Licht in das Geheimnis der großen Wesen zu bringen. Wenigstens ein kleines bißchen. Es würde uns persönlich sehr viel weiterhelfen. Vor allem auch deshalb, da wir selbst trotz unserer inzwischen zahlreichen Erlebnisse immer noch gewisse Zweifel in uns trugen.

Nach achtstündiger Fahrt mit einigen Staus erreichten wir ziemlich müde und erschöpft die ████████████ Hauptstadt ████ und wurden dort von Mr. X. und seiner Familie sehr herzlich begrüßt. Sie strahlten sehr viel Ruhe und Wärme aus und nahmen uns gleich zu Anfang schon unsere Befangenheit.

Nach einer kurzen Erholungspause von der langen Fahrt führten wir noch ein abtastendes Gespräch, das aber dann allmählich lockerer wurde, bis er uns schlußendlich einen kleinen Teil seines großen Wissens preisgab. Auch stellte sich während dieses Gesprächs heraus, daß Mr. X. und Jan van Helsing, den wir zu diesem Zeitpunkt noch nicht kannten, ebenfalls befreundet waren und schon einiges Material untereinander ausgetauscht hatten. Dieses Wissen ist schon sehr alt und wir möchten sehr betonen, daß wir nur an den Informationen der Außerirdischen und allem, was damit zusammenhängt, interessiert sind. Andere Ereignisse, die damals geschehen sind, und die bei manchen Menschen heute noch sehr viele Emotionen freilegen, interessieren uns nicht. Uns persönlich interessiert nur die Wahrheit über diese Wesenheiten, die wir bei unseren hypnotischen Rückführungen und den beiden physischen Kontakten (der Morgen,

als ich ins Bett gefallen war und die Frau am Gartenzaun) gesehen
haben und die haargenau auf die Beschreibungen von Mr. X. paßten.
Seine Informationsquellen gehen bis zum Anfang des 20. Jahrhunderts zurück und er bekommt heute noch Informationen über
transmediale Kontakte mit diesen Außerirdischen.
Über die deutschen Flugscheiben, mit denen auch die Informationen von Mr. X. zusammenhängen, gibt es noch weitaus mehr Daten,
Fakten, Fotos und Bilder, als bisher von Jan veröffentlicht worden
sind.

Seltsamerweise werden in der heutigen UFO-Szene sämtliche
Bilder und Dokumente akribisch auf ihre Echtheit untersucht. Aber
alle Fakten, Daten und Fotos aus dieser Zeit werden nicht zur
Kenntnis genommen. Wieso?
Wir möchten dieses Thema erst gar nicht anschneiden, obwohl
wir inzwischen Unterlagen einsehen durften, die uns davon über-
zeugten, daß es in der damaligen Zeit tatsächlich UFOs gab, die gebaut und auch geflogen wurden. Dies ist aber für uns nicht so wichtig. Wir sind brennend an den Aussagen der damaligen transzen-
dentalen Medien interessiert, um diese mit unseren Erlebnissen zu
vergleichen und Parallelen zu finden.
Mit dem Einverständnis von Mr. X. wollen wir Ihnen nun einen
Teil seiner Informationen weitergeben und in unsere Erfahrungen
mit integrieren, um zu ermöglichen, daß wir ein besseres Verständnis für ihn, für uns und für die Außerirdischen, bekommen.

KAPITEL 13
Die magische Macht der Frauen
von Mr. X.

Die spirituellen Medien der VRIL-Gesellschaft waren damals durchweg Frauen und junge Mädchen. Dies beruhte auf dem magischen Konzept, das zugrunde lag. Diese Magie hatte vorwiegend altorientalische Grundlagen, wobei sie vor allem aus dem 'schwarzen Ordensbuch' der Isais stammt. Über diese 'medialen Damen' ist nie viel bekannt geworden - obgleich sicherlich noch 'manche' von ihnen wissend sind. Das ist wohl nicht allein aus Geheimhaltungsgründen so. Vielmehr gingen die meisten maßgeblichen Personen der damaligen Zeit sehr bald und einigermaßen schofel auf Distanz zu den „Okkultisten", denen sie viel zu verdanken hatten. Spätestens nach dem sogenannten „Röhm-Putsch" 1934 mochte man offenbar nichts mehr von den spirituellen Vorläufern wissen. Es dauerte auch nicht lange, und „okkulte Vereinigungen" wurden sogar verboten, auch wenn sich einige führende Persönlichkeiten ihnen nach wie vor verbunden fühlten. Nur im Verborgenen, günstigstenfalls unter stiller Duldung, konnten die „Okkultisten" weiterwirken. Erst die immer verhängnisvoller werdende Kriegslage brachte es mit sich, daß die technische Abteilung der VRIL-Gesellschaft wieder Unterstützung fand. Die „magische Komponente" blieb im Verborgenen oder wurde dort gehalten...

Die langen „magischen Antennen", wie man die Haare der Medien bezeichnete, dürften eine wichtige Rolle bei der transmedialen Kommunikation gespielt haben. Sie bilden ein gemeinsames Charakteristikum der bedeutendsten „Transmedien", über die Informationen vorhanden sind. Diese „Isais-Medien", wie sie auch bezeichnet wurden, sollen gewissermaßen „künstliche Medien" gewesen sein, die nur kurzzeitig wirken konnten. Aufgrund der Tatsache, daß eine mediale Veranlagung ein seltenes Talent darstellt, das nicht erlernt werden kann, wurde auf das 'Isais-Prinzip' zurückgegriffen.

Es handelt sich um ein magisches Verfahren, und dieses Prinzip geht auf den „Isais-Kult" zurück, dessen Ziel es unter anderem war, die Göttin Isais für eine Weile quasi in das Medium hineinzurufen, um so mit ihr sprechen zu können. Der 'Isais-Kult' glaubt, durch Willenskraft und nach bestimmten Gesetzmäßigkeiten der Affinität von Schwingungen, diese ins weibliche Haar anzuziehen und darin fixieren zu können. So „aufgeladene" Frauenhaare gelten dann als mannigfaltig wirkfähige Kraftspeicher, in denen auch die „Jenseits-Generalschwingung" des vermuteten Überraums (Y-Raum) manifestierbar sein soll. Diese Schwingungen können dann, dem 'Isais-Kult' zufolge, durch spezielle magische Rituale so festgehalten werden, daß sie, auch wenn sie abgeschnitten sind, auf lange Zeit nicht entweichen. Und es soll möglich sein, „Schwingungsspeicher" von großer Wirksamkeit zu erzeugen. Man glaubt, durch solche „Schwingungsspeicher" eine ständige Kraftflußverbindung von der Göttin Isais zu ihren Anhängern bewerkstelligen zu können.

Die Göttin „Isais" war in Europa im Mittelalter bekannt geworden, insbesondere durch das angebliche persönliche Erscheinen am Untersberg bei Salzburg im dreizehnten Jahrhundert, wo sie einer Ritterschar einen magischen schwarzvioletten Stein und die „Isais-Offenbarung" gegeben haben soll (erhältlich beim „Aldebaran-Versand", siehe Anhang). Charakteristisch für die Isais ist ihre Knabentracht, in der sie den Kampf gegen den Höllenfürsten „Schaddain" führt. Wahrscheinlich geht die „Isais" auf den vorderen Orient zurück, wo sie, wie etwa in Assyrien, als Katzen- oder Panthergöttin gesehen wurde. Sie ist vermutlich auch identisch mit der ägyptischen Sechmet. Durch die Gnosis gelangte die „Isais" in den griechischen Kulturkreis. Später, im Mittelalter, wanderten dann heidnische Isais-Mythen von Süddeutschland aus bis zu den britischen Inseln und nach Skandinavien, ohne jedoch Fuß zu fassen. Erwähnenswert ist all dies hier, weil das „Isais-Zeichen" auch zum Zeichen der VRIL-Gesellschaft wurde und von deren Transmedien wiederum behauptet worden ist, es sei auch das Hoheitszeichen des aldebaranischen Reiches (dieses kann hier leider nicht veröffentlicht werden, da es uns als „Verwendung von Kennzeichen verfassungswidriger Organisationen" ausgelegt werden könnte. Es ist ein silbernes blitzähnliches Symbol auf einem schwarz/violett geteilten Hintergrund). Falls diese Zeichen wirklich miteinander identisch waren, könnte man fast vermuten, daß die „Göttin Isais" eventuell selbst eine Aldebaranerin gewesen ist.

Über zwei der Medien dieser Zeit ist folgendes bekannt:

Das Mädchen MARIA

Maria Orsic war Kroatin, vermutlich aus Zagreb. Jedenfalls traf sie Ende 1916 dort mit Rudolf von Sebottendorff, dem späteren Gründer der Thule-Gesellschaft, zusammen (der u.a. über die germanische Herkunft der Kroaten (Herwaren) einige Studien betrieb). Die beiden freundeten sich an. Zwischen 1917 und 1945 war Maria das wichtigste Medium des VRIL-Kreises. Sie kann auch als Begründerin des spirituell-medialen Wirkens dort angesehen werden. Fast alle „Transmedien" der VRIL-Gesellschaft sind gewissermaßen durch die Schule von Maria gegangen. Maria Orsic hat sich, wie alle spirituellen Medien des Kreises, stets im Hintergrund gehalten und ist daher manchmal auch unter anderen Namen in Erscheinung getreten. Bis zuletzt blieb Maria Orsic eine der Schlüsselgestalten des VRIL-Kreises und ist als treibende Kraft der transmedialen Arbeit zu betrachten. Sie ist gewiß eine der geheimnisvollsten Persönlichkeiten dieser Zeit. Maria hat es immer verstanden „unfaßbar" zu bleiben. Ihr Wirken war dafür um so bedeutsamer. Soweit bekannt wurde, ist Maria im Rheinland verheiratet und lebt unerkannt bei guter Gesundheit.

Das VRIL-Medium SIGRUN

Sigrun war noch sehr jung, vermutlich erst siebzehn, als sie zum VRIL-Kreis stieß. Entdeckt wurde sie von Maria Orsic, die Sigruns außergewöhnliche spirituell-mediale Fähigkeiten erkannte und ausbildete. Sigrun entstammt dem ostdeutschen Landadel. Sie wuchs in der Mansurei heran und kam mit vierzehn Jahren nach Berlin und dann nach Magdeburg. Durch einen Bruder kam Sigrun frühzeitig mit Technik und Fliegerei in enge Berührung, was ihre Interessen wesentlich beeinflußte. Da die VRIL-Gesellschaft die „magischen Mittel" in besonderem Maße verfolgte und Sigrun beste Anlagen dafür mitbrachte, wurde sie an den VRIL-Gesamtkreis weitervermittelt. Sie ist daher dem VRIL-Kreis zuzurechnen, wenngleich aus dem 'Thule-Kreis' kommend und diesem auch weiterhin angehörend. Sigrun wurde später durch ihre ausgesprochen 'starke' Medialität zu dem, nach Maria, bedeutendsten Medium in der gesamten transmedialen Tätigkeit. Über ihren Verbleib gibt es verschiedene Versionen. Eine davon besagt, sie hätte sich 1945 das Leben genommen. Es gibt aber keinerlei Belege dafür. Eine andere, wahrscheinlichere sagt, Sigrun sei bis 1949 noch in Deutschland geblieben und habe nach Norwegen oder Schweden geheiratet.

Neben Maria und Sigrun soll es noch weitere Frauen gegeben haben, die für die VRIL-Gesellschaft als Medien fungiert haben sollen, über die jedoch nichts Wesentliches bekannt geworden ist.

Zeichnung von „Isais", wie sie den jungen Rittern im 13. Jahrhundert am Untersberg erschienen sein soll. (Quelle: STM-Archiv)

Zusätzlich erfahren wir von einem Mitglied des Marcioniterordens folgendes über die VRIL-Gesellschaft: *„In jener Zeit war zunächst die Thule-Gesellschaft gegründet worden (als eine Art Dachorganisation verschiedener Gruppierungen), die in ihrer Ausrichtung jedoch zunehmends politischer und patriarchaler wurde. Die VRIL-Gesellschaft war zwischenzeitlich ein Unterglied der Thule-Gesellschaft. Mit Aufkommen der nationalsozialistischen Komponente im Thule-Kreis löste sich die Verbindung der VRIL-Gesellschaft zu diesem. Dies war ein allmählicher Vorgang, der schließlich von der Thule-Führung durch einen höflichen de-facto Ausschluß beendet wurde. 1933, nach der Machtübernahme der Nationalsozialisten, löste sich die VRIL-Gesellschaft offiziell auf und existierte unter dem Namen „Isais-Bund" weiter, der 1941 schließlich verboten wurde. Inwieweit die 'UFO-VRIL-Gesellschaft' mit dem „Isais-Bund" identisch war, ist ungewiß. Die Wahrscheinlichkeit spricht dafür, daß 1933 eine Teilung stattgefunden haben dürfte. Die mehr oder weniger weltlich – aber auch technisch – orientierten Mitglieder scheinen eine Gemeinschaft gebildet zu haben, die weiter unter der losen Bezeichnung „VRIL" zusammenblieb. Diese Gruppe hat mit Isais wahrscheinlich nur mehr wenig zu tun gehabt."*

Aquarell von Maria Orsic (Quelle: STM-Archiv)

Das Medium „Sigrun" (Quelle: STM-Archiv)

VRIL-Odin

VRIL-Odin vergrößert

VRIL-Odin in zwei verschiedenen Positionen

VRIL-Scheibe von einem Nachtwächter im Rheinland fotografiert, 1979

Sie ist gelandet und wird entladen. Ein Hanomag-Kranwagen steht dabei

Rheinland-Scheibe ist gestartet und steigt wieder auf

Angeblich Bundeswehr-Scheibe FU1 (Fliegende Untertasse 1)

Haunebu II - Vorversion bei Nacht- und Nebelaktion

VRIL-7

Andromeda-Gerät

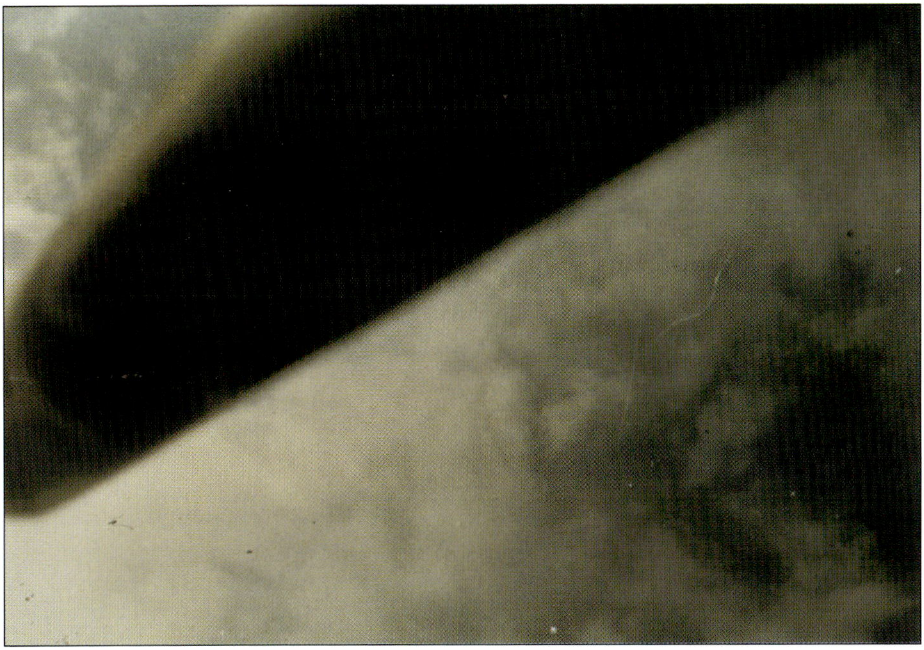

Andromeda-Gerät

Andromeda-Gerät

VRIL-7

VRIL-7

VRIL-7

VRIL-7

VRIL-1

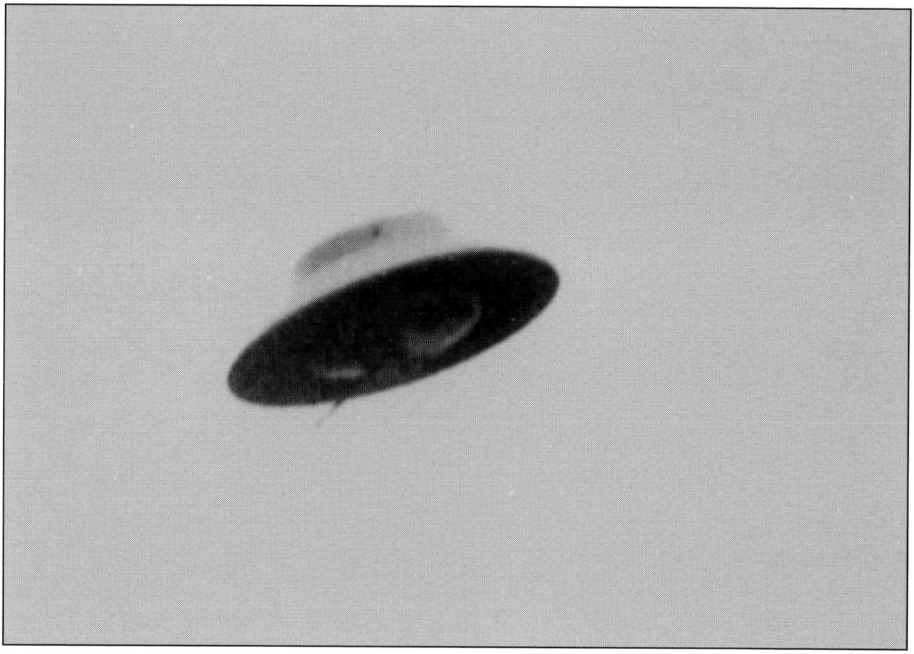

Haunebu II-Vorversion

Haunebu II-Vorversion

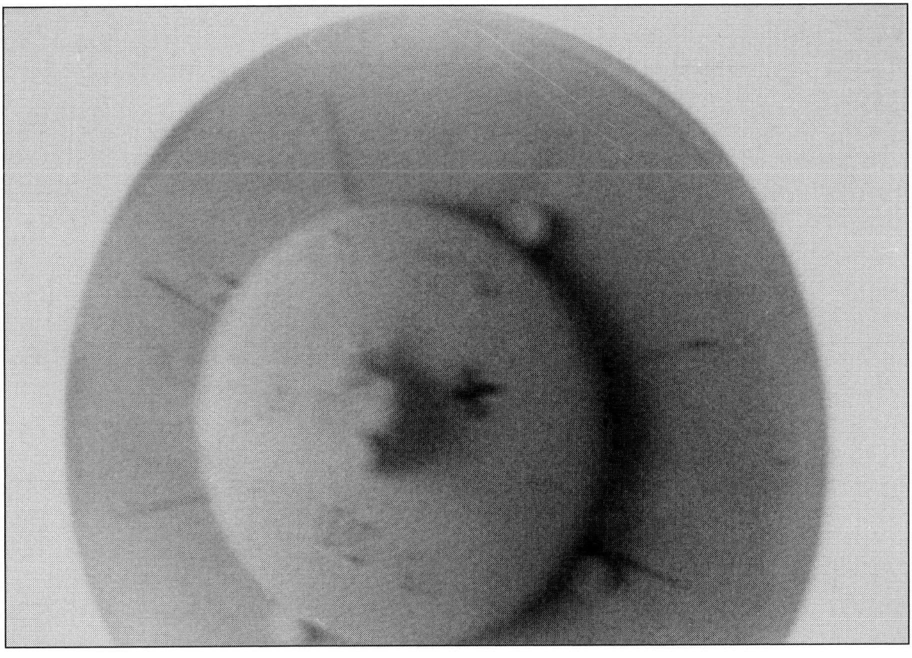

Haunebu II-Vorversion von unten

Vermutlich Pilot auf dem Rand von Haunebu III

Pilot auf Flugscheibe neben deutschem Panzer

KAPITEL 14
Welche Zeugnisse gibt es zum VRIL-'Odin'-Flug?

Hier sei nochmals kurz erwähnt, daß um Weihnachten 1943 ein wichtiges Treffen der VRIL-Gesellschaft im Nordseebad Kolberg stattgefunden hatte. Es ging um das 'Aldebaran-Unternehmen'. Die Medien Maria und Sigrun hatten genaue Angaben über die bewohnten Planeten und die Sonne Aldebarans bekommen und man begann eine Reise dorthin auszuarbeiten.

Unter der, als 'VRIL-Projekt' bezeichneten, Unternehmung wollte man mit dem „VRIL-Odin" durch einen lichtgeschwindigkeitsunabhängigen Dimensionskanal nach Aldebaran vordringen.

Doch bevor es dazu kam, fand ein weiteres Treffen der höchsten VRIL-Leute statt, wobei auch der deutschen Führung darüber berichtet und die Ernsthaftigkeit des Unternehmens nochmals dargelegt wurde.

Dazu liegt uns folgender Vortrag von Prof. Dr. Schumann vor (aus dem STM-Archiv), der an diesem Treffen vorgetragen wurde:

„Vortrag zum Geheimnis des Sternenflugs
Liebe Kameraden und Kameradinnen, liebe Gäste, die ihr euch heute hier beim 23. Wolfsberger Treffen eingefunden habt, ▮▮
▮▮*. Besonders danke ich auch Dir, lieber* ▮▮▮▮▮▮▮▮*, daß Du eigens für diesen Tag zu uns gekommen bist, und Dir, lieber Freund Dornberger, der Du für diese Stunden den weiten Weg vom Nordosten des Reiches zurückgelegt hast, um anzuhören, was diejenigen über den Flug zu den Sternen zu sagen wissen, deren Geräte nicht unter Antriebsdonner feuergeschweift in den Himmel steigen, sondern mit für manche unheimlichem Schweigen.*
Jetzt habe ich eben die Entfernung von Peenemünde bis Wolfsberg hier im Kärntnerland einen weiten Weg genannt. Die Verhältnismässigkeit des Begriffs der Entfernung hat sich darin schon ge-

zeigt. Im vorigen Jahr hat unser Gastvortragender Dipl.-Ing. Brützel die Ränder des eigenen Sonnensystems als das höchste der Gefühle, was menschliche Erreichbarkeit hinsichtlich Entfernungsüberbrükkung sich ausmalen könne, bezeichnet. Als mögliche, tatsächlich innerhalb der nächsten zwei Jahrzehnte erreichbare Ziele im All nannte er den Mond und vielleicht auch den Mars. Das sind nun in der Tat erhebliche Entfernungen, von denen da die Rede war.

Aber wir sprechen von Entfernungen ganz anderer Ausmaße. Die Entfernungen, von denen wir sprechen, verhalten sich zur Entfernung Mond-Mars ungefähr so, wie die Entfernung Peenemünde-Wolfsberg zu dieser. Wir sprechen von anderen Sonnensystemen, ja womöglich von anderen Milchstraßen.

Stehen wir damit noch auf vernünftigen Grundlagen? Sind wir damit mehr als „Hellseher", wie Freund Engel vor vier Jahren noch meinte? Oder sind wir damit die „Speerspitze einer neuen Weltgeneration?", wie Freund Stegmaier gegenüber dem ▮▮▮▮ *sich äußerte?*

Wir sind, nach eigenem Urteil, Diener einer göttlichen Kraft, deren Gaben zu nutzen uns Mission und Auftrag ist. Denn betrachten wir die Errungenschaften menschlicher Technik, so stellen wir fest: Den größten Anteil an allem hat die göttliche Fügung der Dinge. Ein Beispiel dafür soll genügen: Könnte es eine Rundfunksendung geben, ohne die göttlich gefügten Naturvoraussetzungen? Und so meinen wir es in allem zu erkennen: Es gibt so etwas wie 'göttliche Vorarbeit' in allem, die rund 90% ausmacht. Nur die zur Nutzung nötigen, ergänzenden 10% leistet der Mensch.

Unsere Denkgrundlage ist daher die, nach solchen „göttlichen Vorleistungen" Ausschau zu halten, um sie für das Menschtum greifbar zu machen. So fanden und ergriffen wir die Kräfte des VRIL!

In der Altgeschichte arischer Erinnerung ist von solchen Kräften schon berichtet. Etwa in der Ramayana über die Vimana-Flugzeuge.

Bei der Durcharbeitung alter babylonischer Schriftzeugnisse stieß Delitzsch auf weitere Spuren solchen gotthaften Wissens. Die Weisen der Alten gingen den Weg, den wir abermals zu gehen bemüht sind: Den Weg der Suche nach Anknüpfungsstellen an „göttliche Vorarbeit".

Die stille, tiefgreifende Weisheit des alten Orients faßte im Mittelalter in Deutschland Fuß. Das war ein Ereignis, dessen Bedeutsamkeit bisher nur wenige voll erfaßten. In Deutschland wurde der reine Tatmensch Europas, der allein das Vordergründige sieht, zum erkennenden Weisen, zum „Gottigen", wie weiland die Alten in Babel, Ägypten und Indien waren – und wohl auch unsere frühen germanischen Urväter. Das „Transzendentale" fand eine neue Heimstätte in deutschen Landen. Das geschah in der ersten Hälfte des dreizehnten Jahrhunderts am Untersberg mit dem Erscheinen der Isais, jenes sonderbaren göttlichen Wesens, dem so viel zu danken ist. Die Spitzen ████████████████ Geistes haben das verstanden, der ████ ist damit vertraut. Sein Erkennen bedeutet damit auch die Wegbereitung zum Sternenflug.

Damit kommen wir nun in den Mittelpunkt dieser Betrachtung: Das Geheimnis des Sternenflugs.
Dem Sternenflug, dem wahren, in weite Fernen reichenden, scheinen die Naturgesetze entgegenzustehen. Namentlich scheint die Lichtgeschwindigkeitsbegrenzung zugleich den Sternenflug zu begrenzen. Wir aber sagen: Es gibt diese Begrenzung nicht! Es gibt keinerlei Begrenzung von Bewegungsgeschwindigkeit! Vieles ist schneller als das Licht! Weil es nicht allein die „physikalische Welt" gibt, sondern auch, und viel bedeutsamer, die „geistige!" Schon in den Veden der Alten steht die Lösung: „Das schnellste von allem Fliegenden ist der Gedanke!"
Hier kommen wir auf eine Grundlage der neuen, der deutschen, ████████████████ Wissenschaft. Wir sprengen die Grenzen und

befreien den Geist von der Enge. Wir überwinden die ████████ *Fesseln der Begrenzung, die es in der Wahrheit nicht gibt.*

Zu lange haben wir uns durch die Naturgesetze der Begrenzung anketten lassen. Es kommt aus der ████████ *Religion, die kein Jenseits kennt, vielmehr ganz diesseitsbezogen ist, daß alle Folgerungen nur diesseitig-physikalisch ausfielen. Die diesseitigen Naturgesetze sind zu den alleinigen erklärt worden. Es gibt aber ein Jenseits! Und es gibt folglich Naturgesetze des Jenseits, die über den diesseitgen stehen!*

Wenn wir diesen Blick auf alles verstehen, muß klar werden, daß wir es mit einem großen diesseitig-jenseitigen Gesamtgefüge zu tun haben, in dem diesseitige und jenseitige Naturgesetze zusammenkommen, ineinander verschachtelt und verwoben. Allein wer die Naturgesetze des Jenseits erkennt, kennt das große Ganze!

Unsere neuzeitlichen Raketen leisten Erstaunliches. Doch vermögen sie es nicht, die diesseitigen Schwingungsnetze zu verlassen. Deshalb ist ihre Entfernungsreichweite begrenzt. Das Geheimnis des fernen Sternenflugs liegt im Verlassen der diesseitigen Schwingungsnetze und im Wechsel des Flugkörpers in jenseitige Schwingungsnetze!

Mit dem Wechsel in das Jenseits unterliegt unser Fluggerät nicht mehr den diesseitigen Naturgesetzen, sondern den Naturgesetzen des Jenseits! Dort gibt es aber eine andere Zeit! Dort ist das Schnellste, was fliegt, keineswegs das Licht, sondern der Gedanke! Der Geist!

Ist das nun, wie manche vielleicht meinen, Okkultismus? Keineswegs!

Das Jenseits besteht ebenso wirklich und wahrhaftig, wie das Diesseits. Es ist sogar die größere, stärkere Ebene, in welche unser All bloß als ein verhältnismäßig kleines Gebilde eingebettet zu sehen ist. Der Flug durch das Jenseits, der Flug durch den „Interkosmos", wie Rudolf von Sebottendorff dies nannte, ist eine ebenso streng wissenschaftliche Technik, wie die Raketen oder jede andere. Sie folgt nicht minder exakten Gesetzen, bloß daß diese Gesetze von einer höheren Art sind, weil sich in ihnen physikalische und spirituelle Gesetzmäßigkeiten verbinden.

Alles beruht auf Schwingungen. So wie, um ein schon benutztes Beispiel nochmals zu verwenden, die Rundfunkwellen. Der Drehkondensator bestimmt die Wellenlänge und so den Sender. Die Umformung der einen Frequenz zur anderen bewirkt den Wechsel. Im Höheren ist es nicht viel anders, grundsätzlich gesehen. Es gibt diesseitige und jenseitige Schwingungsnetze und Schwingungsebenen. Wenn es gelingt, eine bestimmte Schwingung hervorzurufen, so setzt der Magnetismus des Affinitätsgesetzes (Gesetz der Resonanz, A.d.V.) ein. In der obersten Stufe kommt es dabei zu einer völligen Umformung: Der Transmutation! Und das ist der technische Hintergrund unserer VRIL-Geräte. Sie erheben sich diesseits in die Luft und verlassen darüber hinaus den unmittelbaren Erdeinflußraum. Dann setzt die Transmutation ein. Das VRIL-Flugzeug hört auf, ein diesseitiger Körper zu sein. Es verschwindet dabei auch für das ausserhalb des VRIL-Flugzeugs schauende Auge. Das VRIL-Flugzeug wird zum interkosmischen Weltallschiff. Es hat mit der diesseitigen Sphäre vorübergehend nichts mehr zu tun und durcheilt gewaltige Entfernungen in kürzester Zeit, um beim Ziel wieder in das diesseitige All zurückzutransmutieren! Auf diese Weise wird unser VRIL 7 (mit Namen 'Odin', A.d.V.) das Sonnensystem von Aldebaran erreichen. Und ich zweifele nicht daran, daß spätere deutsche Weltall-VRIL-Schiffe auch bis Andromeda gelangen werden und bis in die entlegensten Gebiete des diesseitigen Alls.

Es ist uns klar, daß diese Technik wahrscheinlich nicht unmittelbar als waffentauglich bezeichnet werden kann. Es ist eine Technik für mögliche Schlachten im Weltall. Möge es solche nie geben! Für den akuten Fronteinsatz heutzutage ist der Wert der VRIL-Technik noch gering. Aber auch da besteht vielleicht noch manches, was sich erst zeigen muß.

Was können uns ferne Sternenflüge bringen? Noch wissen wir es nicht. Die Verbindung und Bündnis mit Kulturen anderer Welten. Wenn die transmedialen Verbindungen bisher nicht täuschen, besteht eine verwandte Kultur im System der Sonne Aldebaran. Vielleicht wird von dort Unterstützung kommen, ein Ausgleich gegen die anzahlmäßige Übermacht des Feindes auf der Erde. Das klingt jetzt wie aus einem utopischen Roman, aber es hat sehr greifbare Hintergründe.

In der transmedialen Tätigkeit lag der Anfang des VRIL-Schaffens und der Schlüssel zu den Erfolgen, die bisher stattfanden.

Aus den Untersberg-Offenbarungstexten des dreizehnten Jahrhunderts ging hervor, wie zu verfahren ist. Darüber ist aber jetzt noch nicht die Stunde, ausführlich zu sprechen. Die bevorstehende Zeit, schon die nächsten Monate, dürften in eindrucksvoller Weise bestätigen, was die VRIL-Technik in ihren verschiedenen Möglichkeiten leisten kann.

Das Geheimnis des Sternenflugs liegt also in der Erkenntnis der Verwobenheit von Diesseits und Jenseits, im Erfassen der unterschiedlichen, aber einander zuklingenden diesseitigen und jenseitigen Gottes- und Naturgesetze. Wir stehen dicht vor dem Aufbruch in ein vollkommen neues Zeitalter, in dem ein neuer Geist sich durchsetzen wird. Es ist unser Geist, der Geist des ▮▮▮▮▮▮▮ „▮▮▮▮"

Diesem Vortrag zufolge war man also vollen Ernstes bereit, dieses Unternehmen durchzuführen. Über den Start selbst liegen uns leider keine genauen Angaben vor. Das wenige, was über diesen vorhanden ist, wollen wir hier aufführen. Im Wesentlichen kommt dieses Wissen von unüberprüfbaren Quellen. Es gibt einige „Indizienzeugen". Etwa einen ehemaligen Jagdflieger, der zusammen mit sieben anderen Piloten zum Schutz eines nicht näher genannten Geländes abgestellt war, das der getarnte Startplatz des VRIL-'Odin' gewesen sein könnte. (Die entsprechende Anlage soll, identisch der des VRIL-7, der kleineren Originalversion, unterirdisch und durch künstliche Bepflanzung getarnt gewesen sein.) Ferner gibt es die Aussage eines LKW-Fahrers, der Proviantransporte zu einer geheimnisvollen unterirdischen Anlage fuhr, die in den gleichen Raum verweist. Aus einer eben diesem Platz nahegelegenen Ortschaft (entweder Potsdam im südwestlichen Nahraum von Berlin - nördliche Niederlassung der VRIL-Gesellschaft - oder Traunstein im östlichen Chiemgau in Oberbayern - südliche Niederlassung der VRIL-Gesellschaft) berichtet eine Frau „*ganz komische Mädchen*" gesehen zu haben. Die einen hätten „*lila Abendkleider*" getragen und lange Zöpfe, die anderen aber braune enge Hosen und kurze Bubiköpfe (die waren damals völlig unmodern). Diese Mädchen seien in Begleitung von SS-Leuten gewesen und hätten mit ihren Autos mehrere Stunden gewartet. Bis plötzlich zwei Zivilisten gekommen seien - zu Fuß „*wie aus dem Erdboden gewachsen*". Die seien dann von einem der Bubikopf-Mädchen begrüßt worden und dann zusammen in eines der Autos gestiegen und losgefahren (in Richtung jenes Platzes, von dem VRIL-'Odin' gestartet sein könnte). Ein Mann aus dem gleichen Ort will an dem Tag ein UFO gesehen haben. Das heißt aus damaliger Sicht ein „*fremdartiges Flugzeug, daß keinen Lärm machte*". Ein ehemaliger Pionier berichtete von einem geheimen Einsatz zur Freilegung „*eines großen Erdschlitzes, unter dem Eisen zum Vorschein kam.*" Möglicherweise die Stelle, an der das getarnte 'Hangartor' sich öffnete. Über zwei Mädchen in „*engen braunen Theaterkostümen*" hat sich zwei Tage vorher eine Frau in der nahen Stadt gewundert, „*wegen der Kostüme*" und weil die eine einen „*Zopf zum Draufsetzenkönnen*" hatte, und die andere ganz kurzes Haar. Sie hätten ausgesehen „*wie Artistinnen vom Zirkus*" und sehr merkwürdig zu jener Zeit.

Alle diese Aussagen beziehen sich auf Ort und Zeit des angenommenen „Odin-Starts".

KAPITEL 15
Transmediale Protokolle
von Mr. X.

Die transmedialen Protokolle seiner Zeit gehören sicherlich zu den ungewöhnlichsten Texten, die überhaupt jemals niedergeschrieben wurden. „Transmedial" (oder auch „hypertelepathisch"?) empfangene Botschaften aus einer entfernten Welt, weit jenseits unseres Sonnensystems: Aldebaran (nach jüngster Erkenntnis der Wissenschaft wäre dieses nicht völlig auszuschließen).

Sie berichten in teils verblüffender Genauigkeit über die Geschichte dieser fernen Welt, über deren Gesellschaft und Religion, auch über Kleinigkeiten. Dabei sind nur kleine Bruchstücke dieser Schriften erhalten geblieben. Leider, denn in den Jahrzehnten sind viele Stellen unleserlich geworden, da die Protokolle aus dem Zeitraum von 1919 bis ca. 1949 stammen.

Vieles aus dieser Zeit ging in den Kriegswirren verloren oder wurde vernichtet. Die transmedialen Durchsagen sind nur wenige Fragmente, die übrig geblieben sind.

Nun einige Informationen über Aldebaran, wie sie durch transmedialen Kontakt weitergegeben wurden:

„Das Reich Sumeran (nach irdischer Sternkarte 'Aldebaran') *ist seit langer Zeit eine Theokratie. Das heutige Staatswesen steht unter Priesterinnenherrschaft, ist aber nicht so fest geformt wie die irdischen Staaten. Es gibt halbfreie Fürstentümer.*

Die davorliegende, sehr lange gewährthabende Periode wird die „Großkönigzeit" genannt. Damals herrschten Imperatoren, die eine Art Universalimperium anstrebten und wohl auch zeitweilig weitgehend aufzurichten verstanden. Dieses Imperium wurde – nach der Machtübergabe durch einen sehr religiösen Großkönig an die Priesterinnen – weitgehend aufgegeben. Es folgte, mit der „Priesterin-

nendynastie", eine Epoche des „Isolationismus", die im wesentlichen noch immer anhält. Vor der „Großkönigzeit" gab es auf dem aldebaranischen Hauptplaneten „Sumer" verschiedene Völker, die auch untereinander Krieg führten. Im letzten dieser Kriege besiegte König Derger von Ogre Tdan alle anderen Völkerschaften und ließ sie rigoros auf den Nachbarplaneten „An" verbringen. Seither gibt es auf Sumer nur noch ein einheitliches Volk. König Derger wurde der erste Großkönig.

Aldebaran steht heute (etwa 1943 der Erdenzeit) *im Krieg mit zwei anderen Welten „Nanut"* (vermutlich Regulus) *und „Godonos"* (vermutlich Kapella). *Dieser Krieg währt schon sehr lange, da die „Priesterkaiserinnen" es für ausreichend hielten, die Feinde auf Distanz zu halten. Erst in jüngster Zeit ist diese Auffassung geändert und der Krieg mit vollem Einsatz geführt und beendet worden. "*

Angeblich sollen zwei deutsche Weltraumunternehmen aus der Zeit des Dritten Reiches in der zweiten Aprilhälfte 1945 gestartet sein. Das eine soll angeblich das 71m große Raumschiff Haunebu III 'Thor' zum Mars betreffen. Das andere das 45m große Raumschiff 'Odin' nach Aldebaran.

Über den Flug nach Aldebaran durch den Dimensionskanal sollen nun ein paar Auszüge aus den transmedialen Protokollen der VRIL-Gesellschaft wiedergegeben werden:

Transmediale Bruchstücke von VRIL-'Odin'

Die nachstehenden Texte können als die wichtigsten und die am besten erhaltenen transmedialen Sendungen von VRIL-'Odin' bezeichnet werden. Es handelt sich dabei durchweg um Bruchstücke, die insgesamt sicherlich nur einen kleinen Teil des ursprünglich Vorhandengewesenen darstellen.

Die Anordnung ist nicht sicher und ganz gewiß fehlen an vielen Stellen große Passagen. Die Durchnumerierung wurde trotzdem vorgenommen, um die Weiterarbeit mit den Texten zu vereinfachen. Eine solche Bezifferung ist auf den Vorlagen nicht angegeben. Die Texte wurden weitgehend wörtlich übertragen - ohne Rücksicht auf stilistische Aspekte. Sie sind sicherlich von verschiedenen Personen formuliert und im wesentlichen so von den Medien gesendet worden.

Transmediale Sendung von VRIL-'Odin' Nr. 1

'Odin' hat Mutter Erde verlassen. Ein plötzliches Gefühl unbeschreiblicher Verlorenheit hat wie gleichzeitig von der gesamten Besatzung Besitz ergriffen. Es wird wenig gesprochen.

Die Erde sieht von außen nicht wie ein Schulglobus aus, sondern blau, hellblau und weiß. Deutlich sind die Wolken zu erkennen und auch Teile des Lands, in seltsam vertraut wirkenden Umrissen. Aber wir fliegen so schnell, daß die Erde bald wie ein immer kleiner werdender Ball wirkt.

Umrundung der Erde im tiefen Flug nicht vorgenommen, um Gefühlsaufwallungen nicht zu verstärken.

Den Mond verhältnismäßig nahe passiert, etwa 12.000 Kilometer. Er wirkt kalt. Die Besatzung ist still und nachdenklich. Spürbar, daß keiner daran glaubt, die Erde je wieder zu betreten. Unerwartete Ergriffenheit. Trotzdem ist jeder korrekt auf seinem Posten.

Heimat(rundfunk)sendeempfang abgestellt, der noch gut funktioniert. Die Besatzung muß von den rückschauenden Gedanken abgelenkt werden. XXX hat eine gute Ansprache gehalten. Es ist ihm gelungen, den mutvollen Schwung zurück in die Mannschaft zu bringen.

Erde-Mond jetzt schon sehr fern. Kleinmütige Sentimentalität abgeschüttelt. Wir nähern uns dem Eintrittspunkt (in den Dimensionskanal). XXX hat Transmed-Verbindung zu Aldebaran hergestellt. Besatzung ist wieder hoffnungsfroh. Technisch alles reibungslos.

'Odin' fliegt störungsfrei. In siebeneinhalb Stunden Eintritt (in den Dimensionskanal).

Transmediale Sendung von VRIL-'Odin' Nr. 2

Meteorschwärme voraus (Asteroiden?). Sicherheitshalber Geschütze bemannt. Fliegen auf „Meteorschwarm" zu. Ausweichen möglich, aber wegen Rechnerschaltung für den Eintritt (in den Dimensionskanal) riskant. Risiko wäre sehr hoch, den Eintrittspunkt nicht wieder zu finden und dadurch den Treffpunkt mit den Aldebaranern unwiederbringlich zu verlieren. Daher Feuerbefehl auf größere Meteore. Erleichterung, weil sie sich leicht abschießen lassen. Den „Weltallhagel", den wir nun noch durchfliegen müssen, hält 'Odin' aus. Aber doch unangenehm.

Mehrere kleinere Beschädigungen: Geschützstand Berta unbeweglich, Alpha-Antenne ausgefallen, zahlreiche Sprünge in den Panzerglas-Außenschichten anzunehmen, reichlich Beulen und Dellen am Zellenkörper. Aber nichts Ernsthaftes. Mannschaft durchgeschüttelt worden. Innenräume diverse Kleinschäden. Kurs beibehalten. Rechnerschaltung funktioniert einwandfrei.

Transmediale Sendung von VRIL-'Odin' Nr. 4

Eintritt (in den Dimensionskanal) ging sehr einfach. Kurzes Empfinden wie eine Art Hauch von Betäubung bei allen Besatzungsmitgliedern. Aber nur wenige Augenblicke. Umformung geht viel zu schnell, um sie richtig zu begreifen... (ca. 12 Zeilen unleserlich)... überall grünliches Schimmern (...)

Transmediale Sendung von VRIL-'Odin' Nr. 5

Im Kanal ruhiger Flug. Manchmal kommen wir an helleren oder dunkleren Stellen vorbei. Wissen nicht, ob sie etwas zu bedeuten haben. XXX eine komische Blase ist vorbeigeschwebt, wie eine riesige grünliche Seifenblase. Aber ziemlich weit weg.

Transmediale Sendung von VRIL-'Odin' Nr. 6

Überall grün-gelbliche Lichtspiralen, in der Mitte fast orange. Größe und Entfernung schwierig zu sagen. Eventuell mehrere Kilometer Gesamtdurchmesser des Spiralgebildes, das sich sehr langsam dreht. Vielleicht bewirkt das Gebilde einen Sog, wenn man näher kommt. Überlegen, ob das Spiralgebilde vielleicht draußen fliegende Gegenstände ungewollt in den Kanal hineinziehen kann? Der Kanal ist keine Röhre, bloß in eine Richtung, er ist ja sozusagen grundsätzlich überall.

Transmediale Sendung von VRIL-'Odin' Nr. 7

XX im Kanal (Dimensionskanal). Flug verläuft reibungslos. Besatzung hat sich an den grünen Überkosmos gewöhnt. Durch die wolken- und nebelartigen Schleier, die hier häufig sind, starkes Geschwindigkeitsempfinden. Dann wieder nur das Licht irgendeiner grünen Sonne.

Immer wieder schwebende Gegenstände, die wie riesige grüne Felsen aussehen. Ganze schwebende Inseln. Auf einigen sind Bauwerke zu erkennen, bilden wir uns ein. Es ist das Jenseits, oder wenigstens eine Art diesseitig-jenseitiges Grenzland. Technisch keine Schwierigkeiten. Moral gut. Keine (......)

Transmediale Sendung von VRIL-'Odin' Nr. 11

XXX begonnen. Komische rötliche und bläuliche Schwaden mischen sich in die grünen. Übelkeit bei mehreren Besatzungsmitgliedern. Einige „Trans-Mädels" klagen über Kopfschmerzen. Geht bald vorbei. Es überwiegt wieder grün und wird dann wieder ganz grün. XXX meint, Störschwingung in Glocke möglich.... Zum ersten mal Geräusche. So was wie Schürfen an der Zellenhaut. Aber nichts zu sehen. Dann erkennen wir flimmrige Staubwolken. Wir fliegen ohne Schwierigkeiten durch.

Transmediale Sendung von VRIL-'Odin' Nr. 12

XXX etwas hat unsere Bahn gekreuzt. Keine Rakete, aber etwas Längliches, das vielleicht bloß ein natürliches Gebilde war. Gibt es so etwas wie Kanalkreuzwege ?? (....) Das störende lichtähnliche in Rosa und Blau ist jetzt weg. XXX klagt wieder über Kopfschmerzen.

Transmediale Sendung von VRIL-'Odin' Nr. 13

Es ist was im Weg. Sieht wie eine riesige Bienenwabe, aber doch anders, aus. Feuer eröffnet. Löcher in das Ding geschossen, aber es bleibt. Weiter geschossen, auf die Mitte gehalten. Das Gebilde scheint elastisch zu sein. Wir können versuchen durchzustoßen. Geht ohne Mühe. Das Ding bleibt hinter uns zurück. Äußerst merkwürdig. XXX auf der rechten Seite, dann auch links schräg-unten sehr helle Lichtflecken. Hellgrün. Sieht aus wie Löcher im Kanal. Aber ohne Schwierigkeiten passiert.

Transmediale Sendung von VRIL-'Odin' Nr. 14

Seit X/XX/XXX kommen manchmal grünleuchtende „Fliegende Sterne" in Sicht. Ziemlich weit, Entfernung nicht schätzbar. Sicher keine anderen Weltraumschiffe, sondern natürliche Erscheinungen. Vielleicht so was wie Kometen, die an dieser Stelle durch den „Kanal" schwirren. Für Besatzung eine Abwechslung, weil es was zu sehen gibt.

Transmediale Sendung von VRIL-'Odin' Nr. 15

XXX so was wie Windböen aufgekommen. 'Odin' gerät in Schaukelbewegungen. Sehr komisch. Durch Gegensteuern halbwegs auf Lage gehalten. Komisches Gefühl. Wie Seegang. Aber keine Ursache dafür erkennbar.

Nähern uns großer heller Stelle, die keine bestimmte Form hat. Helles, gelbgrünes Leuchten. Von da scheinen die Böen zu kommen. Wir müssen dicht daran vorbei. Helligkeit nimmt zu. Einige Besatzungsmitglieder kriegen Ohrensausen, andere merken nichts. Der große helle Fleck sieht jetzt aus wie eine riesige Qualle aus gelblichgrünem Licht. Offenbar reines Lichtgebilde. Vielleicht an die 100 Kilometer Größe. Schwierig zu schätzen.

Wie wir herankommen, ist es plötzlich verschwunden. Oder aus der Nähe nicht mehr wahrnehmbar. Taucht dann hinter uns wieder auf, wie wir vorbei sind. Flug wieder völlig ruhig. Das helle Gebilde aus Licht jetzt auf der anderen Seite. Als ob unsere Flugbahn gekreuzt wird. Bleibt zurück.

Transmediale Sendung von VRIL-'Odin' Nr. 16

....Völlige Stille, die grünen Gestirne wirken jetzt sehr fern. Als ob wir einen Sprung gemacht hätten. Kanalraum erscheint uns hier dunkler als bisher. Sterne - aber eben grünlich leuchtend. Raum von tiefem Dunkelgrün. Eindruck von Unbegrenztheit. Voraus wieder Helligkeit. Natürlich hier grün und grünlich. Eine Helligkeitsballung. Fliegen auf sie zu. In die Helligkeitsballung hineingeflogen. Wieder typisches „Kanalgefühl". Schwadenartige Schleier ziehen vorbei. Schwaden verdichten sich manchmal und sind manchmal fast ganz weg...

Transmediale Sendung von VRIL-'Odin' Nr. 18

(....) keine Veränderung. Unheimliches Gefühl. Es muß Einbildung gewesen sein. Die Schwaden hier sehen anders aus. Das sonderbare Gefühl ist immer noch da. Manchmal kommen andersfarbige Wolkenfetzen. Aber nur Innen sehen sie andersfarbig aus, denn die dringen ja irgendwie ein. Draußen sind nur grüne ... XXX fliegen an etwas vorbei, das fast wie ein Wrack aussieht. Es hat die Form eines langgezogenen Eies mit unregelmäßigen Löchern, durch die etwas fast wie Spanten zu erkennen ist.

Transmediale Sendung von VRIL-'Odin' Nr. 19

XXX Ruhe eingetreten. Wir durchfliegen wieder die schon vertrauten grünen Schwaden. Manchmal Lichter, wie Sterne. Nähern uns jetzt langsam dem Austrittspunkt. Hoffentlich geht alles gut. Keine merkbaren Störungen.

Transmediale Sendung von VRIL-'Odin' Nr. 20

Austritt (aus dem Dimensionskanal) gelungen. XXX bemüht sich um Aldebaran-Verbindung. Technisch wegen Ausfall der Alpha-Antenne nicht möglich. Wieder unser altes Weltall. Lauter fremde Sternbilder - natürlich. Halten vereinbarten Kurs. Keiner hat Angst.

Transmediale Sendung von VRIL-'Odin' Nr. 21

Die Dunkelheit hier ist ungewohnt. Zwar Sterne zu sehen, aber keine Sonne nahe genug, um Licht zu geben. Wir sehen außer fernen Sternen nichts. Nicht einmal von unserem 'Tellerrand'. Sehr merkwürdig. Alles finster wie im Bärenwanst. Die Sonne Aldebaran-Sumi ist noch verhältnismäßig weit. Wir werden den Rest des Weges zusammen mit den auf dieser Position zu erwartenden Aldebaranern fliegen. Hoffentlich kommen sie bald. Wir sind leicht zu früh dran, aber die entdecken uns vermutlich.

Transmediale Sendung von VRIL-'Odin' Nr. 22

Die aldebaranischen Raumkreuzer kommen schnell näher. Beeindruckende Geräte. Länge sicher über 1.000 Meter. Sie sind riesenhaft, sehen aber sonderbarer Weise nicht so fremdartig aus, wie wir uns ausgemalt hatten. Erinnern an unsere V2, obwohl sie keine Raketenantriebe haben, und natürlich sehen sie doch anders aus.

Was uns aus der Nähe geradezu menschlich-anheimelnd vorkommt, sind die erleuchteten Fensterreihen. Das hat direkt etwas Gemütlichkeit Versprechendes. Irgendwie wie ein geheiztes Haus in einer Winternacht – wenn man poetisch werden darf. Die Besatzung ist sehr guter Stimmung. Die ehemaligen U-Boot-Leute an Bord vergleichen den Moment mit einem Treffen auf hoher See, und so etwas ist es ja auch (...eine Zeile zerstört).

Wir werden von den beiden Aldebaranern in die Mitte genommen. Ihre Raumkreuzer sind taubenblau, hellblau und lila lackiert. Eine Art von halb Verzierung und halb Tarnanstrich. Die aldebaranischen Hoheitszeichen sind schwarz-silbern.

Das Flaggschiff dreht uns die Breitseite zu. Eine große Luke wird im hinteren Rumpfdrittel geöffnet. Wir steuern dort glatt hinein. Die große Spannung, erstmals Menschen von einer anderen Sternenwelt kennenzulernen ist merkwürdigerweise gar nicht so da. Wir haben das Gefühl, uns schon zu kennen. Fr. XXX hat Verbindung zu einer an Bord des Flaggschiffs befindlichen Aldebaranerin. Alles geht unglaublich glatt und einfach.

Hinter der Luke brennt gelbliches Licht. Unser 'Odin' geht auf der Landefläche (drinnen) nieder, die wie aus Sandstein gefertigt zu sein scheint. Hinter uns schließt sich die Luke. Es ist niemand zu sehen. Starke rote Lichter leuchten in zwei der uns nun umgebenden Wände auf. Der Kapitän sagt, das sei transmedial alles vereinbart, es heiße, so lange die roten Lampen leuchten, ist noch keine Luft da. Es dauert knapp fünf Minuten, die uns sehr lange vorkommen, dann gehen die roten Lampen aus, und in der Wand links von uns geht eine ziemlich große Tür mit geschwungenem Oberteil auf. Menschen kommen, als ob dieser Augenblick gar nichts Außergewöhnliches sei. Es sind acht Aldebaraner. Sie sind wirklich Menschen. Sie sehen fast aus wie wir. Vielleicht etwas größer, schlanker und blasser. Ihre Kleidung sieht eher altmodisch aus, also so, wie man sich das in utopischen Romanen ausmalt. Fast ein bißchen wie Krieger aus der Antike. Auch hier drinnen fallen uns jetzt Verzierungen auf. Die neuzeitliche Technik scheint bei den Aldebaranern in verschnörkelten Hüllen zu stecken. Es sind aber keine barocken Formen, sondern eher solche, die an die Verzierungsarbeiten und Schnitzereien der Germanen erinnern.

Die Aldebaraner winken uns, herauszukommen. Es ist auch ein Mädchen unter ihnen, das mit einer Gruppe von wohl einem Dutzend Leuten gekommen ist. Das Mädchen ist sehr zart gebaut. Es wirkt unter den Männern fast wie ein Kind. Jetzt kommen noch weitere Aldebaraner. Wir zwängen uns einzeln durch unsere Schlupfröhre nach unten. Der Kapitän zuerst, gefolgt von Ostf. XXX. Man begrüßt uns

Zu unserem großen Erstaunen sprechen zumindest drei der Aldebaraner unsere Sprache. Wir werden also begrüßt.

Jener aldebaranische Offizier, der in diesem Raumschiffbereich das Kommando zu haben scheint, versichert uns, unser 'Odin' werde gut betreut. Er kann allerdings nicht Deutsch, das junge Mädchen übersetzt für ihn. Sie ist sehr hübsch, wenn auch ein bißchen fremdartig auf uns wirkend. Ihre Haare sind hellrot und erstaunlich lang. Die Männer wirken auf uns weniger fremdartig. Sie sind in der Mehrheit hellblond, einige auch dunkel. Auffallend sind ihre länglichen, schmalen und für unser Empfinden blassen Gesichter. Auch das Mädchen wirkt blaß, hat aber keinen so langgestreckten Schädel. (eine Zeile unleserlich) Durch transmediale Kontakte wußten wir ja schon, daß der Unterschied zwischen Männern und Frauen der aldebaranischen Rasse größer ist als bei uns. Trotzdem könnte man die Aldebaraner durchaus für einen unmittelbaren Zweig der germanischen Rasse halten. Wenn man bedenkt, welche enormen räumlichen und entwicklungszeitlichen Abstände zwischen ihnen und uns liegen, ist die Ähnlichkeit ganz erstaunlich. In ihrer Art sich zu geben, zeigt sich der Unterschied dann größer als im Äußeren. Sie scheinen nicht so lebhaft zu sein wie wir, sie wirken sehr ruhig und würdebetont. Aber das können wir jetzt noch nicht richtig beurteilen.

'Odins' Flug war erfolgreich! Jetzt wird unser braves Gefährt im Bauch eines riesenhaften aldebaranischen Raumschiffs zur Heimatwelt der Aldebaraner geflogen. Die Besatzung von VRIL-'Odin' hat sich der Gastfreundschaft des aldebaranischen Reiches „Sumeran" anvertraut und wird, so weit jetzt überschaubar ist, auf der Welt „Sumer" ein zwischenzeitliches Quartier beziehen, wo auch ein Hangar für unser Weltraumschiff 'Odin' zur Verfügung stehen wird. Kapitän XXX wird bei der Mannschaft bleiben. Ostf. XXX und Dr. XXX werden die für die ███████████ notwendigen Maßnahmen mit dem ██████████████████████ ██ erörtern. Unser Aufenthalt unter aldebaranischer Schirmherrschaft wird vermutlich mehrere Monate, vielleicht sogar Jahre, andauern. Vieles erscheint noch unklar. Der gute Wille der Aldebaraner ist jedoch offenkundig. Wir können sagen, hier Freunde... gefunden zu haben.

Transmediale Sendung von VRIL-'Odin' Nr. 23

...Kapitän Hleddor erklärt uns einiges über die Bauart, Bewaffnung und Kampftechnik seines Flaggschiffs. Das kleine Mädel übersetzt alles. Wir fühlen uns wie Könige. Dieses eine Schlachtschiff allein könnte die ganze Erde erobern. (ca. zehn Zeilen unleserlich) Wir fliegen jetzt an einem Verband aldebaranischer Kampfschiffe vorbei, der uns entgegenkommt. Das zu sehen, ist ein großartiges Gefühl. Wir stellen uns schon vor, wie wir so mit denen zur Heimat zurückkehren. Allen guten Göttern sei Dank!

Transmediale Sendung von VRIL-'Odin' Nr. 24

XXX nach dem Austritt aus dem Dimensionskanal. VRIL-'Odin' hat ein Quartier auf einem alten, aber malerisch gelegenen, Weltraum-, Luft- und Seehafen gefunden, der „Ogre Tdan" heißt und zu dem Gebiet Ogre Tduant gehört, einer historisch bedeutsamen großen Insel nordwestlich der Großinsel Schuschadane.

Hier haben vor langer Zeit die Imperatoren des früheren aldebaranischen Universalreiches ihre Paläste gehabt. Die Ruinen der alten Hauptstadt Malkrea sind noch immer auffindbar.

Ogre Tdan gehört zum Einflußgebiet der Suscharen. Die 'Odin'-Besatzung, die sehr angenehme Quartiere bei Ogre Tdan bezogen hat, unterliegt keinen Beschränkungen. Sie kann mit 'Odin' nach Belieben herumfliegen. Es ist uns auch ein aldebaranisches Fluggerät angeboten worden. Die Besatzung bewog jedoch den Kapitän, das Anerbieten von Suscharen-Leuten anzunehmen, an unserem 'Odin' etwas verbessernd herumzubasteln (heutzutage „frisieren" genannt A.d.V.). Es gibt auf der nahen Großinsel Schuschadane eine kleine Hafenstadt namens Älde. Dort befindet sich auch eine Art Sonderwerkstatt der Suscharen-Sippe, der 'Wachtdan', mit der wir uns näher angefreundet haben. Hier wird unser 'Odin' nun gründlich umgebaut und verbessert...

Die Suscharen unterscheiden sich von den Aldebaranern. Sie sind eine besondere Händler- und Kriegerkaste und leben viel auf großen Weltraumschiffen. Sie haben auch eine eigene Tracht, bei der Mädchen und Frauen kurze Röcke und kurze Haare haben dürfen, denn beides gilt sonst als unschicklich. (...) Sie haben auch eine eigene Hauptgottheit, die Göttin „Illa", während sonst „Malok" der Hauptgott ist und die Hauptgöttin „Orfa" heißt.

Die Suscharen sind viel lustigere Leute als die anderen Sumeraner. Das Leben hier ist völlig schwierigkeitslos. Keiner könnte sich dies auf der Erde vorstellen. Es ist möglich, daß wir, falls unser Aufenthalt auf 'Sumer' noch länger andauert, an einer Jagdkreuzerunternehmung teilnehmen und dabei 'Odins' neue Fähigkeiten erproben werden. Der Kapitän ist schon an Bord eines großen Schlachtkreuzers, der allerdings in der Nähe bleibt.

Wie es aussieht, geht alles sehr gut. Allein mit der merkwürdigen Frömmigkeit der Aldebaraner kommen wir noch nicht ganz mit. Ihre Götter und Göttinnen sind ihnen ungeheuer wichtig und Glaubenszweifel kennen sie keine.

Es gibt eine Art Allgeist-Übergott, und dann viele Göttinnen und Götter dazu. Die Religion ist nicht ganz einheitlich....

Transmediale Sendung von VRIL-'Odin' Nr. 25

Haben einen sogenannten „freien Fürsten" mit seinem Flaggschiff landen sehen. War wie der Besuch eines Weltraumsultans aus 1001-Nacht. Ganz anders als die bodenständigen Aldebaraner. Man hat den Eindruck, daß es hier noch viel Merkwürdiges gibt. Zum Beispiel auch, daß überall Tiere frei herumlaufen. Es ißt hier niemand Fleisch. Die Tiere sind sehr zutraulich...
Wahrscheinlich kommt doch alles aus einer Schöpfungsquelle. Es gibt viele Ähnlichkeiten mit der Erde, und nichts ist wirklich gänzlich fremdartig...

Transmediale Sendung von VRIL-'Odin' Nr. 26

Die Aldebaraner haben uns ein nagelneues Raumschiff geschenkt. Es ist ein leichter Kreuzer, mit dem man so ziemlich alles anstellen kann.
Unser 'Odin' soll nicht unnötigen Gefahren ausgesetzt werden, weil er ja ein historisches Stück darstellt. (ca. 5 Zeilen zerstört)... uns an die Lebensweise hier gewöhnt. Besonders die Frauen leben sich leicht ein. Sie kommen mit allem zurecht. Die Männer halten sich gerne bei den Suscharen auf....

Transmediale Sendung von VRIL-'Odin' Nr. 27

XXX Das ist meine letzte transmediale Botschaft. Unsere Chefs haben angeordnet, daß keine „wilden Transmeds" mehr versendet werden, sondern nur noch organisiert durch XXX

ENDE

Dies waren einige Auszüge aus den transmedialen Durchsagen, die auch mit Karin und Reiners Erlebnissen und Erfahrungen übereinstimmen.

Vor rund eineinhalb Jahren hatten Karin und ihre ältere Tochter Sandra zur gleichen Zeit im Wachzustand ein optisches Bild zweier Wesen vor Augen. Es waren verschiedene Wesen - offenbar männlich - die sich nur minimal voneinander unterschieden. Karin beschrieb das ihre folgendermaßen: *„Dieser Anblick war sehr ergreifend, es wird mir ewig im Gedächtnis bleiben, diese Augen, dieses feine zarte, blasse Gesicht. Seine Augen waren groß, leicht schräg, grün mit einem Ausdruck von Ruhe, Würde und Wissen. Das Gesicht war schmal, länglich ohne Falten, die Haut hell wie Porzellan. Der Mund war sehr klein und in einem strahlenden Rot, seine Nase schmal. Die Haare lang, stirnfrei mit der Farbe des goldenen Weizens, unbeschreiblich schön und unvergessen in der Erinnerung.“*

Das gleiche erlebte auch Sandra: *„Dieses Wesen hatte lange, braune Haare, auch aus dem Gesicht gekämmt, dunkle Augen und im Aussehen sonst genau identisch wie die Beschreibung meiner Mutter.“*

Später, als Reiner nach seinen Beschreibungen eine Zeichnung des Kommandanten hatte anfertigen lassen, erklärten Karin und Sandra, daß die Wesen, die sie gesehen hatten, dem Wesen auf seiner Zeichnung glichen.

Karin sah in einer Vision auch die Landschaft und die Berge sowie die Tiere, die sich dort aufhielten. Die Berge waren rot, die Flüsse weiß. Insgesamt waren die Farben anders als auf der Erde – ihrer Beschreibung nach ein seltsames Violett, aber auch ein anderes Blau und Grün. Ebenso waren dort fremdartige Tiere, ähnlich wie unsere, aber doch anders – eher freundlich und zutraulich.

Während Reiners letzter Hypnosesitzung wurde ihm ein botanischen Garten mit sehr eigenartigen Pflanzen gezeigt, die sich in ihrer Farbenzusammenstellung von den Pflanzen auf der Erde deutlich unterschieden (überwiegend blaue Blätter). Inmitten des Gartens befand sich ein Brunnen, verziert mit etwas, das ich als Tierköpfe bezeichnen würde, der auf der Erde ins Mittelalter datiert werden könnte (siehe Zeichnungen im Bildteil).

Diese Bilder und Eindrücke hat Reiner noch klar und deutlich vor Augen. Sie bestätigen die Parallelen zu den transmedialen Protokollen aus dem Deutschland der Zwanziger- bis Vierziger Jahre, da er die Hypnosesitzung im Oktober 1996 durchführen ließ, das Treffen mit Mr. X., bei dem sie diese Einblicke bekamen, aber erst im November 1996 stattfand.

Es erscheint also als kein 'Zufall' mehr, daß die gesamte Familie, ob über physische Erlebnisse, Träume, Meditationen oder hypnotische Rückführungen, mit Bildern und Erlebnissen konfrontiert wird, die durch ihre Parallelen mit den Dokumenten der VRIL-Gesellschaft unverkennbar darauf hindeuten, daß sie mit diesen 'Aldebaranern' in Kontakt stehen.

„VRIL-Odin" kurz vor dem Start auf dem Aquarell eines angeblichen Augenzeugen.

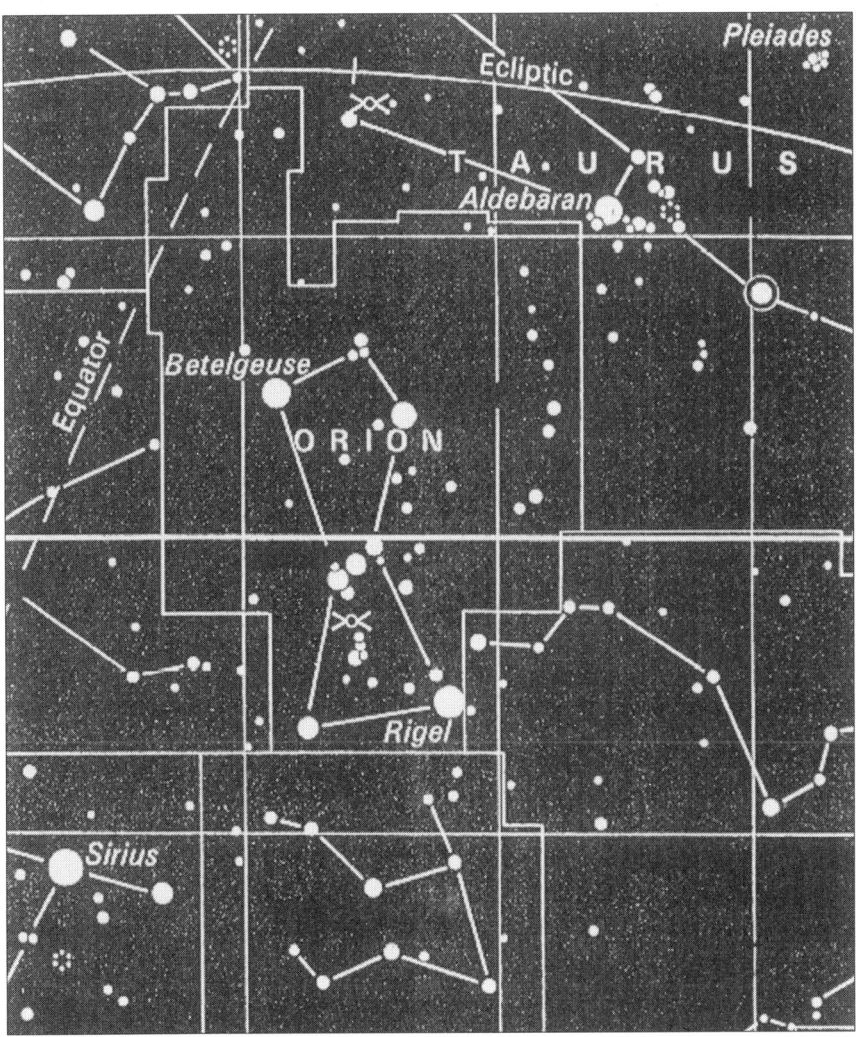

Sternkarten-Ausschnitt mit dem Sonnensystem Aldebaran im Sternbild Stier

KAPITEL 16
Technische Erläuterungen zum Flug im Dimensionskanal
von Mr. X.

Man flog den hier aufgeführten Berichten zufolge nach Aldebaran, um dort Hilfe für die Erde zu holen. Rechnerisch, aufgrund der überlieferten Daten, müßten die aldebaranischen Außerirdischen, falls die Mission geglückt sein sollte, sehr bald, vermutlich noch vor der Jahrtausendwende, bei uns eintreffen. Auf die jetzige Erdenzeit gemünzt, auf das Ende des Fischezeitalters, dem Höhe- und Schluß-punkt des Kali-Yuga, dem Zeitalter der Finsternis, folgt - nach einem großen Paukenschlag - ein neues Zeitalter des Lichts - das Wassermannzeitalter (richtiger in babylonischer Deutung: Wasserkrugzeitalter).

So sprechen Offenbarungsschriften und Weissagungen aller Völker und Kulturen. Und immer wird eine Macht erwartet und ein Führer, der die Kräfte der Finsternis schlägt, die Erde reinigt und ihre Wunden heilt.

Im Christentum findet sich das Motiv in den Parusiereden (am deutlichsten wohl in Matth. 24:30), die Inder erwarten 'Kalki Avatara', die Mesopotamier erwarten den 'Dritten Sargon', die Germanen 'den Starken von Oben', die Hopi-Indianer den 'wahren weißen Bruder' und so weiter.

In der 'Sajaha-Offenbarung' heißt es beispielsweise über den Dritten Sargon:

„Von Mitternacht (Deutschland ist nach dieser Offenbarung das Land des Mitternachtsberges) *wird er kommen. Unvermutet wird er hereinbrechen über die im Gift lebende Erdenwelt. Wird mit einem Schlage alles erschüttern und seine Macht wird unbezwingbar sein. Er wird keinen fragen, er wird alles wissen. Eine Schar Aufrechter wird um ihn sein. Ihnen wird der Dritte Sargon das Licht geben und*

die werden der Welt leuchten. Und die Gerechten werden waten im verdorbenen Blute der geschlachteten Ungerechten. Bis das Werk getan ist, werden die Feuer der Vernichtung brennen von einem bis zum anderen Ende der Erde. Ganz allein wird das Wahre bleiben."

Und in Matthäus 24:29-31 lesen wir:
„Das Kommen des Menschensohns
Sogleich aber nach der Bedrängnis dieser Zeit wird die Sonne sich verfinstern und der Mond seinen Schein verlieren, und die Sterne werden vom Himmel fallen (mögl. der Polsprung), *und die Kräfte der Himmel werden ins Wanken kommen. Und dann wird das Zeichen des Menschensohns am Himmel erscheinen. Und dann werden alle Geschlechter auf Erden wehklagen und werden den Menschensohn auf den Wolken des Himmels kommen sehen mit großer Kraft und Herrlichkeit. Und er wird seine Engel aussenden mit lautem Posaunenschall, und sie werden seine Auserwählten aus den vier Windrichtungen sammeln, von einem Ende des Himmels bis zum andern".*

Möglicherweise könnte es sich bei diesen Beschreibungen um das Eingreifen außerirdischer Zivilisationen handeln, vielleicht sogar der Aldebaraner?

Wollen wir nun einige technische Daten über den Dimensionskanal betrachten, die Aufschluß darüber geben könnten, warum es den Aldebaranern möglich wäre, in den nächsten Jahren mit einer riesigen Armada von Großraumschiffen in unserem Sonnensystem anzukommen (unabhängig von den hier schon im kleinen aktiven Aldebaranern auf Erde und Mond). Zu Aldebaran muß noch mal ergänzend gesagt werden, daß das Sonnensystem Aldebaran 68 Lichtjahre von der Erde entfernt ist.

Zunächst einige Daten zum Raumschiff 'Odin': Es war ein interstellares Fernrundraumschiff, leichter Fernraumkreuzer.

Durchmesser: 45 Meter, Höhe: 15 Meter, zweistöckige Raumschiffpiloten- und Passagierzelle oben.

Antrieb: Triebwerk Y-7/O Horizontaldurchmesser 38 Meter mit SM-Levitator E-24V und Y-Schwing-Glocke, verstellbare Höhe 140 cm, Breite 30x70-90x30 cm, Steuerung: Magnet-Feld Impulser 4a.

Geschwindigkeit: In der Erdatmosphäre ca. 8.000 km/h. Fastlichtgeschwindigkeit ca. 300.000 km/sec. im normalkosmischen Antigravitationsraumflug, dreifache Lichtgeschwindigkeit: ca. 900.000 km/sec., also ca. Dreifachüberlichteffekt im überräumlichen Dimensionskanalflug.

Reichweite: rein theoretisch unbegrenzt, in der Praxis war das geplante Maximum 68 Lichtjahre = ca. 640 Billionen km = 64 x 10^{13} km = Entfernung zum Aldebaran im Sternbild Stier bei einigen Wochen Bordzeit und 22,5 Jahren Erd-Universumszeit.

Wie die überlieferten Medialberichte besagen, kam 'Odin' mit seiner Besatzung bei guter Gesundheit im fernen Sonnensystem Aldebaran an und landete dort auf dem Planeten 'Sumer', ein sehr erdähnlicher und nur ein wenig kleinerer Planet als unsere Erde. Der Medialkontakt zwischen den auf der Erde verbliebenen Medien der VRIL-Gesellschaft und ihren Kolleginnen auf dem interstellaren Raumschiff 'Odin' dauerte bis rund zwei Jahre nach der Landung des deutschen Raumschiffes auf 'Sumer' an. Etwa Anfang 1947 brach der Medialkontakt abrupt ab. Der Grund blieb bisher unbekannt. Ebenso unbekannt ist, ob irgendwann später ein solcher Medialkontakt wieder aufgenommen werden konnte.

Wenn man bedenkt, daß das Raumschiff 'Odin' durch die Zeitverschiebung im Dimensionskanal bei zwar nur wenigen Wochen Bordzeit jedoch erst 22,5 Jahre später, etwa Ende 1967, in der Nähe von Aldebaran aus dem Dimensionskanal wieder ins Normaluniversum übertrat und dann mit einer bereits wartenden aldebaranischen Raumkreuzereskorte auf 'Sumer' landete, dann erfolgte der Medialkontakt zwischen den VRIL-'Odin'-Medien auf 'Sumer' und den VRIL-Medien auf der Erde nicht nur über eine Distanz von 68 Lichtjahren hinweg, sondern auch zwischen zwei Zeitebenen, einer rund 22,5 Jahre früheren und einer rund 22,5 Jahre späteren, also zwischen der bereits realen Gegenwart und einer davon ausgehend nur möglichen Zukunft. Nur durch den Umstand, daß alle diese Medien ursprünglich aus der gleichen irdischen Zeitebene von 1945 stammen, ist es wohl zu verdanken, daß zwischen diesen in der Folge dann über einen Zeitraum von rund 22,5 Jahren hinweg überhaupt ein Medialkontakt möglich war.

Vermutlich verursacht durch die kosmisch-evolutionsbedingte „Unschärfe" aller zukünftigen nur möglichen, aber nicht wie die gegenwärtigen unmittelbar realen Zeitebenen, brach dann zwischen diesen beiden der Medialkontakt nach zwei Jahren ab, was nach Erdzeit etwa Anfang 1947 und nach der Dimensionskanalreise von 'Odin' zeitverschobener 'Sumer'-Zeit 1969/70 gewesen sein muß.

Vielleicht brach der Medialkontakt zwischen der Erde von Anfang 1947 und 'Sumer' 1969/70 deshalb ab, weil es zwischen der Erde von 1969/70 und dem 'Sumer' 1969/70 wieder einen Medialkontakt gab, einen Medialkontakt zwischen den VRIL-'Odin'-Medien und vermutlich den weiblichen Nachkommen der irdischen VRIL-Medien.

Da nun dieser Medialkontakt auf der gleichen Zeitebene ablief, war er wahrscheinlich ähnlich wie bei Rundfunkwellen so stark und intensiv, daß er den von 1947-1969/70 total überlagerte und damit abbrach.

Es stellt sich hier nun die berechtigte Frage, ob und wann nun die „Raumflotte" von Aldebaran zur Erde kommt. Gibt es inzwischen Indizien, die auf ein relativ baldiges Kommen dieser Raumflotte hinweisen?

Rekonstruieren wir einmal was geschähe, wenn eine ganze Flotte von riesigen interstellaren Fernraumschiffen aus dem überräumlichen Dimensionskanal kommend, in relativer Nähe von unserem Sonnensystem mit Fastlichtgeschwindigkeit in unser Normaluniversum überwechselt und hier dann allmählich bis auf einen Bruchteil der Lichtgeschwindigkeit abbremst.

Zunächst einmal müssen wir uns klar machen, daß, sagen wir, in immerhin einem Lichtjahr von Sonne und Erde entfernt, eine plötzlich im Weltraum mit Fastlichtgeschwindigkeit auftauchende Armada von riesigen Raumschiffen von Asteroidengröße und -masse im Weltraum einen starken Gravitationsschock erzeugt, der nicht nur im Randbereich unseres Sonnensystems, sondern abgeschwächt bis zum Erde-Bereich Auswirkungen haben könnte.

Diese Auswirkungen im solaren Randbereich betreffen vor allem die hier befindliche Kometenwolke, die „Oortsche Wolke", benannt nach dem niederländischen Astronomen Jan Hendrik Oort, der ihre Existenz bisher rein rechnerisch postulierte, welche sich in einer Sonnenentfernung von 2 bis 7,5 Billionen Kilometer, also bis 3/4 Lichtjahre in den Weltraum erstreckt.

Hinter der Neptunbahn zwischen 5 Milliarden bis 2 Billionen Kilometern befindet sich die „innere Kometenwolke" und zwischen der Uranus- und der Neptunbahn, zwischen 3 bis 5 Milliarden Kilometern, liegt dann der „Kuiper-Kometengürtel", benannt nach dem niederländischen Astronomen Gerard Kuiper.

In diesen beiden Kometenwolken und dem Kometengürtel befinden sich einige Billionen Kometen mit einer Gesamtmasse von maximal 10 Erdmassen.

Allgemein bekannt ist der sogenannte „Asteroidengürtel" zwischen Mars und Jupiter, bestehend aus staubkorngroßen bis rund 1.000 Kilometer großen, kugelförmigen, atmosphärenlosen Himmelskörpern. Über die Gesamtmasse der Asteroiden gibt es unterschiedliche Berechnungen und Schätzungen, die sich zumeist unterhalb der Masse des Erdmondes bewegen. Vielleicht stellt dieser in einer Entfernung von rund 450 Millionen Kilometern die Sonne umkreisende kosmische Staub- und Kleinplanetenring die noch verbliebenen Kerne eines einstigen „inneren Kometengürtels" in einem urzeitlichen Sonnen-Planetensystem dar, oder aber es handelt sich einer älteren Theorie zufolge um einen kleinen, noch vorhandenen Bruchteil eines vor Urzeiten geborstenen, erdähnlichen transmarsianischen Planeten, dessen Hauptmasse im Laufe von Äonen sowohl auf seine ehemaligen beiden Nachbarplaneten Mars und Jupiter als Kleinmonde verteilt wurde, oder auf deren Oberflächen niederstürzte, als auch auf einer in der Sonne endenden Spiralbahn zum Teil auch auf den inneren Planeten Erde (und auf dem Erdmond), Venus und Merkur niedergingen und sie verwüsteten (Mars wird unbewohnbar, auf der Erde sterben plötzlich die Dinosaurier aus, die erdähnliche wasserreiche Venus wird zur Planetenhölle, Merkur erhält eine Krateroberfläche wie der Erdmond).

Sowohl Kometen, als auch Asteroiden aus dem Asteroidenring, erfahren bei starken gravitationellen Einwirkungen aus dem interstellaren Raum erhebliche Bahnstörungen, die einige von ihnen eine sonnenwärts führende Spiralbahn einnehmen lassen. Auf den solaren Planeten, für uns vor allem von Interesse auf der Erde, führen „Gravitationsschocks" aus dem Interstellarraum bei entsprechender Stärke zu Serien von Erdbeben und Vulkanausbrüchen, begleitet von fallweise überdurchschnittlich zahlreichen Meteoritenniedergängen und sich der Erde bedrohlich nähernden meter- bis kilometergroßen Asteroiden.

Nun, dies ist seit Anfang der Neunzigerjahre der Fall, wie man überall in allen Zeitungen nachlesen konnte, und sogar erdbebensichere Gebiete wie Ägypten wurden von schweren Erdbeben heimgesucht.

Auch verhielten sich manche „Meteoriten" innerhalb der Erdatmosphäre und „Asteroiden" in Erdnähe eher wie kleine und große Aufklärungsschiffe, also wie künstliche und nicht wie natürliche kosmische Objekte.

Ab 1990 häuften sich auf der ganzen Erde Erdbeben, kamen überall Asteroiden angeschwebt, es gab spektakuläre Meteorsichtungen und Niedergänge, die bis heute anhalten.

Nach den Medialberichten könnte man nun zu dem Schluß gelangen, daß zumindest einiges stimmt oder zumindest teilweise richtig ist. War vielleicht hier bereits eine Abordnung der Aldebaraner in den USA gelandet? Und stellte diese ein Ultimatum? Nun, wie auch immer, am 3. Oktober 1990 erfolgte die Wiedervereinigung Deutschlands zu einer „Groß-BRD" und nur wenig später zerfiel die UdSSR in Rußland und mehrere sich teilweise bekriegende, bankrotte Staaten, womit nur mehr die USA als „Supermacht" existiert. Zufall?

Falls nun diese ganzen aufgezählten Indizien mit dem Eintreffen der Aldebaraner um 1990/91 in etwa einem Lichtjahr (9,46 Billionen km) von der Erde entfernt zu tun hätten, dann sind wir in der Lage, grob abzuschätzen und zu kalkulieren, innerhalb welcher Zeitspanne diese Raumflotte von Aldebaran die Erde erreichen könnte.

Wenn also die Aldebaraner 1990/91 aus dem Überraum-Dimensionskanal ein Lichtjahr von der Erde entfernt wieder ins Normaluniversum überwechselte, dann mußte sie schleunigst ihren fast lichtschnellen Flug abbremsen, denn ein fast lichtschneller Raumflug der Gesamtflotte zur Erde würde infolge der im „hochrelativistischen Geschwindigkeitsbereich" von den Raumschiffen erzeugten „Gravitationsschocks" unser Sonnen-Planetensystem nicht nur arg verwüsten, sondern vor allem den Zielpunkt Erde womöglich bersten lassen, womit dann ein zweiter „innerer Asteroidengürtel" entstünde.

Mit Sicherheit würde die Raumarmada also nur mit einem Bruchteil der Lichtgeschwindigkeit bis zur Erde vorstoßen.

Hier nun eine kleine Tabelle, bei welcher Geschwindigkeit ohne Gefährdung der Erde und gleichzeitig bei Einhaltung einer nicht allzulangen Reisezeit die Raumflotte bei der Erde eintreffen könnte, wenn sie rund ein Lichtjahr von unserer Sonne entfernt startet:

Abflug 1990/91 bei 1/6 Lichtgeschwindigkeit = Erdankunft 1996/97

Abflug 1990/91 bei 1/7 Lichtgeschwindigkeit = Erdankunft 1997/98

Abflug 1990/91 bei 1/8 Lichtgeschwindigkeit = Erdankunft 1998/99

Abflug 1990/91 bei 1/9 Lichtgeschwindigkeit = Erdankunft 1999/2000

Abflug 1990/91 bei 1/10 Lichtgeschwindigkeit = Erdankunft 2000/2001 usw.

Soweit die Ausführungen von Mr. X. All dies hatte er bereits vor vielen Jahren niedergeschrieben, also unabhängig von den Erlebnissen der Familie Feistle.

Daß eine kleine Delegation der Aldebaraner schon seit Jahrzehnten die Erde von ihren verschiedenen Stützpunkten (z.B. Mond) und Raumschiffen aus beobachtet (und gleichzeitig Menschen kontaktiert) widerspricht nicht den Recherchen und Berechnungen von Mr. X. Ihm ging es um ein eventuelles Eintreffen einer Armada aldebaranischer Großraumschiffe, die offenbar eine Größe aufweisen, die mit den Raumschiffen aus dem Hollywood-Streifen „Independence Day" vergleichbar wären.

Doch da es nicht im Interesse der Aldebaraner liegt, die „Erde zu übernehmen" und eine „Lösung von Außen" zu bringen (die nämlich keine wäre), ist es anzunehmen, daß sie sich, nach ihrem Eintreffen, passiv verhalten werden, um die weitere freie Entwicklung der Erdenmenschen zu beobachten.

Desweiteren stellt sich die Frage, wenn die Aldebaraner wirklich so weit entwickelt sind, ob sie nicht in der Lage wären, in der Zeit zu reisen (ohne Dimensionskanal), was diese ganzen Berechnungen überflüssig machen würde. Den Dimensionskanal hatten ja in dieser Episode nur die VRIL-Piloten verwendet, mit ihrer aus Sicht der Aldebaraner sicherlich veralteten Technik. Wären die Aldebaraner also fähig durch die Zeit (bzw. Raum-Zeit) zu reisen, eventuell den Raum zu krümmen oder gar zu falten, müßten sie eigentlich jederzeit bei uns erscheinen können.

Es bleiben also auch in diesem Punkte noch einige Fragen offen.

KAPITEL 17
Gibt es Mond- und Marsbasen von Außerirdischen?

Während einer weiteren Trance-Sitzung sah Reiner eine unterirdische Basis unter den Pyramiden auf dem Mars. Dazu möchte ich folgendes ergänzen:
Am 2.9.1993 erklärte ein Sprecher im ORF (österr. Fernsehen) in der Sendung „Wissenschaft aktuell", daß die NASA die US-Marssonde 'Observer' endgültig aufgegeben hat, nachdem sie am 24.8.1993 in Marsnähe plötzlich ihren Funkkontakt mit der NASA-Erdstation abgebrochen hatte. Seither gibt es keine Möglichkeit zu erfahren, was nun mit der 'Observer' geschehen ist, oder ob sie überhaupt noch existiert. Auf den letzten Bildern, die vor ihrem Verschwinden noch zur Erde gesandt wurden, war ein Schatten zu sehen, der auf die 'Observer' zukam, danach war für immer Funkstille (zumindest offiziell). Was war dieser Schatten?

Doch bereits 1989 widerfuhr der Sowjetsonde 'Phobos 2' in Marsnähe ähnliches wie der US-Sonde. Ehe 'Phobos 2' nämlich ein Landefahrzeug auf dem kleinen Marsmond Phobos absetzen konnte, nachdem die Sonde vorher in einer Marsumlaufbahn bereits einige Marsfotos zur Erde gefunkt hatte, brach ebenso aus nie geklärten Gründen der Funkkontakt mit ihr für immer ab.

Die 'Observer' sollte unter anderem auch das nach einer Computerüberprüfung eindeutig als 'künstlich geschaffen' klassifizierte 'Marsgesicht', die gebirgsgroße Skulptur eines menschlichen, nur aus dem Weltall sichtbaren Gesichtes, erforschen sowie dann noch in dessen Umgebung befindliche 'Marspyramiden'. Die von der NASA und diversen Schulwissenschaftlern präsentierte Erklärung, hier handele es sich vermutlich um 'Vulkankegel' kann wohl nur als schlechter Scherz angesehen werden. Außer man betrachtet auch die ägyptischen Pyramiden als 'Vulkankegel', denn wenigstens einige dieser Marspyramiden sind äußerlich das mehrfach vergrößerte genaue Gegenstück der ägyptischen Cheopspyramide.

Bei einer der Marspyramiden kann man wieder einen genau rechteckigen Innenraum erkennen, der wohl am besten den rein künstlichen Ursprung der Marspyramiden belegt. Denn nicht nur genau geometrisch rechteckige pyramidenförmige Vulkane, sondern auch ebenso genau geometrisch rechteckige Vulkankrater gibt es ganz einfach nicht!

Noch größere Gesteinsformationen vom Ausmaß einer Gebirgskette mit ebenfalls genau rechteckigen Strukturen, welche wie die Grundmauern einer Titanenmetropole wirken, lassen zumindest vermuten, daß es sich hier um die Ruinen einer einstigen Marsgroßstadt handelt (Zum Thema „Marsgesicht" siehe das Buch und den exzellenten Videofilm von Richard Hoagland „Die Mars-Connection").

Dies muß sogar den NASA-Wissenschaftlern imponiert haben, daß sie diese 'Gebirgskette', wenn offiziell auch nur ironisch, 'Inkastadt' (Incacity) tauften. Es wurden aber von US-Marssonden nicht nur titanische, ganz offensichtlich künstliche Gebilde auf dem Mars fotografiert und zur Erde gefunkt, sondern auch sehr kleine.

Nur wenige Tage, nachdem die Sonde 'Viking 1' im Juli 1976 auf dem Mars landete, funkte sie von seiner Oberfläche ein Foto zur Erde, auf dem ganz klar ein Felsbrocken mit einem eingravierten oder aufgemalten 'B', 'G', oder einer '8' zu sehen war. Natürlich war die offizielle Erklärung der Geologen wie üblich: *„es handelt sich um das Ergebnis eines natürlichen Schattenfalls auf die verwitterte Felsfläche."*

Doch die Amerikaner waren nicht die ersten Erdlinge, die diese Entdeckungen auf dem Mars gemacht hatten. Nach den Unterlagen der VRIL-Gesellschaft (uns durch Mr. X. zur Verfügung gestellt) fand der erste Flug zum Mars im Winter 1944 statt. Und zwar mit der VRIL-7. Dem Flugbericht ist folgendes zu entnehmen:

.

„XX. Austritt nach mühsamem „Kanal-Flug" bei Rechnerpunkt XX. Der Planet (Mars) kommt schnell näher, beziehungsweise wir näher zu ihm.

Das Licht der Sonne wirkt hier noch immer stark.

Diesseitsflug bis zum Mars, Dauer XX Stunden.

Er sieht ganz anders aus als die Erde (ca. zwei Zeilen unleserlich). Unbeschreiblich ergreifendes Gefühl packt einen jeden. Wie bei der Ausgrabung einer unsagbar alten Mumie vielleicht, von der noch immer die Erinnerung an das Leben ausgeht. (ca. 15 Zeilen unleserlich gemacht).

Tiefüberflug ab XXX zeigt ungemütlich wirkende Landschaften. Keine Bäume oder sonstige Gewächse zu sehen. Riesige Schluchten und Ringgebirge. Ausgedehnte Wüsten. Häufig etwas wie breite Flußbecken, aber ohne Wasser. Keine richtigen Wolken, aber hin und wieder etwas wie Dunstschleier. Alles wirkt ziemlich „wüst und leer". Auf einigen Berggipfeln wahrscheinlich Eis.

Aber es gibt in der wüsten Leere steinalte Spuren von Bauwerken und teilweise sehr großen Ruinen, die an das alte Ägypten (!) erinnern oder auch an die Atztekenkultur. Jedenfalls wie von Menschen errichtet. Irgendwann vor sehr, sehr langer Zeit. Man müßte landen, um es genau zu wissen.

Über Punkt XXX und Punkt XXX runtergegangen, bis auf 1.000 Meter. Gebiet hier wirklich sehr eben. Boden scheint fest zu sein. Farbe Ocker. Nur wenige Risse hier. Bei Punkt XXX zwei kreisrunde Löcher. Durchmesser vielleicht 300 Meter. Wäre möglich, hineinzufliegen. Löcher scheinen tief zu sein. Abstand von Loch zu Loch rund zwei Kilometer. Etwa 50 Meter weiter, steil ansteigendes Gebirge. In den Bergwänden mehrere halbmondförmige Öffnungen, wie große Höhlen. 14 solche Höhlen gezählt. Breite zwischen vielleicht 50 und 1.500 Meter, Höhe etwa 20 bis 800 Meter. Reinfliegen erscheint möglich.

Hinter Punkt XXX kraterähnliche Vertiefung mit besonders steilen Wänden. Anders als sonst gesehen. Unten waagerechte Fläche. Könnte Eis sein, vielleicht auch Salzkruste. Durchmesser oben, ge-

*schätzt 3.000 Meter. Tiefe etwa 1.000 bis 1.200 Meter. Helle Boden-
fläche, vielleicht Durchmesser 150 bis 200 Meter.*

*Dahinter, NNO, kommt wieder eine große glatte Fläche. Wie eine
übergroße Autobahn. Auf der rechten Seite aus Flugrichtung mehrere, nicht ganz regelmäßige, Spitzkegel. Alle vielleicht 100 Meter
hoch. 118 gezählt, alle in einer Linie stehend.*

*Die Gegend hier weist Merkwürdigkeiten auf. Aber keine Bewoh-
ner, nichts was nach Leben aussähe, das hier noch existiert. Aber
vieles, was auf alte Zeiten der Bewohntheit hindeutet. Beispielsweise
gewundene Treppen an einigen Hangwänden, deren Stufen sich
noch erkennen lassen, so sieht es zumindest aus.*

*Zwischen Punkt XXX und Punkt XXX stehen unleugbar guterhal-
tene Ruinen großer Tempel. Einer der Tempel sieht aus wie nach
einem Bombentreffer. Man kann hineinsehen. Die Wände sind mehr-
schichtig mit breiten Zwischenräumen, die wieder durch dünnere
Mauern in Zimmer unterteilt sind. Die mittlere Tempelhalle ist etwa
zu einem Drittel mit Sand und Staub angefüllt, der wahrscheinlich
ein Heiligtum verdeckt, das wir darum nicht sehen können. Alles ist
zwar vom Zahn der Zeit abgewetzt, aber es ist nicht anzunehmen,
daß das Naturgebilde sein könnten.*

*Hinter Punkt XXX einen See entdeckt, in dem aber kein Wasser
ist. Das war zuerst ein täuschender Eindruck. Trotzdem war das
ganz bestimmt mal ein See, denken wir.*

*Nahe Punkt XXX merkwürdiger Berg. Von weitem, als ob er einen
anguckt. Aus der Nähe aber bloß ein Berg, in dem mindestens zwei
große Augenöffnungen sind (evtl. das „Marsgesicht?"; Anm. d.
Verf.). Man kann jedoch nicht auf den Grund sehen, aber wahrscheinlich einstmals kleine, tiefe Seen gewesen. Auch hier wieder
gewundene Linien ab und zu, die wie uralte Wege aussehen. Aber
nicht so gleichmäßig wie bei Punkt XXX. Das hier kann leicht natürlich sein. Ungefähr auf 2/3 zwischen Punkt XXX und Punkt XXX
gibt es eine Stelle von der Größe einer Stadt, die sehr merkwürdige
Spuren aufweist. Fast wie die letzten Überreste von Fundamenten
und Straßen. Besonders beachtenswert ist eine dieser Straßen, weil*

an beiden Seiten entlang noch so etwas wie Stummel von Masten stehen. Doch auch das kann eine Naturbildung sein.

Dicht hinter Punkt XXX gibt es noch solch einen Stadtgrundriß, jedoch viel größer, und bei XXX wieder einen kleineren. Dort steht sogar etwas wie ein hoher, schlanker, abgebrochener Turm oder Fabrikschornstein, auch wenn es sicherlich etwas anderes ist.

Bei Punkt XXX ist eine Ansammlung von Gestein, die an einen versteinerten Wald erinnert. Runtergegangen bis auf etwa 500 Meter. Da entpuppt sich der steinerne Wald als reine Steingebilde. Noch mal zu Punkt XXX geflogen, jetzt in Höhe 500 Meter. Viele Absonderlichkeiten sind zu sehen, aber nicht ganz genau zu bestimmen. XXX erscheint von allen gesehenen Plätzen als der beste für eine Landung.

Aufenthalt nach X Stunden abgebrochen. Befehlsmäßig nicht gelandet, obwohl auch mit unserem provisorischen Landewerk vermutlich durchführbar gewesen.

(ca. zweieinhalb Zeilen unrekonstruierbar beschädigt.)"

ENDE.

Auf der Marsoberfläche sind also noch heute ganz eindeutig erkenn- und unübersehbare sowie zumeist ganz gewaltige Überreste einer einstigen großartigen menschlichen Superkultur zu bestaunen. Wesentlich unauffälligere und nur teilweise als künstlichen Ursprungs erkennbare Objekte gibt es auch auf dem Erdmond. Hier scheint jedoch geradezu ein Tummelplatz aller nur möglichen runden und länglichen UFOs zu sein, wie man auf mehreren Teleskop- und US-Mondexpeditionsfotos der sechziger- und siebziger Jahre sehr deutlich sehen kann. Wobei ein Teil dieser UFOs in ihrer äußeren Form diskus- und glockenförmig zu sein scheinen und den Flugscheiben Haunebu II und VRIL 1 verdächtig gleichen.

Sowohl auf dem Erdmond wie auch auf dem Mars können wir also voraussetzen, daß diese damalige menschliche Superzivilisation unter den Oberflächen von Mars und Erdmond weitreichende Anlagen errichteten, die ihr zumindest für längere Zeit ein Überleben

ermöglichte. Als in der Nacht zum 21. April 1945 die große glockenförmige, als Einzelstück gebaute Raumflugscheibe 'Haunebu III' mit
Namen „Thor", in der Höhe von Bergen zum Mars startete und hier
auch dann wohlbehalten landete, dürfte die Besatzung möglicherweise in diese 'unterirdischen Anlagen' eingezogen sein. Ein Teleskopfoto aus dem Jahr 1952, welches ein UFO mit der äußeren Form
des 'Haunebu III' zeigt, das die nahe Erdmondscheibe überfliegt,
könnte eventuell ein Indiz dafür sein, daß das Marsraumschiff zwischen Mars, Erdmond und womöglich auch auf der Erde mit Lande-
basis Neuschwabenland (Antarktis) zumindest damals einen Welt-
raumpendelverkehr aufrecht erhielt. Ein weiteres Teleskopfoto aus
dem Jahr 1951, auf dem ein Leuchtzylinder mit dem Erdmond im
Hintergrund zwischen Erde und Mond zu schweben scheint, könnte
wieder bedeuten, daß das 1945 erst im Planungsstadium befindliche
Walzenfernraumschiff-Projekt mit der Bezeichnung 'Andromeda-
Gerät' möglicherweise nach 1945 im deutschantarktischen Neuschwabenland aus dorthin noch vor Kriegsende transportierten Einzelteilen zusammengebaut worden ist, welches als 'Mutterschiff'
auch Haunebu II und VRIL-1 Raumflugscheiben transportieren
konnte. Vermutlich gelangten auf diese Weise die bei den US-
Mondexpeditionen am Erdmond fotografierten Haunebu-II und
VRIL-1 'UFOs' auf den Mond, denn vor allem bei VRIL-1-Disken
ist es fraglich, ob ihre Reichweite für einen Mondflug groß genug
war. Diese Raumflugscheiben sowie das 'Andromeda-Gerät' ver-
fügten und verfügen, wie wir zuvor bereits erfahren haben, über eine
Art von 'elektromagnetischen Antigravitations-Antrieb'. Sowohl die
Marsreise des 'Haunebu-III' Rundraumschiffes als auch die Stationierung der 'Haunebu-II', 'VRIL 1' und 'Andromeda-Gerätes' auf
dem Erdmond knapp vor und nach dem Ende des II. Weltkrieges,
hatte möglicherweise den Zweck, auf dem Mars und dem Erdmond
die von der VRIL-Gesellschaft vermuteten und dann tatsächlich vorhandenen, intakten Anlagen unter den Oberflächen der beiden Him-
melskörper zu reaktivieren (womöglich waren sie aber schon von
Außerirdischen reaktiviert worden? Wäre dem so gewesen, ist anzu-

nehmen, daß die Besatzung des Haunebu III von diesen empfangen und aufgenommen worden ist).

Die Tatsache, daß die USA in den Siebzigerjahren das bemannte Apollo-Programm der NASA nach wenigen Mondlandungen urplötzlich abbrachen und nie mehr ein Astronaut zum Mond geschickt wurde, wirft eine Menge Fragen auf. Was war dort oben geschehen?

Wollen wir uns anhören, was der schweizer Ufologe Armin Risi zu Tage gefördert hatte, nämlich was ein NASA-Mitarbeiter und ein Astronaut selbst über die erste Mondlandung zu sagen haben:

Zwischen dem 12. und 14. Januar 1997 strahlte das Tessiner Fernsehen eine vierteilige UFO-Dokumentation aus. Dabei wurde eine ungeschnittene Filmaufnahme der Mondlandung gezeigt, in der man sieht, wie der Astronaut Neil Armstrong den Mond betritt. Dabei sind auch seine Worte unzensiert zu hören:

Armstrong: (soeben ausgestiegen) *„What is it? Do you have an explanation about that?"* *(Was ist das? Haben Sie eine Erklärung dafür?)*

NASA/Houston: *„We have one. Don`t worry. Attend to the program!"* *(Wir haben eine. Keine Sorge. Folgen Sie weiter dem Programm.)*

Armstrong: *„O boy! It is really something, it`s fantastic! You cannot even imagine this!"* *(Junge, Junge! Das ist wirklich was, es ist fantastisch. Sie könnten sich das nicht einmal vorstellen.)*

Houston: *„Roger. We know about that. You go the other way. Go back the other way."* *(Roger. Wir wissen darüber Bescheid. Gehen Sie jetzt den anderen Weg. Gehen Sie den anderen Weg zurück.)*

Armstrong: *„Well, it`s a kind... really spectacular. O God, what is that? What is that?"* *(Tja, es ist eine Art... wirklich spektakulär. Oh Gott, was ist das? Was ist das?)*

Houston: „*Change frequeny! Go Tango! Tango!*" *(Ändern Sie die Frequenz! Gehen Sie auf Tango! Tango!)*

Armstrong: „*It`s a kind of life there, now...*" *(Es ist dort gerade eine gewisse Form von Leben anwesend.)*

Houston: „*Roger... communication, Bravo-Tango! Bravo-Tango! Talk Jezebel! Jezebel!*" *(Roger... Kommunikation, Bravo Tango! Sprechen Sie Jezebel! Jezebel!)*

Armstrong: „*...but this is unbelievable...!*" *(aber das ist unglaublich...)*

(Dann wurde offenbar die Frequenz geändert.)

Nach der Ausstrahlung dieser Szene wurde Dr. Dini, der Gast dieser Sendung war, befragt. Dr. Dino Dini aus Italien war ein langjähriger Mitarbeiter der NASA als Raumfahrtingenieur und Professor für Energetik und gleichzeitig auch in nachrichendienstlicher Tätigkeit angestellt.

Der Moderator wandte sich zu Dr. Dini und stellte ihn regelrecht zur Rede:

> „*Herr Dini, Sie waren im Nachrichtendienst der NASA tätig. Ich frage Sie, warum hat die NASA das, was direkt gesagt wurde, aus der offiziellen Version, die um die Welt ging, herausgenommen? Warum wurde es gelöscht?*"

Und dieser antwortete zur Überraschung aller:

> „*Es wurde gelöscht, weil hier viele Dinge zusammenkamen, die zu diesem berühmten BLUE BOOK gehörten, das hätte veröffentlicht werden sollen, wovon man dann aber absah. Nun, die Tatsache ist folgende: Das, was Armstrong sah, war real. Denn überall, wo Konfusion herrscht, im Golfkrieg, im letzten Krieg – überall wo Verwirrung ausbricht, dort erscheinen diese fliegenden Scheiben. Diese Scheiben kommen aus Stationen, die in Erdnähe postiert sind. Es war also richtig, und wir mußten es tun...*"

Moderator: „*Sie meinen löschen?*"
Dini: „*Ja, das Löschen.*"
Moderator: „*Was gesprochen wurde, haben Sie ja gehört. Was sah Armstrong? Was war das?*"
Dini: „*Er sah Objekte, die ihnen folgten, Raumschiffe, die der Apollo folgten...*"
Moderator: „*...auch Lebewesen?*"
Dini: „*Ja, auch Lebewesen! Den Space-Shuttle-Raumschiffen der Apollo folgten andere Raumschiffe. Das ist eine Tatsache, die von verschiedenen Expeditionen bezeugt wurde.*"

Und Ex-Astronaut und Elite-Pilot der amerikanischen Luftwaffe Gordon Cooper erklärte gegenüber dem 'Los Angeles Herald Examiner' (15.8.1976): „*Intelligente Wesen von anderen Planeten besuchen unsere Welt in dem Bemühen, mit uns Kontakt aufzunehmen. Ich bin während meiner Flüge verschiedenen Raumschiffen begegnet. Sowohl die NASA als auch die amerikanische Regierung wissen das und besitzen eine Menge von Beweisen, die sie jedoch zurückhalten, um die Bevölkerung nicht zu alarmieren.*"
(Quelle: UFO-Nachrichten Nr.3 Mai/Juni 1997)

Auch hier stellt sich wieder die gefährliche Frage, wer in diesen Scheiben tatsächlich saß?

Es muß bezüglich der mißlungenen Mond- und Marsexpeditionen die Möglichkeit in Betracht gezogen werden, daß die Aldebaraner wenig Sympathie für die USA sowie für die einstige UdSSR aufbringen.

Mal sehen, was neuere Expeditionen zu Tage fördern werden (eventuell schon im voraus im Studio hergestellte Aufnahmen, die man später „live" zur Erde sendet?). Wird es auch dann wieder plötzliche Störfälle oder gar komplette Verluste geben?

Nicht uninteressant scheint dabei auch, daß Reiner in seinen hyp-notischen Rückführungen auch durch tunnelartige Anlagen geführt wurde, wobei er heute davon überzeugt ist, daß er sich nicht immer nur an Bord eines Raumschiffes befunden hatte, sondern wahr-scheinlich auch öfters in solchen unterirdischen Basen. Dies könnte sich auf der Erde abgespielt haben, möglicherweise aber auch auf dem Mond oder auf dem Mars.

KAPITEL 18
Sind die Aldebaraner unsere Vorfahren ?

Bei einer weiteren Trancesitzung, die bei Peter, einem Freund der Feistles, abgehalten wurde, traten folgende Informationen zu Tage (wir steigen wieder an dem Punkt in die Sitzung ein, wo es für uns interessant wird):

Reiner: *„Ja, jetzt kann ich etwas empfangen.“*
Peter: *„Was?“*
Reiner: *„Ja, sie sind da.“*
Peter: *„Wer?“*
Reiner: *„Eno und seine Freunde sind da.“*
Peter: *„Was heißt, sie sind da?“*
Reiner: *„Du kannst sie nicht sehen, sie kommen auf andere Weise.“*
Peter: *„Wo sind sie?“*
Reiner: *„Sie sind auf dem Mond, auf der dunklen Seite.“*
Peter: *„Wieso sind sie dort?“*
Reiner: *„Sie müssen vorsichtig sein, da die US-Regierung ein gutes Verteidigungssystem hat. Sie beschießen alle Raumfahrzeuge, die der Erde näherkommen.“*
Peter: *„Ist es ein großes Problem für sie?“*
Reiner: (lachend) *„Nein, aber die USA hat Verbündete. Es ist eine außerirdische Zivilisation, die mit der USA zusammenarbeitet.“*
Peter: *„Wer ist diese Zivilisation?“*
Reiner: *„Es sind die Kappellaner. Sie sind den Menschen nicht gut gesinnt und haben Experimente mit ihnen gemacht, jetzt machen sie aber keine mehr.“*
Peter: *„Sind sie für uns Menschen gefährlich?“*
Reiner: *„Nein, wir schützen euch Menschen.“*
Peter: *„Was sind eure Interessen hier?“*

Reiner: „*Wir sind mit euch verwandt.*"

Peter: „*Wie seid ihr mit uns verwandt?*"

Reiner: „*Wir sind eure Vorfahren.*"

Peter: „*Wie weit ist es nach unserer Zeitrechnung her?*"

(Reiner wurde durchgeschüttelt.)

Peter: „*Was ist los?*"

Reiner: „*Ich habe einen Impuls empfangen.*"

Peter: „*Kannst Du mir die vorherige Frage beantworten?*"

Reiner: „*Wir sind eure direkten Vorahnen. 735.000 Jahre der Er-denzeit.*"

Peter: „*Wart ihr präsent auf der Erde?*"

Reiner: „*Ja, wir hatten eine Kolonie auf der Erde gegründet.*"

Peter: „*Was hattet ihr für einen Grund?*"

Reiner: „*Wir hatten uns technisch soweit entwickelt, daß wir auf die Suche gingen nach neuen bewohnbaren Planeten und sind auf die Erde gestoßen.*"

Peter: „*Seid ihr allein auf der Erde gewesen?*"

Reiner: „*Ja, aber wir haben die Erde wieder verlassen.*"

Peter: „*Haben sich die Kolonisten weiterentwickelt?*"

Reiner: „*Sie haben Kinder in die Welt gesetzt und die Erde verlas-sen, aber die Kinder sind zurückgeblieben mit ihrem Wis-sen über Aldebaran.*"

Peter: „*Wie viele Planeten hat das Aldebaran-System?*"

Reiner: „*Fünf, drei Heimatplaneten: Sumeran, Eloran, Nuran und zwei kleine.*"

Peter: „*Sind die Planeten künstlich?*"

Reiner: „*Drei sind normale Ursprungsplaneten und zwei sind von uns künstlich erzeugt worden.*"

Peter: „*Können wir private Fragen stellen?*"

Reiner: „*Wenn es möglich ist?*"

Peter: „*An Weihnachten sollen Personen aktiviert werden. Wie sollen sie aktiviert werden, durch Abholung oder durch Fernaktivierung?*"

Reiner: „*Teils, teils. Wir werden Menschen holen und über Implantate aktivieren. Sie werden plötzliche Erinnerungen haben und wissen, was sie zu tun haben, sie werden sich wundern über ihre Taten.*"

Peter: „*Wieso sind die Abholungen verborgen als 'Nachtaktion'?*"

Reiner: „*Weil gewisse Kreise Bescheid wissen und diese nicht wollen, daß wir Menschen aktivieren. Diese Personen haben wichtige Aufgaben, um den Menschen zu helfen. Es sind nur bestimmte Menschen ausgesucht worden.*"

Peter: „*Wofür sind diese Menschen ausgesucht worden?*"

Reiner: „*Für diese Arbeit. Wir können anhand ihres Magnetfeldes feststellen, inwieweit sie bewußtseinsmäßig (ihre Aufgabe) akzeptiert haben.*"

Peter: „*Werden manche Menschen wieder geholt?*"

Reiner: „*Manche brauchen 'Intensivbehandlungen'.*"

Peter: „*Passiert nichts zufällig?*"

Reiner: „*Nein, es ist alles geplant. Keine Sorge, ihr werdet tun, was richtig ist, und wir werden euch führen und lenken, wenn es sein muß. Evtl. gibt es mit den USA Krieg, dann handeln wir sowieso, da die Erde keinen großen Schaden erleiden soll.*"

Peter: „*Kannst Du mir das Datum nennen?*"

Reiner: „*Das darf ich Dir nicht sagen, es geht nicht mehr lange. Ihr müßt an euch glauben. 1997 ist ein wichtiges Jahr. Glaubt an euch und eure Intuition. Ihr müßt auf eure inneren Kräfte hören, die Macht der Gedanken. Mit kraftvollen Gedanken kann man mehr bewegen als mit 1000 Waffen.*"

Ende

Schenken wir diesen Aussagen Glauben, greifen die Aldebaraner in unsere Entwicklung ein, weil sie unsere direkten Vorfahren sind. Aus diesem Blickwinkel heraus betrachtet wären wir Menschen eigentlich die 'Außer-Irdischen', da unsere Vorfahren und daher auch wir einst von 'Außen' kamen und diesen Planeten erst besiedelt hatten.

Doch die Aldebaraner behaupten auch, nicht die einzige „ausserirdische" Rasse gewesen zu sein, die damals Kolonien auf der Erde gegründet und damit hier 'eingegriffen' haben (dies kam in einer weiteren Sitzung zum Vorschein, die hier jedoch nicht veröffentlicht wird. Demnach waren zumindest nach ihnen auch andere Außerirdische auf der Erde gelandet und haben ebenfalls Kolonien gegründet). Diese Aussage würde sich auch mit der der Sirianer, der Plejadier, aber auch den Überlieferungen aus den sumerischen Schrifttafeln decken (siehe „Zurück in unsere Zukunft" von Bob Frissell, „Die Boten des neuen Morgens" von Barbara Marciniak und der „Der zwölfte Planet" von Zecharia Sitchin). Somit wäre vielleicht auch unsere Vielfalt an verschiedenartigen Menschenkulturen und äußerlichen Erscheinungsformen zu erklären - die weiße, die rote, die gelbe, die schwarze und viele andere Rassen, die im Aussehen und in der Kultur sehr unterschiedlich sind.

Von verschiedenen Autoren wurde über andere Außerirdische schon berichtet, wie zum Beispiel über eben schon genannte 'Plejadier' oder 'Sirianer', um nur zwei zu nennen. Wir persönlich haben keine Verbindung zu diesen und es liegt auch nicht in unserem Ermessen darüber zu urteilen, inwieweit deren Aussagen zutreffen. Vielleicht gibt es sehr viele Rassen, die unsere Erde besucht haben und immer noch besuchen und ebenso Menschen, die sehr intuitiv sind und dadurch deren 'Botschaften' empfangen können. Doch ist bei mentalen Durchgaben immer Vorsicht geboten. Wir sind es bei Reiners Trance-Botschaften auch. Jeder muß für sich selbst entscheiden, ob und inwieweit er 'gechannelte' Informationen in dieser Richtung in sein Leben integriert und sie als 'wahr' verwertet. Sollten beim Lesen solcher Informationen eigene Erinnerungen wachgerufen werden, würde es solche Aussagen gewissermaßen bestätigen.

Die Familie Feistle hat glücklicherweise die Bestätigung durch physische Erlebnisse erhalten wie auch durch ihre Narben. Weiterhin werden ihre Erlebnisse auch durch den Zugriff auf Dokumente des deutschen Militärs untermauert, die doch eine etwas solidere Grundlage darstellen.

Wenn also die bisherigen Angaben nur vage der Wirklichkeit entsprechen, dann werden wir Menschen am Ende des 20. Jahrhunderts endlich in eine neue Epoche der Entwicklung durch eine erhöhte Bewußtseinsfrequenz aufbrechen und uns dann auch an unsere Herkunft erinnern. Wobei wir dann vermutlich alle erkennen werden, daß die Erde ein Tummelplatz verschiedener Rassen interplanetarischer Herkunft ist.

Vielleicht ist es manchen Menschen schon aufgefallen, daß sie sich von einer ganz bestimmten Sternkonstellation angezogen fühlen, sie ein tiefes Gefühl der Traurigkeit empfinden, wenn sie den Nachthimmel beobachten...

Wer weiß, vielleicht kommt der Ur-Ur-Ur-Großvater von dort oben oder vielleicht sogar man selbst?

Schauen wir optimistisch in die Zukunft, auch wenn die Gegenwart nicht gerade vielversprechend zu sein scheint. Sollten die vorherigen Aussagen wirklich der Wahrheit entsprechen, scheint es sehr naheliegend zu sein, daß unsere Vorfahren uns auch ständig beobachten und letztendlich einschreiten würden, falls wir wie kleine Kinder Unüberlegtes tun und alles zerstören sollten. Nicht nur die Aldebaraner, sondern auch andere Rassen, die uns wohlgesinnt sind. Wenn der zusammengewürfelte Haufen der Menschheit gelernt hat zu akzeptieren, daß wir in unserem Ursprung außerirdischer Herkunft sind, werden wir auch einen direkten Kontakt erhalten, infolgedessen wir durch unser Lernen und Wissen die Möglichkeit bekommen, in die planetarische Föderation aufgenommen zu werden. Es würde ein Außenposten planetarischen Handels entstehen, in dem alle Rassen untereinander Handel betreiben und wir dann auch die Möglichkeit bekämen, interstellare Raumflüge zu unternehmen. Vom spirituellen Wissen ganz zu schweigen.

Unsere Zukunft liegt auf jeden Fall auch außerhalb dieser Erde. Bald werden wir fähig sein, geistig den Weg in das Universum antreten zu können. Auch mit einer Technologie, die für uns heute noch unvorstellbar scheint.

Doch ist diese Technologie nicht der Schlüssel zum Glück. Sie ist nachher ein angenehmes Hilfsmittel. Denn Probleme auf der Erde werden nicht durch Technologie gelöst. Zuvielen der Menschen fehlt die Liebe. Das ist das einzige Problem.

Die Differenzen auf unserer Erde zwischen den Rassen, Religionen wie auch den einzelnen Personen, würden verschwinden, wenn wir endlich das praktizierten, was uns die großen Weltlehrer Zarathustra, Buddha, Jesus, Saint Germain u.a. gelehrt haben.

Wenn wir dazu in der Lage sind, dann bekommen wir das Paradies auf Erden - als logische Folge unseres eigenen Tuns - das langersehnte, vorgezeichnete „goldene Zeitalter" oder 'Friedensreich' (siehe dazu auch das Buch meines Vaters „Jesus 2000 - das Friedensreich naht" im Anhang).

„Die Belege, die mir zur Verfügung stehen, legen nahe, daß...
wir von etlichen außerirdischen Gruppen besucht werden...
teilweise wollen sie uns vielleicht eine helfende Hand reichen, bei
unseren kläglichen Versuchen, nach den Sternen zu greifen!"

Timothy Good, amerikanischer Ufologe

KAPITEL 19
Sandras Rückerinnerungen

Karins ältere Tochter Sandra hatte schon seit längerer Zeit tiefe unbewußte Ängste, die so tief im Innern verborgen waren, daß jegliche Form einer Hypnose größte Panik in ihr auslösten.

Sie hatte jedoch schon öfters Träume und Visionen von menschenähnlichen Wesen gehabt, die sich fast haargenau mit denen deckten, die Karin und Reiner beschrieben hatten. Nach einem weiteren Versuch mit einer Hypnose gelang dann schließlich am Abend des 10. Mai 1997 der Durchbruch.

Reiner stellte die Fragen und Karin schrieb (diese Sitzung ist wieder in der Erzählform geschildert, aus der Sicht einer Achtjährigen):

„Ich sehe ein großes Dreieck. Es ist ein dreieckiges Raumschiff und ich bin so traurig, daß es wegfliegt. Ich bin acht Jahre alt und liege im Doppelbett (Etagenbett). *Es sind komische Männer, die mich zurückgebracht haben. Sie haben komische Haare, die aus der Stirn zurückgekämmt und hinten lang sind. Sie haben blonde Haare, ein schmales Gesicht und seltsame große Augen, andere Augen als wir. Sie sind schräger als unsere. Sie gucken mich an, sagen aber nichts zu mir, sie schauen mich nur an.*

Meine Schwester Carmen nehmen sie auch mit, sie ist doch noch so klein. Es ist das Jahr 1981. (lautes Lachen) *Diese Wesen haben ja gar keine Wimpern. Aber sie sind so groß, dagegen bin ich ja so klein. Sie haben sehr lange schmale Hände* (Lachen) *...ich sehe eine Sonne, aber es ist nicht unsere Sonne.*

Diese Wesen haben mich schon öfters in ihrem Raumschiff mitgenommen, da war ich aber noch kleiner. (Lachen) *Ohhh, da kommt ein kleiner Mann, er sieht richtig komisch aus und witzig. Er hat ganz lange dünne Arme* (wieder lautes Lachen). *Er hat ein ganz komisches Gesicht und auch gar keinen richtigen Mund! „Komm mit", sagt er zu mir. Er spricht ganz eigenartig, er spricht ganz anders als mein Papa. Sein Mund ist zu, aber ich kann ihn trotzdem verstehen. Er sagt erneut „Komm mit". Er meint, daß ich schöne Haare hätte. Der kleine Mann ist sehr lieb zu mir, doch als er mich berührt, merke ich, daß er kalte und rauhe Hände hat* (wieder lautes Lachen). *Oh... der Große, das Wesen ist sooo groß. Sie holen viele Menschen. Jetzt sehe ich, wie jemand zu Mama ins Schlafzimmer geht... ojeee... der Papa und die Mama fliegen einfach aus dem Bett durchs Fenster...* (wieder Lachen)...

Nun sehe ich sie im Raumschiff. Auch ich bin jetzt im Raumschiff. Papa liegt auf einer Liege, einer komischen Liege, (Kichern) *diese Liege hat nur einen Fuß* (Bein).

Nun untersuchen sie den Papa am Bauch, es ist ein seltsames Gerät auf seinem Bauch, an dem vorne etwas Rundes dran ist und fährt vom Bauch bis zum Hals (einem Ultraschallgerät ähnlich). *Nun wird er gemessen, aber er schläft dabei tief und fest.*

Mama ist in einem anderen Raum. Ich sehe sie und ein großes Wesen, das bei ihr ist. Sie sitzt auf einer Art Stuhl und das Wesen streicht ihr zärtlich das Haar aus der Stirn. Es streicht die Haare ganz zurück und Mama hat dabei keinerlei Angst vor diesem Wesen. Oje, nun bemerke ich erst, daß ich nur ein Nachthemd anhabe...

Oh, ist das witzig... Mitten im Raum sehe ich eine Pyramide. Sie ist viel größer als ich. Und da sind auch so komische Zeichen an der Wand... es sind fünf Zeichen. Es ist ein halbes Dreieck mit zwei Haken. Eines ist wie ein Kreuz. Das dritte Zeichen ist wie zwei Haken... ein komisches Zeichen, das ich aber schon irgendwo auf der Erde einmal gesehen habe. Das Vierte ist wie eine großes 'V' mit einem Strich darauf. Und das letzte ist ein komisches Dreieck mit einem kleineren Dreieck.

Nun sehe ich wieder Papa. Er muß den Mund aufmachen. Jetzt kommt der kleine Mann und schaut seine Zähne an. Plötzlich kommen noch zwei andere kleine Wesen, wobei einer der beiden einen seltsamen schwarzen Umhang anhat. Dieser ist ein bißchen größer als die anderen Kleinen. Sie nehmen jetzt Papas Hand und schnei-

215

den seine Fingernägel ab. Sie legen sie in eine Dose hinein. Nun schauen sie sich seinen Fuß an. Auch sein Bein und seinen Oberschenkel, dann drehen sie seinen Fuß zur Seite. Der Kleine guckt und ich sehe, daß Papa nun ein komisches Zeichen am Fuß hat, wie ein Hügel.

Plötzlich kommt noch ein Kind in den Raum. Er ist ein Junge und er heißt Patrick. Er trägt einen Schlafanzug und ist ein Jahr jünger als ich. Hier 'oben' habe ich ihn schon öfters gesehen und kenne ihn daher. Ich brauche mit ihm auch nicht zu reden, wir verstehen uns auch so (telepathisch).

Ich kann die Wand sehen, sie sieht komisch aus – es geht rund nach oben, wie eine Kuppel geformt, sehr witzig und ganz anders als bei uns. Da sehe ich noch verschiedene Geräte und Schläuche in diesem Raum, in denen seltsame Flüssigkeiten vorhanden sind – grüne und blaue.

Nun muß ich wieder gehen. Sie bringen mich zu Mama zurück. Sie schläft bereits wieder daheim und der Kleine deckt sie sorgfältig und behutsam zu. Er sagt „Tschüss" zu mir.

Der Große kommt nicht mit – der ist fast immer nur auf dem Raumschiff. Jetzt gehe ich in mein Zimmer und sehe meine Schwester Carmen dort schlafen.

Es ist 4.17 Uhr morgens, der 7. Oktober 1981. Jetzt schlafe ich und es ist alles ganz dunkel. Oje, wo ist denn eigentlich mein Bruder Markus, der ist doch noch so klein und süß... den nehmen sie noch nicht mit. Alle anderen waren sonst schon mit 'oben'. Auch die Oma. Den Opa nehmen sie nicht mit, komisch, den wollen sie nicht... ach, wahrscheinlich ist er nicht so wichtig. Markus hat auch so große Augen, aber die kleinen Wesen haben noch größere Augen als er. Sie wollen uns doch nur helfen und mögen uns sehr. Ich weiß auch, daß sie der Mama gesagt haben, warum sie zu uns kommen."

Ende dieser Hypnosesitzung.

Nach dieser Hypnose hatten alle Tränen in den Augen, so tief hatte sie die Anwesenden berührt. Sie war sehr beeindruckend und Sandras starke Gefühlsregungen, ihr Lachen und ihre Traurigkeit beim Abschied der Außerirdischen, hatten sie förmlich mit in das Geschehen hineingezogen.

Jedenfalls war nun hundertprozentig klar, daß alle Feistles, inklusive der Kinder, Kontakt mit diesen Außerirdischen haben und zwar schon seit ihrer frühesten Kindheit. Und die Berichte decken sich. Wie bei einem Puzzle ergänzen sich die einzelnen Erlebnisse und Schilderungen und vergrößern den Blick auf das Gesamtszenarium. Und das Wichtigste ist, daß bei allen die ursprüngliche Angst einer wachsenden Neugier gewichen ist, jetzt, nachdem sie wissen, womit, beziehungsweise mit wem sie es zu tun haben.

Aufgrund dieser erfolgreich verlaufenen Hypnose erklärte sich Sandra bereit, nochmals eine Sitzung durchführen zu lassen (am 11. Mai 1997). Reiner führte sie wieder und Karin notierte das Geschehen:

Sandras zweite Hypnosesitzung

„Ohhh...mir ist so heiß. Ich befinde mich in einem großen runden Raum, in dem lauter Liegen stehen. Diese sind rund angeordnet und neben ihnen stehen kleine Tische. Es liegt aber niemand auf den Liegen, niemand ist da. Ganz hinten sehe ich einen Ausgang, der jedoch nicht rund, sondern dreieckig ist. 17 Jahre bin ich alt, als dies geschieht, es ist das Jahr 1990, die Nacht zu meinem Geburtstag (22. September). Doch ich sehe noch einen Gang, ganz hinten, er sieht seltsam aus, er ist rund und geht offenbar rund um das Schiff herum. An den Wänden erkenne ich sehr viele eigenartige Schriftzeichen. Es sind viele Symbole und alle voneinander verschieden. In dem Raum, in dem ich mich noch befinde, steht auch eine Säule, die ebenfalls mit Zeichen versehen ist.

Die kleinen Wesen sind nun auch da, es sind zwei von ihnen im Raum, wovon mir einer bekannt vorkommt. Rechts neben der Säule befindet sich eine Art Schaltpult. Das kleine, mir bekannte Wesen sagt zu mir, daß ich nicht allein wäre, doch ich kann momentan ausser mir und ihnen niemanden sehen. Doch jetzt sehe ich ein kleines Baby auf einer Liege liegen. Es ist in etwas eingewickelt, ich kann jedoch nicht erkennen, in was. Jetzt sehe ich plötzlich meinen kleinen Bruder Markus. Er kommt zu mir und ein kleines Wesen hält ihn bei der Hand. Er guckt ein wenig erschrocken (Lachen), *wahrscheinlich, weil er mich hier nicht erwartet hätte... Wir gehen jetzt weiter. Wir gehen durch eine seltsame dreieckige Tür, da sehe ich jemanden sitzen* (Lachen). *Markus läuft hinter mir her. Wir gehen nun in einen anderen Raum, in dem aber kaum etwas vorhanden ist. In der Mitte des Raumes befindet sich eine Pyramide. Daneben eine Art Sessel. Der Raum ist hell erleuchtet, doch man sieht keine Lampen, das Licht ist einfach da, seltsam. In dem Sessel sitzt ein großes menschliches (männliches) Wesen. Er hat lange dunkle Haare, strahlend blaue Augen und trägt einen Overall. Dieser ist silberfarben und hat ein Abzeichen, ein Symbol, auf der linken Brustseite. Es ist ein Kreis mit zwei Haken, was mich an einen Blitz erinnert. „Hallo!" sagt er zu mir. Er spricht wie ein Mensch. Er spricht mit dem Mund und in meiner Sprache, in deutsch. Er fragt, wie es uns geht und sagt zu Markus, daß er sich gut entwickelt. Er mag uns, meint er. Jetzt sehe ich im Raum eine Sternkarte, auf der ein Sternbild zu sehen ist. Das Sternbild sieht aus wie das Abzeichen, daß der große Mann auf seiner Brust trägt. Er sagt mir aber nicht, von welchem Planeten sie kommen. Die Sternkarte ist hell erleuchtet und hängt an der Wand. Er zeigt mir nur, daß ihr Planet der unterste ist. Er ist eingezeichnet. Die Sternkonstellation sieht wie eine Blitz aus. Jetzt bemerke ich auch einen Computer im Raum.*

Der große Mann erklärt mir, daß er der einzige von seiner Art auf diesem Raumschiff sei und ihn nur seine kleinen Wesen begleiten würden. Er sagt auch, daß es bei ihnen keine 'Führer' gebe (keine *Standesunterschiede), bei ihnen seien alle gleich. Jeder habe seinen Aufgabenbereich und keiner sei in irgendeiner Form 'wichtiger' als der Andere. Jetzt steht er auf und nimmt uns beide an der Hand. Er zeigt uns unseren Planeten, die Erde..... ich bin sehr traurig. „Er geht kaputt" sagt der große Mann. Und er meint, daß wir Menschen daran schuld seien. Er erklärt, daß uns die kleinen Wesen helfen und sie selbst, die Großen, diese Kleinen führen würden. Es besteht offenbar eine tiefe Verbindung zwischen uns Menschen und den Großen. Doch sie sind auch mitverantwortlich. Er sagt, daß sie uns vor sehr langer Zeit auf die Erde gebracht hätten und daher auch daran beteiligt wären. Sie haben uns dann durch genetische Eingriffe weiterentwickelt und kümmern sich deshalb auch um uns. Er meint, daß es von 'seiner Art' hier nicht so viele gäbe, da die meisten von ihnen es auf der Erde nicht aushalten könnten. Sie könnten es nicht ertragen* (das Verhalten und die Negativität der Erdlinge stimmt sie sehr traurig). *Nun wird Markus von dem Kleinen wieder weggebracht und ich bleibe allein mit dem großen Mann zurück. Er zeigt mir nun, wo ihre Sonne ist und erklärt, daß in ihrem Sonnensystem zwei Planeten bewohnt seien. Einer davon heiße 'Sumer'.*

Augenblicklich befinden wir uns jedoch nicht auf der Erde, sondern auf dem Mond. Sie haben hier eine Basis. Die Kleinen haben aber auch unterirdische Basen auf der Erde, wobei sie dort Bodenproben entnehmen sowie auch das Wasser überprüfen. Sie können unterirdisch leben und sind perfekt dafür ausgerüstet. Von den Basen aus kontrollieren und überwachen sie uns Menschen, die von ihnen ausgewählt und kontaktiert worden sind. Sie beschützen uns. Es gibt aber auch negative Außerirdische, sagt er. Sie hätten schon Streit mit diesen gehabt. Die Negativen wollten auf den Mond, doch sie hätten es nicht zugelassen. Diese würden auf dem Mond nicht geduldet werden. Sie sind häßlich, sagt er. Sie haben etwa Menschengröße, sehen aber anders aus. Sie haben böse Augen, bemerkt er, und würden ein Abzeichen tragen, auf dem sich eine Schlange in einem Kreis befindet. Er sagt nochmals, daß diese auf dem Mond nicht geduldet würden, daß sie, die Großen, dies verhindern. Die Negativen waren schon auf der Erde, in Rußland und in Amerika. Er meint mit Bedauern, daß die Menschen dumm seien, weil sie sich mit diesen negativen Wesen eingelassen hätten. Diese hätten Böses an-

gestellt und irgendeinen Austausch mit den Regierungen getätigt. Sie hätten den Menschen verschiedene Mittel gegeben, damit sie alle Krankheiten auf der Erde besiegen könnten, doch muß es sich dabei um das genaue Gegenteil gehandelt haben. Der Mann sagt aber, daß diese Außerirdischen nun den Planeten verlassen hätten. Er fügt hinzu, daß diese Wesen kein Interesse an Europa gehabt hätten, sondern nur die Großmächte gegeneinander ausspielen wollten. Nun befinden sie sich außerhalb des Erdbereichs und warten ab, bis sich die Menschen gegenseitig aufreiben und durch Krankheiten dahinsiechen, um danach den Planeten zu übernehmen. Doch die Großen werden das zu verhindern wissen.

Der Große erklärt, daß sich viele Menschen gar nicht bewußt seien, daß sie mit Außerirdischen Kontakt haben. Viele lehnen den Gedanken an außerirdisches Leben ab, glauben aber an Engel oder Maria. Er erklärt weiter, daß die Marienerscheinungen oder das, was viele Menschen als 'Engel' bezeichnen, in den meisten Fällen nichts anderes als Außerirdische, als sie und andere 'Besucher', sind. Sie treten immer so auf, meint er, daß es die Menschen akzeptieren könnten und keine Angst hätten. Sie wollen uns helfen und wählen jeweils den geeignetsten Weg, einem Menschen etwas zukommen zu lassen.

Er meint, daß die Menschen ja so engstirnig wären und über ihren kleinen Horizont nicht hinaussehen wollten. Er ergänzt, daß sie all denen helfen, die sich auch helfen lassen wollen. Das schließt auch diejenigen mit ein, die Nachts abgeholt werden. Diese Seelen hätten sich vor ihrer Inkarnation mit ihnen auf diese Art der Zusammenarbeit geeinigt. Sie drängen sich niemandem auf, sondern nehmen nur mit denen Kontakt auf, die auch von sich aus wollen. Jetzt kommt Markus wieder zurück in den Raum. Er freut sich darüber. Er sagt nicht sehr viel, hat aber auch keine Angst.

Ich kenne diese schönen Wesen schon sehr lange, Markus auch, er freut sich. Es gibt noch andere Räume in diesem großen Raumschiff. Es ist größer als andere Raumschiffe und hat noch ein kleine-

res geladen. Es ist ein dreieckiges Flugschiff und hat an der Unterseite drei Lichter angebracht.

...Jetzt befinde ich mich auf dem Mond. Es gibt sehr viele Raumschiffe auf dem Mond. Die Menschen werden hier hergebracht, da es hier sicherer ist. Sicherer vor der Überwachung durch die irdischen Regierungen und deren negative Außerirdische. Unser Mutterschiff ist jetzt woanders, weit weg.

In dem Schaltpult, das in dem Raum steht, ist die Form einer Hand, eine lange Hand mit fünf Fingern, eingeprägt und der Mann legt seine Hand hinein (wie bei 'Total Recall' in der Schlußszene, A.d.V.) *Es ist die Steuerung des Raumschiffs. Es entsteht ein Energiefluß. Dadurch wird das Schiff gesteuert. Durch die Gedanken der Piloten. Es sind auch Knöpfe vorhanden, es sind alles runde Instrumente. Nun müssen wir wieder gehen. Wir sollen auf uns aufpassen, sagt er. Alle, die ganze Familie. Er meint auch, daß wir auf die Zeichen achten sollen, die wir von ihnen bekommen würden, manchmal in Gedanken, manchmal anders. Weiter sagt er, daß Zeit nicht existent ist, daß die „Zeit“ nicht existiert. Nur wir haben den Begriff „Zeit“, nur wir auf der Erde.*

Es ist spät. Bevor es zuhause hell wird, müssen wir heim. Die Kleinen führen uns raus und wir fliegen mit der kleinen dreieckigen Scheibe nach Hause. Diese Wesen sind nicht blöd, sie benutzen ein Schutzschild, durch welches sie für uns unsichtbar erscheinen. Nur wenn sie wollen, können wir sie sehen. Wir sind jetzt auf dem Balkon (Lachen)*... Jetzt gehe ich ins Bett. “*

Diese Hypnose war überaus faszinierend für alle und bestätigte vieles von dem, was auch Reiner schon berichtet hatte. Den tiefen Emotionen von Sandra war zu entnehmen, daß sie sich in tiefster Trance befunden hatte und die Informationen nicht erfunden sein konnten. Trotzdem wollen wir auch sie erst einmal wertfrei so stehen lassen.

Kurz vor Fertigstellung des Buches, am 28. Juni 1997, hatte sich Sandra noch ein weiteres Mal bereiterklärt, sich in Trance versetzen zu lassen.

Folgendes trat dabei zutage:

Sandra: *„Ich bin in einem Raumschiff und bin 12 Jahre alt. Ich kann einen Gang sehen, der rund entlang geht. Hinter mir läuft jemand, er befindet sich genau hinter mir. Ich selbst muß vorne weg laufen. Er ist sehr groß, hat dunkle Haare, große Augen, ein helles Gesicht und einen schwarzen Anzug mit einem silbernen Abzeichen auf der Brust – es sieht aus wie ein Blitz. Er heißt OSIRIUS. Woher er kommt, sagt er mir aber nicht. Er sieht nicht exakt aus wie ein Mensch, ein wenig anders. Die Ohren sind kleiner und der Mund auch. Im Moment spricht er nicht mit mir. Manchmal spricht er normal mit mir in meiner Sprache, doch er kann auch telepathisch mit mir kommunizieren. Nun geht am Ende des Ganges eine Türe auf, von unten nach oben* (lautes Lachen). *Da sind Sessel, in denen kleine graue Wesen sitzen. Ohoo, jetzt dreht sich einer zu mir um... Sie sehen fast alle gleich aus. Dieser sagt telepathisch zu mir, daß ich näherkommen solle. Es hört sich eigenartig an, wenn er zu mir spricht – wie ein Roboter. Sie sitzen vor einer Scheibe, durch die man hinaussehen kann. Wir befinden uns im Weltraum und ich kann die Erde aus der Ferne erkennen. Der kleine Graue meint, daß ich noch näherkommen solle, damit ich besser sehen kann. Er zeigt mir jetzt verschiedene Punkte auf der Erde (Mittelmeerraum, Antarktis und Berge - vermutlich Österreich). Doch er zeigt mir noch viele andere Punkte und erklärt, daß sie dort manchmal hingehen würden. Dabei müßten sie aber vorsichtig sein und immer den richtigen Zeitpunkt abwarten, da die Regierungen auf der Erde den unmittelbaren Weltraum um die Erde herum über ihre Satelliten überwachen würden.“*

Reiner: *„Warum holen sie die Menschen, wird etwas vorbereitet?“*

Sandra: *„Er gibt mir keine Antwort. Ich darf zwar die Punkte sehen, jedoch nichts darüber sagen. Sie müssen so aufpassen, meint er. Sie wollen uns helfen, doch die Regierungen haben Angst vor diesen Wesen, sie haben Angst vor der Macht dieser Außerirdischen. Diese wollen uns helfen, doch jedem helfen sie auch wieder nicht. Sie helfen nur denen, die auch von sich aus wollen. Den anderen nicht. Der große „Osirius" sagt, daß sich die Kleinen wie Roboter ähnlich seien. Die Kleinen sind anders als die Großen. Diese sind schön und lieb, und sind in der Entwicklung weiter als wir Menschen. Mhmm, sie sind schön, sehen aber etwas anders aus als wir. Ich gehe jetzt wieder zu den Kleinen – alle sitzen in ihren Sesseln. Drei kleine Wesen sind da. Jetzt gehe ich zu dem in der Mitte. Er fliegt und lenkt das Raumschiff. Osirius geht jetzt weg und läßt mich mit bei den Kleinen zurück. Obwohl sie auch hier sind, fühle ich mich alleine. Sie beachten mich jetzt nicht mehr. Ich verlasse nun den Raum und gehe in einen anderen. Hier ist eine Liege. Es liegt jemand darauf. Ich gehe näher. Ohoo, es ist ja die Mama. Sie schläft. Zwei Wesen sind bei ihr. Ein Großes und ein Kleines. Der Große hat einen roten Overall an, hat blonde lange Haare und grüne Augen. Er hat ein anderes Abzeichen, als Osirius. Es sieht ein bißchen anders aus, es sind Haken darauf – ähnlich wie ein Blitz* (Nach der Rückführung erklärte Sandra, daß es genauso wie das Zeichen der VRIL-Gesellschaft aussah).
Ich stehe jetzt da und schaue zu. Sie müssen bei Mama einige Untersuchungen durchführen. Der Große erklärt, daß sie von verschiedenen Planeten kommen würden, verschiedene Außerirdische. Sie würden sich aber alle sehr ähnlich sehen. Er erklärt, daß sie von der gleichen Rasse sind, nur viele verschiedene Planeten besiedelt hätten, auf denen sie heute leben würden und daher verschiedene Abzeichen tragen. Er tut der Mama nichts. Sie gehört auch zu denen,

die geholt werden. Der Große meint, daß, wenn sie diese Menschen nicht holen würden (nachts), diese nicht überleben könnten. Die geistige Entwicklung und die Seele sind maßgebend, meint er. Er fügt dem noch hinzu, daß sie auch in unsere Entwicklung eingegriffen hätten. Mama macht jetzt die Augen auf. Sie hat die Haare zurückgekämmt und sieht jetzt ähnlich aus wie diese Wesen – aber doch etwas anders. Jetzt sagt der Große etwas zu Mama: „Du mußt stark sein in den nächsten Jahren!" Aber Mama hat keine Angst. Jetzt schaut mich der Große auch lieb an. Wir reden nicht (Mama und ich). Über ihr liegt eine Decke, ich selbst habe einen Schlafanzug an. Er streichelt Mama im Gesicht und ein kleines graues Wesen untersucht sie dabei – es muß sein. Ein Gerät fährt den Körper entlang und untersucht, in welchem Zustand sich Mamas Körper befindet, wie stark er schon verseucht ist. Es ist heute nur eine kleine Untersuchung, schon ist sie fertig. Mama steht jetzt auf und der Große nimmt sie bei der Hand. Wir laufen jetzt gemeinsam in Richtung Gang weiter vor. Er sagt jetzt zu uns, daß wir das, was wir hier gesehen haben, wieder vergessen müssen, zu unserem eigenen Schutz. Wir müssen nun gehen – nach Hause. Wir fliegen mit einem kleineren Raumschiff zurück.

Jetzt bin ich wieder im Kinderzimmer. Es ging alles so schnell – irgendwie bin ich durchs Fenster gekommen – komisch. Das Raumschiff kann sich unsichtbar machen, man sieht es nicht. Es ist 1986, der 25. März. Sie haben mich nachts um 1.05 Uhr geholt und um 3.11 Uhr wieder zurückgebracht."

Unter diesen Informationen sind ein paar sehr wichtige Aspekte zum Vorschein gekommen, die das Szenarium nochmals in ein anderes Licht rückt. Wollen wir uns dazu noch einen anderen Text betrachten, der ohne die eben erfahrenen Informationen eventuell ebenso sinnlos und an den Haaren herbeigezogen erscheinen würde, aber nun möglicherweise etwas solider erscheint. Es soll sich dabei um den Bericht eines angeblichen „VRIL-Insiders" gegenüber einem Logenmitglied handeln, von dem wir jedoch weder wissen, wie er heißt, woher er stammt, ob ihm zu glauben ist, oder ob seine Behauptungen nicht nur weitere Desinformationen darstellen. Fantastisch klingt es jedenfalls allemal:

Dieser Informant erzählte demnach folgendes: *„Die „Rückkehr"* (der 'VRIL-Odin'-Besatzung mit den Aldebaranern) *werde ganz anders stattfinden, als man sich das vorstelle. Es werde keine sichtbare Landung von Raumschiffen geben, sondern die „Rückkehrer" werden... anscheinend aus dem „Nichts" kommen. Es werde sich sozusagen „ein Loch in der Luft" öffnen, und da werden diese dann herauskommen. Denn die Raumschiffe selbst werde man nicht sehen können, obschon sie da seien, da diese in einer anderen Dimension blieben, während nur so etwas wie „Enterbrücken" in die diesseitige Dimension ausgeschwenkt würden...*

Diese Idee sei schon 1944 in Deutschland erdacht worden. Und zwar habe er die Planskizze einer VRIL-7 gesehen, auf der „Sehrohre" eingezeichnet waren, mit denen „durch die Dimension" geschaut werden sollte. Also bereits die Idee, das Raumschiff, für diese Welt unsichtbar, in der anderen Dimension zu lassen und nur mit einer Art „Schnorchel" von drüben in das Diesseits zu schauen...

Außerdem behauptete er, daß Aldebaran nicht wirklich Aldebaran sei. Das hätten die Leute in den ersten Jahren des Kontakts gedacht und die Bezeichnung später, vielleicht zur Tarnung, beibehalten. Im Sonnensystem Aldebaran gebe es lediglich Stützpunkte der Sumeraner. Die medial beschriebene Welt „Sumer" sei aber um vielfaches weiter entfernt, vielleicht sogar in Andromeda (womöglich wurde daher das Walzenmutterschiff „Andromeda-Gerät" genannt?). Die Formulierung „aus dem Haupte des Stiers" bedeute nicht, es sei das Hauptgestirn des Sternbilds, sondern hinter jener Stelle, wo das gedachte Sternbild den Kopf des Stiers zeichnet, viel viel weiter entfernt. Er sagte, die Zeitangaben stimmen trotzdem, bloß daß die Fluggeschwindigkeit eben viel höher als dreifache Lichtgeschwindigkeit sei. Aldebaran ist nach seiner Meinung wahrscheinlich bloß der Hauptstützpunkt des „Sumi-Reiches" in unserer Galaxis..."

Weiterhin behauptet er, daß *„die Sternbilder, die wir von der Erde aus als zusammengehörig sehen, im Weltall jedoch gar nichts miteinander zu tun hätten"* und nannte dabei einige Beispiele, die jedoch vergessen wurden. (Quelle: Mr. X.)

Soll man diesem Berichterstatter Glauben schenken? Woher weiß er das? Interessanterweise finden wir auch in Sandras letzter Hypnose die Aussage des Kommandanten, daß es sich bei diesen um verschiedene Gruppen einer einzigen Rasse Außerirdischer handeln soll, die demnach bereits eine immense Anzahl an Planetensystemen besiedelt hat und Aldebaran daher nur einen Stützpunkt darstellen könnte. Sind die Plejadier, Sirianer, Venusianer und Aldebarener womöglich ein und dieselbe Gruppe? Wo ist der Ursprungsort (im Diesseits) dieser hellhäutigen Rasse? Womöglich Andromeda? Oder ganz woanders?

Es scheint erneut, daß sich hinter dem Szenarium noch ein weiteres befindet. So wie hinter den kleinen Grauen die Aldebaraner zum Vorschein kamen, scheint es nun so auszusehen, daß die Aldebaraner eventuell selbst nur ein Zweig einer noch viel älteren Rasse sind.

KAPITEL 20
Welche Rolle spielen die kleinen Grauen?

Bevor ich mich mit Erklärungen versuche, wollen wir zuerst einmal die Besatzung der Raumschiffe differenzieren, auf denen sich die Familie Feistle befunden hat.

Abgeholt wurden sie stets von den ca. 1,20 Meter kleinen Grauen. Untersucht hingegen von anderen Wesen, den 'kleinen Grauen' sehr ähnlich, doch etwa 1,50 Meter groß. Und schlußendlich gibt es da die großen menschlichen Außerirdischen – zum Großteil wohl Aldebaraner - (die Frauen ca. 1,90 und die Männer ca. 2,30 Meter groß), die die wahren Veranstalter des ganzen Szenariums zu sein scheinen.

Es gibt demnach zwei Arten von Grauen auf diesen Schiffen. Die kleinen ca. 1,20 Meter großen Grauen, wie zum Beispiel Reiners 'kleiner Freund' sind dabei weniger richtige Außerirdische, sondern eine Art Bioroboter, also Roboter aus Fleisch und Blut. Sie sind scheinbar das 'ausführende Organ', die 'Arbeiter' der Aldebaraner, die die Menschen nachts abholen und auch wieder zurückbringen. Die Bioroboter werden aus verschiedenen Gründen verwendet. Zum einen, da es tausende Menschen sind (nach Aussage des Kommandanten Eno sogar Millionen), die nachts abgeholt werden und diese Routinearbeit nicht die eigentliche Tätigkeit der Aldebaraner ist. Zum anderen scheint es zu gefährlich zu sein, selbst die Menschen abzuholen, da die Geheimregierung mit 'ihren' Außerirdischen offenbar versucht, diese Abholmanöver zu verhindern. Im Fall eines Abschusses oder Absturzes würden so keine Aldebaraner in die Hände der US- und der Schattenregierung fallen, sondern nur deren Bioroboter. So offenbar geschehen in Roswell 1947. Und die „Experten" der UFO-Szene streiten sich nun, ob diese Filmaufnahmen über eine Autopsie eines solchen Bioroboters echt sind oder nicht und glauben dabei auch noch, sie hätten einen Außerirdischen gesehen. Kritische Stimmen meinen, es könnte sich bei den Roswell-

Grauen aber auch um wirkliche 'Graue' handeln, also keine Bioroboter, doch konnte man den Unterlagen, die bisher über den Ros-
well-Fall veröffentlicht worden sind, entnehmen, daß diese Wesen
etwa 1,20m klein waren, was wiederum darauf hindeuten würde, daß
es sich wahrscheinlich doch um Bioroboter handeln müßte. Wie dem
auch sei.

Es scheinen jedenfalls mehrere Gründe zu sein, die die Aldebaraner dazu bewogen haben, im Vordergrund diese kleinen Bioroboter
agieren zu lassen. Diese unterhalten sich ausschließlich telepathisch,
also auf der Frequenz der Gedankenwelle und hören sich dabei sehr
metallisch an.

Die eigentlichen 'Grauen' hingegen, also richtig beseelte Wesen,
die auf einem anderen Planeten leben sollen, sind die etwas größeren
(ca. 150m), den Biorobotern in gewisser Weise ähnlich sehenden
'Ärzte' auf den Raumschiffen. Auch sie haben große Augen, deren
telepathische Stimme hat jedoch angeblich keinen solch metallenen
Klang. Sie sind zu leichten Gefühlsregungen fähig (schwaches Lächeln gegenüber Reiner) im Gegensatz zu den Biorobotern, die zwar
freundlich, aber so kalt wie eine Maschine sind.

Doch was haben die 'Grauen' mit den Aldebanern zu tun und
warum holen sie Genmaterial von der Erde?

Diese 'Grauen' haben trotz ihrer hochentwickelten Technologie
in ihrer Evolution etwas Entscheidendes verloren - ihren Emotionalkörper. Auch sie hatten vor Jahrtausenden noch Krieg auf ihrem
Planeten, hatten aber erkannt, daß Emotionen die Ursache dieser
Kriege waren. Daher begannen sie, ihre Emotionen durch genetische
Veränderungen herauszuzüchten. Als Resultat hatten sie keine Kriege mehr - aber auch keine Gefühle.

Sie kennen inzwischen keinen Unterschied mehr zwischen Liebe
und Haß und brauchen daher das irdische Genmaterial und die
menschlichen Gefühle, um in ihrer Entwicklung weiter fortzu-
schreiten - in die nächst höhere Dimension.

Doch warum sind die Gefühle so von Bedeutung? Das hat folgenden Hintergrund. Wer keinen Emotionalkörper (oder Gefühlskörper) vorweisen kann, also ein rein intellektueller Mensch ist, begrenzt sich dadurch vor dem Aufstieg in höher schwingende Dimensionen beziehungsweise Da-Seins-Formen. Und diese Dimensionswechsel, von der dritten in die vierte und weiter, sind Teil der Evolution der Seele. So macht diese alle Erfahrungen durch und erfährt die Schöpfung in ihrer ganzen Vielfalt. Die dritte Dimension ist dabei die niedrigste aller Schwingungsebenen, das heißt die Frequenz ist hierbei die am niedrigsten schwingende. Die Sternentore zu den anderen Dimensionen wurden absichtlich so konzipiert, daß ein Durchschreiten nur mit einem intakten Mental- und Emotionalkörper möglich ist. Sind die Gefühle und die Gedanken im Gleichgewicht und Harmonie, schwingt in Folge dessen das Magnetfeld einer Person (Seele) harmonisch und diese kommt damit durch das Sternen- oder Dimensionstor. Ist es disharmonisch, bleibt es hängen. (Es wäre mit einem Sieb zu vergleichen. Ein Eiswürfel bleibt hängen, doch das Wasser, dessen Moleküle höher und gleichzeitig schneller schwingen, kommt durch.) Das heißt vereinfacht, nur liebevolle Wesen, also solche, die Liebe verspüren und diese auch an andere weitergeben, aufgrund dessen deren Eigenfrequenz höher schwingt, kommen durch! Jesus nannte dies vor zweitausend Jahren *„die Spreu vom Weizen trennen."* Diesen Umstand haben die Grauen offenbar übersehen. Sie haben die Fähigkeit zu lieben und liebevoll zu sein, verloren und sind zu reinen emotionslosen Logikern geworden.

Wie ich bereits in der Einleitung kurz geschildert hatte, dreht sich unsere Sonne um eine noch größere Sonne, die Schwarze Sonne. Bei dieser Umdrehung bewegen wir (unser Sonnensystem) uns nun erneut zu dieser zurück, was von alters her als die „Phase des Erwachens" bezeichnet wird. Bei dieser Hinbewegung zu unserem symbolischen Kraft- oder Lebensquell erhöht sich auch gleichzeitig die Frequenz, also die Schwingungsrate der Energieteilchen, auf denen unsere Körper aufgebaut sind. Und wie wir bei unserem Beispiel, dem Wasser, den Siedepunkt kennen, also den Punkt, an dem sich die Frequenz- und Molekularbewegung derart beschleunigt, daß es in den nächst höheren Aggregatzustand übertritt, so wechseln auch wir Wesen (außerirdisch oder irdisch) ab einem solchen symbolischen Siedepunkt unseren Aggregatzustand und gehen (wie Wasser zu Wasserdampf) von der dritten in die vierte Dimension über. Dabei werden all diejenigen nicht durchkommen und unweigerlich zurückbleiben, die nicht das nötige ethische Bewußtsein und einen intakten Emotionalkörper durch Praktizieren der Liebe vorweisen können (siehe dazu noch genauere Ausführungen im Schlußkapitel von „Buch 3"). Und daher sind in unserem Fall die 'Grauen' seit ewig langer Zeit von Planet zu Planet unterwegs, immer in der dritten Dimension gefangen. Sie können zwar die zwölf Obertöne der dritten Dimension, also höhere Frequenzen innerhalb der dritten Dimension bereisen, aber nicht die vierte. Da die Erde aber nun an der Reihe ist, den Sprung in die vierte Dimension zu machen und die Grauen keinen anderen Planeten mehr gefunden haben, auf dem emotionales Leben in der dritten Dimension in dieser Form vorhanden ist und von dem sie Gefühle dieser Art wieder lernen können, müssen sie jetzt anfangen, an sich zu arbeiten. (Ihre Rasse – natürlich nur die physischen Körper – würde komplett aussterben, so wie einst die Dinosaurier auf der Erde ausgestorben sind.)

Durch die genetischen Eingriffe und Kreuzungen wollen sie unsere Merkmale in ihr eigenes genetisches Konzept mit einbringen, um zumindest einem Teil ihrer Rasse das Überleben zu sichern. Sie erhoffen sich aus den Kreuzungen Wesen mit ihrem Wissen und veredelt mit dem Emotionalkörper eines Erdlings, um so fähig zu werden, die Entwicklung in höhere Dimensionen mitzumachen.

Die verschiedenen großen, uns liebenden und beobachtenden Außerirdischen, die die spirituelle Technologie besitzen, also aufgrund ihrer spirituellen Reife in der Lage sind, auch ohne Raumschiffe (zumindest kurze Strecken) durch Dematerialisationen zu bereisen, haben dieses Projekt befürwortet, da die 'Grauen' nicht unsere Feinde sind, sondern den gleichen Ursprung haben wie wir auch – da alles aus einer Schöpfungsquelle kommt. Die Schöpfung kennt keine Gegner, sondern Polaritäten und geht immer Entwicklungswege, die allen Bereicherung bringen. Die Grauen sind im Prinzip unsere Sternenbrüder, die jetzt merken, daß sie den falschen Weg gegangen waren und nun unsere Hilfe benötigen.

Bei Reiners fünfter Hypnosesitzung wurde medial durchgegeben, daß die kleinen Grauen seit Mitte 1995 nicht mehr hier auf der Erde fungieren und sich inzwischen auf ihren Heimatplaneten zurückgezogen haben sollen, der sich vermutlich im Sternbild Orion befindet.

Doch es soll mindestens noch eine andere Rasse „Grauer" geben, etwas größer in der Gestalt und die sich den Quellen zufolge, die momentan auf dem UFO-Markt kursieren wie auch nach Aussage der Aldebaraner, äußerst manipulativ verhalten. Diese sollen seit etwa 1954 mit der US-Regierung und den Illuminati zusammenarbeiten. Dieser Kontakt soll aber erst zustande gekommen sein, nachdem sich die Aldebaraner 1954 mit Präsident Eisenhower auf der 'Holloman' Air-Force-Base getroffen und der US-Regierung einen spirituellen sowie technologischen Austausch angeboten hatten, wobei sie im Gegenzug verlangten, daß diese ihre Atomwaffen vernichten würden. Eisenhower lehnte, den vorliegenden Berichten zufolge, ab, wurde jedoch gleichzeitig von den Aldebaranern gewarnt, daß bereits eine andere Rasse Außerirdischer mit „bösen" Absichten über der Äquatorregion präsent sei und auf eine Zusammenarbeit mit der US-Regierung spekuliere. Mit diesen wurde dann später angeblich ein Vertrag geschlossen. Bei diesem Vertrag sollen die Außerirdischen den Amerikanern (bzw. den Illuminati) extraterrestrische Technologie versprochen haben, im Austausch gegen Versuche mit Tieren und Menschen, um diesen Genmaterial und Blut zu entnehmen (wofür ist mir unbekannt). Diese 'manipulativen' Grauen haben sich im Gegensatz zu den Grauen, die mit den Aldebaranern zusammenarbeiten, DAGEGEN entschieden, von sich aus den Weg der Liebe zu beschreiten oder sich von anderen Außerirdischen helfen zu lassen und spielen offenbar weiterhin ihr Spiel der Manipulation, Kontrolle und Macht.

Reiners letzter Hypnosesitzung war zu entnehmen, daß diese 'Grauen' mit den Aldebaranern im Krieg stehen (die Aldebaraner hingegen hätten gerne Frieden). Und weder diese Grauen, noch die Illuminati haben demnach ein Interesse, daß das 'Unternehmen Aldebaran' erfolgreich durchgeführt wird. (Es soll hier aber kein neues Feindbild entstehen, auch wenn es diese Außerirdischen oder die Illuminati momentan noch vorziehen, ihren eigenen 'Dickschädel' durchzusetzen. Früher oder später werden auch diese erkennen, daß sie das ernten werden, was sie gesät haben und werden aufgrund dieser Erkenntnis bereichernde Dinge säen als das, was sie im Augenblick noch tun.

Auch sie sind unsere Brüder und Schwestern. Sie haben es eben gewählt, einen anderen Weg zu gehen, so wie wir alle bis zu irgendeinem Zeitpunkt noch 'geschlafen' haben und 'irgend etwas' gelebt haben, nur nichts Bewußtes. Der eine lernt eben etwas früher, der andere etwas später, doch irgendwann kommen wir alle einmal am selben Ziel an – der bewußten Einheit im Geiste.)

KAPITEL 21
Was ist das „Unternehmen Aldebaran"?

Alles im Leben beruht auf der Harmonie - dem Gesetz des Ausgleichs - so auch das „Unternehmen Aldebaran". Und zwar folgendermaßen:

Beide Seiten, die Aldebaraner wie auch die kleinen Grauen, die mit ihnen auf den Raumschiffen zusammenarbeiten, haben ein Problem. Die Grauen brauchen menschliches Genmaterial, um ihrer Rasse das Überleben und die spirituelle Weiterentwicklung zu ermöglichen, indem sie den Wesen - halb Grauer, halb Mensch - einen irdisch-menschlichen Emotionalkörper verpassen. Diese Mischwesen wären nachher in der Lage, mit dem Wissen der Grauen menschliche Gefühle zu erfahren und damit zu sogenannten „Supergrauen" zu werden. Die Seelen, die mit diesem Projekt verbunden sind, haben mit diesen Grauen ein Abkommen geschlossen, ihnen dabei zu helfen, indem sie deren Körper nachts mitnehmen, deren Samen zum Züchten verwenden und diese nachher gleichzeitig als Eltern fungieren, mit den Kindern spielen und menschliche Gefühle vermitteln. Doch dies ist nur die halbe Geschichte.

Im Gegenzug sollen diese Grauen den Aldebaranern und uns irdischen Menschen ihre Hilfe versprochen haben, und zwar beim 'Unternehmen Aldebaran'. Dies sieht nach unserem derzeitigen Forschungsstand folgendermaßen aus:

Die Aldebaraner sind ihrer eigenen Aussage nach unsere Vorfahren, hatten aber auch vor langer Zeit genetisch in unsere Entwicklung eingegriffen (offenbar aber nicht ganz so glücklich und wertfrei). Nun tun sie es erneut (aber diesmal in Vereinbarung mit den Menschen, die dafür herangezogen werden). Und zwar werden sie nach den Erdveränderungen und der Zeit des Wiederaufbaus nach der angekündigten Polwende hier landen und eine neue Rasse aussetzen - halb Mensch, halb Aldebaraner. Diese Mischwesen entstehen auf die gleiche Weise, wie auch die Kreuzungen zwischen Menschen und Grauen - durch Samen von Menschen (oder durch aldebaranische Samen, die in irdische Menschenfrauen eingebracht werden. In diesem Fall werden den Frauen, die sich vor der Inkarnation dafür bereit erklärt hatten, nach drei Monaten die Föten wieder entnommen und dann in die Zuchtanlagen auf den Raumschiffen verlegt.) Dies sind die Kinder, mit denen Reiner spielte, als er auf dem Raumschiff war - schöne Kinder mit großen Augen, sehr hoher Stirn und langen Haaren. Es sind sozusagen 'Superkinder'. Mit dem Genmaterial des Menschen und in unserer dreidimensionalen Frequenzebene daher noch 'zulässig', doch mit der geistigen Reife und dem Bewußtseinspotential der Aldebaraner. Sie sollen hundert Prozent ihres Gehirns ausnützen und mit beiden Gehirnhälften gleichzeitig arbeiten können. Durch diese Fähigkeit sollen sie hochtelepathisch sowie hellsichtig sein, sollen mit Tieren sprechen können...

Nach Aussage des Aldebaraners 'Eno' sind die Grauen mit ihren 'Kindern' bereits wieder zurück auf ihrem Planeten und haben diese in ihr Leben integriert.

Die Aldebaraner hingegen können die neuen Kinder - halb sie, halb wir - jedoch noch nicht auf der Erde aussetzen. Dahinter sollen verschiedene Gründe stehen. Zum einen scheinen sie wegen ihrer hohen Sensitivität aber auch gleichzeitig empfänglich für 'andere' Energien zu sein. Sie spüren demnach die Schmerzen der Tiere bei Tiertransporten, hören ihre Schreie, sie fühlen die Schmerzen und die Melancholie von Kranken und Einsamen, die destruktiven Frequenzen der Satelliten, die tagtäglich gezielt über den Menschen ausgestrahlt werden, um diese aggressiv oder depressiv zu machen. Sie spüren diese feinen Frequenzen. Auch die Schreie der Bäume beim Fällen und viele andere Energien, denen sich die meisten von uns gar nicht (mehr) bewußt sind. Und daher müssen auch diese Kinder erst einmal lernen, mit solchen Energien klarzukommen. Es ist genau diese Feinfühligkeit und Sensibilität, die diese Kinder (aber auch jeden Menschen, der feinfühlig ist) dazu befähigen, die Entwicklung auf der Erde nach vorne zu bringen, da sie offenbar mit der Energie des Betrugs, der Lüge, der Folter, des Krieges... nicht leben können. Würden sie einem Menschen Schmerz zufügen, käme dieser sofort auf diese zurück (was auch jeder spirituell entwickelte oder einfach bewußt lebende Mensch bestätigen kann). Ist man erst einmal auf der spirituellen Bahn gelandet und hat symbolisch betrachtet 'einmal das Licht gesehen', kann man nicht mehr leben wie zuvor. Man erträgt es selber nicht. Man will nach vorne. Je bewußter man sich beobachtet und tagtäglich lebt, desto bewußter wird man sich dabei dieser Energien. Man wird sich bewußter über die Saat, die man täglich aussät, aber auch über die Ernte. Durch eine bewußtere Lebens- und Denkweise erhöht sich die Schwingung des eigenen Magnetfeldes, was wiederum bedeutet, daß man anhand des Gesetzes von Ursache und Wirkung gezielter und intensiver „schöpft". Wünsche oder Taten, die man in die Welt sät, kommen schneller und präziser auf einen selbst zurück – angenehme wie unangenehme.

Und auch die Aldebaraner-Menschenkinder müssen von den irdischen Menschen in 'irdisch-menschlichen' Verhaltens- und Fühlweisen unterrichtet werden, damit sie die diversen menschlichen Gefühlsregungen nachvollziehen und sich nachher richtig in unser irdisches Leben integrieren können. Diese Kinder - womöglich unsere zukünftigen Lehrer - sollen der Erde dann in nur wenigen Jahrzehnten zu einer Blitzentwicklung verhelfen.

Doch dieses Projekt scheint offenbar auch sehr gefährlich zu sein, da diese Kinder unseren Planeten auf den Kopf stellen würden. Sie sollen nicht manipulierbar sein und würden daher auf den Schwachsinn, der uns täglich über die kontrollierten Massenmedien suggeriert wird (über unsere „feine Gesellschaft", die Politiker, Banken und Kirchen), nicht hereinfallen. Sie sollen durch ihre gemeinsam und harmonisch arbeitenden Gehirnhälften einen direkten Zugang zu ihrem Unter- aber auch zu ihrem Überbewußtsein haben und wären daher in der Lage, immer direkte Informationen aus höheren Dimensionen abzurufen. Das würde die Welt positiv verändern - neue Technologien, Architektur, Glaubensvorstellungen, Ernährung, Erziehung, Zahlungswesen, Regierungswesen, ein völlig anderer Umgang mit dem sogenannten Tod, und und und...

Und genau aus diesem Grund ist verständlich, warum die Illuminati mit ihrem Werkzeug USA, dieses Unternehmen zu unterbinden versuchen, indem sie auf die Aldebaraner schießen und den Kontaktlern das Leben schwer machen. Gleichzeitig desinformieren sie die Welt über Hollywood und lenken dadurch vom eigentlichen Geschehen ab. Doch deren geplante „Neue Weltordnung" ist bereits jetzt zum Scheitern verurteilt. Man hat bislang zu viele Fehler gemacht.

Die Integration dieser 'Kinder' wird eines der schönsten und aufregendsten Erlebnisse in der Geschichte dieses Planeten. Und das Schönste daran ist, daß es unsere eigenen Kinder sind.

„Für mich sind UFOs, Elfen und Zwerge
ebenso wie die archetypischen Wesen, die sich überall
auf der Welt finden, der Beweis dafür, daß wir ein Teil einer
größeren Gemeinschaft von intelligenten Wesen sind,
einer hochkomplexen Hierarchie von
Mächten und Gefolgen."
Brad Steiger, Ufologe

KAPITEL 22
Wird die breite Öffentlichkeit schon auf einen Kontakt mit den Außerirdischen vorbereitet ?

Nach unserer Überzeugung, ja.

Wer über das nötige Wissen verfügt, kann durchaus sehr viele verschiedene, versteckte Informationen, die auf tatsächlichen Ereignissen beruhen, in vielen SF-Filmen, Dokumentationen und dergleichen wiederfinden. Dazu nur ein kleines Beispiel:

Der Film „Independence DAY", bei dem es sich um den Großangriff von Monster-Außerirdischen auf die Erde handelt, wäre aus der Sicht der Amerikaner nicht einmal so arg aus der Luft gegriffen. Lassen Sie mich erklären.

Wovor könnten die Amerikaner solche Angst haben? Könnte das, was der Film zeigt (natürlich übertrieben) durchaus berechtigt sein?

Dazu gibt es zwei Sichtweisen:

1. Gehen wir davon aus, daß die Berichte über einen Vertrag der USA mit einer Gruppe 'bösartiger' Grauer (1954) wahr sind und auch die Hinweise, daß diese Grauen die Amerikaner nur benutzt und den Vertrag nicht eingehalten haben und den Amerikanern die ganze Sache dazu noch aus der Hand geglitten ist, könnte sich der Film „Independence Day" tatsächlich auf eine Übernahme dieser 'bösartigen' Grauen beziehen (wahrscheinlich könnten diese so etwas ähnliches vorhaben – werden aber offensichtlich bisher noch von anderen Außerirdischen daran gehindert).

2. Sicher ist auf jeden Fall davon auszugehen, daß die USA über die Aktivitäten der Aldebaraner (in Verbindung mit den anderen, den friedvollen, kleineren Grauen) sehr gut Bescheid wissen, schon alleine aus der Tatsache heraus, daß die Aldebaraner der VRIL-Gesellschaft geholfen haben, fliegende Untertassen zu bauen, wovon den Amerikanern (durch die 'Operation Paperclip') Unterlagen und Dokumente nach dem Zweiten Weltkrieg in die Hände gefallen sind.

Und die illuminierte US-Regierung müßte sich natürlich auch darüber bewußt sein, daß die Aldebaraner dieser (nicht dem Volke) nach den bisherigen Abschußversuchen nicht gerade freundlich gegenüber stehen, was wiederum bedeuten würde, daß die große USA, die auf der Erde momentan noch dominiert, einer aldebaranischen Technologie nichts entgegenzusetzen und daher in einer weiteren Zukunft auf der Erde nichts mehr zu melden hätte.

Sogar unter beiden Betrachtungsweisen haben die Amerikaner kein Interesse, daß fliegende Untertassen, gleich ob mit großen Menschen oder mit kleinen Grauen bestückt, in Massen auf der Erde landen. Wohingegen anzunehmen ist, daß der Rest der Welt weitaus erfreuter über eine solche Intervention positiver Kräfte wäre.

Und die Angst in diesem Film, in vielfacher Übertreibung dargestellt, zeigt die Unsicherheit des Establishments den Außerirdischen gegenüber. Natürlich werden die Aldebaraner und andere Rassen niemals auf die Erde kommen, um uns Menschen auszulöschen, im Gegenteil. Wenn sie eingreifen, dann nur deshalb, um uns vor unserer eigenen Zerstörung zu bewahren.

In diesem vorgenannten Film wurden auch einige andere wahre Begebenheiten integriert, die nicht immer gleich ersichtlich waren, wie zum Beispiel die 'Area 51' (wonach die Amerikaner seit 1947 ein UFO samt Insassen – möglicherweise aldebaranische Bioroboter - geborgen haben sollen). Und daß der Präsident von allem nichts gewußt haben soll, hat durchaus einen wahren Hintergrund.

Selbst auf sehr ironische Art wurde in dem Film ein „Entführter" (wie Reiner) gezeigt, der seine Chance letztendlich bekam, um es den bösen Aliens zurückzuzahlen (statt „Vergebung" lehrt uns Hollywood wieder einmal die „Rache").

Wer sich auch nur ein bißchen mit der UFO-Thematik beschäftigt hat, kann erkennen, daß vieles in diesen Film hineingepackt wurde, was durchaus der Realität nahe kommt. Nur leider hatte diese Art der Verpackung der Informationen nur den einen Zweck - Angst vor außerirdischem Leben zu schüren. Neben einer guten Werbung für Atomwaffen fand sich in diesem Film ebenfalls eine gute Werbung für unsere heutigen Regierungssysteme, wohingegen die Außerirdischen nur Schlechtes anzubieten haben. Die Wahrheit entspricht genau dem Gegenteil. Die großen Außerirdischen hätten, nach Jahrtausenden der Erfahrung, unserem Planeten eine Regierungsform anzubieten, die eine Kontrolle über Banken und Monopole und eine Versklavung der Menschen unmöglich machen. Das hieße also: keine „Neue Weltordnung".

Doch etwas Positives hatte dieser Film trotz allem bewirkt - beim Durchschnittsmenschen den Gedanken einer Möglichkeit, daß außerirdisches Leben tatsächlich existiert, zu verstärken. Es wurde dadurch bei vielen Menschen das Unterbewußtsein angeregt, zum Nachdenken gezwungen. *„Es könnte ja doch sein, wer weiß?"*

Auch die Serie Akte X, die gerade über diese Thematik einiges berichtet, kommt in manchen Dingen und Ereignissen der Realität durchaus nahe. Vor allem die Hintergründe und Fakten sind oft verschlüsselt und müssen herauskristallisiert werden, trotz der Action und Spannung, die die Serie begleitet. Überall, vor allem in den USA, ist diese Serie zur Kultserie geworden, warum wohl?

Schade ist nur hierbei, daß die Grauen immer als 'negativ' dargestellt werden, was eben nur auf einen Teil zuzutreffen scheint und über die Außerirdischen HINTER den Grauen überhaupt nichts erwähnt wird. Und so bleibt natürlich immer ein angstvoller und „fremder" Geschmack in Bezug auf Außerirdische beim Zuschauer kleben – gezielt natürlich.

Selbst in der Werbung wird hintergründig über UFOs und Außerirdische gesendet. In der Öffentlichkeit geschieht nichts zufällig, und ich nehme an, daß auch diese Informationen von den Illuminati gezielt gesteuert werden, um zu sehen, wie die Menschen auf diese Thematik reagieren. Geraten sie in Panik oder reagieren sie gelassen? Und höchstwahrscheinlich werden wir unterschwellig auf einen möglichen, baldigen Kontakt vorbereitet. In diesem Fall aber wohl eher auf einen Kontakt mit den Außerirdischen, mit denen die US-Regierung zusammenarbeiten soll und die eventuell einen letzten Versuch starten wollen, sich die Erde unter den Nagel zu reißen.

Würde man zur Zeit den unbewußt lebenden und der niederen Materie völlig verfallenen Bürger mit der Tatsache konfrontieren, daß Außerirdische schon längst unter uns leben, die Regierungen mit diesen kooperieren und sogar schon fliegende Untertassen gebaut worden sind, würde bei diesen nicht nur die „heile" Welt zusammenbrechen, sie würden höchstwahrscheinlich in Hysterie ausbrechen, denn ihre Werte und ihr gesamtes Weltbild würde nun in Frage gestellt werden.

Daher liegt es auch im Interesse der Aldebaraner, den Menschen sehr langsam zu begegnen, da diese nicht als unsere 'Herren' auftreten wollen, mit dem Beigeschmack, uns weit überlegen zu sein. Sie möchten uns als gleichwertige Partner und in kosmischer Bruderschaft begegnen, bewußten Menschen, die selbst wissen, was sie zu tun haben (wie zum Beispiel beim Zusammentreffen mit der Besatzung von VRIL-Odin).

Für mich persönlich ist es klar, daß jetzt immer mehr solche Sendungen und Filme ausgestrahlt werden. Es wird zur Selbstverständlichkeit. Man bereitet die Bürger der Welt langsam aber sicher darauf vor, so daß die Regierungen zum geeigneten Zeitpunkt endlich die Wahrheit bestätigen können.

Eine aufregende Zeit steht uns in jedem Falle bevor und wir sollten eigentlich froh sein, ja sogar stolz, zu dieser besonderen Zeit auf diesem Planeten zu leben.

KAPITEL 23
Warum kam es bisher noch zu keiner offiziellen Landung?

Um diese Frage beantworten zu können, müssen wir uns nur in die Lage der Interplanetarier versetzen. Sie kommen aus der Unendlichkeit des Universums, erblicken den schönen blauen Planeten, sie entdecken uns Menschen. Was tun sie, die uns viele tausende von Jahren in der Evolution voraus sind? Für sie stellt es sicherlich kein Problem dar, uns abzuhorchen, unsere Radio- und Fernsehsender wie auch unsere Gedanken! Sie wären wahrscheinlich entsetzt über unsere niedere geistige Entwicklung, erschreckt über unsere primitive Art, empört über unser materielles Denken, über unsere Vorgehensweise, Mitmenschen aus Habgier, Eifersucht und anderen niederen Motiven zu hintergehen und zu morden. Sie wären erschüttert über unseren Umgang mit unseren Mitmenschen, mit unserem eigenen Planeten, mit den Tieren und Pflanzen, von Atombombenversuchen ganz zu schweigen...

Sie wären traurig über unsere vielen Aggressionen untereinander und über die geringe spirituelle geistige Entwicklung. Es wird sie vermutlich traurig stimmen, daß wir so materiell und machtbesessen (geworden) sind. Sie wissen doch auch, daß wir spätestens in zwanzig Jahren unsere eigene Luft nicht mehr atmen können, die wir im Unverstand verpesten. Denn sie fühlen mit uns und wissen, daß wir uns unser eigenes Grab schaufeln, wenn wir diesen Weg weiter beschreiten. Wie kann man sich bei vollem Bewußtsein selbst zerstören? Sie wissen auch, daß wir auf der Erde bereits Technologien haben, die die entscheidende Wende bringen könnten, die schon lange in Wirtschaftsschubladen schlummern, doch absichtlich nicht auf den Markt gebracht werden. Es wäre der Untergang von Reichtum und Macht.

Wie gerne würden sie einen offenen Kontakt wagen, aber was würde dann passieren? Wahrscheinlich würde bei dem jetzigen Bewußtseinsstand und Interessensgebiet Otto Normalverbrauchers eine gewaltige Panik unter den Menschen ausbrechen. Die Regierungen würden ja doch nur wieder alles geheimhalten, die Öffentlichkeit falsch informieren, sich diese neue Technologie militärisch zu nutze zu machen, um zu einer unbesiegbaren Weltmacht zu werden. Möglicherweise würden sie dem Volk über die Massenmedien das Gegenteil dessen über die Besucher erzählen, als es tatsächlich der Fall ist.

Vermutlich werden sich die Außerirdischen aber auch an ihre eigene Vergangenheit erinnern, in der sie womöglich ebenfalls in ähnlicher Art in der Materie verstrickt waren und daher Verständnis aufbringen. Sie werden sich erinnern, wie es ihnen selbst gelungen war, einen anderen Pfad einzuschlagen und sich aus der eigenen inneren Gefangenschaft zu befreien. Wahrscheinlich werden sie sich daraufhin überlegen, wie man den Menschen auf der Erde behilflich sein kann, ohne direkt manipulierend in Erscheinung zu treten, also im Großen zu landen.

Es ist anzunehmen, daß die Außerirdischen aus diesen Gründen nur telepathisch und nur in seltenen Fällen physisch mit uns in Kontakt treten. Es bleibt ihnen wahrscheinlich gar keine andere Möglichkeit, Einfluß im positiven Sinne nehmen zu können.

Dazu gehören auch die nächtlichen 'Abholungen', bei denen die Kontaktler untersucht, gereinigt, geschult und unterwiesen werden.

Diese von vielen Betroffenen als „Entführungserlebnisse" bezeichneten Kontakte sind schon lange vor der Geburt in die irdische Materie geplant und geschehen nur unter Einverständnis der Seelen, die in den jeweiligen physischen Körpern gerade weilen. Dabei handelt es sich bei den Seelen nicht um 'irgendwelche Seelen', sondern in vielen Fällen um Aldebaraner selbst, die sich auf die Erde inkarniert haben (manche zum ersten Mal) oder aldebaranische Seelen, die schon mehrere Inkarnationen auf der Erde absolviert haben. Die

Zusammenarbeit mit ihnen scheint unabdingbar, um unser Überleben in Zukunft zu sichern.

Die medizinischen Untersuchungen, die sie an den Kontaktlern ausführen, sind offenbar für diese sehr wichtig, da die Aldebaraner daran deren Körperaufbau erkennen können, sehen, inwieweit die Erdenmenschen durch die Umweltzerstörung und den psychotronischen Krieg (HAARP und Montauk) bereits geschädigt sind. Und sie entnehmen Proben, um sie zu analysieren und so helfen zu können. Der wichtigste Aspekt in diesen sogenannten „Entführungserlebnissen" ist für die Kontaktler aber der geistige Weg. Die Menschen, die so etwas erfahren haben und noch erfahren, ändern ihre Lebensweise drastisch gegenüber allem - meistens im positiven Sinne. Sie bekommen alle einen gehörigen Bewußtseinsschub, den sie sich oft nicht erklären können. Seltsamerweise fühlen sich diese Menschen alle miteinander verbunden, sie können offen miteinander reden, helfen sich aus einem unerklärlichen inneren Drang. Alle haben das Gefühl, „*wir kennen uns*", doch sind sie sich vorher niemals bewußt begegnet. Vielen Kontaktlern ist es schon so ergangen und diesen wird daher deutlich, daß sie alle auf unsichtbare Weise geführt werden (von geistiger und außerirdischer Seite – telepathisch oder über Implantate), sich finden, um an einer großen, gewaltigen Aufgabe teilzunehmen.

(Es wird wahrscheinlich schon einer ganzen Menge Menschen aufgefallen sein, daß ihre Kinder und Enkel 'anders' sind. Daß sie große Probleme mit dem momentanen Schulsystem haben, von der sogenannten 'Gesellschaft' ganz zu schweigen. Es sind Rebellen, aber friedliche Rebellen. Sie wollen einfach nicht mehr belogen werden, doch das werden wir von morgens bis abends. Die Kinder haben Probleme mit dem Anpassen an alte Traditionen, an einen Chef, der ihnen sagt, was sie zu tun haben... Die heutigen Kinder und speziell die ganz Kleinen, brauchen viel mehr Freiheit und Entfaltungsmöglichkeiten, als die Generationen zuvor. Immer mehr werden hellsichtig geboren, haben einen offenen Kontakt zu Verstorbenen, einen völlig anderen Bezug zum Tod. Manchmal äußern sie Feststellungen und Weisheiten, die von einem Erwachsenen kommen könnten. Woher wissen sie das? Nun, es sind eben sehr viele hochentwickelte Seelen dabei, aber auch Außerirdische von den verschiedensten Planeten.)

Würden Außerirdische jedoch heute offiziell landen, wäre dies wahrscheinlich der falscheste Zeitpunkt, der überhaupt möglich wäre. Lassen Sie mich erklären:

Ein Großteil der Menschheit, vor allem in der westlichen Welt, ist doch der Überzeugung, daß es ihnen heute besser geht als je zuvor. Daß die moderne Medizin, die Demokratie und der Materialismus mit seiner Nüchternheit, die Maschinen und Computer, die Welt in ein Paradies verwandelt hätten. Daß wir die Krone der Schöpfung seien, weiterentwickelt als jedes andere Leben im Universum und unser kirchlicher Glaube, unsere so harmonischen Regierungsformen, unsere Autos und Düsenjäger, unsere Kreditkarten und unsere Handys das Ultimative seien.

Würden die Aldebaraner jetzt landen, gäbe es bestimmt viele Stimmen, die darüber überhaupt nicht begeistert wären und schreien würden, daß diese 'Außerirdischen' uns unsere schöne Welt weggenommen und IHR System UNS aufdoktriniert hätten.

Ein Beispiel dazu:

Nehmen wir einen Menschen, der sich völlig falsch ernährt, wenig schläft, Nikotin und Alkohol in sich hineinschüttet, aggressiv und intolerant und auf Kosten anderer in der Gesellschaft dahinlebt. Ein aufmerksamer Mensch wird erkennen, daß er damit irgendwann auf die Schnauze fallen wird. Angenommen, wir sagen jetzt zu ihm *„He Freund, wenn Du so weitermachst, ist es gut möglich, daß Du eventuell krank wirst oder mit Deiner sturen Weltsicht auch noch Deine letzten wahren Freunde verlierst.“*

Da es ihm aber noch gut geht, wird er unsere Ratschläge in den Wind schlagen, evtl. mit den Worten *„Ach was, bisher ging's mir doch auch gut, warum soll es denn nicht so weitergeh'n?“*

Ein Mensch in solch einer Situation, also in der es ihm „noch gut geht" (zumindest besser als vielen anderen), ist kaum für positive Ratschläge und Hinweise offen - man ist ja zufrieden, es geht einem gut, man hat Erfolg. Warum sollte man sich denn verändern? Die Ratschläge wären sozusagen wie „*Perlen vor die Säue geworfen*".

Jetzt treffen wir diesen Menschen vielleicht zwei Jahre später wieder und stellen fest, daß es mit seiner Gesundheit gar nicht mehr so gut aussieht. Eventuell ist ihm durch die medizinischen Bedürfnisse auch das Geld knapp geworden und seine oberflächlichen Freunde haben möglicherweise auch nicht mehr so viel Zeit für ihn, da sie kein Interesse an seinen Problemen haben.

Er erkennt wahrscheinlich, daß seine Lebensweise doch nicht SO toll war. Und wenn wir ihm nun nochmals die gleichen Worte übermitteln würden, scheint die Chance, daß er diese ernst nimmt und auch darauf positiv reagiert, weitaus größer.

Wieso? Weil er eine andere Haltung oder Standpunkt eingenommen hat. Er hat erkannt, daß seine vorherige Lebensweise doch nicht das A und O gewesen ist und sucht nun nach Lösungen und Alternativen. Nun wäre auch er offen für eine andere Sichtweise.

Sehen Sie den Vergleich zu den Außerirdischen?

Geht es den Menschen, speziell in Mitteleuropa, den immer noch mit Abstand luxuriösesten Ländern der Welt, noch „gut", interessiert sie auch keine Veränderung.

Geht es den Menschen aber wieder einmal „schlecht", nehmen sie auch eine andere Haltung ein und werden für 'anderes' offen. Auf die Weltsituation übertragen würde das bedeuten, daß zuerst einmal die Menschen erkennen müßten, daß sie sich die ganze Zeit in einem Sklavenzustand befunden und keine Meinungsfreiheit hatten, Erfindungen, die das Leben auf der Erde für ALLE in ein Paradies verwandelt hätten, vor ihnen zurückgehalten wurden... - kurz um, sie ihre Seelen an die Illuminati verkauft hatten. Doch das merken sie wahrscheinlich erst dann, wenn es kein Bargeld mehr gibt und jeder Mensch total überwachbar geworden ist.

Daher scheint es zumindest zweierlei Arten zu geben, „reif" für einen außerirdischen Kontakt zu werden:

1. freiwillig und friedvoll durch Aneignung von Wissen oder inneres Erspüren (Intuition) und ein daraus folgerndes konsequentes Handeln oder

2. den Zerfall des jetzigen Systems, in das sich die Menschen immer noch sicher eingebettet fühlen, evtl. durch eine Revolution, einen Dritten Weltkrieg, einen Bankencrash, Naturkatastrophen, Seuchen und Hungersnöte...

Erst dann, wenn die Menschen spüren, daß es außer dem jetzigen Weltbild und der damit einhergehenden Lebens- und Verhaltensweise, noch etwas besseres geben könnte, werden sie für einen eventuellen Kontakt bereit sein. Alles andere wäre verschwendete Zeit und Energie für unsere außerirdischen Brüder und Schwestern - es wäre wie *„neuer Wein in alte Schläuche gefüllt".*

„Je höher das Bildungsniveau, desto höher war auch der Anteil derjenigen, die sagten, schon etwas von fliegenden Untertassen gehört zu haben, die glaubten, daß diese eher real sind und nicht das Produkt der Phantasie, und die glaubten, daß es menschenähnliche Wesen gibt, die auf anderen Planeten wohnen."

Aldora Lee, Colorado University Report

KAPITEL 24
Wann werden die Aldebaraner offiziell in Erscheinung treten?

Zunächst einiges Grundsätzliches dazu, in welchem zeitlichen Rahmen die eben aufgeführten Ereignisse eintreten könnten. Momentan ist eine zeitliche Angabe nicht möglich. Das hängt, wie bereits gesagt, ganz von der Entwicklung und dem Verhalten der Menschen auf der Erde ab. Je nachdem, wie sich die Dinge in den nächsten Jahren entwickeln - ob wir uns mit Atombomben bewerfen oder einen friedlichen Weg einschlagen, ob wir freiwillig „Freie-Energieformen" zulassen und unserer aller Menschen Lebensumstände zum Vorteil der Mutter Erde nutzen oder nicht...
Es hängt ganz alleine von uns ab.

Warum werden beispielsweise immer noch Verbrennungsmotoren verwendet, obwohl schon lange andere Technologien nutzbar wären - warum wohl? Unsere Ölkonzerne, Wirtschaftsmagnaten und die Energielobby unterdrücken diese Technologien, um zu verhindern, daß sie ihre Macht und ihren Einfluß verlieren. Es wird immer weiter, munter drauf los, unsere Erde verschmutzt und die letzten Rohstoffe aus der Erde gezogen, daß sich schon riesige Hohlräume bilden... Und um den Kreis weiterzuziehen, für Erdbeben und Vulkanausbrüche die nötige Grundlage zu schaffen. Es ist ein Ursache/Wirkungs-Prinzip und diese Entwicklung ist beängstigend. Wenn wir nicht schnell handeln und reagieren, das heißt, anfangen, vor unserer eigenen Haustüre zu kehren, dann ist zu befürchten, daß wir die Ereignisse erleben werden, die die Prophezeiungen beschreiben, die die Seher in „Buch 3" beschreiben
Es spricht momentan vieles eher dafür als dagegen, daß dies geschehen wird. Die vier lebendigen Elemente Luft, Feuer, Wasser, Erde werden möglicherweise das tun, was wir schon lange mit ungehorsamen und eigensüchtigen Kindern getan hätten. Die Erde könnte

reagieren, sich zurückholen was ihr gehört und die damit verbundenen Geschehnisse kann sich sicherlich jeder lebhaft vorstellen.

Es wäre daher naheliegend, daß die Außerirdischen erst dann,
wenn es für uns kein Zurück mehr gibt, in unsere Evolution DI-
REKT eingreifen würden. Indirekt tun sie es ja schon lange. Zu
Friedenszeiten haben sie nicht die Möglichkeit, auf unsere Regierungen Einfluß zu nehmen, sie werden nicht ernst genommen - wie
alle jene Menschen, die ebenfalls schon lange warnen.

Immer wieder gab es Querdenker zu den verschiedensten Zeiten,
die vor dieser Entwicklung gewarnt hatten, doch es hörte niemand
auf sie - bis es wirklich einmal geschieht. Dann wird das Weh-
Klagen groß sein. Aber es muß offenbar immer erst etwas Schmerz-
liches „passieren", damit die Masse ihren Hintern hochkriegt.

Die Mehrzahl außerirdischer Rassen lebt nach den universellen
Gesetz, das besagt, daß sie nicht unmittelbar in unseren freien Willen eingreifen dürfen. Doch nach diesen höheren, für die meisten
Menschen noch nicht nachvollziehbaren geistig-ethischen Gesetzen,
gibt es sogenannte 'Ausnahmezustände', die es erlauben, in die
Evolution einer unterentwickelten Rasse einzugreifen, wenn die
vollkommene Vernichtung der Rasse und des Planeten bevorsteht.

Unsere Erde ist ein Juwel im weiten Universum und daß die verschiedenen Außerirdischen, egal welcher Rasse, das wissen, ist naheliegend. Aus diesem Grunde wird es niemals zugelassen werden,
daß die Menschen aus lauter Habgier und niedrigen Motiven alles im
Unverstand zerstören. Alle diese Bedürfnisse sind vergänglich und
niemand kann beim Übergang ins Jenseits, ob durch physischen Tod
oder den sogenannten 'Aufstieg', irgendwelche Form der Materie
mitnehmen, weder sein Auto, seinen Partner, sein Haus oder die
Perlenketten. Nur unsere geistig-seelischen Qualitäten nehmen wir
mit (unsterbliche Seele).

Gehen wir aber davon aus, daß die momentane Entwicklung der
Menschen weiter auf diesem degenerierten und dekadenten Niveau

dahinschreitet, rückt der Zeitpunkt eines solchen „Eingriffs" immer näher.

Diese Aussage würde sich mit einer Vision von Reiner decken, die im Juli 1996 über ihn kam. In dieser sah er plötzlich das Datum 1998 vor Augen und hörte einen kurzen Moment später die Worte: *„Im Herbst 1998 werden die Außerirdischen offiziell mit uns Kontakt aufnehmen."*

„Kontakt aufnehmen" heißt nicht „landen". Es kann auch bedeuten, daß sie sich in großer Stückzahl am Himmel zeigen oder sich plötzlich ins Fernsehen einschalten oder eine einzelne Scheibe im „Englischen Garten" landet, um so auf ihre Präsenz offiziell hinzuweisen. Sozusagen als letzte Warnung zur freiwilligen Umkehr. Inwieweit dies eintreffen wird oder nur Wunschdenken bleibt, können wir nicht sagen. Nachdem sich inzwischen sogar manche Magazine wie auch Fernsehsendungen mit dem Thema „Außerirdische" einigermaßen ernsthaft auseinandersetzen, ist anzunehmen, daß irgend etwas im Anmarsch ist.

Karin ist in einer Meditation ebenfalls Eigenartiges widerfahren: Es war wie eine Vision und ihrer eigenen Meinung nach so stark wie niemals zuvor. Sie sah verschiedene Bilder, die wie ein Film vor ihrem geistigen Auge abliefen. Sie berichtete, daß sie die Erde vom Weltall aus erblickte und tausende, abertausende goldene Lichtpunkte auf die Erde zufliegen sah, bis sie vollkommen mit diesen übersät war. Danach erblickte sie einen Embryo im Stadium des dritten Schwangerschaftsmonats, der in einer Luftblase schwamm. Hinterher sah sie klar und deutlich das Datum 1998 vor ihrem geistigen Auge. Sie selbst kam zu dem Schluß, daß die goldenen Lichtpunkte symbolisch die außerirdischen Raumschiffe darstellen könnten und der Embryo eventuell als Wiedergeburt oder ein Neuanfang auf der Erde zu deuten wäre.

Wie dem auch sei. Sicher ist jedenfalls, daß wir spannende Jahre vor uns haben und wir diese Zeit sehr bewußt und konstruktiv nutzen sollten. Vielleicht bringt das Jahr 1998 tatsächlich das gewünschte Besondere?

KAPITEL 25
Sind die Aldebaraner schon unter uns?

Nachfolgender Erlebnisbericht ist ein sehr schönes Beispiel dafür, daß ein paar vereinzelte Aldebaraner und wahrscheinlich auch andere Außerirdische sehr aktiv unter uns leben und wie sie dabei vorgehen.

Und zwar war unter den Podiumsgästen auf dem Düsseldorfer UFO-Kongreß im Oktober 1995 ein Herr Günther Jüttner vorstellig, der über seine eigenen Kontakte mit menschlichen Außerirdischen berichtete:

Er begann damit, seine langjährigen Erfahrungen in der UFO-Thematik aufzuführen und wies dabei darauf hin, daß dies schon sein 15. UFO-Kongreß sei, den er besuche. Er kannte alle Kontaktler seiner Zeit persönlich, wie Reinhold Schmidt, George Adamski oder Prof. Obert und Prof. Andersen, wobei der letztere jahrelang mit Adamski zusammengearbeitet hatte. George Adamski hatte in den fünfziger Jahren mit blonden menschlich aussehenden Außerirdischen Kontakt gehabt, die angaben, von der Venus zu kommen. Einer dieser 'Venusier', mit dem er mehrmals persönlich zusammentraf wie auch mit ihm in dessen Untertasse mitgeflogen sein will, trug einen braunen Overall und hatte auf den Sohlen seiner Schuhe Hakenkreuze eingeprägt. Desweiteren war die Untertasse, mit der er in den meisten Fällen zu landen pflegte, unübersehbar ein glockenförmiges Haunebu II. Anschließend erzählte Herr Jüttner folgende Geschichte:

„Ich war Friseur und mein erster Kontakt fand in Wiesbaden am Samstag, den 1. August 1955 statt. Ein junger Herr von ca. 26 Jahren betrat den Friseurladen und setzte sich auf einen Stuhl. Er sah ganz normal aus, bis ich ihm den Mantel umlegte. Plötzlich bekam er vor jedem Auge einen türkis-grünen Augenring, ungefähr vier Zentimeter vor den Augen. Ich konnte schauen wie ich wollte, man sah diese Ringe vor den Augen, egal wie er den Kopf drehte. Er

hatte aber keinen hypnotischen Blick. Während ich ihm die Haare schnitt, bekam ich eine Art Dusche (Energiestoß). Es begann vom Kronenchakra bis in die Fußspitzen. Ich wurde dabei knallrot am Kopf und dachte, ich bekomme Grippe oder Fieber. Als ich mit dem Haarschnitt fertig war, mußte ich ihn noch ausrasieren. Als ich damit beginnen wollte, hatte ich das Gefühl, als ob er mir telepathisch mitteilte, daß er von „oben" käme.

Zwei Tage später spazierte ich in einer Allee in Wiesbaden, als in ca. 70 m Entfernung ein Junge auf mich zukam. Er war ungefähr 13 Jahre alt, hatte rotblondes Haar, Bluejeans und eine Wildlederjacke an. Wie er dann an mir vorbeilief, stellte ich fest, daß er dieselben türkis-grünen Augenringe vor den Augen hatte, wie zwei Tage zuvor der Mann im Friseurladen. Ich hatte Angst, ihn anzusprechen und ihn zu fragen, ob er auch „dazugehörte".

Zwei Jahre später lernte ich Herrn Prof. Andersen kennen, der mit dem Kontaktler George Adamski zusammengearbeitet hatte. Dabei hatte ich ihn nebenbei einmal gefragt, woran man denn die Außerirdischen erkennen würde. Er wies mich darauf hin, daß ich einfach aufmerksam sein solle.
Der große Kontakt mit diesen Außerirdischen kam dann in der Rhein-Main-Halle zustande, wo auch Prof. Obert neben anderen Kontaktlern einen Vortrag hielt. Dort traf ich auch Reinhold Schmidt, der mir sagte, daß „seine Leute" schwarze Augenringe hätten und vom Jupiter kämen. Er meinte dann: „Passen Sie auf, „sie" sind heute unter uns." Und bemerkte dazu, daß ich aufpassen soll, daß keine Fremden hereinkommen. Ich saß in der letzten Reihe in der Mitte, als ich auf einmal eine Stimme im Kopf hörte, die mir befahl, mich umzudrehen. Es spielte sich alles in einem Bruchteil von Sekunden ab. Ich drehte mich um, und sah einen Mann. Doch es kam der Befehl, wieder nach vorne zu blicken. Als ich mich erneut umdrehte, war diese Person verschwunden. Fünf Minuten später löste sich die Menge auf und ich ging raus vor die Tür, als ich dort

denselben Jungen mit den türkis-grünen Augenringen aus dem Park stehen sah. Diesmal aber nicht in Jeans, sondern er hatte einen An- zug an mit einer türkis-grünen Mozartschleife. Er stand zwischen Reinhold Schmidt und Andersen eingeklemmt und vis à vis die Dol- metscherin. Es sah aus, als ob er dazugehörte. Also fragte ich die Dolmetscherin: „Gehört er zu eurer Gruppe?" Doch wie ich noch- mals hinschaute, war er plötzlich verschwunden."

Der UFOloge, der den Kongreß leitete, antwortete ihm darauf, daß es nach einem Lehrbuchkapitel der amerikanischen Luftwaffe vier verschiedene Typen Außerirdische gäbe - eine davon mensch- lich. Sie könnten unter uns leben ohne aufzufallen.

Doch wurde Günther Jüttner von dem Kongreßleiter ausdrücklich darauf hingewiesen, daß seine Geschichte nichts mit den „Entfüh- rungs-Fällen" zu tun hätte, worüber dieses Podiumsgespräch eigent- lich ging.

Das ist natürlich nicht richtig, da dieser ganz offenbar die Zu- sammenhänge nicht kennen will oder darf, die wir in diesem vorlie- genden Buch behandelt haben – daß die Grauen also durchaus mit den großen Besuchern zusammen agieren.

Wie Sie sehen, decken sich die Aussagen von Herrn Jüttner und Reinhold Schmidt mit denen der beiden deutschen Militärs im Zweiten Weltkrieg, die angeblich die Aldebaraner aktiv mitarbeiten sahen - sie hatten beide diese Ringe vor den Augen schweben.

Im März 1997 lernte Reiner nach einer Fernsehsendung Major Petersen näher kennen. Dieser war mehrere Jahrzehnte bei der Luft- raumüberwachung in Dänemark angestellt, wobei er etliche Male sogenannte UFOs auf Radar wie auch 'live' gesehen haben will. Beide hatten bei der Sendung als 'UFO-Zeugen' mitgewirkt.

Am Abend führten sie noch ein langes, intensives Gespräch, wo- bei Major Petersen berichtete, daß auch er George Adamski persönlich gekannt hatte. Er bestätigte auch die Echtheit von Adamskis Aussagen und Bildern und wies darauf hin, daß es in den Fünfziger- bis Siebziger-Jahren sehr viele Kontaktler in aller Welt gab, die alle übereinstimmend von menschlichen oder menschenähnlichen Ausserirdischen berichteten (nebenbei erklärte er auch, daß George Adamski zwar in den Medien als Scharlatan hingestellt, jedoch gleichzeitig in die verschiedensten Regierungsstellen eingeladen worden ist), bis dann die Horrorgeschichten aus Amerika veröffentlicht wurden, die nur von *„bösartigen, kleinen, grauen Aliens"* berichteten. Major Petersen ergänzte, daß er in den Siebzigerjahren in Dänemark viele Vorträge über Kontakte mit diesen großen menschenähnlichen Außerirdischen gehalten hatte und aufgrund dessen die Menschen damals viel aufgeschlossener und die Vorträge immer überfüllt waren. Er meinte, daß es nur der negativ-orientierten Presse zu verdanken sei, daß heute niemand mehr von 'richtigen' Kontakten spricht, sondern nur noch von „Entführungen" und „Experimenten". *„Die Propaganda aus Amerika hat wieder bestens funktioniert, um ein falsches Bild auf die „Masse" zu projizieren"*, meinte er. Also scheint die Schlußfolgerung naheliegend, daß Amerika 'anders ist' als der Rest der Welt. Alle haben ein Interesse an den großen menschlichen Außerirdischen, nur die US- und Schattenregierung versucht über ihr Medium „Hollywood" die Menschen irrezuführen.

„An ihren Früchten werdet Ihr sie erkennen."

„Was mich betrifft, gibt es nur eine gültige Schlußfolgerung: Sie sind bereits hier. Ich will das nicht glauben, da mich das sehr erschreckt, aber ich glaube, daß es wahr ist. Außerirdische beobachten uns schon seit vielen Jahren."

Bud Hopkins, Ufologe

Kapitel 26
Men in Black (MIB)
von Reiner

Viele UFO-Kontaktler berichteten, daß sie nach UFO-Sichtungen von schwarzgekleideten Männern bedroht worden sind, die entweder mit schwarzen Limousinen oder schwarzen Hubschraubern ohne Kennzeichnung auftauchten, um die Kontaktler dazu zu bewegen, über ihre UFO-Erlebnisse Stillschweigen zu bewahren. Sind es Männer von der Regierung, die im Geheimen fungieren? Ist die Wahrheit so bedrohlich? Existieren sie wirklich oder sind sie nur ein Produkt unserer Phantasie?

Ich glaube, es liegt teilweise an uns selbst, ob wir diesen Männern begegnen oder nicht. Meiner Meinung nach gibt es dazu mindestens drei Betrachtungsweisen:

Zum einen hat es viel mit unseren typischen Urängsten zu tun, die jeder Mensch in seinem Innern hat. Wir kennen doch den Mythos „Wer hat Angst vorm schwarzen Mann". Ich erinnere mich noch als Kind, dies gespielt zu haben. Angst vor Unbekannten wird uns schon als Kind in unser Unterbewußtsein suggeriert. Falls etwas Ungewöhnliches, Fremdes in unser Leben tritt, kommt diese Angst urplötzlich in uns hoch. Daher bin ich der Überzeugung, daß die Form unserer Gedanken diesen Mythos wieder aufleben läßt, sich in unserer Realität manifestiert, um unsere eigenen Ängste offenzulegen. Wir lernen daraus, entwickeln uns und integrieren sie positiv in unser Leben. Dagegen anzukämpfen hat keinen Sinn, man muß selbst in der Lage sein, dagegenzuwirken und diesen Ängsten selbstbewußt entgegenzutreten.

In zwei sehr realistischen Träumen hatte ich die Begegnung mit diesen schwarzen Männern, die eine gewaltige Panik in mir auslösten. Ich betete, rief alle Schutzengel um Hilfe, doch es half nicht. Ich wußte doch, wie man sich gegen sogenannte „negative Kräfte" schützen konnte, aber es half trotzdem nicht, egal was ich tat. Je mehr ich mich dagegen auflehnte, je mehr ich betete, desto mehr Angst stieg in mir hoch. Zuerst hatte ich das nicht verstanden, doch nun erscheint es mir wesentlich klarer.

Gerade durch meine Ängste, die ich auslebte, die Angst vor diesem alten Mythos, wurde genau jetzt der Zugang zu meinem tiefsten Inneren offengelegt. Dadurch habe ich meine Angst vor den Außerirdischen und den schwarzen Männern abgelegt, ich habe meine Ängste angenommen, umgewandelt und begann sie zu lieben. Seit ich dies verstanden habe, hatte ich keine Alpträume mehr.

Die zweite Erklärung wäre, daß es tatsächlich eine Sonderabteilung in vermutlich den meisten Regierungen gibt, die die Aufgabe hat, alles zu unterdrücken, was mit UFOs zu tun hat. Dies wäre besonders in allen westlich-alliierten Ländern verständlich. Gehen wir davon aus, daß die Erklärungen und Beweise über die deutschen Flugscheiben und deren Expeditionen wirklich der Wahrheit entsprechen, wird verständlich, daß man kein Interesse daran hat, daß die Menschen hinter dieses Geheimnis kommen. Es wäre mit eines der größten Geheimnisse der Neuzeit, aber gleichzeitig, bei der momentanen Weltlage (siehe Illuminati), wahrscheinlich auch eine der wenigen Möglichkeiten, 'physisch' etwas zu bewegen und zu verändern. Aber auch jeglicher Kontakt zu Außerirdischen, egal welchen Couleurs, ist nicht erwünscht, da es die Menschen ja aus ihrer „geordneten Bahn" werfen könnte (die ja so sorgfältig konstruiert worden ist). Im Falle des Auftauchens solcher Einheiten (Schwarzer Männer) hört man meistens von schwarzen Hubschraubern – speziell in den USA – wie auch Personen in schwarzen Limousinen, die bereits kurz nach einer Sichtung oder einem Kontakt vor der Haustüre solcher Kontaktler auftauchen und versuchen, diese einzuschüchtern. Manchmal verlangen sie Fotos oder Videoaufzeichnungen, auf denen Flugmanöver der UFOs oder gar Insassen zu sehen sind. Andere Male drohen sie den Menschen in irgend einer Form, falls diese mit ihrem Erlebnis an die Öffentlichkeit gehen sollten.

Doch es gibt noch andere „Männer in Schwarz", womit wir bei der dritten Variante angelangt wären, sogenannte Wächter, die nichts mit den Regierungen oder dergleichen zu tun haben. Sie haben eine Art Wächterfunktion, greifen aber nicht ein. Sie warnen und hoffen, daß die Menschen dies verstehen und dieser Warnung folgen. Es sind keine Menschen, es sind Wesen, die sich materialisieren und entmaterialisieren können. Sie haben nicht die Absicht zu kontrollieren, zu ängstigen oder Panik zu verursachen. Sie versuchen, Kontakt mit uns aufzunehmen, um uns vor Menschen zu warnen - die in Zukunft auf uns zukommen könnten - die uns in jeglicher Hinsicht schädigen wollen. Dieses haben Karin und Sandra erlebt und es war das Eigenartigste in dieser Art, das man sich vorstellen kann.

Karin schilderte die 'Begegnung' folgendermaßen:

„Es war im Februar 1997, die Sonne schien, und wir konnten unsere Hunde kaum bremsen. So begaben wir uns wie jeden Tag in den nahegelegenen Wald, um sie dort auf einer Lichtung rennen zu lassen. Meine Tochter Sandra stand ca. 5 Meter von mir entfernt und sagte plötzlich zu mir: „Schau mal, da kommt ein Mann"! Ich blickte in die Richtung und sah dort tatsächlich jemanden stehen. Man konnte ihn ganz deutlich erkennen. Sandra nahm ihren Hund an die Leine, da er bei jedem Menschen bellte, der in seine Nähe kam, und hinrannte. Ich blickte ganz kurz zu meinem Hund, der ganz ruhig hinter mir stand. Nach einigen Sekunden, es waren nur Sekunden, schauten wir wieder zu der Stelle, an der sich der Mann befunden hatte, doch er war verschwunden.

Es war unmöglich, sich in so kurzer Zeit zu entfernen. Wir hatten kein Geräusch gehört, keinen Zweig der knackte, nicht das Geringste. Unsere Hunde hatten nicht gebellt, sie standen nur da und schauten. Es war uns unverständlich. Anscheinend hatten sie ihn nicht bemerkt. Doch wir hatten ihn beide klar und deutlich gesehen, im Abstand von ca. 20 Metern und nun war er verschwunden, als hätte er nie existiert. Das Seltsame daran war, wie er ausgesehen hatte. Er war total in Schwarz gekleidet, hatte schwarze Haare, doch komischerweise konnte ich sein Gesicht nur undeutlich erkennen. Es war irgendwie verschwommen. Ich weiß nur, daß es sehr bleich war, weißlich, unnatürlich weiß für einen Menschen, was mir auch Sandra bestätigen konnte. Trotz dieses Erlebnisses gingen wir, ohne verängstigt zu sein, auf die Suche nach ihm. Es wurde mir ziemlich schnell bewußt, daß dieser Mann kein normaler 'Mann' gewesen sein konnte, sondern in irgend einem Zusammenhang mit den Aldebaranern stand. Irgend etwas sagte mir, daß ich keine Angst zu haben brauchte, da dies keine Bedrohung gewesen sei, sondern nur eine Warnung. Diese Warnung ist in meinem Gedächtnis verblieben und ich werde wissen, wann der Zeitpunkt eingetreten ist, aufzupassen."

Wenn wir uns an meinen Traum erinnern, in dem ich die Massenlandung von Außerirdischen erlebte, befand sich da auch ein 'Schwarzer Mann'. Er war derjenige, unter dessen Mantel wir geschlüpft waren und in das Raumschiff gezogen wurden. In diesem Fall hatte dieser eine eindeutig 'positive' Rolle eingenommen. Er hatte zu uns gesagt: *„Kinder, nun ist es an der Zeit, nach Hause zu gehen."* Könnte diese Begegnung mit dem 'Schwarzen Mann' im Wald vielleicht ein Hinweis dafür sein, daß eventuell der Zeitpunkt für diese Intervention von Außerirdischen sehr nahe ist?

Doch dies war nicht Sandras einziges Erlebnis bezüglich „Schwarzer Männer". Als sich Jan ein weiteres Mal mit uns zusammensetzte, um noch weitere Einzelheiten aus unserem Leben zu erfahren, kam ihr folgendes Erlebnis aus der Kindheit wieder in die Erinnerung: Sie war ungefähr acht Jahre alt und kam gerade aus der Schule, als ein schwarzer Porsche 911 neben ihr hielt. Im Wagen saßen zwei Männer, der eine davon war schon etwas älter und hatte kurze graue Haare, der andere, der neben ihm saß, war ganz dunkel gekleidet, trug eine schwarze Sonnenbrille und einen schwarzen Hut. Hinten saß noch eine Frau, beziehungsweise lag (im Fond eines 911er ist es für einen erwachsenen Menschen nur in einer halbliegenden Position einigermaßen erträglich). Der Fahrer mit den grauen

Haaren winkte Sandra heran und trotz der Warnungen seitens der Mutter, nicht mit fremden Männern zu sprechen, ging sie zu dem Porsche. Als sie neben der Fahrertüre stand, griff der grauhaarige Mann plötzlich nach ihrem Arm, hielt sie fest und versuchte, sie in den Wagen zu ziehen. Nur mit Mühe konnte sich Sandra losreißen und davonrennen. Der Wagen brauste daraufhin mit hoher Geschwindigkeit davon.

Einige Tage später, der Vorfall war schon fast in Vergessenheit geraten, gingen Sandra und ihre jüngere Schwester Carmen morgens gegen 6.30 Uhr Brötchen holen, als sie den schwarzen Porsche wieder sahen. Er stand neben einer kleinen Kapelle am Ort, wobei diesmal nur der Mann mit der schwarzen Sonnenbrille und dem Hut darin saß. Er sah aus wie ein Agent in einem Krimi. Auch diesmal wollte er etwas von Sandra und schaute sie sehr lange und intensiv an. Doch sie lief weiter. Sie blickte während des Weitergehens noch einmal zurück, jedoch ohne Angst und sah, wie der Porsche erneut davonbrauste. Danach erschienen ihr diese „Schwarzen Männer" nicht mehr wieder, bis zu dem Erlebnis im Wald.

Wer waren nun *diese* 'Schwarzen Männer' beziehungsweise die Frau? Wären sie der zweiten Kategorie zuzuordnen? Den Regierungsleuten? Wollten sie nur einschüchtern? Wir wissen es noch nicht.

Aber auch Carmen, Karins zweite und jüngere Tochter, hatte ein Erlebnis in dieser Richtung. Es war 1994, sie war damals sechzehn Jahre alt, als sie gerade mit einer Freundin von der Schule nach Hause lief und ihr dabei ein seltsamer Mann auffiel. Er war ganz in Schwarz gekleidet und trug einen schwarzen Zylinder auf dem Kopf. Allein dieses Aussehen ist schon äußerst merkwürdig, doch Carmen fiel besonders sein sehr blasses, fast bleiches Gesicht auf. Der Mann sah Carmen sehr intensiv an und schien sich für ihre Freundin überhaupt nicht zu interessieren. Er hatte auch sehr seltsame Augen. Carmen beschrieb sie als 'Röntgenaugen' und empfand darin einen hypnotischen Blick. Ihr wurde ganz mulmig zumute und bat daher ihre Freundin, etwas schneller zu gehen, da sie Angst vor diesem Mann hatte. Nach ein paar Schritten blickte sie zu ihm zurück und bemerkte, daß er sie immer noch anstarrte.

Dieses Erlebnis scheint sie sehr beschäftigt zu haben, da sie es auch heute noch immer wieder zur Sprache bringt.

Es scheint also tatsächlich verschiedene Betrachtungsweisen bezüglich dieser „Schwarzen Männer" zu geben. Wir werden in Zukunft sicherlich noch mehr über diese mysteriösen Gestalten erfahren. Doch wie kann man sich im Fall einer solchen Begegnung verhalten, wie kann man erkennen, ob dieser nun 'für' oder 'gegen' einen agiert? Wir sollten uns auch in diesem Fall auf unsere innere Stimme verlassen, auf den ersten Impuls. Ein Blick in die Augen solch einer Person (falls vorhanden) kann da sicherlich noch mehr Klarheit verschaffen.

Aber Carmen hat auch 'andere' Erfahrungen gemacht, so wie der Rest der Familie, doch versucht sie momentan noch, diese zu verdrängen.

Beispielsweise erinnert sie sich daran, daß sie im Alter zwischen fünf und sechs Jahren in der Nacht mehrmals 'Besuch' von einem 'Mann' gehabt hat, der neben ihrem Bett stand und ihren Kopf gestreichelt hatte. Sie hätte aber keine Angst dabei gehabt.

Später, erzählte sie, hatte sie eine leuchtende Kugel im Zimmer schweben sehen. Die Kugel schwebte demnach hin und her, bis sie plötzlich verschwand, was auch Sandra, die mit Carmen im gleichen Zimmer schlief, bestätigen konnte.

Äußerst interessant ist auch die Geschichte, die Uwe, Sandras Freund, erlebte, der auch derjenige ist, der die Aldebaranerin an der Gartentür gesehen hatte. Das Schönste an der Sache ist, daß Uwe, der behauptet, überhaupt nicht an solche „Dinge" zu glauben, inzwischen mit seinem Weltbild ganz schön ins Schleudern gekommen ist. Und zwar wachte Sandra, die neben Uwe lag, eines Nachts von einem seltsamen lauten Poltern auf. Sie blickte um sich und sah Uwe mindestens einen Meter neben dem Bett liegen. Wäre er nur aus dem Bett gefallen, würde er normalerweise nicht so weit von diesem entfernt liegen. Auch hätte der Fall aus dem Bett nicht so ein Poltern verursacht, wie Sandra es wahrgenommen hatte. Ihrer Meinung nach mußte er von 'oben runtergekommen' sein. Sandra stand sofort auf und fragte Uwe ganz entsetzt, was denn geschehen sei, woraufhin dieser mit einem Stöhnen von sich gab: *„Zuviel Strom, sie haben mir zuviel Strom gegeben."* Danach rappelte er sich auf und wollte aus dem Schlafzimmer gehen, doch anstatt zur Schlafzimmertüre lief er in die entgegengesetzte Richtung, an die Wand. Sandra sprach ihn darauf an und meinte, daß die Türe in der anderen Richtung sei, woraufhin er seine Richtung wechselte und zur Türe ging. Dort angekommen, wollte er das Licht einschalten, doch als er den Lichtschalter berührte, schmorte die Leitung durch. Es gab ein lautes Zischen und der Strom war weg.

Wieder einigermaßen zu sich gekommen, erzählte Uwe, daß er sich in einem ihm unbekannten Raum befunden und in einem Sessel gesessen habe, wobei er dort an irgendwelche Drähte angeschlossen gewesen wäre. Er erinnerte sich an eine Art Messanzeige, die sich auf einem unteren Level befunden hatte (beispielsweise den Wert 10) und dann „jemand" den „Strom" (auf etwa 30) hochgedreht hätte.

Er fühlte sich nach diesem Ereignis ziemlich schlecht und konnte auch kaum noch gehen, so schmerzte ihm der Rücken. Also begaben sie sich am nächsten Morgen ins nahegelegene Krankenhaus, um festzustellen, was den Schmerz auslöste. Dort wurde ihm dann Blut abgenommen und ein EEG durchgeführt, wobei man solch hohe Leukozytenwerte feststellte, daß man annahm, sie würden auf eine schwere Entzündung hindeuten. Interessanterweise haben Astronauten, die sich im Weltraum befunden haben, ebenfalls solch hohe Leukozytenwerte nach ihrer Rückkehr vorzuweisen.

Es wurde noch ein Röntgenbild von Kopf und Nacken gemacht, um festzustellen, woher seine Schmerzen rührten. Danach wurden sie nach Hause geschickt mit dem Hinweis, am nächsten Tag wieder vorbeizukommen, um seinen Zustand zu überprüfen. Am nächsten Tag hatten die Schmerzen zwar etwas nachgelassen, doch entschied sich Uwe, auch noch einen Orthopäden aufzusuchen. Als dieser die Röntgenbilder sehen wollte, ging Uwe nochmals ins Krankenhaus, um diese abzuholen, doch wurde ihm zu seiner Verwunderung erklärt, daß diese verschwunden seien. Das war äußerst seltsam. Da wurde sogar der Orthopäde stutzig und meinte, daß so etwas in einem Krankenhaus nicht passieren dürfe. Er hätte es noch nie erlebt, daß Röntgenbilder verschwunden wären. Entweder waren sie wirklich verschussel worden oder es war etwas darauf zu erkennen, was man der Öffentlichkeit nicht preisgeben wollte.

Doch der bodenständige Uwe wurde noch ein weiteres Mal mit seltsamen Umständen konfrontiert. Und zwar hatte er einen Traum. Doch dieser Traum war, wie wir nun inzwischen festgestellt haben, mehr als nur ein „Traum". Uwe träumte, daß er im Bett lag und schlief, doch plötzlich aufwachte, weil Sandra zu schreien anfing. Als er im Traum ans Fenster ging, sah er, wie Sandra von zwei großen Wesen mit blonden langen Haaren weggebracht wurde. Ein drittes Wesen, ebenfalls mit blonden, jedoch sehr kurzen Haaren, lief hinterher. Alle waren mit türkisfarbenen Overalls bekleidet und liefen mit Sandra in den nahegelegenen Wald. Im Traum überkam Uwe dann große Panik, daß er mit dem Auto losfuhr, um Sandra zu suchen, doch ohne Erfolg.

Dieser „Traum" beschäftigte ihn so sehr, daß er am darauf folgenden Tag mehrmals von der Arbeit zu Hause anrief, um sich zu vergewissern, daß Sandra wirklich zu Hause und alles in Ordnung sei.

Auch heute beschäftigt ihn dieser Traum noch sehr, was aber auch damit zusammenhängt, daß an dem besagten Morgen nach diesem Traum an der Klinke der Haustüre zwei Schrauben fehlten, die sich offenbar aus unerklärlichen Gründen gelöst hatten und spurlos verschwunden waren.

Dies waren nur ein paar wenige Beispiele, um zu zeigen, daß es
sich bei diesen Ereignissen sicherlich um mehr als nur um überstei-
gerte Phantasien handelt.

Speziell Uwe ist ein Mensch, der mit beiden Beinen auf dem Boden steht und an diese 'Phänomene' niemals geglaubt hat. Er hat
auch bis zum heutigen Tage noch kein einziges Buch über UFOs
gelesen. Doch aufgerüttelt durch diese Erlebnisse bleibt ihm nichts
anderes übrig, als sich nun ebenfalls mit der Tatsache auseinanderzusetzen, daß wir alle von Außerirdischen besucht werden. Es zeigt
uns auch, daß nicht nur unsere Familie, sondern auch unser Umfeld
mit in die Kontakte verwoben ist, was erneut das Gesetz der Resonanz bestätigt, dem zufolge Menschen gleichen Denkens, Fühlens
oder Handelns sich gegenseitig anziehen.

So blieb auch Markus, der Jüngste, den Sandra während ihrer
Hypnose zusammen mit dem Aldebaraner an Bord des Raumschiffs
gesehen hatte, nicht von den Kontakten 'verschont'. Er selbst hat
ebenfalls Erinnerungen an diverse Erlebnisse, auch ohne Hypnose,
worüber er jedoch nur ungern spricht. Bei einem war er etwa fünf
Jahre alt, als Karin und er eine UFO-Sichtung hatten. Dieses UFO
war kreisrund und leuchtete rot-orange und schoß, nachdem es zuerst einige Minuten regungslos am Himmel gestanden war, in einer
unvorstellbaren Geschwindigkeit in Richtung Süden (Österreich)
davon.

Von diesem Ereignis fasziniert, stieg in Markus die Neugier auf
zu erfahren, was es mit diesem UFO auf sich hatte. Es war ca. ein
Jahr später, als er seiner Mutter folgendes Erlebnis erzählte: *„Ich
wurde mitten in der Nacht plötzlich wach und hatte das Gefühl, daß
irgend etwas ins Zimmer kommen würde. Der Raum wurde schlagartig hell und eine furchtbare Angst überkam mich. Ich wußte, daß
irgend etwas oder irgendwer zu mir kam und zog mir die Bettdecke
über den Kopf, um mich vor diesem Unbekannten zu schützen. Da
spürte ich, wie mich etwas berührte, mich abtastete. Ich konnte mich
nicht mehr bewegen und war diesem „etwas" völlig hilflos ausge-*

liefert. Doch die Angst wich. Dann kann ich mich an nichts mehr erinnern. Vermutlich war ich eingeschlafen. "

Im Alter von etwa sieben Jahren hatte er zusätzlich einen seltsamen „Traum", der offenbar auf ein ähnliches Erlebnis hinzuweisen scheint: *„Ich sah mitten in der Nacht kleine Wesen über den Balkon in mein Zimmer kommen. Begleitet waren diese 'Kleinen' noch von einem großen Wesen mit blonden zurückgekämmten langen Haaren. Es muß schon ziemlich am Morgen gewesen sein, denn ich erinnere mich, kurz darauf auf die Uhr gesehen zu haben. Es war kurz vor 6.00 Uhr und damit Zeit, in die Schule zu gehen. Ich dachte, in diesem sogenannten „Traum", daß ich nicht in die Schule gehen wollte, da ja „sie" da waren. Doch „sie" sagten zu mir, daß ich in die Schule gehen müsse. Ich weiß nicht wieviel Zeit dann noch vergangen war, aber plötzlich wachte ich 'wirklich' auf und die Uhr zeigte immer noch kurz vor 6.00 Uhr an. Es war also gar keine Zeit vergangen. Offenbar hatten sie mir einen Streich gespielt. "*

Markus erzählte damals Karin diesen Traum, doch inzwischen hatten beide diese kleinen Episoden längst vergessen. Sie kamen erst jetzt wieder ins Bewußtsein, als Jan unsere Familie immer und immer wieder über Erlebnisse in unserer Vergangenheit befragte. Markus hatte aber noch mehrere solche „Träume". So träumte er schon öfters von Raumschiffen, die am Himmel standen, bei einem Mal war sogar der ganze Himmel von ihnen bedeckt. Ein anderes Mal erzählte er sogar, daß er eine Scheibe gesehen hätte, die oben eine Kuppel und an der Unterseite ein Fenster hatte. Und Karin sei auch dabei gewesen, meinte er.

KAPITEL 27
Die Macht der Massenmedien
von Reiner

Dieses Kapitel hat eigentlich nicht direkt mit dem Buchtitel zu tun, doch möchte ich es mir nicht nehmen lassen, Ihnen meine Erfahrungen zu schildern, die ich über die Jahre 1995-1996 bei meinen Fernsehauftritten gemacht habe. Mir liegt viel daran, Ihnen ein wenig die Augen zu öffnen, wie wir, die große Masse, manipuliert und gezielt verblödet werden. Durch die vielen Auftritte im Fernsehen und durch die Interviews für diverse Zeitschriften habe ich einige unfreiwillige Erkenntnisse sammeln dürfen und bekam dadurch ein paar Einblicke in das, was sich tatsächlich hinter den Kulissen abspielt. Es sind zwar nur ein paar, eher unbedeutende Erlebnisse, doch zeigen sie uns deutlich, wohin der Hase wirklich läuft. Sie sollten wissen, daß man nichts von dem, was über die Massenmedien ausgestrahlt wird, für bare Münze nehmen kann.

Man sollte sich immer im Klaren darüber sein, daß es nur um den Profit und die Einschaltquoten geht, niemals um wirkliche Aufklärung und wahre Informationen. Vor allem die „Talk-Shows" sind reine „Show" und dienen im Endeffekt nur der Verdummung der Menschen. Sie sind zum Großteil nur auf Lügen aufgebaut und verfolgen den einzigen Zweck, nämlich belanglose Dinge irgendwelcher Leute als 'unglaublich wichtig' zu deklarieren und den Zuschauer vom eigentlichen Geschehen auf der Erde abzulenken. Dazu kommt, daß sich viele Personen, die bei solchen Sendungen auftreten, ihre Geschichten zum Teil sogar nur ausgedacht haben, um einmal im Leben im Fernsehen gewesen zu sein.

Es ist traurig aber wahr, aber ich habe es selbst erlebt, und dies nicht nur einmal. Teilweise wird all das, was man vor der Kamera gesagt hat, in einem anderen Licht dargestellt und wichtige Details herausgeschnitten. Es werden andere Zusammenhänge weitergegeben, je nachdem, was die Redaktion durch ihren Beitrag beim Zuschauer erreichen will, und am Ende stimmt vieles nicht mehr mit den Tatsachen überein. Es kann ja auch kaum jemand wissen, daß die meisten Kritiker bei solchen Shows nur dafür bezahlt werden, jemanden lächerlich oder vor der Kamera schlecht zu machen und deren persönliche Meinung oft dem Gegenteil entspricht - doch das Geld lockt.

Lassen Sie mich dazu ein paar Beispiele erzählen:
Nach einer Sendung, bei der ich meine Kontakte mit den kleinen Grauen geschildert hatte, kam ein Kritiker (er möchte nicht genannt sein) auf mich zu und entschuldigte sich bei mir mit schweißnassen Händen und den Worten, daß ich es nicht persönlich nehmen solle, er *„mußte"* so reden. Ich frage mich „in welchem Auftrag"?

Bei einem anderen Fernsehauftritt hatte ich folgendes Erlebnis:
Vom Redaktionsleiter, mit dem ich vor der Sendung ein längeres Gespräch führte, wurde ich angehalten, keine politischen Äußerungen während der Sendung von mir zu geben, es wäre viel zu heiß und brisant. Mir war natürlich klar, daß ich mit meinen Äußerungen sehr vorsichtig sein mußte - dafür war es noch zu früh. Dabei hatte ich dem Redaktionsleiter bei diesem Gespräch eigentlich nur klarmachen wollen, wie breitgefächert die UFO-Thematik ist und man sich zwangsläufig auf politisches Terrain begeben muß, um die Interessen hinter der UFO-Geheimhaltung besser verstehen zu können.
Obwohl ich in der Sendung nur über meine persönlichen Erfahrungen gesprochen hatte, bekam ich vierzehn Tage später einen Anruf von dem Verlag, der ursprünglich unsere Erlebnisberichte veröffentlichen wollte und wurde gebeten, nichts mehr über die Aldebaraner in der Öffentlichkeit zu erzählen. Die Drähte würden schon heißlaufen, selbst die Staatsanwaltschaft hätte sich schon gemeldet und gedroht, diesem die Lizenz zu entziehen, falls Jan van Helsing in irgend einer Weise beteiligt wäre. Auch dürfte ich bei meinen Vorträgen und Auftritten nichts mehr über 'deutsche Flugscheiben'

oder meine Beziehung zu Jan van Helsing erklingen lassen. Also blieb uns nichts anderes übrig, als anders vorzugehen, denn so schnell lassen wir uns nicht einschüchtern.

Verrückt, nicht wahr? Warum gibt es denn so viel Wirbel, nur weil wir gewisse Parallelen gefunden haben? Parallelen, die bis zum Ersten Weltkrieg zurückreichen? Obwohl dieses Buch erst im Herbst 97 erscheinen sollte, also ein halbes Jahr später, schon dieser Ärger im Vorfeld?

Daran kann man sehen, wie schnell einem von 'gewissen Kreisen' das 'Stop-Schild' vorgehalten wird. Wenn diese Ausführungen nur sogenannter 'Blödsinn' wären, warum dann diese Vorgehensweise, warum diese Drohungen?

Und offenbar haben gewissen Kreise eine gewaltige Angst vor Jan van Helsing's Enthüllungen. Denn wo Jan auftaucht, da kommt Stimmung auf. Er muß also doch in ein Wespennest gestoßen haben, sonst würden keine Staatsorgane so reagieren. Wären all seine Ausführungen nur Hirngespinste, warum müssen dann seine Bücher bundesweit beschlagnahmt, Haftbefehl und Steuerfahndung beantragt und permanente Hausdurchsuchungen durchgeführt werden? Man kann in Deutschland an jeder Straßenecke Drogen kaufen, von Kinderpornos und Waffen ganz zu schweigen. Jeder sieht es, jeder weiß es und jeder schweigt darüber. Offenbar gehört dies zu einer 'richtigen Demokratie'. Wie heißt es doch so schön im Volksmund *„Das muß ein demokratischer Staat verkraften können."* Aber Jan van Helsings Bücher haben diese Grenze, die Grenze dessen, was die Nation Deutschland tolerieren kann, offensichtlich überschritten. Ein wirklich interessanter Aspekt, finden Sie nicht? Doch haben sich seine 'Gegner' durch ihr Verhalten selbst verraten, ihre Namen offengelegt und zeigen jedem, wieviel Meinungsfreiheit die Deutschen heute tatsächlich haben.

Bei einem anderen Fernsehauftritt im März 1997 in Berlin ███ ███████████ wurde ein Kritiker eingeladen, der ziemlich plump und emotional versuchte, uns UFO-Kontaktler der Lächerlichkeit preiszugeben oder irgendwie anders zu diskreditieren. Er vertrat die Meinung, daß unsere Ausführungen über die Sichtungen und Kontakte reine Hirngespinste und sogenannte „Entführungen" von Ausserirdischen nur Produkte unserer Phantasie seien. Nach der Sendung stellte ich ihn zur Rede und fragte ihn direkt, ob er wirklich das vertreten würde, was er während der Sendung von sich gegeben hat? Mit einem unsicheren Lächeln auf dem Gesicht antwortete er mir: *„Ja natürlich* (nach Ansicht von Reiner ironisch gemeint). *Aber Du weißt doch, die Show muß laufen. "*

Auch nicht uninteressant ist die Geschichte, als im Februar 1997 das Filmteam von ████ bei mir war, die ganze Familie den ganzen Tag lang interviewte und unser Haus von allen Winkeln und Ecken filmte. So fand sich irgendwann auch die Zeit, daß ich mit der leitenden Redakteurin ein paar persönliche Sätze austauschen konnte. Dabei sprach ich sie darauf an, wer denn letztendlich verantwortlich dafür wäre, was am Ende tatsächlich gesendet würde und wer denn bestimme, was zensiert wird und was nicht. Sie wich meiner Frage aus, bestätigte mir aber dann die Vermutung, daß es ihnen weder um die Personen und deren Geschichte gehe und es auch irrelevant sei, ob die Geschichte wahr sei oder nicht - es gehe ihnen letztendlich nur um die Einschaltquoten. Ihnen sei aus der 'oberen Etage' gesagt worden, sie sollen über dieses oder jenes Thema einen Beitrag zusammenstellen – immer gerade das, worüber man gerade spricht, egal ob UFOs oder Kleinkrieg im Schrebergarten...

Na fein!

Interessanterweise mußte ich bei der Ausstrahlung der Sendung feststellen, daß alles, was ich über das Wissen der Regierungen über Außerirdische sowie das, was ich positives über die Aldebaraner zu sagen hatte, herausgeschnitten worden war. Wieso wohl?

Noch ein Beispiel:
Als ich März 1997 an einer Fernsehaufzeichnung teilnahm, lernte ich dort ein Ehepaar aus Dortmund kennen. Wir wurden gemeinsam am Sonntag nach der Aufzeichnung zum Flughafen gebracht, wobei wir dann im Café des Flughafens die Gelegenheit hatten, uns ausführlich zu unterhalten. Dieses Ehepaar hatte bei einer anderen Aufzeichnung mitgewirkt, die aber auch am selben Tag abgedreht wurde.

Als ich das Ehepaar danach fragte, wie es zu der Sendung gekommen war, meinte die Frau, daß sie sich beim Sender gemeldet hätten, als es um das Thema „Haushaltsstreit" ging.

Sie erzählte gelassen, daß sie und ihr Mann im voraus abgesprochen hätten, was sie den Zuschauern erzählen würden. Daß die Geschichte, die sie im Fernsehen erzählten, nicht der Wahrheit entsprach, bestätigten sie mir beide. Sie waren auch der Meinung, daß es doch schön sei, auf Kosten des Senders ein Wochenende in Berlin zu verbringen. Sie hätten schon öfters bei anderen Talk-Shows zu den unterschiedlichsten Themen mitgewirkt.

Auf meine Frage, wie sie dies anstellten, antworteten sie, daß sie sich regelmäßig die aktuellen Talk-Shows ansehen und sich dann ein Thema aussuchen, bei dem sie gerne mitwirken würden. Danach würden sie dann den Sender kontaktieren und den Preis aushandeln.

Als ich diese Geschichte hörte, war ich zum einen wie vom Blitz getroffen über die Frechheit dieser Leute und zum anderen natürlich entsetzt, daß man inzwischen wohl überhaupt nichts mehr glauben kann.

KAPITEL 28
Über die Realität des Jenseits

Es werden sich sicherlich schon einige Menschen darüber Gedanken gemacht haben, wie das 'Jenseits' mit dem Leben auf anderen Planeten zusammenhängen mag. Wenn wir uns an die Ausführungen von Dr. Schumann über das Diesseits und das Jenseits erinnern, müßte demnach eigentlich auch ein bewußter Wechsel in die jenseitige Welt möglich sein. Nur, wie hängt das alles zusammen? Die Frage stellt sich, ob es dazu eines vorherigen Sterbens im Diesseits bedarf oder der Umwandlung des diesseitigen Körpers durch Stofftransformation? Damit würde auch die alchimistische Idee des Erlangens von Unsterblichkeit durch Transformation verständlich.

Doch was ist das Diesseits, was das Jenseits?

Wir haben inzwischen sogar von den Universitäts-Wissenschaften die Bestätigung erhalten, daß es ein „Sterben" tatsächlich gar nicht gibt. Wir bestehen aus Energie und Energie kann nicht sterben. Sie kann nur andere Zustände annehmen. So wie ein Eiswürfel nicht 'stirbt', wenn man ihn erhitzt – er wird zu Wasser. Er ändert nur seinen Aggregatzustand. So ist es auch bei uns Lebewesen. Wir haben einen physischen Körper mit einem ganz bestimmten Schwingungsmuster - einer spezifischen Frequenz. Die Seele hingegen hat aber eine höhere Frequenz, eine höhere Schwingungsrate, in der die 'Zeit' völlig anders verläuft. Wollen wir beim Beispiel des Wassers bleiben, könnte man den physischen Körper mit dem Eiswürfel vergleichen, die Seele mit dem Wasser und den Geist mit dem Wasserdampf. Alles besteht aus der gleichen Substanz, nur die Schwingungsrate, auf der die Moleküle schwingen, die Frequenz, unterscheidet sie voneinander. Doch das Jenseits ist nicht im Himmel oder irgendwo anders, weit entfernt. Es ist hier und jetzt, mitten unter uns. Nur können wir es mit unseren fünf Sinnen nicht wahrnehmen. Mit diesen können wir nur ganz bestimmte Frequenzen erkennen, nur eine ganz bestimmte Bandbreite an Hertz-Werten. Alles was darüber liegt, existiert für uns nicht. Zum Beispiel die Hundepfeife. Der Hund kann sie hören, wir aber nicht. Trotzdem sind die Töne da. Und doch gibt es ein paar wenige Menschen, die diese Töne auch hören können, da sie in der Lage sind, höhere Frequenzen wahrzunehmen. Wiederum wissen wir aus der Parapsychologie, daß Tiere, insbesondere Katzen und Hunde, auf Verstorbene reagieren - sie bellen oder werden unruhig. Und so gibt es auch sehr viele Menschen, die dies ebenfalls können – sogenannte „Hellsichtige" oder „Auraleser". Diesen ist es möglich, diese höheren Schwingungen wahrzunehmen, also Schwingungen, die das Ohr oder das Auge eines Durchschnittsmenschen NICHT MEHR wahrnehmen kann. (Intuitiv können aber alle Menschen diese spüren, über den Solar Plexus, im Volksmund „über den Bauch". Jeder kennt das Gefühl, daß man in einen Raum oder in ein Gebäude kommt und ein ungutes Gefühl im Bauch hat, sich unwohl fühlt. Man kann diese Energien wahrnehmen, doch nur wenige Menschen können sie richtig sehen.) Das würde wiederum bestätigen, daß das sogenannte Jenseits einfach nur eine höhere Schwingungsoktave darstellt, auf der sich das Leben in einer höheren Frequenz abspielt.

Die Frage, ob es uns Menschen möglich ist, den Aggregatzustand vom Diesseits zum Jenseits ohne den physischen 'Tod' zu wechseln, könnte also mit einem „ja" beantwortet werden.

Der Gedanke des 'Christusbewußtseins', also der Vereinigung mit dem 'Höheren Selbst', dem unsterblichen Teil von uns, der nicht in den physischen Körper inkarniert, basiert auf der Grundlage, daß eine Person durch selbstloses, reines und immer liebevolles Tun es erreicht, seine Eigenschwingung so hochzutransformieren, daß diese es schon zu Lebzeiten schafft, die höhere Frequenz des Jenseits zu erreichen und dadurch der Wechsel aus dem einen Aggregatzustand in den anderen nicht durch den physischen Tod stattfinden muß. (Lebt man harmonisch, das heißt, daß die Gefühle und Gedanken und das daraus folgende Handeln harmonisch eingesetzt werden, kommen dadurch die Chakren, die Energiezentren eines Lebewesens, durch die wir kosmische Energie in uns aufnehmen, in Harmonie und so auch die Bewegungen der Moleküle und der anderen Energieteilchen, aus denen wir aufgebaut sind. Und zwar solange, bis wir die Geschwindigkeit so weit beschleunigt haben, bis sie die Frequenz des Jenseits erreicht hat.)

Beispiele dafür waren Jesus, Ramtha, Hermes Trismegistos, der Graf von Saint Germain und viele andere mehr. Diesen war es angeblich gelungen, ohne Hilfsmittel (wie Zeitmaschinen oder UFOs), also nur durch ihren Bewußtseins-Meisterungsprozeß, diese hohe Frequenz des Jenseits, oder einfach gesagt, der nächst höheren Frequenzebene, schon während ihres Lebens bewußt zu erreichen und zwischen diesen Welten zu reisen. Ein Nebeneffekt dessen war es aber auch, daß sie nach dem Erreichen dieser Frequenz (Christusbewußtsein) nicht mehr alterten.

Nun scheint es so, daß ein großer Teil der Außerirdischen, ob Plejadier, Sirianer oder Aldebaraner, diesen Prozeß schon vor langer Zeit vollzogen haben und bereits auf einer höheren Frequenzebene existieren als wir. Vermutlich nicht alle, aber viele. Und es scheint ihnen, mit und zum Teil auch ohne ihre Flugmaschinen, möglich zu sein, sich in unsere grobstoffliche Welt herunterzutransformieren.

So fand Mr. X. in geheimen Templerschriften folgende Gedanken über das Jenseits, die er in neuzeitliche Worte hüllte:

„Alle Materie im Jenseits ist unendlich... elastischer als im Diesseits-Kosmos und damit für dessen Verhältnisse unzerstörbar. Ebenso ist alles jenseitige Leben, ob intelligent oder nicht, für Diesseitsbegriffe unsterblich und körperlich unzerstörbar, wobei der Jenseitskörper eines Wesens die Jenseitsmaterie an Festigkeit noch weit übertrifft. Im Jenseits besteht keine kosmisch-physikalische Geschwindigkeitsbegrenzung durch Universumsexpansions- und Lichtgeschwindigkeit, womit das Jenseits mit einem hypothetischen 'Tachyonenuniversum' verglichen werden kann. Ebenso wie im Diesseits-Kosmos, existiert auch im Jenseits eine 'Zeit', das Jenseits ist also nicht zeitlos. Diese Jenseitszeit verstreicht aber für unsere

*Diesseitsbegriffe extrem langsam, kann jedoch auch bei Bedarf un-
endlich beschleunigt oder gerafft werden.*

*Das Jenseits ist nicht einheitlich, sondern in verschiedene Jen-
seitsuniversen unterteilt, die allesamt in einer Art jenseitigem
Tachyonenuniversum eingebettet sind, welches aber selbst wieder in
verschiedene Zonen gegliedert ist. Die gesamte Jenseitsmaterie und
alle Jenseitswesen sind form- und veränderbar, aber nicht vernicht-
bar, womit die Jenseitswesen also nicht getötet werden können. "*

Nun waren die Mitglieder der VRIL-Gesellschaft offenbar davon
überzeugt, daß, wenn es ihnen schon nicht gelingen würde, in dem
damaligen Leben das 'Christusbewußtsein' (sich-Christus-IN SICH-
bewußt-zu-sein), zu erreichen, es möglich sein mußte, zumindest
über technische Hilfsmittel, sprich fliegende Untertassen, den Übergang von der diesseitigen Schwingungsebene in die jenseitige herbeizuführen. Also über fliegende Untertassen mit einem selbster-
zeugten höheren Frequenzfeld, das es diesen ermöglichte, in das
sogenannte Jenseits einzudringen und darin zu reisen, um große Entfernungen im Universum ohne bemerkenswerten Zeitverlust zu
überbrücken - die Jenseitsflugmaschinen.

Und wenn wir dem Glauben schenken können, was wir in diesem
Buch veröffentlicht haben, waren sie tatsächlich erfolgreich.

Was wir heute noch als den 'Tod' bezeichnen, ist eigentlich
nichts anderes als ein Übergang von unserer dritten Dimension in die
Nächsthöhere. Unser physischer Körper, die Hülle, wird dann nicht
mehr benötigt. Er ist 'dort' nicht wichtig. Viel wichtiger und erfor-
derlicher sind die Gedanken, das Wissen, die Erkenntnisse und Erfahrungen und unser Bewußtsein darüber, die wir in diese 'andere
Welt' mitnehmen. Daher scheint es auch so, daß verschiedene Ausserirdische, deren Existenz sowieso schon auf einer anderen
Schwingungsebene stattfindet, mit diesen sogenannten 'Toten' in
Verbindung stehen, da sie die Möglichkeit besitzen, andere Dimensionen zu besuchen und sich in ihnen aufzuhalten.

KAPITEL 29
Eine kleine Zusammenfassung

Wollen wir uns nun im Überblick ansehen, welches Bild sich durch die erhaltenen Informationen von Reiner, aber auch der VRIL-Gesellschaft, zu formen scheint:

Vor etwa 735.000 Jahren kamen Raumschiffe der Aldebaraner auf der Suche nach weiteren bewohnbaren Planeten auf die Erde (vermutlich aber auch schon vorher). Sie fanden andere Lebewesen vor, Ureinwohner des Planeten, womöglich auch Kolonien anderer Außerirdischer, die sich bereits angesiedelt hatten, und gründeten dann eigene Kolonien.

Im Verlauf der Äonen kam es auch zu Vermischungen der verschiedenen Rassen wie auch zu Eingriffen in das Gen-Gut der Ureinwohner der Erde von Seiten verschiedener Außerirdischer. Es scheint, daß hierbei nicht alles so glücklich verlaufen ist. Wenn man davon ausgeht, daß sich die Geschichte der sumerischen Schrifttafeln - übersetzt und gedeutet von Zecharia Sitchin in seiner Buchfolge „Der zwölfte Planet" - auf diese Epoche bezieht, scheint es sogar so gewesen zu sein, daß man eine Art „Arbeitermensch" gezüchtet hat (dies berichten auch die Plejadier). Diesen Schrifttafeln zufolge sind diese ‚Sklaven' (auch 'Tschandalas' genannt), die demnach als Hybride gezüchtet wurden und steril waren, dahinter gekommen, wie sie sich doch vermehren konnten und hatten sich später gegen ihre ‚Herren' aufgelehnt. Die ‚Sklaven' hatten sich danach selbständig gemacht und trotz ihres künstlich degenerierten Genmaterials begonnen, sich zu vermehren und mit anderen Rassen zu vermischen. Durch die Vermischung entstanden demnach neue Menschenrassen mit Genen der Außerirdischen, der ‚Sklaven' und der ehemaligen Ureinwohner, die sich immer weiter vermischten und letztendlich die heutigen, vielen verschiedenartigen Rassen und Kulturen unseres Planeten hervorbrachten (manche scheinen sich dabei mehr vermischt zu haben, andere wiederum weniger oder gar nicht). Die

Aldebaraner wie auch die meisten anderen außerirdischen Kolonial-
herren, brachen aber erneut auf, auf der Suche nach neuen Planeten
und ließen ihre eigenen Kolonien sowie die neu erschaffenen Wesen
zurück. In diesem Sinne wären wir Erdenbürger die eigentlichen
„Außer-Irdischen", da wir einst ZU diesem Planeten gekommen sind
(also von 'außen').

Nun kamen diese verschiedenen Arten der Außerirdischen nach
langer Zeit wieder zurück, um nach ihren sogenannten 'Kindern' zu
schauen, ihre Entwicklung zu studieren und zu sehen, was sie mit
ihren Eingriffen ausgelöst hatten.

Vermutlich mußten sie mit Entsetzen feststellen, daß es nicht
sonderlich 'gut' war, sich einzumischen und ‚Gott' zu spielen (ein
Bedauern über ihr Tun finden wir nicht nur bei den Aldebaranern,
sondern auch bei den Plejadiern und den Sirianern). Auch mußte es
ein sehr schwieriges Unterfangen sein, wenn Kolonien verschiedener
Rassen auf einem solch engen Territorium zusammengepfercht leben
müssen (nach den Aussagen verschiedener außerirdischer Durchgaben scheint ein Planetensystem normalerweise von einer einzigen
Rasse besiedelt zu sein.)

Desweiteren werden sie erkannt haben, daß der Gen-Mix offenbar
auch nicht allzu glücklich geraten war. Durch die Eingriffe in die
Gensubstanz, um die damaligen Wesen zu ‚hybriden Arbeitern' zu
machen, wurde dabei einiges an den Gensträngen verändert (man
wollte sicherlich keine intelligenten Sklaven), wobei sich daraus
schließen ließe, daß wir ohne diesen Eingriff zu ‚mehr' in der Lage
gewesen wären – nämlich einer schnelleren ethischen und spirituellen Entwicklung. Dies mag mit einer der Gründe dafür sein, daß wir
Menschen keinen hundertprozentigen Zugang zu unserem Gehirn-
volumen haben und auch nicht mit beiden Hirnhälften gleichzeitig
arbeiten können. Das Resultat sahen die Außerirdischen nun: Krieg,
Haß, Materialismus... Statt eines Füreinanders, ein Gegeneinander.
Anstatt daß die Menschen ihren gleichen Ursprung im Geiste erkennen würden, bemessen sie sich an den äußeren Merkmalen der Ras-

se, der Religion, der Sprache und des Territoriums der jeweiligen Kolonie (Länder) und bekämpfen dabei jede andere Gesinnung.

Die Zustände von damals haben sich noch gesteigert, nichts ist besser geworden, die Menschen sind sogar schon so weit, sich selber und den gesamten Planeten aus reiner Selbstsucht und Dummheit zu zerstören.

So kamen die Aldebaraner zu der Entscheidung, nochmals in die Erdgeschichte einzugreifen, das ‚Vermurkste' wieder auszubessern und diesmal einen positiven, für alle bereichernden Eingriff (mit Zustimmung der daran Beteiligten) vorzunehmen - nur wo? Es war naheliegend, zuerst einmal bei ihren indirekten Nachfahren, die ihnen in ihrer Kultur und Art noch am ähnlichsten geblieben waren, nachzusehen - die Menschen von Thule (Atlantis) - die Deutschen. Und diese sprechen offenbar sogar noch fast die gleiche Sprache wie damals (die Aldebaraner sprechen angeblich 'sumerisch', was wiederum dem Althochdeutschen ähnlich zu sein scheint). Davon abgesehen war den Aldebaranern aufgefallen, daß viele große Entwicklungen und Errungenschaften auf der Welt aus diesem Volke kamen (Musik, Dichtkunst, Philosophie, Chemie, Physik, Mathematik, Motorentechnik, Raketentechnik, Atomphysik...), was ebenfalls darauf schließen ließ, daß diese sich am schnellsten und besten entwickelt hatten. Wohl mit aus diesen genannten Gründen suchte man nach einigermaßen aufgeschlossenen und dem Gedanken an außerirdisches Leben vertraute Personen innerhalb dieser Volksgruppe und nahm mit diesen Kontakt auf. Dabei handelte es sich um eine Gruppe von Esoterikern, die wiederum selbst schon erkannt hatten, daß ihre Vorfahren nicht von der Erde stammen konnten und die von sich aus bereits versucht hatten, telepathischen Kontakt mit ihren Vorfahren aufzunehmen - die VRIL-Gesellschaft (das lag vor allem mit an dem zugetragenen tibetanischen Wissen der Gründer Karl Haushofer und Freiherr Rudolf von Sebottendorff, die beide erfahrene Tibetkenner waren. Karl Haushofer selbst war Mitglied der tibetanischen Loge „dGe-lugs-pa", der Gelbkappen, die den Glauben vertreten, daß die Planeten, die langsam feststofflich werden, von den „Gärtnern der Erde" (eine Gruppe Außerirdischer) besucht werden, die dann die ersten Lebewesen züchten und aussetzen und deren Entwicklung überwachen. Sie kreieren demnach die Hüllen, in die dann Seelen schlüpfen können, um das 'Spiel der Materie' spielen zu können. Siehe auch dazu „Das dritte Auge" von Lobsang Rampa).

Es kam zur Zusammenarbeit, zum Austausch von Wissen und von spirituellen Weisheiten, doch auch von Technologien. Doch der Zweite Weltkrieg kam dazwischen. Daher halfen die Aldebaraner den Esoterikern der VRIL-Gesellschaft, die selbst während der Zeit des Nationalsozialismus verboten wurden, an verborgene Orte auf der Erde zu fliehen, beziehungsweise auf die Rückseite des Mondes und andere Planeten des Sonnensystems wie auch durch den Flug des VRIL-'Odin' zu deren eigenem Sonnensystem Aldebaran, um dort geschult zu werden, bevor sie mit dem neuen Wissen auf die Erde zurückkommen würden.

Dieser Zeitpunkt scheint nun gekommen zu sein, womit wir wieder bei der Geschichte der Familie Feistle angelangt wären.

Nun scheint der entscheidende Moment eingetreten zu sein, daß man erneut in das Leben auf der Erde eingreift, wie dies auch die Plejadier und die Sirianer erklären, um das Schlimmste zu verhindern, das man im Endeffekt selbst mit verursacht hatte. Durch die unübersehbaren Parallelen der Berichte über die verschiedenen menschlichen Außerirdischen (wie eben genannt) scheint es sogar so zu sein, daß diese außerirdischen Gruppen wiederum nur Teilgruppierungen einer größeren und gleichzeitig älteren Rassenfamilie sind, die zwar heute in verschiedenen Sonnensystemen leben, jedoch nun alle mit an dem „Projekt Erde" beteiligt sind. Die Außerirdischen versuchen nun den 'ungehorsamen' Kindern zu helfen, indem sie bewußt oder unbewußt in ihr Leben eintreten, um ihnen ihre ernste Lage vor Augen zu führen und sie zum Umdenken zu veranlassen.

Es scheint sich dabei um folgende zwei Hauptstrategien zu handeln:

1. Durch das Inkarnieren aldebaranischer (und anderer außerirdischer) Seelen in menschliche Körper auf der Erde, um zum einen zu fühlen und zu spüren, wie es sich in einem Körper anfühlt, den man einst selbst genetisch verändert hat (nach dem Gesetz des Ausgleichs). Das heißt, die ehemaligen 'Herren' haben die Chance, auch die Erfahrung des 'Sklaven' zu machen. (Faszinierend finde ich dabei den Gedanken, daß die 'Sklaven' von damals die jetzigen 'Herren' des Planeten sind - die Illuminati sind die Köpfe der 'Tschandalas' - wiederum die 'Herren' von damals durch ihre Inkarnationen in menschliche Körper deren 'Sklaven' geworden sind und jetzt unter ihrem eigenen 'Experiment' leiden und lernen.) In Form einer Inkarnation auf der Erde haben wir einen liebevollen Eingriff, freiwillig und nach dem Gesetz von 'Saat und Ernte' und damit eine gerechte Lösung für alle Parteien.

Und desweiteren natürlich, um durch eine Inkarnation als Aldebaraner auf der Erde viel Konstruktives zum Leben auf der Erde beizutragen (was nicht heißt, daß alle inkarnierten Außerirdischen 'perfekte' Leben absolvieren. Diese können genauso ihre Prüfungen verpatzen oder in die Materie abstürzen.)

2. Sie haben mit dem Einverständnis der Menschen (zum großen Teil selbst inkarnierte Aldebaraner), die nachts abgeholt werden, eine neue Rasse geschaffen, mit dem Samen der irdischen Menschen und dem aldebaranischen Genmaterial (und anders herum). Diese Kinder, unsere Kinder, die sogar noch von Menschen auf den Raumschiffen geschult und aufgezogen werden, sollen später einmal, auf der Erde ausgesetzt, zwischen den Menschen leben und ihnen mit ihrem Beispiel vorleben, was an bewußtem Leben in der dritten Dimension möglich ist.

Da es unsere eigenen Kinder sind, wird es uns leichter fallen, sie bei uns zu integrieren, ihren Worten zu lauschen und ihre Taten anzuerkennen. Wir können sie deshalb auch weder verurteilen noch hassen oder als „die da" bezeichnen, die sich bei uns hineingedrängt haben, da wir gefühlvoll miteinander verbunden sind (so empfand es jedenfalls Reiner).

Wollen wir hoffen, daß dieses Projekt gelingt. Doch wäre es noch besser, ja der eigentliche, ursprüngliche und esoterische Weg, wenn wir Menschen dies selbst von uns aus erkennen würden, ohne daß 'andere' eingreifen oder uns zur Seite stehen müssen. Es liegt an uns selbst.

KAPITEL 30
Welche Möglichkeiten und Erkenntnisse können wir aus diesen Informationen ziehen?

Es mag sein, daß Ihnen einiges von dem, was Sie über die Erlebnisse der Familie Feistle gelesen haben, als unglaublich erscheinen mag.

Doch bin ich selbst und auch die anderen Personen, die die Feistles persönlich kennengelernt haben, der Überzeugung, daß ein großer Teil dieser Informationen der Realität wahrscheinlich sehr nahe kommt. Wir wissen nicht, wieviel Wahrheit darin steckt, oder ob darunter auch bewußte Desinformationen Seitens der Außerirdischen stehen, um von verschiedenen anderen Dingen abzulenken - vielleicht noch von viel Unglaublicherem. (Es sind inzwischen noch weitere Informationen zu Tage getreten, auch durch zusätzliche Hypnosesitzungen. Informationen, die zum Teil auch meine Wenigkeit betreffen und andere Hinweise, die sich auf die kommenden Jahre beziehen, wobei wir noch nicht ganz schlüssig darüber sind, ob wir diese – womöglich im Fortsetzungsbuch – veröffentlichen sollen).

Doch eines ist uns vollkommen klar und bewußt: Keine Macht der Welt, keine Elite, keine Eingeweihten (wer auch immer sie sein mögen), keine Außerirdischen, können die Wahrheit, so unglaublich sie auch klingen mag, über Jahrhunderte hinweg verschweigen. Es gab zu jeder Zeit Menschen, die die nötige Zivilcourage besaßen (und noch besitzen) und unter Einsatz ihres Lebens oder ihrer Freiheit ihre Wahrheit und ihr Erlebtes der Öffentlichkeit weitergegeben haben.

Diese Menschen haben etwas Wichtiges noch nicht verloren - Liebe, Ehre und Verantwortung. Menschen, die diese Energie noch in ihrer Brust, in ihrem Herzen fühlen, können das, was sie selbst erlebt haben, nicht zurückhalten. Sie müssen es weitergeben, auch wenn es vielleicht ihren Untergang bedeuten würde. Sie kämpfen für die Wahrheit, ja, sie können gar nicht anders.

Die Feistles haben 'ihre' Außerirdischen, ihrer eigenen Aussage nach, bei vollem Wachbewußtsein gesehen. Das müssen wir so akzeptieren. Überprüfen können wir es nicht. Doch durch meine Gespräche mit Personen, die die Feistles schon länger kennen, stellte sich heraus, daß diese ihr Leben aufgrund dieser Ereignisse völlig umgeworfen haben. Alle sind durch heftige Krisen gegangen, haben gehadert und gezweifelt, auch an sich selbst. Solch ein Verhalten würde die Realität dieser Ereignisse eher bestätigen. Und alle Personen, die ich befragte, haben die Feistles als sehr bodenständige, loyale und zuverlässige Menschen beschrieben, was sich auch mit meiner persönlichen Meinung deckt.

Die Geschichten nur erfunden zu haben, um Aufmerksamkeit zu bekommen oder Geld zu verdienen, liegen sehr fern. Reiner wird in seiner Firma scheel angesehen, man macht Witze hinter seinem Rücken oder bezeichnet ihn als verrückt. Markus wurde in der Schule gehänselt und verulkt... Sandra ergeht es nicht besser.

Die Menschen distanzieren sich von ihnen. Uwe, ihr Freund, wird von seinen Kumpels mit ähnlichen Reaktionen konfrontiert. Und sie können sich sicherlich selbst zu Genüge vorstellen, wie Otto Normalverbraucher auf solch eine Geschichte reagiert.

Lohnt sich dies alles? Oder sind die Feistles vielleicht wirklich Opfer ihrer eigenen Phantasien? Sind all diese Erlebnisse nur Träume, Hirngespinste aus dem Unterbewußtsein oder verborgene Ängste?

Doch wie sieht es dann mit den Narben aus? Mit den Erlebnisse von Uwe und seinen Röntgenbildern? Alles Zufälle? Was ist mit den Beschreibungen anderer Personen, wie zum Beispiel Markus Stransky, die fast die gleichen Erlebnisse haben? Und den weiteren Hundert, ja vielleicht Tausenden, die ähnliche Erfahrungen gemacht, jedoch kein Buch darüber geschrieben haben?

Machen Sie sich am besten Ihr eigenes Bild von der Sache, indem Sie möglicherweise einen Vortrag von Reiner besuchen und seinen eigenen Worten lauschen, beziehungsweise seine Person und sein Wesen wahrnehmen.

Die Reaktionen der Öffentlichkeit auf deren Berichte, beziehungsweise die Reaktionen anderer Ufologen und der Staatsanwaltschaft, würden jedenfalls den Wahrheitsgehalt dieser Informationen eher bestätigen. Wenn dies alles Phantasie oder Paranoia wäre, warum muß dann dem Verlag mit dem Entzug der Lizenz gedroht werden, warum werden Ufologen ausfällig, emotional und beleidigend? Was hat denn das noch mit Forschung zu tun?

Hätte Reiner auf seinen Vorträgen nur von seinen kleinen grauen Freunden erzählt, wäre die Welt offenbar noch in Ordnung gewesen. Doch scheinen die großen Aldebaraner bei ein paar Ufologen etwas anderes auszulösen. Neid, Eifersucht oder Groll, weil sie es vielleicht nicht selbst sind, die diese Kontakte haben?

Wie dem auch sei. Hier wurde das berichtet, was die Feistles behaupten erlebt zu haben. Für sie ist es Realität.

Trotzdem ist es schon eigenartig, daß die Aussage eines Menschen nicht ernst genommen wird, nur weil sie außerhalb des akzeptablen Möglichen zu stehen scheint. Nach dem Motto: *„Was nicht sein darf - das kann nicht sein."* Es gibt viele Menschen, die Dinge sehen und erleben, doch aus Sicherheitsgründen nicht darüber reden dürfen, ihr Geheimnis sogar mit ins Grab nehmen müssen.

Wollen wir nochmals kurz auf Kontakte mit Plejadiern oder Sirianern zu sprechen zu kommen, über die momentan jede Menge Bücher unter den UFO-Interessierten kursieren. Diese Informationen entstammen nicht diesem Kontakt, daher wissen wir auch nicht, wie reell sie wirklich sind. Bei manchen Aussagen hat man ein ungutes Gefühl, bei anderen wieder ein inneres „ja". Gehen wir aber davon aus, daß auch bei diesen Berichten ein großer Teil der Realität entspricht, die, nebenbei bemerkt auch mit den Aussagen der Aldebaraner einhergehen, würde es aufzeigen, daß es viele außerirdische Rassen gibt, die die Erde besucht haben und auch momentan besuchen.

Oder, wie bereits angedeutet, diese Gruppen womöglich alle miteinander verwandt und daher auch mehr oder weniger mit an diesem „Projekt Erde" beteiligt sind. Es scheint jedenfalls so zu sein, daß viele Gruppen das Anliegen haben, wenn nicht direkt einzugreifen, zumindest hilfreich zur Seite zu stehen. Andere sehen vielleicht nur zu? Vielleicht ist für manche Außerirdische das Szenarium auf der Erde – speziell die Schlußszene vor der Transformation – eine Art „Weltraum-Autokino", von dem man sagt, *„Hier müßt ihr dabei gewesen sein!"* Wer weiß?

So kam mir schon zu Ohren, daß das Wesen „Erdenmensch" angeblich der schöpferische Versuch sein soll, im Rahmen des Gesetzes des freien Willens eine Lebensform besonders tief in die (symbolisch „gottferne") Materie zu entlassen und deren Rückentwicklung nun zu beobachten.

Bei der Fülle an Berichten, die momentan den UFO-Buchmarkt überschwemmen, sind die Informationen so breitgefächert und so undurchsichtig, daß es schwerfällt, sich einen kompletten Überblick darüber zu verschaffen und alles vernünftig zu einem komplexen Ganzen zusammenzufügen. Auch wir können nicht behaupten, hier ein komplettes Puzzle geliefert zu haben, das alle Fragen beantwortet und geben zu, selber noch vor einigen Aspekten mit fragender Mine zu stehen. Zum Beispiel: Wer waren die Ureinwohner der Erde? Woher kommen die verschiedenen Außerirdischen? Gibt es eine übergeordnete Rasse, in der die Aldebaraner, Sirianer, Plejadier, Andromedaner oder Venusier... ihren gemeinsamen Ursprung haben? Gäbe es keine bessere Möglichkeit eines Eingriffs in die menschliche Entwicklung oder was würde wohl passieren, wenn man überhaupt nicht eingreifen würde? (Wir werden versuchen, die Antworten auf diese und andere Fragen in einem weiteren Buch zu beantworten).

Aber wir waren einstimmig der Meinung, daß dieses hier Geschilderte es wert war, der Öffentlichkeit präsentiert zu werden, alleine schon deshalb, um damit neue Impulse zu setzen und zu neuen Gedankengängen anzuregen.

Wir schlagen daher nochmals vor, aus den hier präsentierten Informationen diejenigen, die für Sie am bereicherndsten und 'positivsten' erscheinen und die Sie am besten in Ihr Leben integrieren können, anzunehmen.

Andere können Sie ja erst einmal so stehen lassen und beobachten, ob sie sich eventuell durch die Aussagen anderer Personen oder Bücher oder gar durch eigene Erlebnisse bestätigen werden.

Wichtig sind eigentlich nur die Schlüsse, die wir daraus ziehen und wie man sich bis zu dem Zeitpunkt, da wir die komplette Wahrheit kennen werden, gegenüber uns selbst und unserem Nächsten verhalten.

Wir sollten immer offen für das Unglaubliche sein und irgendwann, in absehbarer Zukunft, wird sich der Schleier des Nichtwissens lüften und wir werden erkennen, wie die Wirklichkeit tatsächlich aussah.

Alles was wir Erdenmenschen wirklich wissen, ist im Endeffekt doch sehr, sehr wenig, im Vergleich zu dem, was wir wissen könnten, würden wir unsere Gehirnkapazität nur um wenige Prozente erhöhen können. Diese Erhöhung ist wahrscheinlich viel einfacher als es sich die meisten Menschen vorstellen. Die Schwierigkeit darin besteht hauptsächlich in unserem beschränkten Denken. Unser Denken bezieht sich nur auf die momentane Situation, ohne darüber hinaus zu sehen. Die vielen Alltagsprobleme behindern das Wesentliche und stören unsere Entwicklung und Bewußtwerdung im Gesamten. Dabei nutzen wir unser Potential nur sehr gering, was auch verständlich ist, da die Menschen aus Sicht der Illuminati, der 'Geheimen Regierung', nun mal nicht über die Normalität hinausdenken dürfen. Denn denkende Menschen sind gefährlich, sie wollen wissen und suchen die Wahrheit überall. Sie finden keine Ruhe, bis sie diese gefunden haben. Aber die große Masse an Menschen ist sich noch nicht einmal darüber bewußt, daß sie sich seit Jahrhunderten steuern läßt.

Doch gehen wir davon aus, daß wir Menschen wirklich durch künstliche Eingriffe genetisch veränderte Wesen sind, stellt sich die Frage, ob wir wirklich unser Gehirn dazu brauchen, um die Schöpfung und das Leben zu verstehen, ob wir wirklich perfekte Gene benötigen, um das, was wir 'Gott' oder die 'Schöpfung' nennen, wahrnehmen und verstehen zu können? Ist es nicht das Herz, das dem Gehirn erst einmal den 'Strom' liefert, damit dieses überhaupt funktionieren kann? Sind es denn nicht Herzensangelegenheiten, sprich Emotion, Liebe und Mitgefühl, aber auch der Mut und die Kraft zu verzeihen und zu vergeben, die uns das Leben erst richtig lebenswert machen? Ist es denn nicht möglich, all die Außerirdischen und ihre Informationen zu umgehen und direkt zur Quelle zurückzukehren? Direkt mit der 'Schöpfung' zu kommunizieren und seine Informationen und sein Wissen aus dieser und aus sich selbst zu schöpfen? Fragen Sie sich selbst, fragen Sie Ihre innere Stimme nach der Antwort. Und wenn Ihre innere Stimme diese Frage beantworten kann, kann sie jede andere Frage auch beantworten. Außerirdische mögen genetisch eingegriffen und dadurch die Entwicklung der Lebewesen auf der Erde beeinflußt haben, doch die Naturgesetze haben sie nicht verändert und auch nicht unsere Fähigkeit zu lieben. Und wir brauchen nur diese beiden Komponenten, um wieder zur Einheit mit der Schöpfung, dieser Einheit IN UNS, zurückzufinden.

Schlußgedanken

Irgendwann, in nicht allzu langer Zukunft, wird niemand mehr behaupten, Außerirdische, UFOs oder paranormale Dinge würde es nicht geben. Dann wird jeder wissen, aber wirklich jeder, daß es weitaus mehr gibt, als bisher von den meisten Menschen geglaubt oder vermutet worden ist. Wahrscheinlich viel mehr, als wir je erhofften oder uns jemals in unseren kühnsten Träumen vorstellen konnten.

Die Wahrheit wird immer und überall irgendwann an die Oberfläche treten, auch wenn es manchmal etwas länger dauern mag.

Doch was ist wahr, was ist Wahrheit? Nun, eine Wahrheit gibt es ganz sicherlich für alle Menschen und funktioniert für alle gleich - die Naturgesetze. Das 'Kausalitätsgesetz', also das Gesetz von 'Ursache und Wirkung', 'Saat und Ernte', gilt für jeden Erdenmenschen und Außerirdischen überall gleich. Egal ob ein kleiner Grauer, ein großer Aldebaraner, Sirianer oder ein Erdling etwas in den Wald hineinschreit - er wird genau das gleiche wieder zurückbekommen. Wäre ein Außerirdischer destruktiv und bösartig gegenüber anderen, würde er auch mit dem Gleichen wieder konfrontiert werden. Bloß, weil er von einem anderen Planeten kommt, heißt das nicht, daß er anderen Naturgesetzen unterlegen ist. Das sollten wir nicht vergessen. Außerirdische sind keine Götter und keine Engel. Sie sind mehr oder weniger menschliche Wesen (der eine groß und hellhäutig, der andere klein und grau, der nächste eventuell mit reptilhaftem Aussehen), die eine andere Entwicklung eingeschlagen haben und uns um ein paar Jahrhunderte oder Jahrtausende voraus sein mögen. Das bedeutet jedoch nicht, daß sie deswegen keine Fehler mehr begehen. Auch sie sind noch in der Entwicklung und lernen jeden Tag dazu. Wenn dem nicht so wäre, bräuchten manche von ihnen auch keine Maschinen mehr, um zu uns zu kommen. Unter diesem Gesichtspunkt sollten wir das Thema sehen.

Trotzdem ist die größte Herausforderung der Neuzeit für die irdische Menschheit die Kontaktaufnahme mit Wesen aus dem Kosmos. Wir werden auf jeden Fall dazulernen. Wie ein Sohn vom Vater lernt, so können wir von unseren Ur-Ur-Ur...Großvätern und -müttern eine ganze Menge lernen.

Je schneller es uns gelingt, was übrigens Jesus vor zweitausend Jahren schon gelehrt hat, die Naturgesetze (Ursache und Wirkung) bewußt anzuwenden und sinnvoll einzusetzen, also unser Bewußtsein zu erweitern, desto schneller werden wir auch erkennen, daß wir außer UNS SELBST niemanden brauchen, der uns dabei unterstützt, das Leben zu verstehen und uns aus unserer Lage der Verstricktheit in der Materie herauszuhelfen.

Wenn wir schon wissen, daß das, was wir in den Wald hineinschreien, im gleichen Maße zu uns zurückkommt und das, was wir in den Boden einsäen, auch später ernten werden, warum säen wir dann ohne Pause tagtäglich Betrug, Haß, Gewalt, Neid, Angst und Gier in die Welt hinaus. Was glauben wir denn, auf wen die Naturgesetze dies zurückwerfen? Glaubt denn wirklich jemand, er könnte die Naturgesetze austricksen?

Wenn wir also schon wissen, daß wir ernten, was wir gesät haben, warum säen wir dann so wenig Liebe, Vergebung, Treue und Freundschaft? Es ist doch so logisch, so klar und deutlich. Warum ist es dennoch so schwierig?

Je schneller es uns gelingt, diese Gesetzmäßigkeiten bewußt für uns und andere anzuwenden, desto schneller wird aus unserer selbsterschaffenen Hölle ein Himmel, denn wie Jesus sagte, sind Himmel und Hölle in uns. In dem Moment, wo wir in der Lage sind, unserem Nächsten auf der Straße oder einem Außerirdischen wie unserem Bruder zu begegnen und allem und jedem gegenüber das entgegenzubringen, was wir uns von diesem wünschen würden, werden wir langsam aber sicher auf dem Weg dahinschreiten, der uns zu dem macht, das wir 'Gott' nennen.

Die Suche nach dem Gral

Einst zog ich aus, den Gral zu finden,
wie Parzival zog es mich fort,
denn allen Menschen wollt` ich künden
des Schatzes noch geheimen Ort.

Ich wanderte durch Berg und Tal,
durch Felder, Dörfer, Felsgestein,
besuchte Städte - viel an Zahl,
schloß auch das heil'ge Land mit ein.

Durchquerte Wüsten, Wälder, Meere,
der Inseln viele - groß und klein,
doch fühlte ich im Innern Leere,
wo mag denn dieser Gral wohl sein?

Durch langes Suchen müd` geworden
bat ich: „Oh, Gott, erhör mein Flehn!
laß mich vergessen alle Sorgen,
laß mich den Gral doch endlich sehn!"

Da hört` ich leise eine Stimme
in meinem Innern - rein und fein,
es raubte mir fast meine Sinne,
doch Wundersames gab`s mir ein.

„Was suchtest Du an fernem Orte,
was nah` in Deinem Herzen ruht ?
Geh` ein in Deine inn`re Pforte!
Hier findest Du, was Du gesucht!"

Da ward Erkenntnis mir gegeben,
daß Gott in jedem Menschen ist,
und wir der Becher sind im Leben,
der GRAL - wo Gott zuhause ist.

3. November 1996
Franziska Laschka

ANHANG-A
Hatten die „Entführungsberichte" Angst ausgelöst?

Als ich die ersten Manuskripte vom Probelesen zurückbekam, wurde mir bewußt, daß nicht jeder die Berichte als so 'faszinierend' und als 'Licht in die Sache bringend' einsortieren würde, wie ich. Es wurde offensichtlich, daß einige Leser, speziell bei den Berichten über die nächtlichen Abhol- und Untersuchungsaktionen, seltsame Gefühlswallungen und sogar Angst verspürten. Manche hatten Angst, daß die kleinen Grauen nun auch zu ihnen kommen würden (was sie vielleicht auch schon tun), andere hat der Gedanke, mit irgend etwas 'implantiert' zu werden, völlig aus der Fassung gebracht. Dem nächsten gefielen die Erklärungen, „Samen abgenommen zu bekommen", als gar nicht so 'gut' und ein weiterer empfand das 'nicht vorher gefragt zu werden' als einen Eingriff in seine Intimsphäre.

Betrachten wir uns einmal die sogenannten Ängste. Wovor hat man denn wirklich Angst? Ist es das Aussehen der kleinen Grauen (von denen wir eigentlich gar nicht wissen, wie sie wirklich aussehen), oder das Abholen in ein fremdes Raumschiff? Ist es die Unwissenheit oder die Hilflosigkeit, möglicherweise die Tatsache, daß man nichts dagegen unternehmen kann?

Es scheint wohl bei den meisten der Hauptauslöser zu sein, daß hier, ohne jemanden verbal nach 'Genehmigung' gefragt zu haben, in dessen „freien Willen" eingegriffen wird.

Das ist natürlich eine schlichte Behauptung, die womöglich von einigen erst einmal spontan und emotional geäußert wird. Wird denn hier wirklich „einfach so" in den freien Willen von irgend jemand eingegriffen?

Betrachten wir uns nochmals das Szenarium aus einem anderen Blickwinkel:

Zuerst müssen wir uns klar darüber werden, daß dieses gesamte 'Unternehmen' nur deshalb stattfindet, weil wir Menschen auf der Erde in einer modernen Form des „Sklaventums" gehalten werden, auch wenn sich die meisten Menschen nicht darüber bewußt sein sollten. Wie ich in meinen Büchern „Geheimgesellschaften und ihre Macht im 20. Jahrhundert" Band I und II einigermaßen deutlich dargelegt habe, befindet sich der Planet Erde, und alles was sich darauf im großen und ganzen abspielt, in den Händen von ein paar wenigen multinationalen Familien. Diese Familien, von denen Insider sagen, daß es dreizehn wären, kontrollieren die Hochfinanz, besser gesagt, sie SIND die Hochfinanz. Sie kontrollieren dadurch die Regierungen, die Börsen, die Zentralbanken, das Geld schlechthin, das Öl, die Medien, die Atomenergie, die Ernährung... Kurz gesagt über ihre in den letzten Jahrhunderten aufgebauten Monopole und den damit verbundenen Netzwerken steuern diese Multis (sie selbst nennen sich angeblich die Illuminati - die Erleuchteten) den groben Verlauf der Dinge auf der Erde. Deren Ziel ist nach ihren eigenen Angaben die „Neue Weltordnung", ein Welteinheitsstaat mit einer einzigen Währung in Form einer Lasertätowierung oder einem eingepflanzten und über Satellit abrufbaren Chip, durch den man jederzeit überall auf der Welt auffindbar wird. Dieser Chip ist Reisepaß, Personalausweis, Steuernummer, Kreditkarte und Überwachungsorgan in einem. Es wird durch diesen sofort ersichtlich, wo man sich befindet, was man gekauft hat, wieviel Geld auf dem Konto liegt, mit wem man seine Geschäfte tätigt, wo man sich überwiegend aufhält, wieviel man von irgend etwas besitzt... Man kann durch ihn ebenfalls Stimulationen beim Träger hervorrufen, seien es Aggressionen oder Depressionen und im Fall, daß die Person „abtrünnig" werden sollte, kann man diese durch den Chip auch eliminieren.

Manche mögen glauben, daß diese Ausführungen reine Phantasie oder gar Paranoia wären. Wollen wir dazu die Erklärungen des Dr. Call Sandersen anhören, einem Ingenieur auf dem Gebiet der Computerschaltungen, die dieser im Sommer 1993 in Spokan, Washington, abgegeben hat:

„Vor vielen Jahren begann ich als Ingenieur bei der Entwicklung von Mikroschaltungen mit einer großen Gruppe von Fachleuten aus Phönix, Arizona, Boston, Massachusetts und Hanford, Kalifornien, zu arbeiten.

Dabei haben wir ein Experiment an einer jungen Frau durchgeführt, der im Rückenmark einige elektronische Schaltungen mit Funksignalen eingenäht wurden. Vorher war sie gelähmt wegen einer Störung in ihrem Organismus. Nach unserem Einsatz konnte sie die Hände und Füße bewegen sowie ihre Muskeln kontrollieren. Unsere ganze Gruppe arbeitete an der Vervollkommnung dieser Mikroschaltungen. Dabei erzielten wir einen Erfolg bei der Kontrolle ihrer Bewegungen. Es wurde alles berücksichtigt: Übelkeit und Allergie gegenüber diesen Mikrochips, Annahme oder Abstoßung dieser Elemente.

Ich möchte betonen, daß ich kein Arzt bin, sondern Ingenieur. Zu meiner Aufgabe gehörte die Entwicklung und Herstellung der Mikroschaltung und nicht ihre Einwirkung auf den menschlichen Organismus. Damit beschäftigen sich andere Leute. Wir haben auch Versuche mit Häftlingen durchgeführt. Dieser Mikrochip nahm allmählich eine immer flachere Form an, das heißt, er wurde mehr und mehr geeignet zur Implantation in den Körper der Menschen.

Das Mikroplättchen wurde an vielen Tieren in den Städten Sakramento und Los Angeles (Kalifornien) erprobt. Eine große Anzahl von Tieren wurde für diese Forschung benutzt. Millionen von US-Dollar wurden dafür ausgegeben, um eine geeignete Stelle im Körper des Menschen für diesen Mikrochip zu finden, der aus 250.000 Bauteilen bestand. Da gab es noch ein Problem mit der Nachladung dieses dünnen, winzigen Plättchens. Dafür benötigte man eine Änderung der Körpertemperatur. 1,5 Millionen Dollar wurden für die Bestimmung dieser Stelle im Körper des Menschen ausgegeben, um festzustellen, wo die Temperatur sich schnell ändert. Mütter wissen, daß das die Stirn des Kindes ist. Es wurden zwei Stellen gefunden: die Stirn und die rechte Hand des Menschen.

Die Arbeit wurde in vielen Richtungen durchgeführt, so daß kein Ingenieur eine völlige Übersicht über das ganze Projekt gehabt hätte oder es hätte kontrollieren können. Viele Spezialisten hatten die unterschiedlichsten Aufgaben dabei. Ich arbeitete an der Batterie, das heißt mit der Ladung und Nachladung des Mikrochips."

Dann fand Dr. Sanderson eine Stelle im Neuen Testament, in der Johannesoffenbarung (13:16-18), die über diese Erfindung berichtet:

„Und es (das Tier = Illuminati a.d.V.) bewirkt, daß sie allesamt, die Kleinen und die Großen, die Reichen und die Armen, die Freien und die Sklaven, sich ein Zeichen an die rechte Hand oder an die Stirn machen, und daß niemand kaufen oder verkaufen kann, wenn er nicht das Zeichen hat, nämlich den Namen des Tieres oder die Zahl seines Namens. – Hier geht es um Weisheit! – Wer Verstand hat, der deute die Zahl des Tieres; denn es ist die Zahl eines Menschen, und seine Zahl ist 666."

Dr. Sanderson erklärt weiter: *„Im Laufe der Arbeit mit diesem Projekt wurde das Ziel immer deutlicher und ersichtlicher: Alle Menschen auf Erden sollen mit dem Zeichen vermerkt werden. Am Ende eines Zusammentreffens kam ein staatlicher Mitarbeiter auf mich zu und sagte mir, daß ich die Information über die Herstellung des Plättchens für mich behalten sollte...*

Ich kann Ihnen sagen, daß es in Florida in Kindergärten und Kinderheimen schon Kinder gibt, denen die Chips unter die Haut eingepflanzt worden sind. Der Staat sowie CIA haben dafür Geld gegeben.

Ich fragte einen Arzt aus dem Medical-Center, das sich in Boston befindet: „Was geschieht, wenn die Platte aus irgend einem Grund kaputt geht?" Er antwortete, daß der Organismus darauf unverzüglich reagiert: Vereiterte Wunden entstehen!

Und weiter in der Offenbarung heißt es (16:2): „...*da bildete sich ein böses und schlimmes Geschwür an den Menschen, die das Zeichen des Tieres trugen...*"

Dr. Sanderson dazu: „*Es existieren viele Satelliten, die Informationen ablesen können von Objekten, die so klein sind wie eine Briefmarke. Neu entwickelte Satelliten (unter dem Namen LUO) können alles aus niedriger Höhe kontrollieren. Sie sind so empfindlich, daß sie sogar die Änderung der Körpertemperatur des Menschen mit der Genauigkeit bis zu 0,4°C bestimmen können. Man kann sich nicht vor ihnen verstecken...*

Regierungen vieler Länder erstreben die Weltgemeinschaft mit einer Weltregierung. Man plant jetzt, die Kreditkarte und eine Debitcard (Debitorenkarte=Zahlkarte mit Guthaben) zu vereinigen.

Im Kabinett des Vizepräsidenten der USA Al Gore hat man gesagt: Alle Leute der Erde müssen in dieses System eingebunden werden. Gore meinte, daß jeder Mensch in den USA eine Smartcard bei sich haben soll. Das ist die Vorbereitung für die Chips, die zu seiner Zeit unter die Haut eingepflanzt werden sollen. (Die Smartcard enthält eine immense allseitige Information über den Menschen. Sie wird bald eingesetzt. Für ihre Benutzung wird jetzt alles vorbereitet.)"
(Quelle: Joachim Krauß, Schäßburgerstr. 29, 90765 Fürth)

Diese Illuminati haben kein Interesse an Selbstversorgern, an Autonomen, 'Freie-Energiemaschinen' oder Wassermotoren, an Naturheilkunde, Geistheilung, Telekinese, Telepathie, an Personen wie Jesus, die den Menschen klarzumachen versuchen, daß das, was sie suchen, in ihnen selbst zu finden ist, und schon gar nicht sind sie an Außerirdischen interessiert, die deren Plan zu verhindern versuchen.

Um diese „Neue Weltordnung" durchzudrücken, was schon jetzt durch die Eigenwilligkeit der verschiedenen Volksgruppen Probleme aufwirft, stehen verschiedene Hilfsmittel zur Verfügung: vorerst geht man noch den, nach außen hin 'friedlichen' Weg der schleichenden Zerstörung von Nationen durch Werkzeuge wie den EURO, Erweiterungen der EU, der NATO und schlußendlich der UNO, um so die letzten freien Staaten auf leisen Sohlen in die Weltregierung einzubinden und diese den Normen des Weltstaates unterzuordnen. Da dieses „friedliche" Vorgehen aber jetzt schon zum Scheitern verurteilt zu sein scheint, wäre ein weiterer Schritt ein weltweiter Banken- und damit einhergehender Wirtschaftscrash. Führt auch dieser noch nicht zum gewünschten Ziel, bleibt nur noch eines übrig - der Dritte Weltkrieg. Dieser ist das „Prunkstück" in der Planung der Illuminati, da er all ihre Vorstellungen auf einen Nenner bringt: Dezimierung der Erdbevölkerung auf ca. zwei Milliarden Menschen (dabei wird man nebenbei ein paar Volksgruppen los, die sowieso schon immer ein Dorn im Auge waren), Verwendung und Tests der neuesten Waffen, Zerstörung und Übernahme der letzten widerwilligen Nationen und deren Währungen, ein neues Wirtschaftswunder nach der Zerstörung der meisten Großstädte... (dieser Krieg ist bereits in voller Vorbereitung, siehe mein „Buch 3 - Der Dritte Weltkrieg").

Desweiteren haben wir durch Insiderberichte aus den USA erfahren, daß die Illuminati in Zusammenarbeit mit einer Gruppe Ausserirdischer agieren sollen, die offenbar ein ähnliches oder gar das gleiche Ziel verfolgen wie die Illuminati. Das heißt, man ist in Besitz einer Technologie, die der normalen Erdentechnologie (kein VRIL) um Jahrtausende voraus sein soll. Diese Technologie wird hauptsächlich dazu verwendet, andere außerirdische Rassen, seien es die Aldebaraner, Sirianer, Plejadier oder Andromedaner, von einer Intervention oder von Eingriffen in dieses Szenarium abzuhalten, um das von den Illuminati Geplante zu verhindern.

Aufgrund dessen gehen die Aldebaraner stillschweigend und verborgen, vor allem nachts und ohne das Wissen der Abgeholten, vor, um zum einen das „Unternehmen Aldebaran" und das Leben der „Kontaktierten" nicht in Gefahr zu bringen.

Würden all diese Menschen bei vollem Bewußtsein diese Aktionen mitbekommen, würden sie sicherlich auch darüber mit anderen Menschen reden und damit zu einer potentiellen Gefahr für das 'Unternehmen Aldebaran', aber auch für die Illuminati werden. Das heißt, die Illuminati müßten die Kontaktler, falls man sie nicht schnell zum Schweigen bringt, früher oder später entsorgen (zuerst versucht man natürlich, wie in meinem Fall, die Person zu diskreditieren und als paranoid hinzustellen. Hierfür eignen sich Schlagwörter wie 'Kinderschänder', 'Sekte', 'Terrorist' oder 'Neonazi', um den gewünschten Erfolg zu bringen. Diese genügen beim heutigen Normalbürger vollkommen, um ihn vor dem weiteren Recherchieren abzuhalten und relativ schnell ein Mißtrauen gegenüber einer Person oder Gruppe aufzubauen. In der Regel gibt man der diskreditierten Person auch nicht die Möglichkeit, sich zu rechtfertigen oder Dinge klarzustellen und schon ist durch die Massenmedien die Schublade gezimmert, in die man 'Störenfriede' hineinpackt - siehe meine Person, das Universelle Leben, die Universale Kirche, die Colonia Dignidad, Dr.med. Ryke Hamer u.a.).

Nun zu den Implantaten. Durch diese können die Aldebaraner die implantierten Personen logischerweise überall auffinden, Signale empfangen und Gedanken zukommen lassen. Aber noch wichtiger scheint, daß deren Körperfunktionen, deren seelisches Empfinden und Bewußtseinszustand ständig untersucht werden kann. Was viele nicht wissen, ist, daß wir tagtäglich, und vor allem Personen, die für das Ziel der Illuminati gefährlich sind, mit Mikro- und ELF-Wellen von Satelliten beschossen werden, um diese krank oder aggressiv zu machen und so einen schleichenden Tod herbeizuführen (Interessierte finden mehr Informationen dazu in dem Buch „Das Montauk-Projekt" oder in Büchern und Artikeln über das HAARP-Projekt).
Durch die Implantate der Aldebaraner können diese angeblich ständig überwachen, wie stark jemand unter „Beschuß" ist und solche Energien sofort ausgleichen.

Nun vermute ich bei manchen Lesern das Argument, daß man diese Implantate aber auch negativ verwenden könnte. Sicherlich. Das hatten wir ja eben dem Bericht des Dr. Sanderson entnehmen können. Doch wozu sollten die Aldebaraner das tun? Wenn sie uns wirklich „fressen" wollten oder eliminieren, um den Planeten zu übernehmen, hätten sie das schon längst tun können. Warum besuchen sie Personen wie Reiner und seine Familie seit deren Kindheit, um sie bei der Untersuchung auch noch zu streicheln? Warum hält der kleine Freund dabei seine Hand? Warum streicht er der kleinen Sandra durchs Haar, nachdem er ihr die Bettdecke zurechtgelegt hat? Weil er eine furchteinflößende Bestie ist? Weil er sie manipulieren will? Wohl kaum. Wozu diese Mühe im Vorfeld, dieser Energieaufwand, um ein paar Menschen, ein paar von über sechs Milliarden, seit deren Kindheit regelmäßig nachts abzuholen, diesen Karten von der Erde der Zukunft zu zeigen und über spirituelle Dinge auf den Raumschiffen zu schulen, um sie nachher zu manipulieren oder sie vielleicht später per Knopfdruck in die Luft zu sprengen? Was malen sich die LeserInnen gedanklich aus, die ein Problem mit dem Implantieren seitens der Aldebaraner haben? Was könnten diese denn Schlimmes damit anrichten? Was könnte denn noch schlimmer sein, als es jetzt im Moment auf der Erde ist? Ist es vielleicht lediglich das Problem, daß die LeserInnen, die Angst verspüren, nicht wissen, was dieses Implantat wirklich ist? Hätten diese bei einem Herzschrittmacher auch ein Problem? Nein, der tut ja etwas „Gutes". Aber das tut das Implantat nach Aussage der Aldebaraner auch. Weiß jemand von Gegenteiligem? Nein? Also eine reine Vermutung.

Diese LeserInnen sollten nochmals in sich gehen und prüfen, wovor sie wirklich Angst haben. Die Implantate können es kaum sein. Das würde einfach keinen Sinn ergeben. Wenn die Aldebaraner wirklich einen Menschen unter ihre Kontrolle bringen wollten, um ihn im entscheidenden Moment über das Implantat zu einem „Ferngesteuerten" zu machen, würde ein einziger Kontakt und das Einsetzen des Implantats genügen. Den Rest übernehmen Computeranlagen.

Aber das ist nicht geschehen und geschieht auch nicht, sondern das Gegenteil. Im Fall von Karin würde das ja bedeuten, daß die Aldebaraner eine Aldebaranerin implantieren, um sie nachher zu manipulieren. Sehen Sie, wie absurd das ist?

Nehmen wir einmal die Position ein, als wollten uns die Aldebaraner wirklich „Böses" anhaben:

Wollten die Aldebaraner wirklich, daß all diese Informationen nie herauskommen, damit sie uns auch noch in Zukunft manipulieren können, bräuchten sie nur die ferngesteuerten Feistles (die übrigens alle implantiert sind und keinerlei Probleme damit haben – ganz im Gegenteil) zu aktivieren und durch den 'Manipulationsstrahl' außer Gefecht setzen beziehungsweise daran hindern, mit mir zusammenzuarbeiten und schon könnten Sie dieses Buch nicht lesen. Vielleicht ist es aber sogar so, daß auch ich, Jan van Helsing, zu den Illuminati übergelaufen bin beziehungsweise zu den implantierenden Aldebaranern und nun mit diesen kooperiere? Deren Eingriffe herunterspiele...? Das Spiel könnte man sicherlich noch weiter ausbauen. Ich persönlich glaube, daß wenn jemand wirklich Angst verspürt, jedoch nicht bereit ist, vor der eigenen Haustüre zu kehren und einmal intensiv in den Spiegel zu schauen, den einem das Leben vorhält, um zu erkennen, wovor man 'wirklich' Angst hat, können natürlich auch solche Gedankengänge dabei entstehen, die dabei helfen sollen, die unbequeme Eigenverantwortung auf 'andere' zu übertragen.

Wir sollten erkennen, daß es noch eine ganze Menge Dinge gibt, die wir womöglich nicht gleich auf Anhieb verstehen, die uns im ersten Moment vielleicht Angst einjagen, wir jedoch später, wenn wir das komplette Bild erkannt haben, verstehen werden, warum dies in jenem Moment „wichtig" gewesen sein mag.

Wie gesagt, hätten wir all' diese Probleme nicht, wenn wir uns selbst nicht hätten benutzen lassen (von den Illuminati), wenn wir unsere Eigenverantwortung nicht an jemand anderes abgetreten hätten, an die Pfarrer, an die Politiker, an die Firmenchefs, an die Lehrer, auch die spirituellen... (Täter + Opfer = Tat).

Dann war da noch das Argument, daß *„wenn die Aldebaraner doch so weit sein sollen, warum brauchen sie dann Implantate, um uns zu erreichen und machen das nicht telepathisch?"* Das tun sie ja. Doch gibt es weitaus weniger Aldebaraner, als Menschen auf der Erde und es sind nur ein paar wenige, möglicherweise nur wenige Hundert, die sich momentan in unserem Sonnensystem befinden. Wenn diese aber inzwischen mehrere Millionen oder zumindest mehrere tausend Menschen kontaktiert haben, wie sollen dann ein paar Hundert mit jedem einzelnen von morgens bis abends in telepathischem Kontakt stehen und womöglich noch deren Körperfunktionen überwachen? Das ist eine einfache Rechenaufgabe.

Desweiteren ist das Implantieren und die damit verbundenen Tätigkeiten nicht die Aufgabe der Aldebaraner, sondern, wie wir im Kapitel „Was ist das Unternehmen Aldebaran?" erfahren haben, die der Grauen. Der „deal" mit den Grauen aus dem Orion-Gestirn war diese 'Hilfeleistung' im Gegenzug für die Unterstützung der Aldebaraner, deren Genmaterial mit menschlichem aufzuwerten. Die Aufgabe der Grauen ist das Implantieren und Überwachen (der Körperfunktionen, Beschuß durch ELF-Wellen) und das gleichzeitige Beschützen, beziehungsweise Helfen im Fall einer Bedrängnis oder einer Gefahr. Sie übernehmen diese Arbeit (und wahrscheinlich ein paar Computer), damit die Aldebaraner die Möglichkeit haben, noch etwas anderes zu tun, als telepathisch mit Erdlingen zu kommunizieren (mit ihren alltäglichen Problemchen). Die Aldebaraner versuchen in der Zeit, in der sich die Grauen mit den Menschen beschäftigen, Probleme, die mit anderen Außerirdischen und der Erde zusammenhängen, zu lösen, haben möglicherweise Verhandlungen mit diesen und bereiten noch ganz andere Dinge vor (falls es wirklich zu einem Dritten Weltkrieg kommen sollte und die Aldebaraner nicht tatenlos zusehen möchten, kann man sich selbst ausmalen, wieviele Vorbereitungen dann noch zu treffen sind).

Was ich damit auch sagen möchte, ist, daß die Aldebaraner höchstwahrscheinlich noch etwas anderes zu tun haben, als sich in die Köpfe der Erdlinge einzuklinken und denen bei ihren tagtäglichen Unwichtigkeiten beizustehen.

Auch könnte ich mir wirklich vorstellen, daß es für die Aldebaraner auch etwas Schöneres und Angenehmeres geben könnte, als diese Nacht- und Nebelaktionen auf einem momentan weitgehend degenerierten Planeten. Es kann sich meiner Meinung nach nur um einen Liebesdienst handeln (und ein Ausgleichen ehemaliger Eingriffe in die Erdgeschichte). Also nichts, wovor man Angst haben müßte. Somit hat das Implantieren für mich nur einen einzigen Zweck: Arbeitserleichterung und permanente 'on-line'-Verbindung zum Raumschiff.

Dann sollten wir auch nicht vergessen, daß die Behauptung, *„wir würden nicht gefragt werden"* nur eine solche bleibt. Tatsächlich ist es so, daß wir all das, was wir in einem Leben erfahren werden, uns selbst vornehmen, bevor wir in eine physische Hülle schlüpfen (ich setze an dieser Stelle das Wissen um die Reinkarnation voraus). Das schließt auch die vorerst noch unbewußten Kontakte durch Außerirdische mit ein, wobei die Aldebaraner erklären, daß sie mit all den Seelen/Bewußtseinen, die für diese Untersuchungen und Schulungen herangezogen werden, vorher darüber gesprochen und die Vollmacht der Seelen bekommen haben. In den meisten Fällen handelt es sich sowieso um inkarnierte Aldebaraner, also Seelen von ihrem eigenen Planeten, die sich mehr oder weniger 'freiwillig' zu diesem Projekt gemeldet hatten.

Bei dieser Gelegenheit möchte ich mir aber eine eher freche Anmerkung nicht nehmen lassen. Wie ist es denn eigentlich mit uns Menschen? Fragen wir denn unsere Haustiere, ob sie überhaupt bei uns wohnen wollen? Ob unsere Pflanzen in Töpfen vegetieren möchten? Wie sieht es mit dem Halsband oder dem Mikrochip in unserem Haustier aus, mit dem man dieses neuerdings überall per Satellit gefunden werden kann? Wie mit den Knöpfen in den Ohren der Kühe, die Brandzeichen... Wie ist es mit den Tieren, die täglich gegessen werden? Haben wir die auch gefragt? Greifen wir nicht manchmal auch ungefragt in das Leben eines anderen Menschen ein? Fragen wir Krebskranke, ob sie nicht vielleicht lieber sterben möchten? Oder Koma-Patienten? Mischen wir uns nicht auch in deren Leben ein?

Und wie steht es mit den Tierversuchen? Viele Menschen glauben, das Experimentieren mit tödlichem Ausgang damit rechtfertigen zu können, weil eventuell ein Mittelchen entdeckt wird, das einem Menschen das Leben retten kann? Vielleicht rechtfertigt ein Grauer seine Versuche damit, daß er durch ein Experiment an einem degenerierten Menschen sein ganzes Volk retten kann? (dies ist natürlich nur eine ironische Annahme von mir). Ist hier ein Eingriff in die Privatsphäre eines anderen Lebewesens erlaubt? Wer entscheidet das?

Wer gibt uns das Recht ein Kind so aufzuziehen, wie wir das für „richtig" empfinden, oder es taufen zu lassen und in irgend eine Religion einzubinden? Oder in eine adäquate Schule zu schicken, in eine Tradition, die Bundeswehr...usw.

Wenn wir einem anderen Menschen etwas verkaufen, fragen wir ihn dann zuerst, ob er dies auch wirklich braucht?

Und wenn wir schon den Eingriff von Außerirdischen bemängeln, bemängeln wir dann auch die Taten anderer, die nicht fragen - die Politiker, den Gesetzgeber, die Banken, die Börsianer, die UNO...?

Was ich damit ausdrücken möchte, ist folgendes:

Wir empören uns sofort, falls irgend etwas oder jemand in unser so heiliges „Privatleben" eindringt, doch stelle ich die berechtigte Frage, wie oft wir selbst in das Leben anderer eindringen, weil wir das für „richtig" empfinden?

Womöglich mag in manchen Fällen solch ein Eingriff wirklich zum Vorteil gewesen sein, zum Beispiel bei unseren Kindern, und diese werden, wenn sie selbst erwachsen sind, uns zustimmen und sagen, daß wir in der einen oder anderen Situation richtig gehandelt hatten, daß diese damals nur ihren Sturkopf durchsetzen wollten... (kennen wir doch alle). Könnte es denn nicht sein, daß die Aldebaraner etwas vornehmen, das ebenfalls zu unserem Besten ist, auch wenn wir im Moment vielleicht noch anderer, sturer Meinung sein sollten?

Ich möchte hierbei niemanden angreifen, doch denke ich, daß wir uns auch einmal hierüber Gedanken machen sollten, denn *„wer richtet, der wird gerichtet werden"*.

Doch warum habe ich beziehungsweise haben wir das Buch geschrieben und die Berichte veröffentlicht? Um Ihnen, dem oder der LeserIn den Hinweis zu geben, daß diese Vorgänge auf der Erde tatsächlich geschehen und möglicherweise auch Sie etwas damit zu tun haben, vielleicht ebenfalls nachts abgeholt werden...

Wenn Sie während des Lesens keinerlei Emotionen empfunden haben, das Buch nach dem Lesen weglegen werden mit dem Gedanken, ein spannendes oder weniger spannendes Buch gelesen zu haben, oder daß es sich hier um unglaubliche Behauptungen oder gar eine Aneinanderreihung von Schwachsinn und Hirngespinsten handelt, dann ist anzunehmen, daß Sie wenig damit zu tun haben. Daß manche sich ein wenig fürchten oder ein ungutes Gefühl bekommen, wenn sie nach der Lektüre abends das Licht ausmachen und im Bett ein wenig das Gruseln bekommen, ist auch nichts besonderes. Das bekommt man bei jedem erstbesten Horrorfilm kostenlos mitgeliefert.

Nein, ich meine etwas anderes. Es gab allein schon unter denjenigen, die zum Probelesen ausgesucht worden waren, die Feststellung, daß richtige Ängste, Alpträume oder Gänsehaut auftraten und diese meinten, sie wollten nichts mit den Berichten der Familie Feistle zu tun haben, die Berichte seien furchtbar... (sie hatten nicht gesagt, daß sie nicht reell sind!). In diesem Fall bin ich der Meinung, sind diese Personen mit den Erlebnissen in Resonanz getreten. Es ist davon auszugehen, daß diese LeserInnen eventuell ebenfalls in Kontakt mit den Aldebaranern stehen. Aber genau deswegen, genau wegen diesen hochkommenden Ängsten, haben wir diese Berichte veröffentlicht. Auch Reiner und vor allem Sandra hatten die selben Ängste und Alpträume. Dann haben sie sich gezielt damit auseinandergesetzt, haben diese Phänomene konfrontiert (auch durch die Hypnosesitzungen), und haben erkannt, daß im Nachhinein nichts dabei war, was ihnen tatsächlich Angst hätte einjagen müssen. Sie sind nun alle erleichtert, zu wissen, was geschieht und warum es geschieht, daß sie alle vor ihrer Inkarnation zu diesem Projekt zugestimmt hatten und sind nun der Meinung, daß dies sogar unterstützt werden muß.

Die Angst schlug nach der Erkenntnis in Neugier, Mut, Kraft und das Bedürfnis um, mehr dazu beizutragen. Wenn wir vor unseren Ängsten davonlaufen, mit gewissen Dingen nichts zu tun haben wollen, wird unser Leben sicherlich nicht besser. Womöglich wird es uns auf die eine andere Art darauf hinweisen, daß wir noch etwas aufzuarbeiten haben. Die Familie Feistle wollte Ihnen durch ihr Erlebtes zeigen, wie es ihnen selbst ergangen ist und daß ihre Angst unbegründet war. Versuchen Sie einmal, es aus dieser Sicht zu sehen.

ANHANG-B
Franz von Stein's Erlebnisse nach dem
Lesen dieses Buches

Liebe LeserInnen,

wie ich soeben ausführte, kamen bei einigen Personen, die das
Manuskript zum Probelesen zugesandt bekommen hatten, heftige
Reaktion zum Vorschein. Eine davon war mein lieber Freund Franz
von Stein, Co-Autor von „Buch 3", der inzwischen mit seiner Familie nach Spanien ausgewandert ist und dort eine esoterische Buchhandlung betreibt (mit ihm hatte ich das Erlebnis mit dem Großfeu-
er, welches ich im Schlußkapitel von „Buch 3" beschrieben hatte).

Bevor wir seinen Ausführungen lauschen, möchte ich jedoch
noch ein paar einleitende Worte loswerden.

Es scheint wohl auf seine offenbar schwierige Kindheit und einige sogenannte „Schicksalsschläge" zurückzuführen sein, daß sich
Franz von einem eher feinfühligen, introvertierten und verschlosse-
nen Menschen zu einem Kämpfer, einem Pionier entwickelt hat,
dessen Anliegen es zu sein scheint, durch persönlichen Einsatz aus
der Welt eine bessere zu machen.

Franz ist ein äußerst erfolgreicher Unternehmer und hat in weniger als zwei Jahrzehnten sein Fotofachlabor zu einem der größten in
ganz Südwestdeutschland aufgebaut. Doch war es ihm möglich, sich
während all dieser Jahre nicht davon abhalten zu lassen, sich mit der
ganzen Bandbreite der Esoterik, der Bioenergetik, aber auch mit
innovativen Techniken äußerst intensiv auseinanderzusetzen (er ist
unter anderem auch noch ausgebildeter Diplomingenieur und ausgebildeter Naturtherapeut für diverse östliche und westliche Heilwei-
sen).

Aufgrund seiner unzähligen Erfahrungen (vor allem den schmerz-
lichen) ist er für mich eine Person, auf deren Rat ich höre und dessen
Kritik ich mir sehr zu Herzen nehme, besonders, wenn es sich um
ein Rohmanuskript für ein neues Buch handelt.

Doch warum lege ich Ihnen dies hier nahe? Nun deshalb, weil ich Ihnen damit verdeutlichen möchte, daß Franz alles andere als eine Person ist, die der Inhalt eines solchen Buches (oder auch irgend etwas anderes) aus der Bahn wirft. Ich hätte alle möglichen Reaktionen von ihm erwartet, jedoch nicht die, welche er uns gleich offenbart.

Da er inzwischen in Spanien wohnt, dauerte seine Korrektur etwas länger, als die der anderen, von denen ich die Manuskripte mit mehr oder weniger gleichen Bemerkungen bereits zurückbekommen hatte. Um so mehr hat mich das berührt, aber noch viel mehr fasziniert, was er Ihnen nun nahelegen möchte. Ich selbst kann mir sehr gut vorstellen, daß es eine ganze Menge LeserInnen gibt, die ähnliche Erfahrungen wie Franz gemacht haben oder eventuell machen werden und bin ihm daher sehr dankbar, daß er uns hier einen Teil seines Lebens, den er bisher tief verschlossen für sich behalten hat, offenbart. Es ist anzunehmen, daß viele Personen emotionale Erfahrungen nach dem Lesen machen werden (wenn wir davon ausgehen, daß die Behauptung der Aldebaraner, daß sie bereits Millionen von Menschen kontaktiert hätten, der Wahrheit entspricht) und daher können Worte wie die von Franz sicherlich eine Hilfe darstellen (zumindest die, daß man nicht der oder die einzige ist, dem es so ergeht).

Hier sein Bericht:
Eigentlich schon seit meiner frühesten Kindheit stellte ich mir die Frage, was ich eigentlich auf diesem Planeten mache, in diesem Körper? Was um alles in der Welt ist der Grund, daß ich in dieser Welt leben muß? Ich hatte schon immer das Gefühl, daß ich hier absolut fehl am Platze bin. Weder die Art der Menschen, ihre Interessen und Verhaltensweisen sind bei mir auf Resonanz gestoßen, noch ging ich mit ihren Weltbildern und Regierungsformen, ihren Glaubensvorstellungen noch mit den Ansichten über die Entstehung

des Menschen und seinen Da-Seins-Grund konform. Das Leben auf der Erde war mir - und ist es eigentlich immer noch – fremd.

Natürlich habe auch ich mich zumindest nach außen hin diesem 'Leben' (wobei mir unklar ist, wie ein einigermaßen freies und klar empfindendes Wesen diesen Zustand als 'Leben' bezeichnen kann) angepaßt, um meine Familie ernähren zu können... Doch habe ich mir bis heute meine Identität und mein eigenes Weltbild in meinem innern bewahrt.

Alles, was mit dieser Welt und diesem meinem jetzigen Körper zu tun hat, also die körperliche Seite, war für mich seit meiner Kindheit eine Last, ein Zustand von Schmerzen oder Unbehagen, selten abgelöst von Neutralbefinden, von einer Gesund-Heit im Sinne des Wortes ganz zu schweigen. Was die Hebamme meiner Mutter mit den Worten übermittelte: *„Er ist ein besonders schwächliches Kind, ihn durchzubringen bedürfe besonderer Pflege und Aufmerksamkeit"*, hatte sich als wahr herausgestellt. Davon abgesehen, daß ich alle nur möglichen Kinderkrankheiten durchmachte, ließen mich ständige Infektionskrankheiten, Ohr-, Stirn- und Nebenhöhlenschmerzen, andauernde Muskel-, Bauch- und Leistenschmerzen nie zur Ruhe kommen. Meine Bänder und die Muskulatur waren völlig unterentwickelt, so daß ich andauernde Hüftgelenks-, Knie- und Knöchelprobleme hatte, die mir eine normale Kindheit mit Sport, Skifahren oder Ähnlichem vereitelte. Nun ja, dies war ja irgendwo noch verständlich, auch andere Kinder hatten solche Probleme, doch ich war sogar noch gegen unseren Kraftquell des Lebens allergisch – die Sonne. Einmal wäre ich nach einem Sonnenbad fast gestorben – der ganze Körper war eine einzige schmerzhafte Wasserblase. Niemals werde ich braun, nur krebsrot, was mit einem permanenten Jucken einhergeht.

Irgendwie paßte mein ganzer Körper, meine Haut, mein Bewegungsapparat nicht in diese Welt. Ich fragte mich immer wieder *„Was suche ich eigentlich hier? Wieso bin ich so anders, wieso kann es mir nicht auch einmal gut gehen?"*

Diese waren zentrale Fragen von frühester Kindheit an wie auch das Gefühl, mich nirgendwo richtig zuhause zu fühlen.

Wohl aufgrund dieser Umstände schlug ich eine andere Entwicklung ein, als meine mich umgebenden Klassenkameraden oder Bekannte. Ich kehrte mich nach innen, machte mir Gedanken über den Sinn des Lebens, die Entstehung des Menschen wie auch des gesamten Kosmos und den Ursprung der Naturgesetze, die sich als einzige brauchbare „Wahrheit" herausgestellt hatten. Ich verschlang Bücher, setzte mich mit allen nur möglichen Theorien auseinander, Technik und Wissenschaften wie auch die Lehren über die innere Welt – die Esoterik – und ihre Übertragung nach außen.

Durch all die Schwierigkeiten mit meinem physischen Körper, aber auch der Tatsache, daß ich langsam aber sicher anfing, mich mit dieser Lage auseinanderzusetzen, schlug diese Hilflosigkeit in eine Art Protest um, eine Rebellion durch die ich letzten Endes zu einem willensstarken Menschen wurde, einer Willenskraft, die viele Menschen abzuschrecken scheint. Doch auf der anderen Seite fiel mir auf, daß ich mit meinen Gedanken, die ich mir über das Leben machte, auf keine große Resonanz in meinem Bekanntenkreis stieß, was mich dazu bewog, immer mehr nach innen zu gehen, zu schweigen (falls ich natürlich jemanden fand, der sich für ähnliche Dinge interessierte wie ich, sprudelte alles förmlich aus mir heraus).

Diese seltsame und eigenwillige Kombination von Extremen, die sich offenbar in mir bündelt, gab schon oft Menschen die Gelegenheit – ob in der Schule, in der Disco, auf dem Rockkonzert oder auf einer Party – mich forsch mit Worten anzugehen wie: *„Was schaust Du denn so? Es scheint, als wärest Du gar nicht richtig anwesend, in Gedanken auf einem anderen Stern?"* Die Leute spürten förmlich, daß ich anders war, konnten damit nicht umgehen und reagierten oftmals patzig oder gar verletzend.

Es ist wohl das Extrem der starken Kraft und Ausdauer auf der einen Seite und die tiefe Verschlossenheit wie auch Abwesenheit auf der anderen, die manche gar als depressiv bezeichnen, die es mir nicht unbedingt einfach macht, mit jedermann reibungslos klarzukommen.

Dies möge als eine kleine einführende Vorgeschichte dienen, um wenigstens ein bißchen meine Reaktionen verstehen zu können, die ich hatte, als ich die ersten Kapitel des Buches, das Sie gerade in Händen halten, von Jan zum Probelesen übersandt bekam.

Doch zuvor geschah noch Folgendes:

Es war der 22. April 1997. Ich lag in meinem Bett in unserem Haus in Spanien, alleine, da meine Frau Christine zu dieser Zeit in Deutschland auf Besuch war. Das Fenster war auf, ebenerdig zur Terrasse. Mitten in der Nacht schreckte ich plötzlich aus dem Schlaf hoch, da meine beiden Hunde wie verrückt zu bellen angefangen hatten. Normalerweise bellen sie niemals in der Nacht. Mir war aufgefallen, daß es ungewöhnlich still war, zu still für eine spanische Sommernacht – totenstill. Normalerweise hört man immer etwas, den rauschenden Pinienwald, die flatternden Palmblätter, ein singendes Käuzchen oder eine zirpende Grille. Aber nichts dergleichen. Totenstille bis auf die bellenden Hunde. Ich lag im Bett und stand vorerst noch nicht auf. Ich dachte mir, daß sie schon wieder aufhören würden. Plötzlich hörte ich, wie irgend etwas oder jemand gegen die Holzliegen vor meiner Terrassentür stieß und etwas später gegen die Sonnensegel-Stangen, die am Fenstergitter angelehnt waren. Hellwach schnellte ich blitzschnell hoch und guckte, ob ich nicht etwas erkennen konnte. Doch ich sah nichts. Ich blickte durchs Fenster nach draußen, konnte jedoch nichts Unbekanntes ausmachen. Doch da war etwas. Da war irgend etwas, doch ich konnte es nicht sehen. Todesangst kam in mir hoch. Ich erinnerte mich an meine Kindheit und mir fiel ein, daß ich auch damals schon solche Ängste verspürt hatte. Vor allem im Dunkeln. Die Angst, daß irgend etwas Unsichtbares mich beobachten würde. Auch damals spürte ich die Anwesenheit von irgend etwas Unsichtbarem. So wie in diesem Augenblick. Ich schlich durchs dunkle Haus, sah aus allen Fenstern, aber nichts war zu sehen. Nur die Hunde bellten in der Totenstille. Aus dem Fenster sehend konnte ich sie erkennen, wie sie in „sicherer" Entfernung im Garten saßen und in Richtung Haus schauend irgend etwas anbellten. Es war verrückt. Ich dreht fast durch vor Angst. Was war da? Ich ging hinauf in den ersten Stock, ins Kinderzimmer, um auch dort nach dem Rechten zu sehen. Alle drei Kinder schliefen tief und fest. Also ging ich zurück in mein Bett, dauernd die Gewiß-heit, das sichere Gefühl, daß da etwas war, das meine Hunde und ich spürten. Ich hatte Angst und mußte mir diese Angst anschauen. Ich mußte mir selbst in die Augen sehen. Ich wollte keine Angst haben. Daher begann ich, mich auf mich selbst zu konzentrieren und glitt in die Meditation über und sagte zu mir: „*Wenn mich wie in meiner Kindheit und Jugend im Dunkeln immer etwas beobachtet hat, ohne daß es mir sichtbar war, dann war es mir offenbar überlegen. Dann konnte es auch immer und überall an mich heran. Doch es hatte mir trotz dieser Fähigkeit nie etwas getan und will es auch offensichtlich nicht. Vielleicht beobachtete es mich nur? Also mußte ich in dieses Schwarz hineinschauen und mir den Spiegel vorhalten: Ich habe Angst, aber nur, weil ICH nichts sehe. O.K. Also wer es auch sein mag, Du oder ihr, ihr wißt, daß ich hier bin, daß ich es bin und ihr seid mal wieder da, nach langen Jahren mal wieder spürbar für mich.*" Dann beobachtete ich mich und mir fiel auf, daß die Angst langsam aber sicher wich und sich eine gewisse Vertrautheit diesem „Unbekannten" gegenüber einstellte. Die Hunde hörten auf zu bellen und die üblichen Geräusche der Nacht erklangen wieder. Ich schlief ein. Doch das Erlebte schwelte noch tagelang in mir nach. Durch die Arbeit und meine sonstigen Tätigkeiten gerieten diese Gedanken jedoch schon bald wieder in den Hintergrund meiner Gedanken, bis ich sie fast schon vergessen hatte. Doch dann ereignete sich etwas, daß mir verdeutlichte, daß es sich bei dieser Nachtaktion nur um die Vorhut gehandelt hatte, die Vorbereitung auf etwas anderes, das noch kommen sollte.

Einige Tage danach kam dann Jan`s Päckchen, in dem sich die
Diskette mit den bis dahin geschriebenen Kapiteln zu diesem vorliegenden Buch befand. Wir öffneten es in unserer esoterischen Buchhandlung, im „Shambhala Esoteric Center", den meine Frau und ich
inzwischen eröffnet haben. Nachdem wir die Diskette in den Computer gesteckt hatten und den Text ausdrucken wollten, mußten wir
jedoch schon nach fünf Seiten feststellen, daß der Toner leer war,
was uns gerade bei diesem Ausdruck ziemlich ungelegen kam. Unser Computerladen im Ort wollte innerhalb einer Woche Ersatz
schaffen, also mußten wir warten. Ich steckte mir die Diskette einst-
weilen in die Brusttasche meines Hemdes und wandte mich dann
den üblichen Dingen wie dem Verkauf von Büchern und der Arbeit
mit den Patienten für die 'Holistische Ordnungstherapie' zu, die im
Therapieraum des „Shambhala Centers" stattfindet. Dabei bemerkte
ich, daß es mir zusehends schlechter ging. Mein Kreislauf spielte
total verrückt und mir wurde speiübel. Das ging sogar soweit, daß
ich mich übergeben wollte. Damit mir beim Vorbeugen nicht die
Diskette aus der Brusttasche ins Klo fällt, nahm ich sie heraus und
legte sie an einen sicheren Ort. Doch plötzlich erübrigte sich der
Gang zum WC und es ging mir von Minute zu Minute besser.

Der Vormittag ging bis zur Mittagspause in Arbeit dahin, in der
wir dann in einem nahegelegenen Restaurant etwas Kleines zu uns
nehmen wollten. Die Diskette erschien mir dabei aber als so wichtig,
daß ich sie wieder in die Brusttasche steckte und ins Restaurant mit-
nahm. Doch schon auf dem Weg dorthin ging es mir wieder
schlechter. Im Restaurant angelangt, redete ich über diese beiden
Verschlechterungen mit meiner Frau und suchte, halb redend, halb
sinnierend, nach einem plausiblen Grund dafür. Vielleicht war es die
Diskette? So nahm ich sie aus der Brusttasche heraus und steckte sie
in die Handtasche meiner Frau. Und noch bevor der Kellner die Be-
stellung brachte, war mir wieder wohl zumute. Unsere Neugierde
brannte: *„Was ist auf dieser Diskette?"*

Christine schloß dann, während ich eine Patientin behandelte, am
gleichen Nachmittag einen viel langsameren Tintenstrahldrucker an

den PC an und hatte dann doch schon ein großes Bündel ausgedruckt, als ich aus der Behandlung kam. Sie meinte, daß ich schon
mal diesen Teil lesen sollte. Vielleicht würde das Ersatzteil für den
anderen Drucker etwas früher kommen, sagte sie und meinte, daß sie
später den Rest mit dem Laserdrucker ausdrucken könnte, da inzwischen auch die Cartridge des Tintenstrahldruckers leer sei.

Während sie dies sagte, kam eine Stammkunde in Begleitung einer uns bis dahin noch unbekannten Dame herein. Wir sprachen über
dies und das und erfuhren, daß die Dame eine sehr intuitive Seherin
sei. Spontan bat ich sie, ohne ihr zu sagen, wobei es sich bei dem
Ausgedruckten handelte, den Stapel Papier anzufassen und herauszufinden, um welche Energien es sich dabei handeln würde. Sie
faßte den Stapel an und zuckte mit der Hand wie erschrocken zurück. „Das ist Dynamit!" meinte sie. Sie griff dann das erste Bündel
(Schrift nach unten) und meinte „Das ist noch ganz erträglich". Sie
nahm ein weiteres Bündel und äußerte „Das ist sehr stark." Worauf
sie das dritte Bündel griff und mit den Worten niederlegte, daß „dies
das Stärkste sei".

Als die beiden die Ladenräume wieder verlassen hatten, sah ich
mir die drei Haufen sorgfältig an und merkte mir die Seitenzahlen.
Der erste Stapel war die Einleitung, der zweite die Erlebnisse der
Familie Feistle und der dritte der Flug des VRIL-Odin nach Aldebaran. Mehr war zu diesem Zeitpunkt noch nicht ausgedruckt.

Jeden Abend las ich nun aufmerksam die Zeilen und hatte nach
wenigen Nächten den bis dahin ausgedruckten Teil durch. Wir erfuhren dann von unserem Computerladen, daß das Ersatzteil doch
noch nicht geliefert werden konnte und entschieden uns, mit einer
neuen Cartridge doch mit dem Tintenstrahldrucker weiterzudrucken.
So geschah es und ich las den Rest des bis dahin von Jan zusam-
mengestellten Buches Korrektur. Und ich wußte dann auch schon,
warum mir so übel geworden war, als ich die Diskette in der Brusttasche getragen hatte. Mehrmals rief ich Jan, der sich zu dieser Zeit
auf La Palma (Kanarische Inseln) befand, über Mobiltelefon an und

erzählte ihm, daß mir beim Lesen der Kapitel über die Erlebnisse der Familie Feistle mit ihren Grauen und den Großen wieder so übel geworden war. Alles sträubte sich in mir, wehrte sich gegen die Schilderungen, vor allem, daß die Grauen und die Bioroboter mit den großen Aldebaranern zusammen agieren sollten. Das widersprach meinem eigenen Weltbild über Außerirdische, das ich mir bis dahin zusammengebastelt hatte. Ich dachte mir, daß sich die Feistles die Geschichte, daß die Grauen mit den Aldebaranern zusammenarbeiten würden, nur ausgedacht hatten und war der Meinung, daß diese beiden Gruppen niemals zusammenarbeiten konnten. Mein extraterrestrisches Weltbild war ins Wanken geraten und mir wurde zum Erbrechen übel. Der Flug nach Aldebaran mit dem VRIL-Odin war meiner Meinung nach total überzeugend, hier ging ich logisch und intuitiv wirklich konform, da ich ja selbst vor drei Jahren die Foto-Reproduktionen der Originalphotos für Jan durchgeführt hatte und diese auf ihre Echtheit hatte hieb- und stichfest überprüfen lassen. Diese Sache war für mich geklärt. Doch die Grauen? Bei einem der Telefonate meinte Jan dazu: *„Franz, ich kenne Dich lange genug um sagen zu können, daß es sicherlich kein Zufall ist, daß gerade Du solche Reaktionen bei einem Buch hast. Würdest Du einfach der Meinung sein, daß das Buch nicht gut ist oder unglaubwürdig, könnte ich das so akzeptieren. Doch solche emotionalen Ausbrüche, Übelkeit, innere Aufruhr? Franz, ich bin fest davon überzeugt, daß Du hier in Resonanz getreten bist. Daß Du mit dieser Sache in irgendeiner Weise verbunden bist, Dein Unterbewußtsein reagiert hat, nur Dein Verstand sich noch dagegen wehrt. Prüfe das bitte einmal für Dich selbst."*

Ich machte mir über seine Worte Gedanken, war aber trotzdem der Meinung, daß dies irgendwie nicht zusammenpaßte.

Dann kam die Nacht vom 17. auf den 18. Juni 1997 und damit die Antwort auf meine inneren Fragen. Draußen war es leicht bewölkt um den Berggipfel (hinter unserem Haus), die Aufwinde lies-sen die

Pinien und die Palmen im Garten rauschen, die Grillen zirpten und die Hunde schliefen vorne im Garten. Kurz vor Mitternacht waren wir ins Bett gegangen und wie üblich bei offenem Fenster sofort eingeschlafen. Plötzlich, wie aus heiterem Himmel, riß mich ein unglaublicher Schmerz in meinem Bauch aus dem Schlaf und machte mich in Sekunden hellwach. Ich rollte mich zur Seite und krümmte mich zusammen. Dabei fiel mein Blick automatisch auf den Radiowecker und ich sah die Uhrzeit – 2.30 Uhr. *„Was ist das bloß? Woher kommen diese Wahnsinnsschmerzen?"* Ich schloß meine Augen und begann, in den Höllenschmerz hineinzuatmen, ihn wegzuatmen. Das ganze dauerte ungefähr zwei Minuten lang. Und während dieser zwei Minuten sah ich meinen eigenen Lebensfilm ablaufen. Dieser Film zeigte mir all die schlimmen Situationen in meinem Leben, all die Krankheiten, Schmerzen, Unfälle, Hindernisse, schicksalhafte Begebenheiten. Es war total 'live', vom Kleinkind bis heute. Das meiste davon hatte ich längst verdrängt, doch nun kam alles wieder hoch, war erneut schmerzhaft, die Fieberattacken, die Schocks, die Peinlichkeiten... Dann sah ich aber auch, was geschehen war, nachdem ich einen solchen Schicksalsschlag, solch eine schwere Krankheit oder einen Unfall hinter mir hatte – ich sah, daß all diese Ereignisse geschehen waren, um aufgrund dieser eine wichtige Entscheidung offenbar anders zu fällen. Dabei hörte ich eine Stimme, die all meine in Gedanken gestellten Fragen wie auch die gezeigten Situationen aus meinem Leben kommentierte. Doch ich sah niemanden. Mir wurde gezeigt, daß all diese schmerzhaften Ereignisse als Kurskorrekturen angesehen werden können. Die Stimme sagte, daß, wenn diese Korrekturen nicht erfolgt wären, ich woanders gewohnt und andere Leute kennengelernt, eine andere Schule besucht, einen anderen Beruf ausgeübt und auch eine andere Frau geheiratet hätte... Offenbar hatte immer jemand oder etwas in mein Leben bewußt eingegriffen und mein Leben gelenkt, damit ich eine ganz bestimmte Richtung (die mir in meinem eigenen Leben niemals so bewußt war) gehen würde. Doch zu welchem Zweck?

Gab es einen bestimmten Grund dafür? Mußte ich etwas ganz bestimmtes in diesem Leben tun?

Nach diesem Lebensfilm machte ich meine Augen wieder auf und
sah zuerst auf den Radiowecker und war wie vom Donner gerührt:
Es war 4.30 Uhr! Es waren zwei Stunden vergangen, obwohl ich
doch nur zwei Minuten meine Augen geschlossen hatte (ich war
auch ganz bestimmt nicht eingeschlafen gewesen)! Wo war ich oder
wo war die dazwischenliegende Zeit verblieben? Dann drehte ich
den Kopf ein wenig zur Seite und erblickte nun auch den Körper zu
der Stimme, die ich die ganze Zeit gehört hatte. Im Schlafzimmer
waren mehrere Gestalten oder Wesen anwesend – halbmateriell.
Ganz in meiner Nähe sah ich eine Frau, die wie eine Tibetanerin
aussah und mich anlächelte. Diese Frau hatte zu mir gesprochen. Um
sie herum waren lauter kleine Graue und hinter ihr noch größere
menschliche Wesen. Ihre Haut sowie die Haare waren hell. Die 'Tibetanerin" war meine Ansprechpartnerin, sie zog meine Aufmerksamkeit (fast wie gewohnt?) auf sich.

Ohne Begrüßung, ohne Scheu, als wäre es schon tausendmal so
gewesen, legte ich los: *„Was soll das eigentlich, wieso habe ich nur
Leid, Schmerz und Unfälle gezeigt bekommen? Gibt es denn in meinem Leben nicht auch etwas Erfreuliches zu sehen?"* Gleich darauf
wurde mir eine weitere Szene aus meinem Leben gezeigt. Eine Szene, in der ich mit ein paar Freunden einen wirklich schönen, besonders glücklichen Abend verbracht hatte. Danach fragte ich die „Tibetanerin": *„Mehr nicht?" Ist das das schönste Erlebnis aus 44 Jahren?"* Und ich fragte weiter: *„Habt ihr mir den Schlamassel zwischen die Beine geworfen?"* Worauf sie antwortete: *„Ja, sonst hät-
test Du vieles anders entschieden und wärest nicht an dem Punkt in
Deinem Leben angelangt, an dem Du jetzt bist."*

„Na toll" protestierte ich, *„ein Ferngesteuerter bin ich also, was
ich selbst möchte, interessiert wohl nicht, oder? Was soll das alles,
wer und was bin ich denn?"*

„Ein Experiment" entgegnete sie mir. Ich wollte noch fragen,
wozu, weswegen, seit wann, doch sie sagte nur noch: *„Genug jetzt!"*

und verschwand mit all den anderen Wesen, als wäre sie nie dagewesen.

Im gleichen Moment, als sie verschwunden waren, realisierte ich die Totenstille, die mir diesmal aber angenehm vorkam. Ich fühlte mich angenehm warm, als schwebte ich in einer weichen Flüssigkeit. Genau im selben Moment, wie auf Knopfdruck, prasselte senkrecht ein irrsinniger Regen los, ohne Wind, senkrecht von oben, wie aus offenen Schleusen. In der gleichen Sekunde, als der Regen losbrach, riß mein fünfjähriger Sohn Tim die Schlafzimmertüre auf, was auch Christine aus dem Schlaf holte. Und nach etwa einer Minute hörte der Platzregen, wie auf Knopfdruck, wieder auf – und das in einer spanischen Sommernacht.

Ich war beeindruckt: ein Experiment! Seit wann? Sind meine Eltern wirklich meine Eltern? Oder bin ich erst während diesen Lebens zu einem Experiment geworden? Hatte ich vor meiner Inkarnation dazu zugestimmt?

Ich schlief wieder ein. Am nächsten Morgen im Bad beim Waschen traf mich fast der Schlag: Mitten auf meinem Penis fand ich einen kreisrunden, 4-5 mm großen, blauen Fleck. Wo kam der denn her? Ich erinnerte mich an die Schilderungen aus Jan's Buch über die Samenentnahmen von Reiner Feistle, aber auch die des anonymen Ex-Stasi-Informanten. War mir das gleiche geschehen? Auch verspürte ich extreme Schmerzen in meinem Hoden. Ich schwieg über diesen Fleck, zumindest die ersten zwei Tage, bis ich mich dazu entschloß, ihn meiner Frau Christine zu zeigen. Inzwischen war er bereits gelb/grün, jedoch immer noch kreisrund. Zumindest habe ich für diese Aussage Zeugen. Bei einem weiteren Telefonat mit Jan, wobei ich ihm die Geschichte erzählt hatte, fragte er mich, ob ich denn nicht auch irgendwelche Narben vorfinden würde. Er meinte etwa in Zigarettengröße an Ober- oder Unterschenkel. Ich schwieg für einem Moment am Telefon. Mir hatte es die Sprache verschlagen. Ich hatte tatsächlich eine kreisrunde Narbe dem Durchmesser einer Zigarette entsprechend auf meinem linken Oberschenkel (als

Franz das Manuskript vorliegen hatte, waren die Bilder und Fotos noch nicht eingefügt gewesen). Diese Narbe war eines Morgens plötzlich da – ich war damals Anfang zwanzig.

Für Jan war die Sache vollkommen klar. Ich war wohl ebenfalls abgeholt worden und hatte, wie er auch richtig vermutete, ebenfalls mit diesen im Buch beschriebenen Wesen zu tun. Desweiteren hatte ich nun einen eigenen Beweis dafür bekommen, daß die Aldebaraner mit den kleinen Grauen zusammenarbeiten und sogar noch mit anderen Wesen (wer auch immer die sogenannte „Tibetanerin" gewesen war).

Interessant ist aber auch, was eine ältere Dame, ein paar Tage später nach einer Behandlung in unserem Therapieraum bescheiden und schüchtern erzählte: Sie habe ein UFO gesehen in ungefähr 1.000 Meter Höhe, in ihrem Fall in Höhe der Wolken. Es war ihren Angaben zufolge riesengroß, stand ganz ruhig am Himmel, flog mal nach links, dann nach rechts und war ganz in orangefarbenes Licht getaucht. Sie erklärte mir, daß sie es sehr lange und auch sehr deutlich beobachtet habe. Eine andere Kundin erzählte mir am gleichen Abend, daß sie nachts um 2.30 Uhr ein gigantisches UFO gesehen habe, links unterhalb neben dem Mond für etwa zwei Stunden. Und am Folgetag das gleiche wieder, um 2.30 Uhr zwei Stunden lang. Ich stellte mir die Frage, ob diese Scheiben wohl auch mit meinem Erlebnis zu tun haben? Das geschah ja ebenfalls um diese Uhrzeit. Nun, ich nehme an, daß ich es in Bälde herausfinden werde.

Während ich diese Zeilen gerade schreibe, ruft mich dieselbe Frau zweimal innerhalb von 15 Minuten an und berichtet, daß sie in diesem Moment mehrere Dreierformationen fliegender Untertassen über Moraira ausgemacht habe, die relativ ruhig dastehen würden, ganz deutlich und riesengroß. Sie wohnt leider 25-30 Kilometer von uns entfernt, sonst wäre ich gleich hingefahren. In der selben Gegend hat ein Mann, den ich auf einem meiner Treffen mit den Mitgliedern der „Outer Space Connection, Javea" kennengelernt hatte, schon zweimal UFOs im Tiefflug durch ein Tal schweben sehen. Ich zeigte ihm ein Foto eines Haunebu II, worauf er verdutzt meinte, daß

„seine UFOs" auch so ausgesehen hätten. Aber er ist nicht der einzige wie es sich herausstellte. Fischer aus dem Dorf, aber auch Mitglieder der oben genannten englischen UFO-Gruppe wollen in dieser Gegend schon UFOs im Meer verschwinden gesehen haben. Die Fischer sagen, die UFOs hätten dort, zwischen Cap St. Antonio und Ibiza, eine Unterseebasis.

Soweit mein Erlebnis. Es sind noch viele Fragen offen. Vielleicht habe ich die Möglichkeit, bei einem eventuellen Nachfolgebuch wie Jan es schon angedeutet hat, mehr zur Lüftung dieser geheimen Vorgänge beizutragen.

Es scheint ganz offensichtlich Licht in die Zusammenhänge meines Lebens zu kommen, vor allem habe ich einen großen Teil meiner Angst verloren. Ich bin zwar in gewisser Weise noch trotzig und in einer gewissen Aufruhr, daß etwas mit mir geschieht, daß ich noch nicht ganz verstehe, doch sagt mir mein logischer Verstand, daß diese Wesen, wer auch immer sie sein mögen, schon unzählige Male die Möglichkeit gehabt hätten, mir Leid zuzufügen oder mir irgend etwas antun, was sie jedoch nicht getan haben. Nun habe ich sie zum ersten Mal mit eigenen Augen gesehen, hatte die Möglichkeit mit ihnen zu kommunizieren und durfte es bewußt erleben, das heißt, ich erinnere mich daran. Es war absolut nichts Angsteinflös-sendes dabei gewesen, im Gegenteil.

Ich hoffe, liebe Leserinnen und Leser, daß ich Ihnen mit meinen Ausführungen eventuell ein bißchen Mut machen konnte, daß, falls Sie eventuell ähnliche Erlebnisse oder Emotionen zu Anfang verspüren mögen, keine Angst zu haben brauchen. Möglicherweise haben Sie ja die Möglichkeit, selbst Licht in Ihr persönliches Dunkel zu bringen. Spannend ist es allemal. Bei alledem, was um uns herum passiert und worauf wir mit dieser Welt und unserer Verhaltensweise zusteuern, ist es für mich ein Trost, daß sich Wesen am Firmament aufreihen, um uns mit ihrem Wissen und ihrem Bewußtsein zur Seite zu stehen. Das ist zumindest für mich ein Lichtblick!

Franz von Stein

ANHANG-C
Statt eines Nachwortes eine Warnung
von Dr. Alberts

Falls Sie die Lektüre dieses Buches in irgendeiner Weise verstört hat, dann sollten Sie getrost hier weiterlesen.

Hinter diesen Irritationen läßt sich ein Muster entdecken, das sich aus vier unterschiedlichen Denkfallen zusammensetzt.

Falle 1:

Jene Passagen, die in Ihnen Entrüstung oder Empörung ausgelöst haben, sind ein Hinweis auf Tabus, ohne daß Sie wußten, daß es welche waren. Manche Regeln der gesellschaftlichen Konvention sind in diesem Buch einfach mißachtet worden. Ihre Verärgerung bringt Sie darauf, welche das sind. Es wäre ein Leichtes, bestimmte Stellen zum Stein des Anstoßes zu nennen.

Etwas schwerer ist es schon, die eigene Verärgerung als Denkanstoß aufzufassen und sich abzufragen, welche sonstigen gesellschaftlichen Konventionen man als absolute Realität und nicht als getroffene Vereinbarung ansieht.

Falle 2:

Sicher werden auch Sie bestimmte Stellen als eher zweifelhaft ansehen und andere glaubwürdiger finden. Manches halten Sie für real, anderes werden Sie als Phantasterei und nicht beweisbar abtun.

Dabei haben Sie nicht einmal einen unmittelbaren Beweis, daß die Autoren des Buches real sind und die Außerirdischen nicht. Beide bestehen im Moment nur aus Bildern und Text.

Hier liegt daher die zweite Falle verborgen. Wirklichkeit ist immer anhängig davon, was man für wirklich hält. Und dafür hat jeder sehr unterschiedliche Kriterien. Wenn dieses Buch z.B. von Nobelpreisträgern der naturwissenschaftlichen Disziplinen geschrieben

worden wäre, wie würde sich dann Ihre Einstellung zum Inhalt verändern?
Welche Beweise bräuchten Sie, um etwas als „wirklich" anzusehen?

Falle 3:
Sie betrifft die, die sich beunruhigt oder geängstigt fühlen. Diejenigen, die plötzlich nach eigenen unerklärlichen Narben, merkwürdigen Träumen und Ahnungen suchen. Diese nehmen den Inhalt wörtlich, übertragen ihn auf ihr eigenes Bezugs- und Wirklichkeitssystem und haben dann den Verdacht, daß sich auch mit ihnen irgend etwas Derartiges ereignet haben könnte. Wenn das der Fall sein sollte, kann man Ihnen nur gratulieren. Es ist der beste Ansatz, bei sich selbst nachzuforschen. Vertrauen Sie nicht auf Wahrheiten anderer oder irgendwelche Heilsbringer. Denn das wäre die Falle, in die Sie stolpern könnten. Entdecken Sie Ihren eigenen Weg, sich mit anderen Dingen als den unmittelbar erforderlichen des Alltags zu beschäftigen.

Vielleicht ist das UFO-Phänomen mit seinen schillernden Varianten für unsere nüchterne, entmystifizierte Sichtweise ein neuer Weg unseres Unbewußten, zurück zum Staunen und zum Rätselhaften in der Welt zu finden. Es ist sozusagen der maßgeschneiderte Mythos für unsere Technologiegesellschaft. Sogar die alten Mythen und vergessenen Ängste werden dabei wiederbelebt, um auf dem Wege zu neuen Ausrichtungen im Leben zurückgelassen oder verwandelt und mitgenommen zu werden.

Das UFO-Phänomen scheint wie eine Art kollektiver Initiationsritus zu wirken, der die fest konditionierten Erfahrungsschleifen aufbricht, um neuen anstehenden Thematiken zum Durchbruch zu verhelfen.

Doch wer steckt eigentlich dahinter?

Darauf werden Sie nach der Lektüre dieses Buches wohl keine befriedigende Antwort bekommen haben, denn sonst sind Sie in

Falle 4

gelandet. Die besteht darin, schnelle Erklärungen zu finden, wenn man dem UFO-Phänomen begegnet. Dann wären es keine UFOs mehr, sondern BFOs, also bekannte fliegende Objekte. So nennt sie jedoch keiner.

Im übrigen: angenommen, es gäbe andere Intelligenzen, die auf diesem Planeten intervenieren und das schon immer taten. Was würde das in Ihrem Leben ändern?

Ein Satz von Schopenhauer möge hierzu das Schlußwort sein:
„Der Mensch hält die Grenzen seiner Denkfähigkeit für die Grenzen des Universums."

Henning Alberts
Stuttgart, den 9.7.1997

ANHANG-D
Reflexion (Spiegelung)
von Karin

28. Oktober 1996

An diesem Abend versuchten Reiner und ich nach längerer Zeit wieder eine Meditation durchzuführen, um innerliche Ruhe und Ausgeglichenheit zu finden, da in der letzten Zeit die Unruhe und Hektik in unserem privaten Leben wieder einmal überwogen hatte. Die Meditation verlief wohltuend und entspannend - doch urplötzlich - mein Körper fühlte sich träge und schwer an - flossen seltsame Ströme in meine Stirn ein. Es kam mir vor, als würden verschiedenartige silberne, goldene und andersfarbige Punkte in meinen Kopf einfließen.

Es war ein wunderbares Gefühl, dieses hielt zirka eine Minute an, dann war es vorbei. Hinterher fühlte ich mich leicht und von allen Sorgen befreit.

Urplötzlich kam wie ein Blitz der Gedanke in meinen Kopf: „Reflexion". Ein Wort, an das ich nicht im entferntesten gedacht hätte. Es kam mir einige Male in den Kopf. Wahrscheinlich sollte ich es mir gut merken.

Bei meinem Versuch, den Sinn dahinter zu entschlüsseln, kam ich zu folgendem Sinngehalt:

Wie Oben so Unten, wie Innen so Außen,
wir haben Angst, diese wird in unser Umfeld gezogen und
wir erleben diese Angst in unserem Umfeld,
wir geben Liebe und erhalten Liebe,
wir geben Freude und Freude strömt zurück,
wir geben Energie ab und bekommen Energie zurück,
alles ergibt einen Sinn, auch wenn man den Sinn noch nicht erkennt,
alles ergibt Klarheit, auch wenn wir nur die Schatten sehen.

Am gleichen Abend, ca. 9.30 Uhr abends, gingen wir sehr früh schlafen, da mein Mann am nächsten Morgen sehr früh aufstehen mußte. Kaum war das Licht ausgeschaltet, schloß ich meine Augen und sah urplötzlich ein seltsames Symbol. Es war alles wie tiefste Schwärze vor meinen Augen, doch in der Mitte bildete sich ein hellgrünes, fluoreszierendes Licht im Halbkreis, in der Mitte des Halbkreises zeigte sich ein weiterer Halbkreis, der rot-orange war.

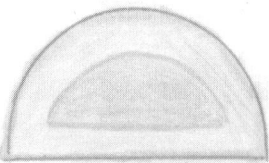

Nun bekam ich das zweite Symbol vor Augen. Es bildete sich wieder helles, sehr helles Licht vor mir, ein Kreis, und in dem Kreis erschien ein Zeichen ganz in schwarz, seltsam geformt, wie eine Art Hieroglyphe.

Danach kam noch ein drittes Symbol. Wieder dieses helle Licht, in der Mitte ein schwarzer Halbkreis. Dies alles war so deutlich vor meinen Augen, als würde ich in den Fernsehapparat schauen. Es war so ersichtlich, und ich wußte, diese Zeichen bedeuteten etwas.

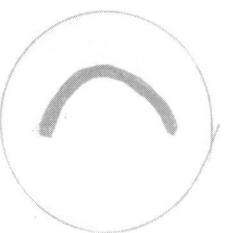

Persönlich glaube ich, daß sie irgend etwas reflektieren, das sich auch im Weltraum, entweder in einer Parallelwelt oder ähnlichem befindet. Wenn ich mich auf sie konzentriere, gehen meine Gedanken weit hinaus in ein anderes Planetensystem, um das wiederzufinden, was ich im Unterbewußtsein verloren habe.

Diese drei Zeichen bedeuten eine Einheit von etwas, das offenbar sehr wichtig erscheint, und irgendwo, vielleicht ganz in der Nähe ist. Wir suchen immer außerhalb und vergessen, daß vieles so nah ist.

Vielleicht haben ja Sie, liebe LeserIn, einen Bezug zu diesen Zeichen. Wir haben sie aus diesem Grund in diesem Buch abgelichtet. Womöglich kennen Sie ja eines dieser Symbole oder sie lösen irgend etwas bei Ihnen aus.

ANHANG-E
Zum Bildmaterial

Liebe LeserInnen,

Sie werden sich sicherlich gefragt haben, wie echt die hier präsentierten Fotos sein mögen. Wie ich mir jetzt schon vorstellen kann, wird es wieder einmal ein paar superschlaue sogenannte 'Ufologen' geben, die prinzipiell von 'Fälschungen' sprechen werden. Doch solch eine Aussage bezüglich DIESER Fotos kann nicht wissenschaftlich sein, sondern nur polemisch, da die Originale dieser Fotos noch heute bei der Person liegen, von der ich sie habe. Diese hat Zugang zu dem Archiv einer ▆▆▆▆▆▆▆ Geheimgesellschaft und weiß (außer ein paar wenigen Personen,) woher die Fotos wirklich stammen, also wer sie aufgenommen hat und wie sie dorthin gelangten (was wir aus Gründen persönlicher Sicherheit für uns behalten müssen). Und diese sind noch nie von dieser Person aus der Hand gegeben worden, außer an mich für die Reproduktion vorort, geschweige dessen, daß sie von irgend jemand anderem außer Franz von Stein und mir geprüft worden wären. Auf diese Umstände darf hingewiesen werden.

Tatsächlich haben Franz von Stein (er selbst ist Fotodiplomingenieur) und ich die Fotos zusammen vorort dupliziert und Franz hatte die Möglichkeit, einen Teil der Original-Filmstreifen der vorliegenden Fotos mitzunehmen und diese aufgrund seiner Ausbildung bei einem der weltgrößten Filmhersteller bei der dortigen „Filmprüfstelle" untersuchen zu lassen. (Wir können leider den Namen der Prüfstelle, wie auch die genaue Angabe über das Film-Korn, als welches das Filmmaterial identifiziert worden ist, nicht bekanntgeben, da sonst auch die Prüfstelle offensichtlich wird. Und es wurde den dortigen Mitarbeitern versprochen, daß sie nichts mit dieser Sache zu tun haben würden, sie wollten keinen Ärger haben – Sie werden auch gleich erfahren welche Form von Ärger den Besitzer solchen Filmmaterials erwartet.) Jedenfalls ergab sich, daß es sich um eindeutig definierbares Filmmaterial handelt, welches nur von einer einzigen Firma produziert wurde und das bis etwa 5 Jahre nach Kriegsende. Das gelieferte Material stammt also tatsächlich aus dieser Zeit. Und zu dieser Zeit waren die Möglichkeiten, solche Bilder zu fälschen, sicherlich weitaus schlechter als heute.

Lassen wir aber einmal diesen Punkt dahingestellt. Ich persönlich ziehe es vor, anhand der Umstände, die ein Geschehen umgeben, auf den Wahrheits- oder Echtheitsgehalt dessen zurückzuschließen. Angenommen, die Fotos (insgesamt etwa 120 verschiedene), von denen ich übrigens einen kleinen Teil bereits in meinem ersten Buch veröffentlicht hatte, wären plumpe Fälschungen – also unecht – stellt sich die Frage, was dann einen Profi dazu bewegt, nachts in eine Druckerei einzusteigen, um diese 'Fälschungen' zu entwenden, wenn es doch so klar ersichtlich sein sollte, daß diese unecht sind? Dies ist nämlich in meinem Fall geschehen.

Doch das war nicht der einzige Fall, bei dem in dieser Angelegenheit Regierungsprofis 'klaren Fälschungen' hinterherjagten. Und zwar hatte ich die Dia-Filme für die hier veröffentlichten Fotos im europäischen Ausland gelagert (da man zur Zeit, wo ich dies niederschreibe immer noch versucht, mich zum Schweigen zu bringen oder finanziell zu ruinieren durch Aktionen wie Haftbefehl, Steuerfahndung, Anklage und permanente Hausdurchsuchungen). Als das vorliegende Buch zum Druck gehen sollte, hatte ich eine Freundin, bei der die Filme gelagert waren, über D2-Netz, das übrigens laut Volksmeinung 'nicht abhörbar' sein soll (Ha,Ha), angerufen und um die Zusendung der Filme gebeten. Sie nannte mir die Person und die Maschine, mit der diese in München landen würde. Was denken Sie, was geschehen ist? Auf dem Franz-Josef-Strauß-Flugplatz in München gelandet, wurden die Passagiere mit einem Bus vom Flugzeug zum Terminal gefahren, als dieser plötzlich anhielt und von der Polizei umringt wurde. Das Gepäck wurde daraufhin angekarrt, die Passagiere mußten ihre Koffer identifizieren, wonach diese dann durchsucht wurden. Nachdem man „nichts" gefunden hatte, durfte der Bus dann weiterfahren. Wieso hatte man „nichts" gefunden? Weil wir die Filme doch auf einem anderen Weg nach Deutschland geschleust hatten. Tja, so geht's halt, wenn man 'Fälschungen' verschicken will. Anscheinend hat 'irgend jemand' ein mächtiges Interesse und auch gute Beziehungen, daß er die Flughafenpolizei aktivieren kann, um nach diesen 'Fälschungen' suchen zu lassen.

Zu den Fotos selbst:

Die Qualität der hier veröffentlichten Fotos ist leider doch nicht so, wie ich es mir vorgestellt hatte. Wir hatten die Originale abfotografiert und davon Dia-Filme erstellt. Diese Dias hatte ich wiederum in einem Computerladen digitalisieren und auf CD-Rom brennen lassen. So konnte ich die Fotos zwar bezüglich Helligkeit und Kontraste etwas verbessern, mußte dabei jedoch feststellen, daß auf einigen Fotos Haare, Fingerabdrücke oder Krümel vorhanden sind.

ANHANG-F
Hat Deutschland wieder Geheimwaffen?

Das nachstehende Papier soll Einblicke in ein Dossier bieten, das angeblich im Jahre 1991 vom britischen Geheimdienst angefertigt worden sein soll:

GERMAN UFO-CRAFTS 1976 TO 1989
SECRET DEVELOPMENTS OF STRANGE AIR- AND
SPACE-WEAPONS IN FEDERAL REPUBLIC OF GERMANY

Ob es sich bei dieser Studie um einen Gag, einen Verleumdungsversuch zur Störung der innerwestlichen Beziehungen zum Zeitpunkt der nahenden Wiedervereinigung Deutschlands durch Unbefugte oder um ein authentisches Dossier handelt, konnte nicht festgestellt werden. Erstaunlich bleiben auf alle Fälle der Umfang hinsichtlich verschiedener Details und das Bildmaterial.

In dem angeblichen Dossier werden bedeutende Persönlichkeiten der BRD beschuldigt – unter diesen sogar Willy Brandt – in aller Heimlichkeit die Entwicklung und den Bau unkonventioneller strategischer Waffen betrieben zu haben.

Wie ein Aprilscherz nimmt sich auf den ersten Blick aus, um welche Art von Waffen, bzw. Waffenträger, es sich bei jener Geheimentwicklung handeln soll: *„UFO-Crafts", going back to hidden technologies called „flying disks", as basically known from WW II".* Dazu finden sich zwei Aufnahmen alter deutscher Versuchsfluggeräte aus dem Jahre 1944 sowie ein knapper Hinweis auf entsprechendes Material in britischen Archiven mit genauen Stellungnahmen.

Es folgt ein kurzer Bericht über seinerzeitige Verhöre deutscher Wissenschaftler, insbesondere auch Dr. Wernher von Brauns, bis in die späten Fünfzigerjahre hinein und der Kommentar, das Gefühl sei sehr stark gewesen, daß die Verhörten ihr Wissen zu diesem Themenkreis nicht preisgaben. Dazu gibt es wieder Hinweise auf Archivmaterial mit Stellungnahmen. So soll eine Argumentationslinie aufgebaut werden, wonach es quasi von Anfang 1945 eine Geheimtechnologie der Deutschen gegeben habe, die den Alliierten mutwillig vorenthalten wurde. Man geht in dem Dossier sogar so weit, zu vermuten, den Alliierten sei bewußtermaßen bloß die zweitbeste Technik ausgeliefert worden, um die in Wahrheit besten Möglichkeiten einem womöglich wiederaufsteigenden Deutschland vorzubehalten.

Angeblich sollen alle informiert gewesenen Deutschen einen ganz besonderen Eid in dieser Angelegenheit haben schwören müssen, der nicht auf den Führer Adolf Hitler und ein bestimmtes Reich abgelegt werden mußte, sondern auf das deutsche Volk als geschichtliche Sendungsgemeinschaft für alle Arier (*"... in predestination for all arian people"*).

Es folgt eine kurze Polemik über ███████ Einstellungen, die auch bei den in alliierten Diensten stehenden oder gestanden habenden deutschen Wissenschaftlern immer wieder erkennbar geworden seien. Und ohne logischen Übergang werden dann im selben Lichte bundesdeutsche Politiker, unter ihnen Willy Brand und Herbert Wehner, hinsichtlich ihrer wahren Einstellung angezweifelt.

Nach diesem einleitenden Teil wird dann sehr direkt auf die angeblichen bundesdeutschen Geheimwaffenentwicklungen eingegangen. Die Tendenz, der Bundesrepublik neue Großmachtbestrebungen zu unterschieben, hört auf. Statt dessen wird die NATO-Strategie kurz beleuchtet, nach der im Falle eines Ost-West-Kriegs auf deutschem Boden Nuklearwaffen zum Einsatz gelangen sollten. Es wird dann verhältnismäßig fair dargelegt, daß es offensichtlich diese Befürchtung war, die Deutschland nach Mitteln suchen ließ, eine solche nationale Katastrophe zu verhindern. In einigen Passagen taucht ein beinahe menschliches Verständnis für die Lage der Deutschen auf. Dann gibt es jedoch eine Wendung dahingehend, daß die Deutschen die Bedrohung schließlich durch ihre Nazi-Vergangenheit selber verschuldet hätten und eine eventuelle atomare Vernichtung als Strafe für den "Holocaust" hinzunehmen hätten ("so to speak").

Das Recht auf eine aussichtsreiche Selbstverteidigung, ja selbst das Recht auf überleben, wird den Deutschen also mit Hinweis auf die "Holocaust"-Verbrechen abgesprochen.

Von diesem Punkte aus wird die Argumentationslinie weitergeführt. Offenbar erscheint es den Autoren des Dossiers notwendig, die Empfänger erst dahingehend zu stimulieren, eine unglaubliche Geschichte zu glauben.

So wird besonders die Person des verstorbenen deutschen Politikers Herbert Wehner angeführt. Er habe in Richtung ██████ Organisationen geäußert, Vergeben ohne Vergessen sei Heuchelei, und diverse US-Präsidentenberater sähen die eventuelle atomare Vernichtung der Deutschen als eine Möglichkeit, die sie mit Wohlgefallen erfülle.

Auch wird Herbert Wehner unterstellt, er halte es für besser, im Notfalle mit den Osten zusammen zu siegen, als durch den Westen atomar vernichtet zu werden. Er wird offen der Sympathie für den Kommunismus bezichtigt, und zwar mit Hinweis auf seine KPD-Vergangenheit. Auf solche und ähnliche Weise soll es also wohl als logisch dargelegt werden, daß die Bundesrepublik Deutschland in aller Stille nach Möglichkeiten gesucht habe, sich eine Verteidigung besonderer Art aufzubauen. Es wird damit den Alliierten selbst kein gutes Zeugnis ausgestellt, setzten die Verständlichmachungsversuche des angeblichen deutschen Vorgehens doch eine zutiefst unmoralische Haltung der Alliierten voraus, auch wenn eine solche Haltung als eben nicht unmoralisch ausgelegt wird. Man sollte jedoch annehmen, daß die Dinge sich in der Realität besser verhalten und wir von einer echten Loyalität aller NATO-Partner untereinander ausgehen dürfen. Dieser Punkt, so geschickt und also weniger offensichtlich als hier wiedergegeben er auch ausgeführt ist, muß schon zu Zweifeln an der Echtheit Anlaß geben.

Jedenfalls mündet die Argumentationslinie dann in der Behauptung, die Bundesrepublik Deutschland habe sich heimlich in die Lage versetzt, die bewußte NATO-Strategie im Ernstfall unwirksam zu machen. Und zwar im wesentlichen durch die Fähigkeit, drei Dinge zu tun:

1. Nachrichtensatelliten abzuschießen oder zu manipulieren.
2. Von jedem Radar unbemerkt überall operieren zu können.
3. Flugzeuge und auch Raketen abfangen zu können.

Um diese Ziele zu erreichen, habe die Bundesrepublik, so heißt es, zunächst einmal Marschflugkörper entwickelt, die im Prinzip auf die alte "V1" zurückreichten. Dieses Projekt sei zunächst in Bayern angegangen worden, die Erprobungen haben dann jedoch in Zaire, Zentralafrika, stattgefunden.

Dieses Projekt, das den Decknamen "Notung" getragen haben soll, sei dann aber aufgeflogen, die Konstruktionen seien den Alliierten übergeben und von den Amerikanern als "cruise missiles" gebaut worden.

Der nächste Versuch der Bundesrepublik sei die Entwicklung der Rakete "Modul" gewesen. Auch ihre Erprobung fand in Zaire statt, flog auf und wurde beendet obgleich die dann offiziell gegründete Firma OTRAK noch weitere Versuche, namentlich in Libyen, unternommen habe. Die "Modul"-Rakete hätte das Potential einer Weltraum- und Interkontinentalrakete gehabt, heißt es, deren Leistungen denen der NASA zwar nicht überlegen gewesen wären, jedoch günstigere Herstellungskosten aufgewiesen hätten und insofern die kommerzielle Seite des Satellitengeschäfts hätte beeinträchtigen können. Dies nicht bloß für die USA, sondern auch für die "Ariane"-Rakete, die unter Leitung des deutschen "Peenemünde-Ingenieurs" Rolf Engel entstanden war und vorwiegend von Frankreich mit Beschlag belegt worden sei.

Nach allen diesen vereitelten Versuchen, so heißt es in dem Dossier, seien die Deutschen auf den Gedanken verfallen, etwas grundlegend anderes zu machen.

Nachdem die Deutschen darauf gekommen waren, daß sie nicht so einfach hinter dem Rücken der Alliierten drauflosarbeiten konnten, ernannten sie (Name unleserlich) von der konservativen Partei (d.h. wohl CDU/CSU), darüber nachzudenken. Dieser Mann legte eine Sammlung aller technischen Möglichkeiten an, darunter auch solche, die "silly" wirkten. Er konzentrierte sich auf solch eine Angelegenheit aus der Zeit des Zweiten Weltkriegs, die dann zu dem "UFO-Craft" führte.

Es hatte nach Kriegsende eine Entwicklung durch einen Prof. Heim in Göttingen, Westdeutschland, gegeben, die von Anfang an geheimgehalten worden war. Dabei ging es um eine Technik zur "Gravitationsabschirmung". Mit dieser Technik, in Kombination mit Restinformationen aus der ähnlichen Geheimwaffenentwicklung aus der Zeit zwischen 1934 und 1945 in Deutschland, begann das Projekt "FU" (wahrscheinlich stehend für "Fliegende Untertasse").

Dazu wurde ein geheimes Versuchsgelände in der Lüneburger Heide bereitgestellt. Und es wurde ein rundes Gerät von 18 Metern Durchmesser gebaut, mit einer Pilotenkuppel oben drauf. Das Gerät besaß drei Antriebe:

1. Den "Gravitationsabschirmer",
2. ein Rückstoßprinziptriebwerk, das über eine ringsum gelagerte, große Anzahl von kleinen Düsen (vermutlich 44 Stück) wirkte, und
3. eine kleine Luftschraube die nach oben wirkte und eingezogen werden konnte.

Der "Gravitationsabschirmer" bewirkte, daß der Apparat in einen Fastschwebezustand versetzt wurde. Er wurde dadurch praktisch gewichtslos, ähnlich wie ein Ballon. Um sich erheben zu können, bedurfte es aber der Luftschraube. Wenn das "FU" dann in eine verhältnismäßig große Höhe gestiegen war, etwa bis auf 8.000 Meter, konnten die Düsen in Funktion treten. Diese besorgten dann sowohl den Vorwärtstrieb wie auch die Steuerung.

Das "FU"-Gerät benötigte mehrere Stunden um eine für seine Fähigkeiten geeignete Höhe zu erklimmen. Es wäre vielleicht schneller gegangen, hätte es statt der kleinen Luftschraube einen großen Rotor besessen. Dann aber wäre es zu laut gewesen, um heimlich zu starten.

Das "FU" hatte einen dunklen Nachttarnanstrich und wurde immer nur nachts gestartet, damit es nicht bemerkt werden sollte. Dabei bewirkte der "Gravitationsabschirmer" offenbar, dieses für Radars unsichtbar zu machen.

Es war nur ein Versuchsapparat, aber doch ein gefährliches Ding. Denn wenn es eine Höhe von 8.000 Metern oder mehr erreicht hatte, konnte es erschreckend schnell fliegen. Wenn es in großen Höhen flog, etwa über 12.000 Meter, schaffte es Geschwindigkeiten von mehr als 6.500 km/h. Das "FU"-Gerät-1 war also eine ernstzunehmende Sache.

Im November 1976 wurde es definitiv ausgemacht. Aber die Deutschen vernichteten es vollständig, bevor es von uns übernommen werden konnte. Sie behaupteten, es sei bei einer Bruchlandung verbrannt.

Die westdeutsche Regierung distanzierte sich von der Angelegenheit. Das war nicht glaubwürdig, konnte aber nicht widerlegt werden. Wertvolle Informationen über das "FU" waren unauffindbar. Alle maßgeblichen Techniker, die daran gearbeitet hatten, blieben ebenfalls unauffindbar. Es kam deshalb zu Verstimmungen. Die Deutschen hatten zum erstenmal seit 1945 versucht, sich wieder eigene Machtmittel zu beschaffen. Es konnte ihnen jedoch nicht nachgewiesen werden. Die Spuren der ganzen Angelegenheit waren so vollständig beseitigt worden, daß die westlichen Regierungen bald dazu neigten der Regierung in Bonn zu glauben, uns (d.h. dem britischen Geheimdienst) aber nicht. Vieles spricht dafür, daß die CIA mit den Deutschen kollaborierte.

Die "Gravitationstechnik" bedeutet sicher eine sensationelle Möglichkeit mit weitreichenden Folgen. Es erschien zuerst denkbar, daß die Amerikaner sich das allein mit den Deutschen teilen wollten. Inzwischen (Status 1991) sieht es jedoch so aus, als hätten die Deutschen das doch für sich ganz alleine reservieren können, eventuell zusammen mit nicht loyalen, faschistischen Ideen zuneigenden, Kreisen innerhalb des amerikanischen Geheimdienstes CIA. Nach der Entlarvung des Projekts "FU" 1976 verhielten sich die Deutschen auf alle Fälle lange still in dieser Sache.

So weit hatten sie ihre Lektionen ("lessons") von 1918 und 1945 gelernt, daß sie erstmal nichts mehr versuchten - so hatte es zumindest den Anschein. Tatsächlich war aber spätestens 1982 und frühestens 1979 in der selben Richtung weitergemacht worden. Diesmal vermutlich ohne direkte Beteiligung der Regierung in Bonn, sondern durch private Firmen. Es hatte sich, wie festgestellt werden konnte, ein Konsortium von elf Firmen unter dem Decknamen "TROJA" gegründet. Es waren neun westdeutsche, eine österreichische und eine italienische Firma beteiligt. Außerdem gab es diesmal Versuchsgelände in Ägypten und sogar in Taiwan (letzteres legt wieder die Vermutung nahe, daß "autarke" Kreise des CIA beteiligt gewesen sein könnten). Das neue Fluggerät, das diesmal entwickelt und gebaut wurde, war wesentlich fortgeschrittener. Wir nennen es jetzt einmal "FU-2", obgleich es sicher einen anderen Namen trug. Das "FU-2" erinnerte äußerlich viel mehr als "FU-1" an die aus der Nazizeit bekannten Entwürfe. Es war wieder scheibenförmig und etwa vom selben Durchmesser, aber höher, eher wie ein sehr stumpfer Kegel. Es hatte wieder den bewußten "Gravitationsabschirmer". Statt einer kleinen Luftschraube oben, besaß es einen großen, breitflügeligen Rotor, der über dem Kegelkörper lag und sich bei Betrieb bis in die Waagerechte anhob. Damit konnte "FU-2" viel schneller seine ideale Flughöhe erreichen. Statt vieler kleiner Düsen, besaß "FU-2" nur zwei, schwenkbar an der Unterseite.

Konnte das Gerät "FU-1" noch als reines Versuchsgerät angesehen werden, so war "FU-2" schon ein regelrechtes Fluggerät für die praktische Verwendung. Es war auch schon bewaffnet, wahrscheinlich mit zwei „Oerlikon-Kanonen" wie sie auch im deutschen "Gepard"-Panzer verwendet werden.

In der Aufsteigephase und in geringen Höhen war es sicher leicht verwundbar. Mit einem Maschinengewehr könnte man es bestimmt leicht abschießen, mit Lenkwaffen jedoch vermutlich nicht. In großen Höhen allerdings haben wir es mit einem fast unangreifbaren Fluggerät zu tun.

Die Geschwindigkeitsleistung des "FU-2" war beängstigend. Im Jahre 1988, als es sicher erst ein einziges Exemplar gab, konnte aufgrund des Wissens um die Startzeit in Taiwan die erspähte Landung in Ägypten klar errechnet werden, daß "FU-2" eine durchschnittliche Fluggeschwindigkeit von 13.200 km/h auf dieser Strecke erreichte.

Damit wurde klar, daß das "FU-2" sicherlich auch in die Erdumlaufbahn, also in den Weltraum, fliegen konnte. Es war damit in der Lage, unsere Nachrichtensatelliten nach Belieben zu zerstören!

(Es folgt eine unkenntlich gemachte Aufstellung von unerklärten Verlusten an Spionagesatelliten seit 1988.)

Trotz dieser erkannten Bedrohung, zeigte sich die CIA nicht kooperativ in dieser Sache. Auch der israelische Geheimdienst Mossad wollte anfangs nicht helfen. Die israelischen Stellen teilten uns mit, sie betrachten die Bundesrepublik Deutschland als ein befreundetes Land. Erst durch die Intervention geeigneter Kreise aus Westdeutschland kam es dann doch zur Zusammenarbeit. Der ägyptische Stützpunkt des "Troja"-Konsortiums konnte ausgespäht werden. Die Deutschen reagierten so schnell, daß abermals der Eindruck aufkam, sie seien von den Amerikanern, vielleicht auch von den Israelis, gewarnt worden. Sehr schnell hatten sie alle ihre Anlagen kurzfristig in den Iran verlagert. Von dort aus bezog das "Troja"-Konsortium dann ein neues Versuchsgelände nordwestlich von Bagdad im Irak.

Das erste "FU-2"-Gerät dürfte dann bei einem Orbitversuch ver-
lorengegangen sein. Entweder ist es rettungslos in den Weltraum
entschwebt, oder beim Wiedereintritt in die Erdatmosphäre verglüht.
Die Nachrichten über den Verlust des Geräts können auf alle Fälle
als zuverlässig gelten. Es sind aber zu dieser Zeit schon zwei weitere
"FU-2" fertig und ein drittes, also insgesamt vier, im Bau gewesen.
Anfang 1989 wurde dann eines der ganz neuen "FU-2" in Westdeutschland gesehen. Die Geschwindigkeitsleistung dürfte inzwischen noch weiter erhöht worden sein, zumindest theoretisch haben
die Deutschen jetzt die Möglichkeit, in ein paar Stunden zum Mond
und in ein paar Tagen zum Mars zu fliegen, wenn Sie das wollten.

Die Beweise für das Vorhandensein der neuen deutschen Waffen,
oder Waffenträger, erscheinen fast unanfechtbar. Mit hoher Wahrscheinlichkeit befindet sich zumindest eines der "FU-2"-Flugzeuge
seit Ende 1990 ständig in (Ortsname unkenntlich gemacht) auf dem
Gebiet der vormaligen "DDR".

Warum unternehmen die Alliierten nichts dagegen? Noch sind die
„FUs" ungefährlich. Solange sie sich im Steigflug befinden, kann
man sie sicherlich leicht abfangen. Die unfaßbaren Hochgeschwin-
digkeiten erreichen sie erst in großen Höhen. Das kommt daher, daß
dann der Antigravitationseffekt voll wirksam wird. Das "FU"-
Flugzeug hat dann fast kein Gewicht und fast keinen Luftwiderstand
mehr zu überwinden. Es wird immer schneller, je höher es fliegt,
und im Weltraum muß es ganz unerhörte Leistungen vollbringen
können, wenn die Geräte erstmal dafür ausgelegt gebaut worden
sind.
Es geht also um eine Technologie von allergrößter Bedeutung,
auch wenn sie jetzt vielleicht noch schwierig ist.

Könnte es vielleicht sein, daß die Amerikaner sich heimlich mit
den Deutschen ins Einvernehmen gesetzt haben?

Wenn beispielsweise die USA eine Art Weltraumbasis bauen würden, von der aus die deutschen "FUs" operieren könnten, ohne in die für sie gefährlichen erdnahen Regionen zu müssen, wäre das eine logische Angelegenheit.

Ein solches Verhalten der USA gegen ihre traditionellen Verbündeten ist zwar schwer vorstellbar, aber noch schwerer vorstellbar erscheint, daß die Bundesrepublik Deutschland allein, oder vielleicht gar einige deutsche Firmen im Alleingang, so weit mit den Dingen hätten kommen können.

(Es folgt eine Auflistung von "UFO"-Sichtungen im relevanten Zeitraum.)

Es ist durchaus ungewiß, wie weit die Deutschen mit ihren "UFO-Crafts" tatsächlich sind. Offiziell behaupten sie, ihre Versuchsobjekte seien zerschellt, die ganze Sache sei ein Irrweg gewesen, es sei nichts mehr vorhanden. Glaubhaft ist das aber nicht.

Berichte über unmittelbare Beobachtungen:

1.) 1976 Beobachtung des Apparats "FU-1" in Norddeutschland. Angeblich ein britischer Agentenbericht, wörtlich übersetzt: *„Die Beobachtung betrifft ein Areal der Deutschen Bundeswehr. Ich mußte bis zum Einbruch der Dämmerung warten, um ungesehen auf rund 250 Meter herankommen zu können. Aber es sind mir gute Tele-Fotografien gelungen.*

Der FU-Apparat ist schätzungsweise 18 Meter groß im Durchmesser und mit einem dunklen Nachttarnanstrich versehen. Aber auf einer Kabinenwand befindet sich das übliche Zeichen der deutschen Luftwaffe, wenn auch klein. Außerdem die Beschriftung: D- FU H1.

In der Kabine sind drei sehr große runde Fenster. Unten ragt ein stummelartiges Stück vor, das sich dann als Luftansaugöffnung für ein Düsentriebwerk erweist.

Das ganze UFO-CRAFT steht auf einem Gestell, einer Metall-konstruktion, die fest mit dem Apparat verbunden und vielleicht nicht einziehfähig ist. Es sind mehrere Fahrzeuge am Boden, unter diesen zwei Lastwagen der deutschen Armee. Das bedienende Personal besteht aus, so weit ich zählen konnte, 22 Mann. Vier Mann davon steigen in das UFO-CRAFT.

Um 9.20 Uhr wird der Apparat gestartet. Es ist schon fast dunkel zu dieser Jahreszeit.

Ganz kurz ist ein Geräusch wie von einem kleinen Rasenmähermotor zu hören. Das hört gleich wieder auf. Aber es ist jetzt ein leises, singendes Geräusch zu hören. Oben auf dem Aufbau wird ein nicht sehr großer Propeller ausgefahren und mit einem Gasturbinengeräusch angelassen. Der Propeller zieht das UFO-CRAFT dann langsam in die Höhe.

Auf etwa 1.000 Meter Höhe hört das Propellergeräusch auf (wahrscheinlich wird er wieder eingezogen). Dafür kommen Plötzlich rings herum am UFO-Rand kleine Stichflammen hervor, wie aus vielen kleinen Düsen. Nur ganz kurz. Dann bleiben nur an der hinteren Scheibenkante die Düsenantriebe. Diese stoßen plötzlich einen Kometenschweif aus, und das UFO-CRAFT schießt schnell davon. Nach wenigen Momenten ist es nicht mehr zu sehen."

2.) 1988 Angebliche Beobachtung eines britischen Aufklärungsflugzeugs:

„Das vermeintliche extraterristische Raumschiff konnte genau erkannt werden. Es wurden deutsche Hoheitszeichen gesehen, und zwar wie bei Zivilflugzeugen.

Eine sehr gute Fotografie gelang. In einer Höhe von 7.500 Metern näherten wir uns dem UFO-CRAFT bis auf ungefähr 400 Meter. Da spurtete es aber mit uneinholbarer Geschwindigkeit weg. Die Größe ist nicht ganz einfach zu schätzen. Aber man kann sagen, es war mindestens 15 Meter im Durchmesser und höchstens 25 Meter. Waffenanlagen konnten nicht erkannt werden."

3.) Eine Beobachtung des Apparats "FU-2" im Tschad, Afrika, 1989. Angeblich französische Informationszulieferung. Wörtliche Übersetzung des angeblichen Berichts: *"Die Meldung über ein furchterregendes Gebilde, das vom Himmel gekommen sei, war erst ca. 45 Minuten alt, als sie von unserer Stelle in Empfang genommen wurde. Die Leute (Eingeborene) hatten große Angst. Als wir uns der Stelle näherten, war es auch für uns zuerst ein Schock. Noch nie habe ich etwas so fremdartig Wirkendes gesehen. Mein erster Gedanke war, daß jetzt wirklich die Außerirdischen gelandet waren. Da stand eine "Flying Saucer", ein UFO, genau so, wie man es sich vorstellt. Es hatte auf den ersten Blick überhaupt nichts menschliches. Die Beschriftung und das kleine deutsche Abzeichen (die Fahne, wie auf allen Flugzeugen als Nationalitätsabzeichen üblich ist), ist keinem von uns bewußt geworden.*

Wir blieben zunächst in Deckung hinter den Sträuchern ungefähr 150 Meter von dem Raumschiff entfernt. Das UFO schien notgelandet zu sein. Es stand etwas schief auf seinen fünf ausgefahrenen Metallbeinen.

Die Größe war vielleicht knapp 20 Meter im Durchmesser. Es hatte einen hohen, zylindrischen Aufbau, auf dem noch ein kleinerer runder Aufbau war. Die Scheibe war wie ein sehr stumpfer Kegel geformt. Unten in der Mitte gab es eine kleines, verglastes Gebilde, das wahrscheinlich ein- und ausfahrbar war. Oben in den großen Aufbauten waren rechteckige Fenster.

Das UFO hatte einen grauen Anstrich ungefähr so wie die Amerikaner ihre Kampfflugzeuge neuerdings lackieren. Dann erschien ein Mann ganz oben auf dem Dach der Aufbauten. Es mußte da eine Luke geben. Wir bekamen erst einen großen Schreck, weil wir wirklich meinten ein außerirdisches Wesen käme da raus. Aber es war ein ganz normaler Mensch, der wie ein Europäer aussah.

Jetzt fielen uns auch die Markierungen auf - schwarz-rot-gelbes Fahnenabzeichen - und die Lettern: D – FU H2W.

Es wurde uns bewußt, daß das ein deutsches Versuchsflugzeug sein mußte, ein uns völlig unbekanntes, daß sie vielleicht mit den

Amerikanern zusammen entwickelt hatten, dachte ich, wegen der grauen Lackierung. Trotzdem waren wir noch von dem fremdartigen UFO-Eindruck wie gelähmt.

Der Mann, der mit einem Fernglas Ausschau gehalten hatte, uns aber nicht entdeckte, kletterte wieder hinein in das UFO, und gleich ertönte ein kurzes, leises Knattern, und dann war ein summendes Geräusch zu hören. Das UFO hob sich ein ganz klein wenig. Es war dadurch jetzt nicht mehr schief. Die Metallbeine wurden eingezogen, wobei eines nicht ganz hineinging. Das UFO schwebte dicht über dem Boden, nicht mehr als vielleicht zwei Meter. Wir wollten jetzt näher gehen. Aber da gab es ein anderes Geräusch, daß uns verunsicherte. Eine Art Heulen. Und dann drehten sich so etwas wie Lamellenflügel. Diese hoben sich, von dem niedrigen Kegel, bis in die Waagerechte und umkreisten sausend das ganze. Es gab ein Brummen wie von einer Riesenwespe. Dadurch hob das UFO sich dann langsam senkrecht nach oben.

Jetzt sah ich, daß unten zwei Düsen- oder Raketenantriebe waren, wenn auch keine sehr großen. Als das UFO sich mit seinen Lamellen einige hundert Meter hochgeschraubt hatte, wurden unten die Triebwerke gezündet. Das Brummen des Lamellenrotors hörte auf und das UFO flog jetzt schneller, aber nicht sehr schnell, weiter. Aber wie es dann weiter in die Höhe gekommen war, wurde es auf einmal sehr schnell und konnte bald nicht mehr beobachtet werden."

4.) 1990 Beobachtung eines Apparats "FU-2" in Mitteldeutschland. Angeblich britischer Agentenbericht. Wörtlich übersetzt:
„Trotz der Abendzeit konnte ich durch Nachtsicht(gerät) genau erkennen, daß es sich bei dem Ding, das da stand, um ein UFO-CRAFT handelte. Es war metallisch, noch unlackiert und sicher nicht ganz fertig. Aber es hatte oben auf dem Aufbautendach zwei schlanke Kanonenrohre, die aus einer Verkleidung ragten.

Die Bewachung des Geländes war intensiv. Nahe heranzukommen, ließ sich nicht ermöglichen. Das UFO-CRAFT hatte ungefähr

20 Meter Durchmesser, eher etwas weniger. Es stand auf dicken, kurzen Teleskoplandebeinen, die fast wie Elefantenfüße aussahen. Sonst entsprach es im wesentlichen dem Beobachtungsbericht.. (hier eine Chiffre, die vermutlich 3. meint). Ich kann sehr gut verstehen, daß einem unheimlich wird, wenn man sowas irgendwo gelandet sieht. Es wirkt tatsächlich wie ein Weltraumschiff von fremden Sternen. Ich konnte dann etwas näher herankommen, als es ganz dunkel geworden war. Ich sah mehrere Personen in das UFO-CRAFT einsteigen. Ich glaube, es waren fünf, und eine davon könnte eine Frau gewesen sein. Weil dann Fahrzeuge hin- und herfuhren, mußte ich mich zurückziehen. Die Deutschen schirmen ihre UFOs gut ab Sie treten da aber nicht in Uniformen auf. Ich sah nirgends etwas, was auf ein staatliches ("government") Unternehmen hindeutet. Nach etwa anderthalb Stunden ertönte dann ein tiefes Summgeräusch, und ich sah das UFO-CRAFT in den Himmel steigen. Verhältnismäßig langsam. Als es eine gewisse Höhe erreicht hatte, die ich nicht schätzen kann, hörte das Summgeräusch auf. Ich konnte sehen, daß zwei Düsentriebwerke, oder Raketen, unter dem UFO-Körper zu arbeiten begannen. Das Gerät entfernte sich dann sehr schnell."

RESÜMEE

Im Resümee des angeblichen Geheimdossiers heißt es mehr oder weniger, man habe mit zwei Möglichkeiten in dieser Angelegenheit zu rechnen:

Erste Möglichkeit:

Die „UFO-Crafts" werden im heimlichen Einvernehmen von Deutschen und Amerikanern gebaut. Von Anfang an hätten danach die USA hinter dem Rücken Großbritanniens und Frankreichs mit der Bundesrepublik Deutschland gemeinsame Sache gemacht (was besonders gegenüber den Briten ungehörig gewesen sei, gegenüber den Franzosen hätte man es billigen können, diese gehörten ja nur halb zur NATO). Es sei auch vorstellbar, daß die Deutschen zuerst nur mit Israel zusammengearbeitet hätten und dann noch die USA mit in die Sache einbezogen worden sei. Es gäbe, so heißt es, eine gewisse Logik in dieser Version, da die „UFO-Crafts" in Kombination mit amerikanischer Weltraumtechnik vermutlich erst praktischen Wert erlangen würden. Außerdem bestehe ohnehin eine Tendenz in den USA, Deutschland als den wichtigsten Partner in Europa anzusehen und auch dahingehend aufzubauen.

Zweite Möglichkeit:
Die ganze Angelegenheit verlaufe unter der Linie offizieller Staatlichkeit. Danach wären private Firmen, deutsche und sicher auch US-amerikanische, im Alleingang dabei, unter Umgehung ihrer Regierungen, eine geheime Technologie nutzbar zu machen.

Für diese Variante spreche, so heißt es, die Aktivität des „Network Sachmet" (das scheint in höheren Geheimdienstkreisen ein bekannter Begriff zu sein, unter dem anscheinend eine Organisation verstanden wird, die sich innerhalb westlicher Geheimdienste herausgebildet hat und eigene bzw. Industrie-Interessen verfolgen soll, mit nichtdemokratischen Hintergrundambitionen). Dazu wurden auch Namen von Firmen aufgelistet die allerdings alle unkenntlich gemacht worden sind.

Diese Möglichkeit daß es sich bei den „UFO-Crafts" um Hirngespinste handeln könne, wird ausgeschlossen. Offen bleibt jedoch, inwieweit diese Technik erfolgreich sein mag.

Alles in allem begegnen sich in diesem angeblichen Dossier unterschiedliche Auffassungen verschiedener Autoren.

Wenn man diese Ungereimtheiten einmal übersehen will oder vielleicht als in der Natur der Sache liegend ansehen, bleibt noch immer die Frage, wie denn ein so geheimes und, falls es echt wäre, hochbrisantes Dossier die Geheimfächer verlassen und in die Hände Unbefugter geraten kann?
Aber: Möglich ist bekanntermaßen (fast) Alles!

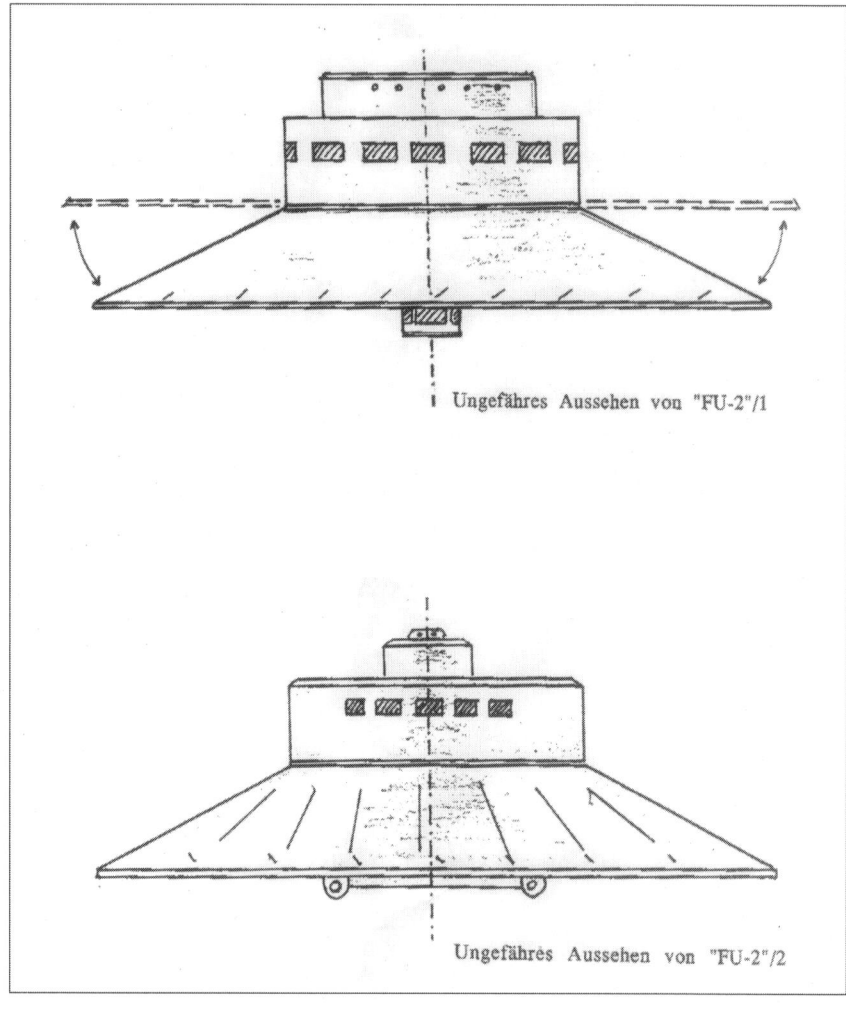

Ungefähres Aussehen von "FU-2"/1

Ungefähres Aussehen von "FU-2"/2

Quelle des Textes und dieses Bildes: STM-Archiv

Aufruf

Falls Sie ähnliche, wie die im Buch beschriebenen Erfahrungen gemacht haben und diese zur Aufklärung und zum besseren Verständnis des Gesamtphänomens weitergeben möchten, können Sie sich an Karin und Reiner wenden und an die unten angegebene Adresse schreiben. Da es in unserem vordergründigen Interesse liegt, die Wahrheit, die sehr vielschichtig ist, herauszubekommen, sind wir natürlich dankbar für jede neue Information, die diese Thematik betrifft.

Wir freuen uns über jede Zuschrift, denn uns ist sehr wohl bewußt, daß es sehr viele Menschen gibt, die solche Erfahrungen und Erlebnisse gemacht haben und wollen Ihnen somit Mut machen, ein Stück Wahrheit weiterzugeben.

Sie sind auch dazu eingeladen, uns Informationen zur VRIL-Gesellschaft zuzuschicken, wenn Sie der Meinung sind, daß sie zur Aufklärung beitragen.

Womöglich hatten auch Sie selbst schon irgend welche 'seltsame Erlebnisse' gehabt – mysteriöse Begebenheiten, Engelerscheinungen, Zeitreisen, geheime Aufträge beim Militär, UFO-Sichtungen oder Kontakte, Visionen oder Prophezeiungen – die möglicherweise sehr spannend sind, doch nicht dazu ausreichen, ein ganzes Buch damit zu füllen. Sie sind dazu eingeladen, uns auch solche Berichte zuzusenden. (Falls die Zusendungen jedoch überhand nehmen sollten, wie das bei Jan der Fall war und ist, kann natürlich nicht gewährleistet werden, daß wir auf jede Zusendung antworten. Doch wir werden uns bemühen.)

Zuschriften bitte an:

**Ama Deus Verlag, z.Hd. Karin und Reiner Feistle,
Postfach 63, 74576 Fichtenau**

Quellennachweis

„Die Unermeßlichkeit des Seins" – Entführt von Außerirdischen, von Karin und Reiner Feistle, ARGO – Internationale Publikationen, Lupinenstr. 103, 41466 Neuss, ISBN 3-932339-01-0

Informant Mr. X.

Ergänzende Literatur

Sandra Heinzler, "Hallo, kleiner grauer Mann", ARGO – Internationale Publikationen, Lupinenstr. 103, 41466 Neuss

"Magazin 2000" , ARGO intern. Publikationen, Neuss

E. Meckelburg, "Zeittunnel" Langen-Müller-Verlag

E. Meckelburg, "Zeitschock", Langen-Müller-Verlag

Rupert Sheldrake, "Denken am Rand des Undenkbaren", Scherz Verlag

J. J. Benitez, "Operation Jesus", Scherz-Verlag

Bud Hopkins, "Fehlende Zeit" Endzeit-Verlag, (Grundlage-Lektüre für UFO-Entführungen)

David M. Jacobs, "Geheimes Leben" , Kopp-Verlag

John E. Mack, "Entführt v. Außerirdischen", Bettendorf

Fowler Raymond, "Die Allagash-Entführungen", G.Reichel-Verlag

Ramtha, "UFOs und die Beschaffenheit von Wirklichkeit", In der Tat Verlag, Sonnenbichl 12, 86971 Peiting, Tel: 08861-59018

Bob Frissell, "Zurück in unsere Zukunft", E.T. Publishing Unlimited, Michaels-Vertrieb, siehe oben

Milton William Cooper, "Die apokalyptischen Reiter", Edition Pandora, Michaels-Vertrieb, siehe oben

Brad Harris, "Die dunkle Seite des Mondes", Edition Pandora Michaels-Vertrieb, siehe oben

Nichols/Moon, "Das Montauk Projekt", Band 1, E.T. Publishing Unlimited, Michaels-Vertrieb, siehe oben

Nichols/Moon, "Rückkehr nach Montauk", Band 2, E.T. Publishing Unlimited, Michaels-Vertrieb, siehe oben

Nichols/Moon, "Die Pyramiden von Montauk", Band 3, Edition Pandora, Michaels-Vertrieb, siehe oben

„Interview zu Montauk", Edition Pandora, Michaels-Vertrieb, siehe oben

Fred Steckling/Glen Steckling, „Außerirdische Basen auf dem Mond", Kopp-Verlag

WER HAT ANGST VOR'M SCHWARZEN MANN?

Jan Udo Holey/Jan van Helsing

Immer wieder hört man Berichte – meist von Hospiz-Mitarbeitern, aber auch von Ärzten, Krankenschwestern und Pfarrern –, daß einem Sterbenden kurz vor seinem Ableben ein „schwarzer Mann" erschienen ist; eine Gestalt, die in unserem Kulturkreis als „Freund Hein", „Boandlkramer" oder „Sensenmann" bezeichnet wird.

Eine solche Begegnung hatte beispielsweise auch Herr Franz G. aus Berchtesgaden, bei dem in der Nacht vor einer Klettertour ein „schwarzer Mann" am Bett stand und diesem erklärte, daß „die Zeit reif sei". Am nächsten Tag stürzten er und sein Kamerad ab, wobei der andere sein Leben verlor und er nur schwerverletzt überlebte.

Was denken Sie, wenn Sie solch eine Geschichte hören? Handelt es sich hierbei nur um eine Einbildung, Halluzination, Rauscherfahrung oder eine schlichte Ausschüttung von Bildern aus dem Unterbewußtsein?

Ähnlich nüchtern wäre Jan van Helsing auch mit solchen Berichten umgegangen, hätte er nicht selbst eine Begegnung mit diesem „schwarzen Mann" gehabt – zwei Wochen vor einem schweren Autounfall.

Fasziniert von der Erscheinung dieses Wesens, beeindruckt von dessen Präsenz und vor allem unheimlich neugierig geworden, versuchte Jan van Helsing über zwei Jahre hinweg mit diesem Wesen in direkte Verbindung zu treten, was schließlich im Dezember 2004 gelang.

In einem spannenden und weltweit einzigartigen Interview wurden unter anderem folgende Fragen erörtert:

Wer ist dieses Wesen?	Welche Rolle spielt der Schutzengel?
Holt es die Seelen ab?	Was denkt es über die Religionen?
Wo bringt es diese hin?	Hat es jemals Gott gesehen?
Gibt es einen Teufel?	Gibt es eine Hölle?
Wer beherrscht die Welt?	Gibt es kosmische Gesetze?
Wer ist der Antichrist?	Wie geht es im Himmel zu?
Was ist der Sinn des Lebens?	Wie sieht unsere Zukunft aus?

ISBN 3-9807106-5-3 • 19,70 Euro

ALDEBARAN-Versand
50670 Köln • Weißenburgstr. 10 a
Telefon 02 21 - 737 000 •Telefax 02 21 - 737 001

HÄNDE WEG VON DIESEM BUCH !

HÄNDE WEG VON DIESEM BUCH !

Jan van Helsing

Jan Udo Holey/Jan van Helsing

Sie werden sich sicherlich fragen, wieso Sie dieses Buch nicht in die Hand nehmen sollen. Handelt es sich hierbei nur um eine clevere Werbestrategie?

Wohl kaum. Wie Sie wissen, wurden zwei Bücher von Jan van Helsing aufgrund ihres brisanten Inhalts verboten. Und die etablierten Medien lassen auch kaum einen Tag verstreichen, ohne die Bevölkerung vor den Ideen des *„gefährlichsten Sachbuchautoren Deutschlands"* zu warnen.

Nun rüttelt Jan van Helsing erneut an einem Weltbild - an Ihrem! Daher ist der Rat: *„Hände weg von diesem Buch!"* durchaus ernst gemeint. Denn nach diesem Buch wird es nicht leicht für Sie sein, so weiterzuleben wie bisher. Heute könnten Sie möglicherweise noch denken: *„Das hatte mir ja keiner gesagt, woher hätte ich denn das auch wissen sollen?"* Heute können Sie vielleicht auch noch meinen, daß Sie als Einzelperson sowieso nichts zu melden haben und nichts verändern können. Nach diesem Buch ist es mit dieser Sichtweise jedoch vorbei!

Sollten Sie ein Mensch sein, den Geheimnisse nicht interessieren, der nie den Wunsch nach innerem und äußerem Reichtum verspürt hat, der sich um Erfolg und Gesundheit keine Gedanken macht, dann ist es besser, wenn Sie den gut gemeinten Rat befolgen und Ihre Finger von diesem Buch lassen.

Sollten Sie jedoch immer schon gefühlt haben, daß mit dieser Welt etwas nicht stimmt, sollten Sie die letzten Geheimnisse unserer "aufgeklärten" Welt interessieren und sollten Sie jemand sein, der es vom Leben noch einmal wissen will, dann ist das Ihr Buch!

Sagen Sie aber nicht, man hätte Sie nicht gewarnt! Denn Jan van Helsing wird Ihnen von Dingen und Ereignissen berichten, die Ihnen die Möglichkeit einräumen werden, Macht über Ihr eigenes Leben zu bekommen und die Kraft, andere daran Teil haben zu lassen. Und wer über Macht verfügt, der trägt auch eine große Verantwortung.

Daher sind Sie vor die Wahl gestellt: Möchten Sie auch weiterhin gelebt werden oder ist der Zeitpunkt jetzt gekommen, Ihr Schicksal selbst in die Hand zu nehmen?

Die Entscheidung liegt bei Ihnen!

ISBN 3-9807106-8-8 • 21,00 Euro

ALDEBARAN-Versand
50670 Köln • Weißenburgstr. 10 a
Telefon 02 21 - 737 000 • Telefax 02 21 - 737 001

BUCH 3 – Der Dritte Weltkrieg - NEUAUFLAGE

Jan Udo Holey/Jan van Helsing

Ist das Schicksal der Menschheit vorherbestimmt...?

Im Jahre 1871 erstellten die Führer einer Geheimloge einen Plan, wie sie über drei Weltkriege die Welt - sprich die Zentralbanken, die Börsen, das Öl, die Energie- sowie die Wasserversorgung, die Medien und die Medizin - in ihre Gewalt bringen können. Auf dem Weg zur „Neuen Weltordnung" – einer Weltregierung kontrolliert von diesen Schattenmännern – sollte der Erste Weltkrieg inszeniert werden, um das zaristische Rußland in ihre Hände zu bringen. Der Zweite Weltkrieg sollte über die Manipulation der zwischen den deutschen Nationalisten und den politischen Zionisten herrschenden Meinungsverschiedenheiten fabriziert werden und der Dritte Weltkrieg sollte sich, diesem Plan zufolge, aus den Meinungsverschiedenheiten ergeben, die man zwischen den Zionisten und den Arabern hervorrufen würde. Es wurde die weltweite Ausdehnung des Konfliktes geplant.

Spätestens jetzt sollten Sie hellhörig geworden sein, denn die Verwirklichung des letzten Abschnitts können wir gerade live in den Medien miterleben – die Inszenierung eines Weltkriegs! Der Anschlag auf das WTC in New York war nur eine weitere Etappe auf dem Weg zur Weltregierung, wobei die Angst vor (selbst inszenierten) Terroranschlägen dazu genutzt wird, die Freiheit des Einzelnen scheibchenweise einzuschränken - Aufhebung des Bankgeheimnisses, Überwachung der Bürger, Einführung des bargeldlosen Zahlungsverkehrs bis hin zur Implantierung von Mikrochips unter die Haut.

Interessiert es Sie, ob es tatsächlich dazu kommt, und wenn ja, wie dieser Krieg ausgehen wird? Die in diesem Buch aufgeführten Prophezeiungen von über einhundert verschiedenen Sehern aus der ganzen Welt haben alle genau diesen Dritten Weltkrieg vorausgesehen und die weitere Entwicklung der irdischen Menschheit im Detail beschrieben.

Jan van Helsing als Profi auf diesem Gebiet läßt Sie jedoch nicht mit diesen Informationen im Regen stehen, sondern nimmt Sie bei der Hand und zeigt Ihnen auch die positiven Aspekte der prophezeiten Ereignisse, beschreibt ausführlich, wie der Einzelne mit dieser Situation umgehen kann, wie er durch eine bewußte Umkehr im Denken als auch im Handeln nicht nur dem Sog der Negativität des Alltags entrinnt, sondern mit den hier präsentierten Werkzeugen sein Leben auch bewußt neu gestalten kann.

ISBN 3-9805733-5-4 • 25,50 Euro

ALDEBARAN-Versand
50670 Köln • Weißenburgstr. 10 a
Telefon 02 21 - 737 000 • Telefax 02 21 - 737 001

DIE INNERE WELT – Das Geheimnis der Schwarzen Sonne

DIE INNERE WELT

Das Geheimnis der Schwarzen Sonne

Roman

JAN UDO HOLEY

Jan Udo Holey/Jan van Helsing

Roman

Ein mysteriöser Mann betritt eine esoterische Buchhandlung und erzählt dem Inhaber eine haarsträubende Geschichte.

Er behauptet unter anderem, daß
- die Erde seit langer Zeit von verschiedenen Außerirdischen besucht wird
- diese Außerirdischen den Deutschen und Amerikanern während des Zweiten Weltkriegs geholfen haben, fliegende Untertassen zu bauen
- die Erdkruste von Tunnelsystemen durchzogen und die Erde selbst hohl und bewohnt ist
- diese verschiedenen dort lebenden Gruppen in absoluter Harmonie mit der Natur existieren und gleichzeitig über eine Technologie verfügen, die der oberirdischen Menschheit um Jahrhunderte voraus ist
- keine streitbaren Oberirdischen in deren unterirdisches Friedensreich, das seit mehr als 30.000 Jahren bestehen soll, eingelassen werden
- friedliche Deutsche Ende des Zweiten Weltkrieges einen Teil dieses innerirdischen Reiches kolonisiert und dort ihr „Goldenes Zeitalter" aufgebaut haben.
- Deutsche und Amerikaner seither mit ihren Flugscheiben den Weltraum bereisen
- das Weltraumprogramm der Amerikaner und Russen nur der Ablenkung vom eigentlichen Geschehen dient, um weiterhin geheim zu halten, daß das Universum so aufgebaut ist, daß Energie jedem Menschen kostenlos zur Verfügung steht.

Ist der geheimnisvolle Informant der Klapsmühle entsprungen oder ist er ein Top-Agent, der Einblick in hochgeheime Dokumente hatte?

ISBN 3-9805733-1-1 • 23,30 Euro

ALDEBARAN-Versand
50670 Köln • Weißenburgstr. 10 a
Telefon 02 21 - 737 000 •Telefax 02 21 - 737 001

NATIONALE SICHERHEIT – Die Verschwörung

Dan Davis

Theorien über eine Verschwörung gab es genug! In diesem Buch finden Sie die Fakten dazu: Adressen, Bilder, Beweise, Interviews!

Viele Menschen sind für diese Aufdeckungen verfolgt und gerichtlich belangt worden, unzählige wurden umgebracht. Und die Uhr tickt!

Hier finden Sie geradezu unglaubliche, unbekannte neue Details und Zusammenhänge zu den Themen Weltraumforschung, Geheimtechnik, UFOs, Logentum, Drittes Reich, Waffensysteme und Verstandeskontrolle unter dem Deckmantel der Nationalen Sicherheit!

Der Autor wurde aufgrund unglaublicher Fakten von hochrangigen Politikern der Bundesregierung zu „Vier-Augen-Gesprächen" eingeladen, interviewte Opfer der Projekte MK-Ultra und Monarch, sprach mit verschiedenen Insidern und hatte bereits in seiner frühesten Kindheit Bekanntschaft mit Hochtechnologie, die dem Normalbürger gänzlich unbekannt ist.

Erfahren Sie hier die Wahrheit über das UFO-Phänomen, die Lügen, die Gründe, die Ziele und vor allem die unglaubliche Realität einer Zivilisation, welche unerkannt unter uns lebt.

**Das Buch enthält über 540 Fotos von geheimen Entwicklungen in
Luft- und Raumfahrt!**

ISBN 3-938656-25-5 • 25,50 Euro

**ALDEBARAN-Versand
50670 Köln • Weißenburgstr. 10 a
Telefon 02 21 - 737 000 •Telefax 02 21 - 737 001**

Stefan Erdmann

Was wissen Sie über die Bundeslade? War Ihnen bekannt, daß es sich hierbei um den bedeutendsten Kultgegenstand der Juden und Christen handelt? Doch was verbirgt sich in ihr, was genau ist sie? Waren die zehn Gebote darin aufbewahrt? War es eine technische Apparatur oder gar ein Gerät zur Kommunikation mit den Göttern? Offiziell ist sie nie gefunden worden. Einige Quellen behaupten, sie sei spurlos verschwun-den. Andere glauben, sie wird in Äthiopien aufbewahrt. Sogar in Jordanien, Südfrankreich und im Himalaja wurde sie bereits vermutet. Wieder andere behaupten, sie sei im Besitz einer geheimen Gesellschaft und wechselt seit Jahrhunderten regelmäßig ihren Ort.

Stefan Erdmann enthüllt in diesem Buch erstmals Details über einen geheimnisvollen Fund der Tempelritter im Jahre 1118, den diese aus Jerusalem nach Frankreich brachten und der die Grundlage für ihren unermeßlichen Reichtum wurde. Auf seiner Spurensuche traf er sich unter anderem auch mit Vertretern verschiedener Logengemeinschaften und fand erstmals Verbindungen zwischen den Templern, den Freimaurern, den Zisterziensern und der Thule-Gesellschaft. Diese Verknüpfungen waren die Grundlage für geheime militärische als auch wissenschaftliche Operationen und es wurde offenbar, daß das Grundlagenwissen für den Bau deutscher Flugscheiben während des Zweiten Weltkriegs, wie auch für das US-amerikanische Philadelphia Experiment im Jahre 1943 zum Teil aus Geheimarchiven der Zisterzienser stammte.

Auf seiner Suche nach der Bundeslade und ihren Hütern fand Stefan Erdmann neue, bisher unveröffentlichte und hochbrisante Informationen, die nicht nur weitere Hinweise für das sagenumwobene Atlantis und die weltumspannende Pyramidenkultur liefern, sondern die Spur führt direkt in die gegenwärtige Weltpolitik...

ISBN 3-9807106-2-9 • 21,00 Euro

ALDEBARAN-Versand
50670 Köln • Weißenburgstr. 10 a
Telefon 02 21 - 737 000 • Telefax 02 21 - 737 001

Stefan Erdmann

Band 1

Die historischen Hintergründe...

„Es ist egal, ob George W. Bush oder Al Gore Präsident wird - Alan Greenspan ist der Chef der Notenbank..." las man vor der letzten US-Präsidentschaftswahl in der Süddeutschen Zeitung. Wer ist denn dieser Greenspan, daß er offenbar mehr Einfluß hat als der angeblich mächtigste Mann der Welt – der US-Präsident? Oskar Lafontaine war sich offenbar dieser unsichtbaren Macht bewußt, als er sich zu folgendem Satz hinreißen ließ: *„Die Weltpolitik wird von einem Hochfinanz-Imperium regiert."*

Sicherlich sind die meisten Personen, die heute die Welt steuern, aus dem Wirtschafts- und Finanzbereich. Doch der wahre Grund, warum sie so mächtig sind und die Geschicke der Welt über unsichtbare Fäden lenken, liegt mitunter in ihrer Mitgliedschaft in Geheimlogen. Diese Logen hüten nämlich einige höchst brisante Geheimnisse, die teils Jahrtausende zurückreichen und deren Wissen den Globalisten diese ungeheure Machtausübung erst ermöglicht. Interessiert es Sie, worüber diese Logenmänner Kenntnis haben und was sie vor Ihnen verborgen halten?

Die Antworten auf diese und viele andere brisante Fragen präsentiert hier Stefan Erdmann in seinem Zweiteiler *Banken, Brot und Bomben*. Nach jahrelanger Recherche, vielen Reisen durch fünf Kontinente und einigen höchst aufschlußreichen Interviews mit Insidern enthüllt er in *Banken, Brot und Bomben* bisher unveröffentlichte Informationen, die das Wirken dieser Dunkelmänner in der Weltgeschichte nachweisen und ihr globales Spiel um die Neue Weltordnung – einer Weltregierung in Form eines modernen Sklavenstaats – dem Leser schlüssig erklären.

In Band 1 untersucht Stefan Erdmann nicht nur die erstaunlichen Parallelen zwischen Moses und dem ägyptischen Pharao Echnaton sondern auch von Tutenchamun und Jesus und zeigt die Wahrscheinlichkeit auf, daß beide Pharaonen zu Hebräern umgefälscht wurden, was nicht nur die Abrahamreligionen auf den Kopf stellen, sondern auch erstmals sinnvoll die Widersprüche im A.T. erklären könnte. In Band 1 führt er den Leser quer durch die Geschichte bis in die Gegenwart und zeigt damit auch die Verbindung der alten Kulturen und der Geheimnisse um die Personen Jesus und Moses mit den modernen Geheimgesellschaften der Freimaurer und Illuminaten auf.

ISBN 3-9807106-1-0 • 19,70 Euro

ALDEBARAN-Versand
50670 Köln • Weißenburgstr. 10 a
Telefon 02 21 - 737 000 • Telefax 02 21 - 737 001

Bis zum Jahr 2012 – Der Aufstieg der Menschheit

Johannes Holey

Planet und Menschheit stehen heute am Beginn eines neuen Zeitalters, dem Wassermann-Zeitalter. Damit wird zugleich der Beginn einer neuen, höheren Schöpfung eingeleitet. Einer Schöpfung auf der Basis einer feineren Schwingungsfrequenz und der dabei entstehende Prozeß der Transformation ist bereits voll im Gange. Diese Schwingungserhöhungen werden in den Jahren bis 2012 stetig ansteigen und die Geschwindigkeit des Ablaufs der Umwandlung wird weiter rapide zunehmen.

Dieses Buch klärt auf:
- Warum trafen viele Prophezeiungen bisher nicht ein?
- Was könnte aber davon bis 2012 doch noch auf uns zukommen?
- Was können wir und die Menschheit dabei noch verbessernd beeinflussen? uvm...

ISBN 3-9805733-7-0 • 20,30 Euro

ICH SPRECHE MIT TOTEN

Martina Krämer

Haben Sie schon einmal von Menschen gehört, die einen *sechsten Sinn* haben, welche die Zukunft vorhersagen und Dinge wahrnehmen können, die anderen verborgen bleiben?

Martina Krämer ist eine dieser Personen. Nach außen hin unterscheidet sie nichts von anderen Menschen, doch ist ihr die Gabe zu eigen, „mehr" zu sehen als gewöhnliche Menschen. Vor allem eine Fähigkeit ist bei ihr stark ausgeprägt: die Seelen Verstorbener zu sehen und mit diesen zu kommunizieren.

In diesem Buch erzählt uns Martina Krämer ihre Lebensgeschichte – die alles andere als gewöhnlich war – und erklärt uns, wie sie von ihrem Schutzengel zum Medium ausgebildet worden ist, was sie von Verstorbenen erfahren hat und mit dunklen Kräften erlebte.

„Ich bekomme haufenweise Manuskripte zugesandt, doch Frau Krämers Geschichte ist mit das spannendste, was mir in den letzten Jahren vorgelegt wurde. Bevor ich mich jedoch endgültig entschied, das Buch zu veröffentlichen, wollte ich eine persönliche Sitzung bei Frau Krämer durchführen und sie auf ihre Fähigkeiten hin prüfen. Und ich kann nur sagen: Ihre Trefferquote ist erstaunlich und ich erfuhr Dinge, die sonst noch kein Medium bei mir wahrgenommen hatte."

Jan van Helsing (im März 2005)

ISBN 3-938656-07-7 • 17,40 Euro

ALLES IST GOTT

Johannes Holey
mit Hannelore H. Dietrich

...die empfehlenswerte Weiterführung
zu Jan's neuem Werk
„Hände weg von diesem Buch"

In 130 kurzen Kapiteln führt das Buch schrittweise in eine noch klarere mutige Individualisierung der Leserinnen und Leser und wird zum allmählichen Werkzeug der eigenen und ganz persönlichen Selbstfindung. Und damit auch des Findens beglückender Lebensziele.

Die in uns angelegten Schöpferkräfte – unsere göttliche Matrix – werden einfach erklärt und praktisch dargestellt. Mit Erstaunen erkennen wir neue Möglichkeiten und den Reichtum verdrängter Gefühle, die bald schon unseren eigentlichen Selbst-Wert erahnen lassen.

Das tägliche Machtspiel zwischen unserem Kopf und unserem Herzzentrum wird schrittweise zu einem göttlichen Lebensspiel – denn unser Kopf ist entweder eigensinnig oder überbeschäftigt oder angstkonfrontiert und daher manipulierbar, wogegen die reinen und meist noch ursprünglichen Kräfte unseres Herzzentrums uns neue, eigene, kraftvolle und zukunftsweisende Lebensqualitäten offen legen.

Spielregel: Jeder Mensch ist Schöpfer seines Lebens, seines Alltags und seiner Gesundheit durch seine Gedankenkräfte – nach der Regel „der Gedanke lenkt die Kraft"

Spielregel: Gott/Göttin sind in jedem von uns selbst. Daher ‚erschaffen' wir unser Leben allmählich ohne die versteckten inneren Ängste – Tag für Tag *mit unseren eigenen unerschöpflichen Herzenskräften*

Spielregel: Sind unsere bewußten Gedankenkräfte mit unseren reinen Herzenskräften im Gleichgewicht, kann keine andere ‚Energie' oder Macht uns bremsen oder manipulieren

und viele andere Spielregeln mehr...

Es ist ein „Energie-Buch des Fühlens" und wer dabei ‚kopflos' versucht, es aufzunehmen, ist von Anfang an *in Resonanz mit seiner vergessenen Göttlichkeit.*

ISBN 3-9805733-4-6 • 19,70 Euro

ALDEBARAN-Versand
50670 Köln • Weißenburgstr. 10 a
Telefon 02 21 - 737 000 • Telefax 02 21 - 737 001

JESUS 2000 – Das Friedensreich naht

Johannes Holey

Der herausragende Film
„Die Passion Christi" zeigt uns
Jesus als Menschen eines kurzen,
aber unvorstellbaren Leides.
Das lenkt aber vom eigentlichen Sinn
seines Erdenlebens ab

Jesus war j a h r e l a n g „Heiland" und Lehrer eines völlig neuen Zeitgeistes: *alle Menschen sind gleich... – Himmel und Hölle sind in uns... – Gott ist in uns... – ihr seid Götter... – was ich kann, könnt auch ihr und noch mehr...*
Jesus schenkte die schon damals optimalen, aber elitär gehüteten Weisheiten und Lebensregeln der Essener der ganzen Menschheit.
Jesu ursprüngliche Lehre war und ist daher genial und wir können sie heute besser denn je – ohne die verschiedenen Kirchensysteme – in Liebe annehmen. Und zu neuem Leben erwecken – denn er versprach nicht umsonst: *...ich werde bei euch sein alle Tage...*

Jetzt zu Beginn des Wassermann-Äons geht mit dem Orbit unseres Sonnensystems auch die Menschheit einem dimensionalen Bewußtseins-Sprung entgegen und benötigt dringend ein überzeugendes, modern interpretiertes Bild der gesamten Schöpfung und unseres freiwilligen Erdenlebens.
Dieses Buch, als intensive Analyse des Vergangenen, zeigt zusammengefaßt von der Gnostik/Esoterik des Altertums über die vielen Neuen Offenbarungen und solcher kosmischer Zivilisationen auf, was wir zu unserer Bewußtseinsentfaltung grundlegend verändern sollten.
Dieses Buch erscheint rechtzeitig zur Zeitenwende, die schon voll im Gange ist. Und es ermöglicht uns, den Meister Jesus hochaktuell zu verstehen: seine gelebten Prinzipien der Liebe, der Wahrheit und der Friedfertigkeit.

ISBN 3-9805733-0-3 • 17,40 Euro

ALDEBARAN-Versand
50670 Köln • Weißenburgstr. 10 a
Telefon 02 21 - 737 000 •Telefax 02 21 - 737 001

DEN GÖTTERN AUF DER SPUR

Stefan Erdmann

Gentechnik vor 400.000 Jahren

Waren wir bisher der Meinung, daß die Frage nach der Entstehung des Menschen längst geklärt sei? Wenn ja, werden wir durch dieses Werk eines Besseren belehrt. Stefan Erdmann hat auf seinen Expeditionen durch sechs Kontinente, schwerpunktmäßig jedoch durch den afrikanischen, Entdeckungen gemacht, die sehr überzeugend darlegen, daß die ersten Kulturbringer der Menschheit einst *von den Sternen* kamen und genetisch in die Entwicklung auf der Erde eingegriffen hatten.

Auf seiner Suche nach Anhaltspunkten, die diese These unterstützen würden, hatte er Gebiete Afrikas besucht, die nie zuvor ein Weißer betreten hatte; traf dabei auf Menschen, von denen bisher kein Mensch wußte, daß sie überhaupt existierten; besuchte verborgene Täler, von denen bisher nur Mythen berichteten und stieß dabei immer wieder auf Hinweise, die einen Eingriff von *außen* bestätigten.

Auch wenn wir solch einer Annahme bisher noch skeptisch gegenüber eingestellt gewesen sein sollten, wird sich das nach der Lektüre dieses Buches geändert haben. Wie ein roter Faden ziehen sich Berichte über diese „Besucher" durch die Geschichte der Menschheit, und wir werden dabei unweigerlich mit der Frage konfrontiert, ob der Mensch wirklich die Krone der Schöpfung ist, wie es das Alte Testament lehrt, oder nur ein evolutionärer Fremdling, der sein Auftauchen der Laune einer Gruppe von „Göttern" zu verdanken hat?

Begeben wir uns mit dem Autor auf eine faszinierende und teilweise fantastisch anmutende Spurensuche durch die verschiedenen Kulturen dieses Planeten und erfahren dabei von Ereignissen, die der klassischen Archäologie nicht nur unangenehm werden, sondern diese teilweise gänzlich über den Haufen werfen. Seien wir auf die Überraschungen gespannt, die wir mit Stefan Erdmann auf seiner Zeitreise durch die Menschheitsgeschichte erleben werden und folgen wir ihm auf den Spuren der Götter.

ISBN 3-9807106-6-1 • 20,30 Euro

ALDEBARAN-Versand
50670 Köln • Weißenburgstr. 10 a
Telefon 02 21 - 737 000 •Telefax 02 21 - 737 001

AQUARIA – die Göttin kehrt zurück

Brigitte Jost

Die logische Konsequenz auf unsere chaotische Welt wäre eine entsprechend düstere Zukunft, die durch vielerlei Prophezeiungen sogar erwartet wird. Doch hier kommen durch das spirituelle Medium hochentwickelte Wesenheiten zu Wort, die in gechannelten Botschaften und Gesprächen genau das Gegenteil behaupten. Allen beängstigenden Voraussagen zum Trotz geben sie uns in diesem mutigen herausfordernden und zugleich tief berührenden Buch Einblicke in eine ganz andere Zukunft – eine himmlische!

Eine der Wesenheiten ist *Aquaria*, die der Autorin als zurückkehrende *Göttin* und als *Kosmischer Engel des Wassermann-Zeitalters* erscheint. Erstmals kommuniziert *Aquaria* mit uns und ruft uns auf, dringend die Göttlich-Weiblichen-Energien in alle Lebensbereiche unserer Erdenwelt zu integrieren. Sie sind der Schlüssel ins neue Zeitalter!

Doch die Autorin hält in ihrem Buch weitere Überraschungen bereit: Sie berichtet erstmals von ihren außerkörperlichen Reisen ins Jenseits und ihren atemberaubenden Exkursionen zu einer ätherische Sternenzivilisation, in der die Sternenmenschen so „himmlisch" leben und lieben, wie wir es uns wünschen, und wie es auch für uns in Zukunft möglich ist. In eindrucksvoller Offenheit geben sie Einblicke in ihre heilige körperliche Liebe und decken erstaunliche Geheimnisse auf, über die auf der Erde schon viel zu lange geschwiegen wird.

Zudem geht sie auf eine neue Weiblichkeit ein, die neue Macht der Frauen und die verschwiegene Heiligkeit der Sexualität. Aber auch brisante Themen wie das astrale Hintergrundgeschehen der Sumatra-Flutwelle werden behandelt und die Frage, wie der Dritte Weltkrieg verhindert werden kann.

ISBN 3-938656-88-3 • 19,70 Euro

ALDEBARAN-Versand
50670 Köln • Weißenburgstr. 10 a
Telefon 02 21 - 737 000 • Telefax 02 21 - 737 001